Georg Pichler

Gegenwart der Vergangenheit

W0061691

Georg Pichler

Gegenwart der Vergangenheit

Die Kontroverse um Bürgerkrieg
und Diktatur in Spanien

Rotpunktverlag

MIX
Papier aus verantwor-
tungsvollen Quellen
FSC® C083411

© 2013 Rotpunktverlag, Zürich

www.rotpunktverlag.ch

Umschlagfoto: Luis Giner, Zaragoza
Fotos Innenteil: Georg Pichler
Druck und Bindung: CPI – Clausen & Bosse, Leck, www.cpibooks.de
ISBN 978-3-85869-476-8

1. Auflage 2013

Inhalt

7   **Vorwort**

11   **In Würde begraben**

30   *Emilio Silva oder Das Ende der Bedeutungslosigkeit*

39   *José María Pedreño oder Das Recht, die Dinge zu erzählen*

45   *Francisco Etxeberria oder Die Verantwortung für die Vergangenheit*

51   ***Memoria* – Gedächtnis und Geschichte**

60   *Reyes Mate oder Das Gedächtnis ist gefährlich*

69   **Das franquistische Gedächtnis**

83   *María García Alonso oder die Gräber der Anderen*

90   Identitätsstiftende Symbole des Franquismus

100   Der Nationalkatholizismus

108   Gedächtnisorte

129   *Pío Moa oder Die Wahrheit des Bürgerkriegs*

139   *Jaime Alonso oder Das Vermächtnis des Francisco Franco*

147   **Die Leerstelle der Erinnerung: die Repression des Franquismus**

160   *Mirta Núñez Díaz-Balart oder Die Geschichte der Verlierer*

167   **Das Gedächtnis des Exils und der in Spanien lebenden Antifranquisten**

169   Verlauf und Geografie des Exils

188   Der Widerstand in Spanien

191   Symbole und Gedächtnisorte der Republik, des Exils und des Widerstandes

197 Die *transición* – der kurze Weg von der Diktatur zur Demokratie

210 Santos Juliá oder Das Gedächtnis der transición

219 Die Jahre des Vergessens

228 Francisco Espinosa Maestre oder Das Schweigen über die Repression

237 Das Aufbrechen der Erinnerung – von 2000 bis heute

237 El movimiento memorialista – die Gedächtnisbewegung

243 Die Reaktionen auf die Gedächtnisbewegung

256 Ley de Memoria Histórica – das Gesetz des historischen Gedächtnisses

263 Die Debatte um die Papeles de Salamanca

267 Das Gedenkjahr 2006 und der »Krieg der Todesanzeigen«

272 Die drei Prozesse des Baltasar Garzón

284 Das Spanische Biografische Lexikon der Königlichen Akademie
für Geschichte

290 Die »geraubten Kinder« des Franquismus

295 Ein neuer 20-N: die Gedächtnispolitik der PP

299 Francisco Ferrándiz oder Die Diskursivität des Gedächtnisses

303 José Antonio Martín Pallín oder Eine Frage der Interpretation

309 Diego Barcala oder Eine Sache der Menschenrechte

Anhang

313 Bibliografie

318 Abkürzungen

319 Spanisches Glossar

320 Institutionen, Organisationen und Vereine zur memoria

322 Anmerkungen

Vorwort

*Die Geschichte ist Gegenstand einer Konstruktion, deren
Ort nicht die homogene und leere Zeit sondern die von
Jetztzeit erfüllte bildet.*

Walter Benjamin, »Über den Begriff der Geschichte«

Die Krux mit der Vergangenheit ist, dass sie zwar vergangen ist und
doch nicht vergehen will. Auf der einen Seite wirkt sie in die Gegenwart herein, auf der anderen ist sie von dieser Gegenwart durchsetzt,
von der aus die vergangenen Geschehnisse immer wieder neu gedeutet und interpretiert werden. Sie ist ein historisches Konstrukt aus der
Sicht des Jetzt, wie dies Walter Benjamin im oben erwähnten Zitat so
treffend zum Ausdruck gebracht hat.* Um die heutige Sicht auf den
Spanischen Bürgerkrieg, um die Debatten und Kontroversen, die sich
seit einem guten Jahrzehnt um das nun schon mehr als 75 Jahre zu-
rückliegende Ereignis entsponnen haben, geht es in diesem Buch.

Das Gedächtnis des Bürgerkriegs stellt immer noch – und erneut –
ein heftig umkämpftes Thema dar. In der Auseinandersetzung spie-
geln sich nicht nur die Tagespolitik und die jeweils aktuellen sozialen
und politischen Kräfteverhältnisse wider, ihre Wurzeln reichen viel
tiefer. Nach nunmehr drei Generationen und trotz aller »Mischehen«
zwischen den Kindern der beiden Kriegsparteien stehen sich viele
Nachfahren der zwei Seiten noch immer feindlich gegenüber und
fühlen sich bedroht: die einen in ihrem allzu oft unhinterfragten
Selbstverständnis als Kinder und Enkel der Bürgerkriegssieger, die
unter großen Opfern den Kommunismus in Spanien zu Fall gebracht

---

* Walter Benjamin: Über den Begriff der Geschichte. In: Walter Benjamin: *Gesammelte
Schriften*. Hg. von Rolf Tiedemann. Bd 1, 2. Frankfurt a. M.: Suhrkamp 1991, 701.

haben; die anderen als Nachkommen der Kriegsverlierer, von denen während und nach dem Krieg Hunderttausende widerrechtlich hingerichtet, ermordet und »zum Verschwinden gebracht« wurden; diese Nachkommen wollen ihre Eltern oder Großeltern zumindest angemessen bestatten – und damit gleichzeitig auch das bis heute weite Teile der Gesellschaft beherrschende franquistische Geschichtsbild zurechtrücken. Dazwischen befindet sich die Mehrheit der »Unpolitischen«, für die das Thema vergangen und vorüber ist und die nicht verstehen, warum es bis heute derart große Animositäten hervorruft.

Zugleich aber zeigt sich auch, wie sehr der Franquismus bis heute fortwirkt. Es gibt in Spanien kaum ein Thema in der politischen Auseinandersetzung, bei dem nicht irgendwo das Wort vom franquistischen Erbe auftauchen würde. Seien es die Debatten um die Unterrichtsreform, den konservativen Richterstand, das Verhältnis zwischen Staat und Kirche, die Privilegien der Banken und Großbetriebe oder, wie jüngst, die Kontroversen um den Autonomiestatus und die Unabhängigkeitsbestrebungen bestimmter Regionen, allen voran Katalonien und das Baskenland, ein Konflikt, der europaweit Aufmerksamkeit erregte. Die Auseinandersetzung zwischen diesen sogenannten »peripheren Nationalismen« und dem spanischen Zentralismus, der selbst ein den ganzen Staat für sich vereinnahmender Nationalismus ist, geht auf das Erwachen des nationalen Selbstbewusstseins im 19. Jahrhundert zurück, verstärkte sich aber in den dreißiger Jahren während der Republik und dem Bürgerkrieg. Beide Landesteile waren Industriezentren mit einem relativ aufgeklärten Bürgertum und einer starken Arbeiterbewegung und stellten sich dezidiert auf die Seite der Republik. Der Franquismus ließ dies Basken und Katalanen spüren: Die Sprachen wurden verboten, die Repression war bis in die späten Jahre der Diktatur noch stärker als im Rest des Landes.

Die in jener Zeit entstandenen Positionen haben sich bis heute nur graduell geändert. Statt die Debatten über den Autonomiestatus als das zu sehen, was sie sind, nämlich der Versuch einer Neuformulie-

rung der juristischen, sozialen und wirtschaftlichen Form des Zu-
sammenlebens, hat die spanische Rechte, deren wichtigste Organisation die Volkspartei *(Partido Popular)* ist, den franquistischen
»inmovilismo« übernommen, zu dem das Bestreben gehört, Spanien
als unteilbare Einheit zu bewahren. Auf der anderen Seite nützen die
nationalistischen Parteien das Unbehagen, das dieser Zentralismus
auslöst, für ihre eigenen Zwecke, nicht immer aus hehren Gründen.
Oft wird aus machtpolitischen oder wahltaktischen Überlegungen
das Unabhängigkeitsbestreben eines Teils der Bevölkerung als Mittel
zum Zweck verwendet.

An diesen Auseinandersetzungen wird nicht nur das Fortbestehen
des franquistischen Gedankenguts deutlich, sondern auch das Scheitern der *transición* und der ihr folgenden Regierungen, die nicht imstande waren, ein Staatswesen zu gründen, das für alle akzeptabel ist
und von dem sich alle repräsentiert fühlen.

Im Folgenden soll analysiert werden, warum der Fortbestand dieses Gedankenguts ebenso wie das Gedächtnis des Bürgerkriegs und
des Franquismus einen Teil der spanischen Bevölkerung bis heute
entzweien, und wie es dazu kam, dass diese Epoche bis in die Gegenwart nicht »bewältigt« ist.

Was die *memoria histórica* konkret bedeutet, schildert eingangs
ein Bericht über zwei Exhumierungen. Eine kurze Einführung in die
verschiedenen Gedächtniskonzepte und ein Vergleich mit der »Gedächtnisarbeit« in anderen Ländern sollen helfen, den Sonderfall
Spanien besser zu verstehen. Daran schließt ein Überblick über das
franquistische Gedächtnis an, das Spanien bis heute mit seinen Symbolen überzogen hat. Ihm gegenübergestellt wird das Gedächtnis des
Exils und des Widerstandes gegen die Diktatur, das in Spanien lange
Zeit weitgehend totgeschwiegen werden musste, bis es in den letzten
zwölf Jahren die ihm gebührende Aufmerksamkeit erfahren hat. Diese beiden Gedächtnisstränge liefen ein erstes Mal in der *transición*
zusammen, dem Übergang von der Diktatur zur Demokratie. In der
transición wurden die Weichen gestellt für die unvollkommene Auf-

arbeitung einer Vergangenheit, die nach zwei Jahrzehnten des Vergessens zu Beginn des neuen Jahrtausends aufbrach. Diesem Aufbrechen der Erinnerung in seinen vielfältigen Formen und politischen Auseinandersetzungen gilt der nächste Abschnitt, der die bedeutendsten Ereignisse seit dem Jahr 2000 zusammenfasst. Schließlich kommen die spanischen Akteure selbst zu Wort und beleuchten in Interviews die *memoria histórica* aus verschiedenen Perspektiven. Im Mittelpunkt stehen dabei weniger Zeitzeugen oder Nachfahren der Opfer als vielmehr Aktivisten, Wissenschaftler, Publizisten, die Auskunft über die Gründe und Hintergründe der Gedächtnisbewegung geben sollen.

In Würde begraben

Joarilla de las Matas

Die nordkastilische Hochebene liegt still in der Vormittagshitze. Auf den lang gestreckten, bereits abgeernteten Getreidefeldern stehen die letzten Stoppelhalme, weiter vorn verdorren Sonnenblumen auf kilometergroßen Anbauflächen. Vereinzelt ragen Steineichen auf, dunkle Flecken in einer bräunlich gelb glänzenden Landschaft unter einem ruhigen blauen Himmel. Das Dorf Joarilla de las Matas kennen nicht einmal ortskundige Kastilier. Abseits der Haupt- und Nebenstraßen liegt es im Südosten der Provinz León, ein Ort, an den man nicht zufällig kommt. Bei der Volkszählung 2009 hatte Joarilla 378 Einwohner, 2011 waren es nur noch 361, Tendenz seit Jahrzehnten sinkend. Heute hat es zwei Bars, die am Vormittag noch geschlossen sind, eine Kirche, einen Park an einem Flüsschen und einen *frontón,* eine hohe, grün gestrichene Wand, gegen die beim *pelota*-Spiel die Bälle geschlagen werden.

Beim *frontón* solle ich ihn anrufen, hatte Marco González, Vizepräsident der *Asociación para la Recuperación de la Memoria Histórica* (ARMH) und Leiter der Exhumierung, gemeint, er würde mir dann den Weg erklären, von dort sei es nicht mehr weit. Nach vier oder fünf Kilometern erst auf einer staubigen Schotterstraße, später auf einem schmalen Weg mit manchmal tiefen Fahrrinnen, sieht man zwischen Gestrüpp Autos aufblitzen, dann das Blau eines Zeltdachs, das über die Ausgrabung gespannt ist. Mitten in den Feldern hat man fast zwei Meter in die Tiefe gegraben und einen dünnen Wasserlauf durch ein Plastikrohr umgeleitet, die Stelle, an der die Leichen verscharrt wurden, liegt nun leicht erhöht unter der Abdeckung.

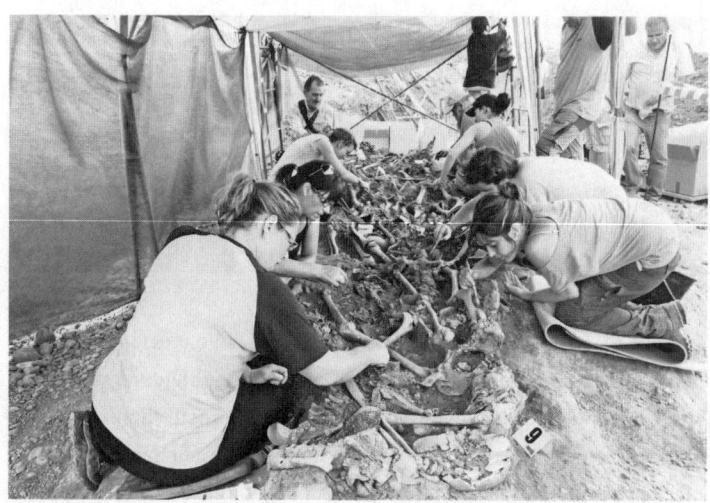

Joarilla de las Matas

Stimmengewirr, einzelne Rufe, das Klicken von Fotoapparaten, es herrscht rege, aber gedämpfte Geschäftigkeit. Unter den beiden Zeltdächern arbeitet ein gutes Dutzend Menschen mit Sorgfalt daran, Skelette freizulegen. Auf den ersten Blick sieht es erschreckend und verwirrend aus: Alle möglichen Arten von Knochen liegen über- und durcheinander, die Beinknochen erkennt man schnell, Becken- und Schulterknochen auch, bald nimmt man Unterarme mit Elle, Speiche und den abstehenden Hand- und Fingerknöchelchen wahr, dazwischen leicht gekrümmt eine Wirbelsäule und halb zertrümmerte oder eingedrückte Schädel mit ihren riesigen Augenhöhlen und zahnbesetzten Oberkiefern. Mit der Zeit lernt man die Skelette als Ganzes zu erkennen, kann sie zusammensetzen, sieht die kleinen farbigen Fähnchen, die gelben Schilder mit Nummern von 1 bis 14, die die einzelnen Opfer bezeichnen, identifiziert die seltsam verdrehten, aufklaffenden Objekte als Schuhsohlen, unterscheidet Kleiderreste und beginnt zu verstehen, was die Menschen hier mit kleinen Handschaufeln oder Esslöffeln wegkratzen, mit Malerpinseln wegwischen, warum eine Handvoll Erde in einem Sieb durchgeschüttelt wird, bis ein paar kleine Steine und Knochenreste übrig bleiben, die in hermetisch zu verschließende Säckchen kommen, auf denen »misceláneas« oder die Nummer des Skeletts steht. Knochenreste werden auf Zeitungspapier gelegt, eingewickelt und in Kartons verwahrt, auf denen der Ort und die Nummer des »Individuums« geschrieben ist. Über jeden Fund wird Buch geführt, bevor etwas in die Kartons wandert, werden Fotos von der betreffenden Stelle gemacht. Alles geschieht unaufgeregt, professionell, immer wieder wird gescherzt und gelacht, bei allem Ernst der Arbeit. Während einige Personen mit dem Freilegen der Überreste beschäftigt sind, nehmen andere Daten auf, notieren, helfen aus, sieben und entsorgen, transportieren Geräte, bringen Wasser gegen die Hitze, rücken das Zeltdach und die Absperrungen zurecht, erklären den Besuchern, die sich zögerlich einfinden, die Details der Ausgrabung. In dem regen Treiben wird einem erst nach und nach bewusst, was man hier eigentlich sieht: die Spuren eines kaltblütigen Mordes an vierzehn Personen. Und es fällt einem auf, dass keine Angehörigen anwesend sind. Dies hat, so erklärt Marco González, mit der Geschichte des Ortes zu tun.

Zurück geht alles auf den 5. November 1937, fast sechzehn Monate nach Ausbruch des Spanischen Bürgerkriegs. Die Ortschaften Sabero,

Sahelices und Ollero liegen am Fuß des Kantabrischen Gebirges im Norden der Provinz León, rund sechzig Kilometer nördlich von Joarilla. Wie in anderen Orten in diesem langen Gebirgszug war hier der Bergbau von großer Bedeutung. Viele Arbeiter waren politisch engagiert, meist waren sie Sozialisten oder Anarchisten, Kommunisten gab es wenige. Aufgrund der miserablen sozialen Zustände organisierten im Jahr 1934 die Bergbauarbeiter aus Asturien einen Aufstand, der von der konservativen Regierung blutig niedergeschlagen wurde. Dieser Revolution schlossen sich zahlreiche Berufsgenossen aus der Provinz León an, auch in Sabero. Nach dem Ende des Aufstandes kamen viele Arbeiter ins Gefängnis, aus dem sie erst im Frühjahr 1936, nach dem Wahlsieg der Volksfront und einer Generalamnestie, wieder freigelassen wurden. Als am 19. Juli dieses Jahres die Generäle um Franco sich gegen die Zweite Republik erhoben und sich die Region Kastilien und León auf ihre Seite schlug, mussten die politisch aktiven Bergbauarbeiter in das republikanisch gebliebene Asturien fliehen, wo sie gegen Franco und seine Helfershelfer kämpften. Fünfzehn Monate später, Mitte Oktober 1937, eroberte die franquistische Armee Asturien, und so kehrten viele Bergbauarbeiter in ihre Dörfer zurück, wo die meisten von ihnen festgenommen wurden. Im Gefängnis der nahen Ortschaft Cistierna wurden sie gemeinsam mit anderen Verteidigern der Republik eingesperrt und von ihren Anklägern und Richtern, in Umkehrung der historischen Tatsachen, zu Aufständischen erklärt. Nach einem kurzen *juicio sumarísimo,* einem Schnellgerichtsverfahren, oder auch ganz ohne Verhandlung und Urteil wurden sie meist nachts in Lastwagen verladen, in abgelegene Gegenden gebracht und dort erschossen, einfach am Straßenrand liegen gelassen oder ohne viel Aufheben begraben. Weder still noch heimlich, aber sang- und klanglos.

So auch hier. Am 4. November führte man an die zwanzig Bergarbeiter ab, die in der *finca* La Cenia erschossen wurden. Am nächsten Tag waren es wieder an die zwanzig, die man dorthin brachte. Stundenlang mussten sie in der Herbstkälte auf der Ladefläche eines Lastwagens sitzen, der über die schlechten Nebenstraßen rumpelte, einem nur allzu gewissen Schicksal entgegen. Doch hatte, wie Marco González erzählt, der Verwalter des Grundstücks von La Cenia genug, denn dort waren bereits an die 200 oder 300 Personen hingerichtet und in Massengräbern verscharrt worden. Immer wieder kamen Mütter, Frauen, Töchter mit Fotos zum Gutsbesitzer, um nach ihren Angehörigen zu fragen. So wies der Verwalter die Männer auf dem *camión* ab, sie sollten sich ihrer Ladung anderswo entledigen. Die Leichen, die damals in La Cenia begraben worden waren, liegen immer noch dort, da sich die Besitzer – Menschen mit Macht, die der Kirche nahestehen, ist die verhaltene Auskunft – weigern, die Erlaubnis für eine Exhumierung zu erteilen. Dafür kann man heute auf dem 200 Hektar großen Besitz Urlaub machen, heiraten oder Feste feiern: »Die ›Dehesa La Cenia‹ ist ein sorgsam gepflegtes Projekt, das sich der integrativen Organisation von Feiern und Veranstaltungen für Privatpersonen und Firmen widmet«, heißt es gespreizt auf der Website.

Aber weiter in der Geschichte: Ein Zivilgardist meldete sich zu Wort: Er kenne in der Nähe seines Dorfes eine Stelle, wo man sie nicht störe. Also ging es weiter über Nebenstraßen und Feldwege, bis die Gefangenen schließlich ein paar Kilometer außerhalb von Joarilla de las Matas absteigen mussten. Zwei konnten fliehen, einer von ihnen wurde ein paar Tage später niedergeschossen und nicht weit entfernt begraben. Angeblich, in den nächsten Tagen wolle man sich auf die Suche nach seinen Überresten machen. Wie üblich nahmen die Henker den Leichen die wenigen ihnen noch verbliebenen Habseligkeiten ab, übersahen dabei aber ein paar Bleistifte, zwei Kämme und eine Streichholzschachtel aus Plastik, wie sie von Bergarbeitern verwendet wurde. Heute tauchen diese Objekte aus anderen Zeiten zwischen den Skeletten auf, die Streichhölzer sind zu einer festen Masse verschmolzen, die sich in ihrer Plastikhülle wölbt.

Die Exekutierten mussten ihre Gräber nicht selbst ausheben, bevor sie erschossen wurden. Es war der Schafhirt des Dorfes, der vom Bürgermeister den Auftrag bekam, die Leichen zu begraben. Dessen Sohn,

Abilio Mata Álvarez, war es denn auch, der den Mitgliedern der ARMH den Platz zeigte. 1937 war er gerade fünf Jahre alt, aber seine Eltern und ältere Dorfbewohner hörte er immer wieder von diesen Männern erzählen. Es war nicht leicht, den Platz zu finden, da sich das Terrain in der Zwischenzeit stark verändert hat. Damals gab es hier zumeist Minifundien, heute sind es weite Felder. Abilio bezeichnete der ARMH einen Platz am Rande eines riesigen Sonnenblumenfeldes, und der Bagger begann zu graben. Man hatte Glück, am zweiten Tag bereits stieß man auf Patronenhülsen, ein untrügliches Zeichen, dass die *fosa común,* das Massengrab, in der Nähe sein musste. Schließlich legte der Bagger die ersten Überreste frei, und das Team begann mit der Feinarbeit. Abilio kommt jeden Tag zur Ausgrabungsstelle, erzählt den Besuchern und Sympathisanten der ARMH seine Geschichte und ist sichtlich stolz darauf, im Mittelpunkt zu stehen.

Diese Ausgrabung sei eher untypisch, meint Marco González. »Normalerweise arbeiten wir in kleinen Gräbern, mit zwei, drei, maximal fünf Personen, über die wir bereits im Voraus Informationen gesammelt haben. Wir kennen ihre Namen, ihr Alter, ihre Größe, ihren Brustumfang, ihre Statur. All das wissen wir dank der Militärbücher und zeitgenössischer Dokumente, die wir aus Archiven haben. Achtzig Prozent der Fälle finden wir im *Archivo General Militar,* dem Militärarchiv in Guadalajara. Da in Spanien der Militärdienst obligatorisch war, sind alle Militärbücher in diesem Archiv. Ab 1917 sind sie fast vollständig. Und die meisten Personen, nach denen wir suchen, sind Männer zwischen 20 und 40.« Natürlich gab es auch Frauen und ältere Personen, die ermordet wurden. »Letztes Jahr haben wir eine Familie exhumiert, der Vater war 86, die Mutter 64 und der Sohn um die 40. Keiner wusste, warum sie so alte Menschen umgebracht haben.«

Im Fall der Minenarbeiter, die in Joarilla begraben sind, ist noch viel Forschungsarbeit zu leisten, um ihre Identität eindeutig zu bestimmen. So etwa müssen Soldlisten verglichen werden, Listen von 1934 mit denen von 1937, oder Listen vom Juli 1936 mit solchen ab 1939. Fehlen auf den späteren Listen die Namen von Bergarbeitern, so sind sie entweder ins Exil gegangen oder verschwunden, exekutiert worden oder ins Gefängnis gekommen. Name um Name muss anhand der gesamten Dokumentation überprüft werden. Es wäre einfach, die sterblichen Überreste nach Sabero zurückzubringen und sie im Rathaus abzugeben. Aber das sei nicht der Sinn ihrer Arbeit, meint Marco: »Wir wollen die Identität und die Würde der Personen wiederherstellen, das erwarten die Familien von uns und das fordert unser Verein seit mehr als zehn Jahren.«

Um diese Identität wiederherzustellen, muss an Ort und Stelle alles genauestens dokumentiert werden, wie René Pacheco, der wissenschaftliche Leiter der Exhumierung, betont: jede Evidenz, jedes Einschlussloch, jeder Bruch, in Bildern und Skizzen, aber auch schriftlich. »Ich sage immer, dass wir, die Archäologen, die Einzigen sind, die den Tatort und all das, was an ihm zu finden ist, wirklich sehen. Darum muss alles genau festgehalten werden, damit die Gerichtsmediziner später eruieren können, was geschehen ist.«

Die nächste Station sind die Anthropologen, die vor Ort und später im Labor die Reste untersuchen. In Joarilla sind es Roxana Ferlini und Gillian Fowler, die vom University College London und der Lincoln University gekommen sind. Beide waren in anderen Ländern tätig, in Afghanistan, Guatemala, Ruanda oder im ehemaligen Jugoslawien. Sie sitzen etwas abseits der Fundstelle im Schatten vor einer kleinen Hütte, analysieren die Reste oberflächlich, erstellen ein Inventar und verfassen ein erstes Gutachten, bestimmen das Geschlecht, das ungefähre Alter, suchen Spuren von Verletzungen und Traumata. Bisher hätten sie Einschusslöcher an den Beinknochen und den Schädeln gefunden, aber auch Spuren von Schlägen an den Rippen, meint Gillian. »Wahrscheinlich wurden die Männer vor der Hinrichtung misshandelt und geschlagen, wie es im Bürgerkrieg oft der Fall war.« Ist die Ausgrabung beendet, werden die Reste nach Ponferrada gebracht, wo die ARMH seit 2008 über Räumlichkeiten verfügt, und dort analysiert. Wenn man Glück hat, kann man am Ende die Reste den Angehörigen übergeben. Vor allem für die notwendigen geneti-

schen Bestimmungen wäre es ideal, mit Universitäten zusammenzu-
arbeiten, aber dort will man zumeist nichts davon wissen.

Dabei ist gerade der Kontakt zu Universitäten, Schulen und anderen Institutionen von großer Bedeutung, denn für René Pacheco ist
die Aufklärung über die Vergangenheit ein wichtiger Bestandteil der
Ausgrabungen. »Viele Menschen, vor allem junge Leute, wissen nichts
von diesen Themen. Wenn sie aus Neugier zu den Exhumierungen
kommen, wird ihnen erst bewusst, dass es sich um Personen handelte,
die eine Familie hatten. Außerdem kommen viele Angehörige von
Verschwundenen, die ihre Familiengeschichte erzählen und uns fragen, wie sie ihre Vorfahren finden können. Sie alle wollen lernen, erfahren, was sie auf eine andere Weise, mit Büchern etwa, nicht tun
würden. Es ist eine wichtige pädagogische Aufgabe, man muss ihnen
alles auf einfache Weise erklären, ohne jedoch die Brutalität des Ganzen zu verschweigen. Die Leute reagieren normalerweise sehr positiv.
Dieser Aspekt ist sehr wichtig für unseren Verein.«

Der Verein heißt in deutscher Übersetzung denn auch Verein zur
Wiedererlangung des historischen Gedächtnisses. Marco González
ist seit 2005 Mitglied der ARMH, seit ein paar Jahren ist er ihr Vizepräsident. Er sei ein »Kind der Demokratie«, 1981 geboren, sagt er,
sein Urgroßvater aber war ein *desaparecido,* nein, kein Verschwundener, korrigiert er sich, er wurde ermordet und in einem Massengrab
verscharrt. Er hatte die traurige Ehre, als erster Mensch in Ponferrada von einem franquistischen Schnellgericht verurteilt und hingerichtet zu werden. Der Prozess, ein Scheinprozess, begann am 21. August 1936, am 7. September wurde er erschossen. Die Überreste sind
nicht mehr auffindbar, und so sieht Marco seine Arbeit als Wiedererlangung, als Wiederbringung seines Urgroßvaters an. Bisher hat er an
vierzig Ausgrabungen mitgemacht, jetzt leitet er eines der zwei Teams
des Vereins. Die Mitglieder seiner Gruppe kommen vor allem aus der
Region El Bierzo im Nordosten von Kastilien und León. Das zweite
Team ist in Burgos stationiert und arbeitet eng mit der Wissenschaftlichen Gesellschaft Aranzadi zusammen. Marcos Team macht an die

zehn Ausgrabungen im Jahr, seit 2007 existiert ein festgelegtes Protokoll, sie sind nun fast das ganze Jahr über im Einsatz.

»Bei jeder Exhumierung wechseln die Personen, hier arbeiten Leute aus Barcelona, Galicien, El Bierzo, Roxana kommt aus Costa Rica, arbeitet aber in England, ebenso wie Gillian, Marco Tulio stammt aus Guatemala, ein anderes Land mit einer langen Tradition in Ausgrabungen, François ist Franzose. Sehr viele Freiwillige schreiben uns, wollen mitarbeiten, hier ihre Ferien verbringen.« 6000 Namen von Freiwilligen haben sie in ihrer Datenbank. Man muss kein Fachmann, keine Fachfrau sein, um mitzumachen, es gibt genug Dinge zu tun, für die man keine spezielle Ausbildung braucht. »Die Freiwilligen arbeiten immer mit Personen zusammen, die große Erfahrung in der Exhumierung von Leichen haben. Man erklärt ihnen, was zu machen ist, und nach einiger Zeit verrichten sie ihre Arbeit technisch einwandfrei. Wenn jemand noch nie etwas mit menschlichen Überresten zu tun gehabt hat, greift er oder sie auch nicht einfach so hin, im Gegenteil, sie sind immer sehr behutsam, wohl aus Vorsicht oder aus Scheu.«

Die Freiwilligen bekommen nichts für ihre Arbeit, einzig für Verpflegung und Unterkunft wird gesorgt. Für jede Ausgrabung müssen Privatpersonen oder Organisationen beim Präsidialministerium um Finanzierung ansuchen, damit werden die Kosten vor Ort beglichen: Material, technische Geräte, der Baggerfahrer, Treibstoff, Unterkunft und Verpflegung. Die ARMH bekommt im Jahr rund 60 000 Euro an Förderungen, davon werden vor allem die kargen Gehälter von drei Personen bezahlt, tausend Euro im Monat, solange das Geld reicht. Geht es zur Neige, sind sie arbeitslos bis zur nächsten Subvention. Meist geschieht dies im Winter, die Zeit wird dann für Labor- und Archivarbeit genutzt, oder um Anträge und Gutachten zu schreiben. »Unser Leben ist sehr bescheiden, wir wohnen in einer Provinzstadt, wir sind noch jung, unsere Eltern helfen uns aus. Wir machen das alles nicht, um Geld zu verdienen, es ist einfach ein einzigartiges Gefühl, wenn eine Exhumierung abgeschlossen ist und du die Überreste den Familien übergeben kannst. Das ist mit Geld nicht zu bezahlen!«

Geld ist auch für Óscar Rodríguez Alonso nicht von Bedeutung, den Mann mit den Kameras. Er wurde 1947 geboren und ist seit Anfang 2010 bei der ARMH. Die meisten Fotos des Vereins stammen von ihm. Er arbeitete in Madrid als Soziologe bei einer Firma, bis er sich mit ihr auf eine Frühpensionsregelung einigen konnte. Keine Woche später trat er mit Emilio Silva, dem Vorsitzenden der ARMH, in Kontakt und stellte dem Verein seine Zeit, seine Kameras und sein fotografisches Können zur Verfügung. In seiner Familie gab es keine Verfolgten, sein Vater war Eisenbahner in Katalonien, seine Mutter kam aus Kastilien. Warum er zur ARMH gestoßen sei? »Die Geschichte, die man uns erzählt hat, an den Universitäten, in der Akademie, ist voll von Manipulationen. Je mehr du über die Geschichte erfährst, desto deutlicher siehst du die Verfälschungen. Und irgendwann reicht es, es wird unerträglich und du musst etwas dagegen tun.« Ihm war aber auch seit Langem klar, dass man die Landschaft säubern, bereinigen müsse, diese herbe Landschaft Kastiliens, in der er die Sommer seiner Kindheit verbracht und die ihn seit damals in den Bann gezogen hatte. »Seit dem Moment, an dem mir bewusst wurde, dass hier, in dieser Idylle, am Wegrand, in einem Sonnenblumenfeld ein Massengrab sein könnte, wurde die Landschaft für mich zwar nicht hassenswert, aber doch sehr beunruhigend. Es ist wie in einem Horrorfilm: Was wird zum Vorschein kommen? Worüber werde ich stolpern? Was ist wohl hier unten? Dieses Gefühl ist so verstörend, dass man damit nicht umgehen kann; so kann man nicht leben, das muss weg. Man muss diese Personen von der Schmach befreien, zu der sie der spanische Faschismus gemeinsam mit der katholischen Kirche verdammt hat, mit Heimtücke und höchster Grausamkeit.«

Palencia

Tags darauf, ein abrupter Szenenwechsel: von den kastilischen Feldern in die Provinzhauptstadt Palencia, knappe achtzig Kilometer südöstlich von Joarilla. Im Norden des Stadtzentrums befindet sich der Parque de la Carcavilla, ein ehemaliger Friedhof, der Ende des 19. Jahr-

hunderts gegründet und 1955 aufgehoben wurde, da er zu klein geworden war. Er verkam zu einer Wildnis, die Stadt wuchs um ihn herum,
bis man schließlich 1980 einen Park anlegte. Auf der von Neubauten
umgebenen Grünfläche stehen Mausoleen, Reste der Friedhofsmauern,
ein Brunnen plätschert, Vogelgezwitscher, Bäume spenden Schatten,
wenige Spaziergänger flanieren sommersonntäglich. Einzig das auf-
und abschwellende Geräusch eines Dieselmotors und ein unregelmäßi-
ges metallenes Schaben und Klopfen stören die Ruhe. Eine Ecke des
Parks ist von einem hohen Drahtzaun abgesperrt, dahinter schaufelt
ein Bagger Erde, gleich neben einer Schaukel, deren Sitze Autoreifen
sind: Ein Kinderspielplatz wird brutal aufgerissen, um die Gräber freizulegen, über denen er errichtet ist. Ein großes Areal wurde hier ausge-
hoben, in dem nun die Umrisse von gemauerten Grabmälern, von Särgen oder auch nur von unregelmäßigen Gruben zu sehen sind. Darin
liegen halb verscharrte Knochen und glatte Schädel, eine Wirbelsäule
ragt aus der Erde, Schuhsohlen wölben sich, ein perverser Kontrast zu
den Geräten des Spielplatzes. Nur wenige Schaulustige stehen an der
Absperrung. Auf einer Mauer sitzen zwei Frauen mittleren Alters. Eine
erzählt, ihr Großvater sei nach seiner Hinrichtung hier begraben worden, sie komme jeden Tag, um bei den Arbeiten zuzusehen.

Palencia wurde am 19. Juli 1936 von den Aufständischen besetzt
und nach mehrstündigem Feuergefecht zwischen Franco-Truppen
und den Republikanern, die das Zivilgouvernement verteidigten, ein-
genommen. Der Zivilgouverneur wurde gleich nach dem Sieg ermordet, der Bürgermeister von einem Kriegsgericht verurteilt und im August füsiliert. Die Stadt und die sie umgebenden Ortschaften wurden
»bereinigt«, die Opfer zumeist auf den Feldern oder neben den
Straßen erschossen und liegen gelassen. Viele bestattete man auf diesem Friedhof. Hier, direkt unter dem Kinderspielplatz, liegen an die
500 Leichen von *represaliados,* wie die Opfer der Repressionen genannt werden. Unter ihnen waren zahlreiche Bauern aus den umlie-
genden Dörfern: Baltanás, Dueñas, Monzón, Venta de Baños oder
Villaviudas. Fast alle hier begrabenen Menschen wurden zwischen

Juli 1936 und Februar 1938 ums Leben gebracht, nicht im Kampf um die Stadt, sondern infolge des Terrors, der gleich nach der Einnahme Palencias einsetzte. Darum waren viele Ermordete Mitglieder des Gemeinderates, ein paar Bürgermeister, andere waren linke Lokalpolitiker, etwa der Sozialistischen Partei und von *Izquierda Republicana,* der Republikanischen Linken, oder Gewerkschafter der sozialistischen *Unión General de Trabajadores.* Auch Beamte befanden sich unter ihnen, die man »säuberte«, wie es damals hieß, egal ob sie bei der Müllabfuhr tätig waren oder im Gartenamt der Stadt.

Parque de la Carcavilla, Palencia

»Man brachte sie vor ein Schnellgericht, natürlich in Anführungszeichen, und verurteilte sie zur *pena capital,* zur Todesstrafe. Dann wurden sie in Palencia erschossen, ich weiß nicht wo, aber alle landeten hier auf diesem Friedhof.« Das erzählt Jimi Jiménez, Historiker und Archäologe, zuständig für die Ausgrabung im Parque de la Carcavilla. Er wurde 1965 im baskischen Durango geboren und arbeitet seit Jahren für die Wissenschaftliche Gesellschaft Aranzadi in San Sebastián. Jimi und seine Kollegin Almudena García Rubio von der Madrider Universidad Autónoma sind gerade dabei, die Vorbereitungen für diese riesige Exhumierung zu beenden. Am nächsten Tag sollen zahlreiche Freiwillige aus ganz Spanien kommen, um einen Großteil der noch verbliebenen Reste zu bergen.

Im Jahr 2000 gab es erste Versuche einer Ausgrabung, als sich Nachfahren von hier Verscharrten an das Rathaus wandten. Dort überreichte man ihnen als Antwort die Studie eines Architekten, derzufolge der Friedhof bereits »entsorgt« worden sei, zu der Zeit, als der Park angelegt wurde. Doch wussten es die Angehörigen besser. Nach jahrelangem Hin und Her gründeten sie einen Verein und beauftragen Aranzadi mit Sondierungsarbeiten. Im Jahr 2009 begann die Arbeit im Südwestsektor des Friedhofs, dort hatte man, den Unterlagen zufolge, die meisten Ermordeten begraben. Dank dem Gründungsbuch des Friedhofs und einem Register, in das die städtischen Totengräber täglich eingetragen hatten, wer wo bestattet worden war, fand man heraus, dass es im Sektor 4 neun Grabreihen von Bürgerkriegsopfern gab. Mithilfe eines Architekten erstellten sie einen ungefähren Plan der Gräber, der sich als erstaunlich treffsicher erwies – sie entdeckten die Reste der Ermordeten aus Baltanás. »Wir machten drei Stichproben an verschiedenen Punkten des Sektors und stießen auf Gräber, die klar erkennbar von ihren Särgen eingegrenzt waren. Gegen dieses Gutachten, das den Familien recht gab, konnte man im Rathaus nichts mehr sagen. Der nächste Schritt bestand darin, die genaue Lage der Gräber zu bestimmen.« Sie fanden sie und konnten vierzig Leichen exhumieren. Danach wurde alles wieder zugeschüttet.

Jetzt sind sie gekommen, um die restlichen Leichen freizulegen und zu bergen. Es gibt Ansuchen für 146 Personen, die exhumiert werden sollen. Das Problem dabei ist, dass es neben den rund 500 Ermordeten noch einmal so viele Reste gibt von Menschen, die eines natürlichen Todes gestorben und hier bestattet sind. Und dies erschwert zusätzlich die Identifizierung der Überreste. Bei den Opfern der Repression findet man manchmal drei oder vier Leichen in einer Grabstätte, die aus Platzgründen einfach neben- und übereinander verscharrt wurden. Oft auch hängt es von der Todesart der Personen ab. Wurden sie nach einem Prozess von Soldaten hingerichtet, so ist es ein »dokumentierter Tod« und die Leiche mehr oder weniger leicht zu identifizieren. Die »illegalen« Hinrichtungen aber, die ohne Gerichtsurteil vollzogen wurden, fanden meist nach den sogenannten *paseos* oder *sacas* statt, wenn Mitglieder der rechtsextremen Falange oder auch der Zivilgarde ihre politischen Feinde aus deren Wohnungen holten und erschossen. Darüber gibt es natürlich keine Unterlagen, das einzige Dokument ist eine Eintragung, dass am Friedhof eine oft namenlose Leiche bestattet wurde. Ob denn niemand nach den Namen der Mörder forsche oder denen ihrer Nachkommen? »Manchmal«, meint Jimi, »darüber wird bei den Exhumierungen kaum gesprochen. Es scheint seltsam, aber dieser Teil der Geschichte ist überwunden. Der Vorwurf von Revanchismus oder Rache hat in Wirklichkeit kaum ein Fundament. Die Familien wollen fast immer nur die sterblichen Überreste wiederbekommen, das ist alles.«

Madrid, Universidad Autónoma

Siebeneinhalb Monate später auf dem Campus der Universidad Autónoma im Norden von Madrid. Die Arbeit im Parque de la Carcavilla von Palencia ist beendet, die Reste sind hierher gebracht worden, in einen großen, hohen, weiß verfliesten, unpersönlichen Raum im Gebäude der Biologischen Fakultät. Eine neue Form des Schauderns: An den Wänden stapeln sich an die 200 Plastikbehälter, bis zu zehn übereinander, fast bis zur Decke hinauf. In den durchsichtigen Behältern mit den blauen Griffen und schwarzen Aufschriften kann man Knochen erkennen, Schädel, Plastiksäcke, in die kleinere Knochen verpackt sind, ganz oben sieht man einen mit Erde bedeckten schwarzen Schuh neben einem Oberschenkelknochen. Die Arbeitstische an den Seitenwänden sind voll von allen möglichen Utensilien und Unterlagen. Auch in der Mitte des Raumes stehen zwei große Tische, an einem lehnt Almudena García Rubio, in der »Einsamkeit des Labors«, wie sie sagt, nach der gemeinschaftlichen Arbeit der Ausgrabungen.

Die Historikerin und Anthropologin ist wie viele, die an den Ausgrabungen teilnehmen, relativ jung, 33 Jahre, spricht ruhig und mit Fachkenntnis. Zweieinhalb Monate seien sie in Palencia gewesen, vom 16. August bis Ende Oktober, dann wurde der Park zugeschüttet und der Kinderspielplatz wieder aufgebaut. Technisch war es die komplizierteste Ausgrabung, die sie je gemacht hatten. Sie fanden nicht alle, nach denen sie suchten, da viele Gräber aufgelöst worden waren. Wenn die Familien nicht bezahlten, wurden die Leichen nach fünf Jahren exhumiert und das Grab neu vergeben. Aus 44 Gemeinschaftsgräbern hätten sie zwischen 100 und 110 Skelette geborgen und hierher gebracht, die nun, zwischen Kisten von anderen Exhumierungen, darauf warten, analysiert zu werden.

Plastikbehälter mit Überresten der Exhumierung vom Parque de la Carcavilla in der Universidad Autónoma, Madrid.

Die definitive Analyse der Skelette besteht aus drei Teilen. Einerseits aus den Nachforschungen, die vor Ort angestellt wurden, in diesem Fall mithilfe der Friedhofsbücher und anderer Dokumente von Behörden und Nachkommen. So konnten die Überreste ausfindig gemacht und ungefähr zugeordnet werden. In einem zweiten Schritt werden diese Reste nun im Labor gereinigt, erst trocken mit Holzstäbchen und Bürsten von den gröbsten Erdresten und Unreinheiten befreit, dann Stück für Stück gewaschen und zum Trocknen aufgelegt. Tags darauf werden sie einzeln untersucht, geordnet nach »anatomischen Einheiten«. Sehr wichtig sind die besonderen Merkmale. »Das hier etwa ist ein Oberarmknochen und das Schulterblatt eines Mannes. Da, an dieser ausgefransten Stelle, sieht man ein *trauma perimortem,* ein Trauma zum Zeitpunkt des Todes, das sicherlich von einem Schuss herrührt.« Danach wird versucht, das Skelett mehr oder weniger vollständig zusammenzusetzen. Auf einer Karteikarte halten sie alle wichtigen Daten fest: Geschlecht, Alter, Statur. »Der Mann war zwischen 27 und 40 – bei jüngeren Menschen ist es leichter, das genaue Alter zu bestimmen, bei älteren ist die Bandbreite größer –, Größe 160 Zentimeter plus/minus 3,9. Alles, jedes morphologische Detail wird beschrieben und fotografiert.« Zwei Tage dauert es, bis die Daten erhoben sind, das Skelett in all seinen Einzelheiten erfasst ist. Im Vergleich mit den bereits zuvor ausgeforschten Materialien kann man es nun einer konkreten Person zuordnen.

Der dritte und letzte Schritt ist die DNA-Probe. Seit 2004 arbeiten sie hier, in der Madrider Zweigstelle von Aranzadi, mit einem privaten Labor zusammen, das seine Ausstattung auf den letzten Stand gebracht hat, um die Protokolle für DNA, die von Skeletten stammt, und »alte DNA« ausführen zu können. Nicht jedes Labor sei dazu fähig, und das habe seinen Preis: zwischen 600 und 700 Euro, wenn es auf Anhieb gelingt. Das Labor müsse zwei Proben machen und eine Analyse. Auf der einen Seite werden DNA-Proben der Nachfahren untersucht, auf der anderen die der Skelette, wenn möglich aus den Zähnen, da sich in ihnen die DNA am besten erhält. Schließlich werden die Ergebnisse verglichen und die Wahrscheinlichkeit einer Verwandtschaft festgestellt. Stimmen die Daten überein, können die Reste den Familienangehörigen übergeben werden. Für sie hat die Suche ein Ende. Für alle Beteiligten an den Exhumierungen geht es aber weiter, solange noch Menschen in Straßengräben, Feldern, Friedhöfen, Massengräbern verscharrt sind, solange Nachkommen ihre Vorfahren suchen und solange Mittel dafür zur Verfügung stehen.

Den letzten Forschungen zufolge wurden während und nach dem Bürgerkrieg im Hinterland und in den eroberten Gebieten 130 199 Menschen von den sogenannten Nationalen des Generals Franco ums Leben gebracht. Schätzungen zufolge liegen bis heute rund 113 000 in ihren provisorischen Grabstätten, stören immer noch den Frieden der spanischen Landschaft, reißen immer noch Gräben zwischen den ehemaligen Fronten auf und verhindern, dass die Wunden sich schließen können. Auf franquistischer Seite wurden 49 272 Personen getötet. Die meisten dieser Opfer wurden von den Gewinnern des Kriegs exhumiert, geehrt und in Würden bestattet, ihre Hinterbliebenen für den Verlust entschädigt, sofern dies möglich war. Die Ermordeten auf der anderen, der republikanischen Seite aber liegen immer noch dort, wo sie von den Vertretern einer Diktatur vor nunmehr einem dreiviertel Jahrhundert getötet und verscharrt wurden. Der inzwischen demokratisch gewordene Staat hält es nicht für seine Sache, sie zu exhumieren, er überlässt es stattdessen den Familien, ihre Vorfahren mit der finanziellen Unterstützung eines Ministeriums selbst auszugraben. Seit 2006 wurden von der Regierung insgesamt 25,1 Millionen Euro für »Erinnerungsarbeit« zur Verfügung gestellt, davon 8,1 Millionen für Exhumierungen. Im März 2012 wurde das dafür bestimmte Jahresbudget um sechzig Prozent auf 2,5 Millionen Euro gekürzt, im Budget 2013 taucht dieser Posten gar nicht mehr auf – unter dem Vorwand der Krise wurde er gestrichen. In den letzten zwölf Jahren haben die verschiedenen Organisationen an die 5500 Überreste exhumiert und ihren Familien übergeben. Müßig zu fragen, wie lange es dauern wird, bis alle im Bürgerkrieg und während der Diktatur Ermordeten in Würde begraben sind.

Aus dem Besucherbuch von Espinosa de los Monteros (Burgos), April 2012

Esperanza González Spñívdo

Nací el 5 de Enero del 38 en la cárcel de Burgos. Toda mi familia fuimos muy represaliados, de hecho, hemos tardado más de 70 años en encontrar a un tío, pues le enterraron pero no sabíamos donde estaba su cuerpo. Mi madre estuvo en la cárcel dos años y pico y mi padre 7 años entre prisiones y batallones de trabajo. Lo llevaron por muchas cárceles, en el penal del Dueso de Santoña, en Castejón de Navarra, en el Fuerte de San Cristóbal, en la Modelo de Barcelona, en Valencia, en el penal de Rota en Cádiz, en Jerez de la Frontera.

Hoy me alegro mucho de que se haya podido hacer esta exhumación, algo que se les debe a sus familiares. Me alegro mucho que se les pueda sacar de esa cuneta, hecho tan vil e ignominioso. Siempre agradeceré a todos aquellos que han hecho posible esto desde el primero hasta el último. Siempre recordaré a mi madre lo que lloró por no encontrar a su hermano. Por eso me alegro tanto por los que hoy pueden encontrar a sus seres queridos.

Quelle: Agrupación de Familiares de las personas asesinadas en Espinosa de los Monteros; Ministerio de la Presidencia; Sociedad de Ciencias ARANZADI.

Übersetzung

Esperanza González Sañudo

Ich wurde am 5. Januar 38 im Gefängnis von Burgos geboren.

In meiner ganzen Familie wurden wir sehr unterdrückt. Daher haben wir mehr als siebzig Jahre gebraucht, um einen Onkel ausfindig zu machen, den sie umbrachten, von dem wir aber nicht wussten, wo seine Leiche war. Meine Mutter war mehr als zwei Jahre im Gefängnis und mein Vater mehr als sieben Jahre im Gefängnis und bei Arbeitsbataillonen. Sie schickten ihn in viele Gefängnisse: in die Strafanstalt von El Dueso de Santoña, in Castejón de Navarra, in Fuerte de San Cristóbal, in das Modelo-Gefängnis von Barcelona, in Valencia, in die Strafanstalt von Rota bei Cádiz, in Jerez de la Frontera.

Heute bin ich sehr froh, dass die Exhumierung gemacht werden konnte, etwas, was man seinen Familienangehörigen schuldig ist. Es freut mich sehr, dass man sie aus diesem Straßengraben holen kann, eine derart gemeine und schändliche Tat. Ich werde immer allen dankbar sein, die das ermöglicht haben, vom Ersten bis zum Letzten. Ich werde immer meine Mutter in Erinnerung behalten, wie sehr sie weinte, da sie ihren Bruder nicht fand. Deshalb freue ich mich so für die, die heute ihre Lieben finden können.

Emilio Silva
oder Das Ende der Bedeutungslosigkeit

Ein verschlungenes Vorortviertel im Norden von Madrid, Reihen roter Ziegelbauten, ein Haus aus den Sechzigerjahren, vierter Stock über eine kahle Treppe. Emilio Silva öffnet, Marley, eine kleine weiße Promenadenmischung, empfängt freundlich. Ohne großes Aufheben kommen wir am Couchtisch zur Sache. Emilio Silva hat die erstaunliche Fähigkeit, mindestens drei Dinge auf einmal zu tun: den Bericht über den Rücktritt des Präsidenten der Autonomen Region Valencia, Francisco Camps, im Fernsehen zu verfolgen, am Computer das Internet auf Neuigkeiten hin zu überwachen und perfekt erzählend ein Interview zu geben. Nur das Telefon bringt ihn manchmal etwas aus der Konzentration, zwei Blackberry-Handys liegen auf dem Tisch, immer wieder wird er angerufen oder bekommt SMS.

Emilio Silva Barrera, 1965 in Navarra geboren, ist Journalist. Sein Großvater, Emilio Silva Faba, wurde am 16. Oktober 1936 bei Priaranza del Bierzo ermordet und am Straßenrand verscharrt. Am 21. Oktober 2000 leitete Emilio, der Enkel, die Exhumierung der »13 von Priaranza«, die zum Auftakt der Bewegung zur »Wiedererlangung des historischen Gedächtnisses« wurde. Im Dezember desselben Jahres war er einer der Mitbegründer der *Asociación para la Recuperación de la Memoria Histórica*, ein Verein, der heute an die vierhundert Mitglieder hat, unzählige Freiwillige, die an den Exhumierungen mitarbeiten, und über das größte Archiv von Verschwundenen verfügt, »Tausende Karteikarten, die nach einem Protokoll der Vereinten Nationen erstellt wurden«. Emilio Silva ist seit der Gründung der ARMH der aktivste Streiter für die Sache in Spanien. Das Interview mit ihm wird beinahe zum Monolog, er spricht rasch, berichtet mit Vehemenz, erzählt sich selbst fort, von einem Thema zum nächsten und beginnt am Anfang.

Bei den ersten Ausgrabungen im Jahr 2000 berichtete nur die deutsche ARD über uns, im Jahr darauf gesellte sich die Berliner taz dazu, das holländische

NRC, es waren nur ausländische Medien. Als unser Verein 2002 schlagartig bekannt wurde, schreckten die Sozialistische und die Kommunistische Partei auf, denn dieses Thema betraf sie direkt. Plötzlich waren wir überall präsent, und sie wussten nicht einmal, wer wir waren. Daher gründeten sie zwei Organisationen, von denen eine, die sozialistische *Asociación de descendientes del Exilio* (Verein der Nachkommen des Exils), gegen die Exhumierungen Position bezog. Für sie war es damit getan, einfach ein Denkmal aufzustellen. Die PCE gründete das *Foro por la Memoria* (Gedächtnisforum), für das die Exhumierungen rein politische Akte waren. Sie behaupteten, wir würden durch unseren Diskurs der Familien und der Menschenrechte die Opfer verraten. Die beiden Organisationen hatten es auf uns abgesehen, denn das Gedächtnis ist sehr mächtig, und die Parteien wollen es kontrollieren. Es behagte ihnen nicht, dass man von der Vergangenheit sprach, vor allem, weil die beiden Parteien für das Amnestiegesetz des Jahres 1977 gestimmt hatten. Für uns war dies ein Rätsel. Natürlich gab es damals großen Druck der Militärs, aber man kann sich im Parlament seiner Stimme enthalten, statt ein Gesetz der Straflosigkeit mit zu beschließen.

Das *Foro* kritisierte uns immer heftiger und nannte uns schließlich »Neoliberale des Gedächtnisses«. Nach und nach gewann es an Bedeutung innerhalb der PCE, daher versuchte die Partei, die Führung zu übernehmen. So spaltete sich die Organisation, neben dem *Foro* wurde die *Federación Estatal de Foros por la Memoria*, die Staatliche Föderation der Gedächtnisforen, gegründet.

Generell etablierten sich ab dem Jahr 2002 immer mehr Vereine, man kontaktierte uns aus Extremadura oder Valladolid. Dies sind »Vereine zur Wiederherstellung des historischen Gedächtnisses«, die nichts mit uns zu tun haben. Eigentlich sind sie illegal, sie hätten einen anderen Namen wählen sollen, da unser Name geschützt ist. Wir haben ihn im Patent- und Markenamt angemeldet, haben aber nie gerichtliche Schritte unternommen, denn wir müssen mit denen streiten, mit denen wir streiten müssen.

Natürlich hatten wir keine Ahnung, was alles auf uns zukommen würde. Bis dahin war es um das Gedächtnis sehr still gewesen. Man sprach vom Bürgerkrieg und vom Franquismus, als wären sie längst vergangen. Das änderte sich, als wir die ersten Fotos der Gräber zeigten, die Bilder der Gräber machen viele Menschen sehr nervös. Hätten wir ein Denkmal hingestellt, wäre wohl nichts geschehen. Zufälligerweise tauchten gerade in diesem Moment Pío Moa und andere Rechte auf, um ihre neofranquistische Version der Geschichte in die Welt zu setzen. Gleichzeitig gab es ein paar progressive Historiker, die gegen uns schrieben, vor allem, weil wir die *transición* kritisieren. Dabei kritisieren wir weniger die *transición* als vielmehr den Diskurs über die *transición*, demzufolge sie ein Idyll war, um die Spanier miteinander zu versöhnen. Einige Historiker begannen sich deswegen auf uns einzuschießen. Santos Juliá meinte etwa in einem Artikel in *El País*[*], dass man sich nicht auf mündliche Zeugnisse verlassen dürfe. Wenn wir mündlichen Zeugnissen nicht vertrauen dürfen, dann können wir gleich die Gerichte schließen, denn die Verhandlungen stützen sich auf Zeugenaussagen. Insofern ist auch bezeichnend, dass die meisten Untersuchungen über die Repression nicht von Forschern an den Universitäten gemacht wurden, sondern von Mittelschullehrern oder Menschen, die andere Berufe haben und in ihrer Freizeit daran arbeiten. Die spanischen Universitäten kümmerten sich nicht darum, im Gegenteil, als die Exhumierungen begannen, haben sie sich über uns empört, weil wir die Vergangenheit für uns reklamierten. Aber es gibt auch einige Forscher an Universitäten, die uns unterstützen.

Was hat die Ley de Memoria Histórica *für die Vereine bedeutet?*

Das Gesetz wurde am 23. Juli 2004 vom Ministerrat angekündigt, der in León tagte. Einen Monat zuvor, am 24. Juni, hatten wir in Rivas Vaciamadrid, fünfzehn Kilometer von Madrid entfernt, eine große Hommage für die Verteidiger der Republik organisiert. Für uns war es eine Machtprobe, es traten viele Schriftsteller, Künstler, Musiker auf und es kamen an die zwanzigtausend Personen. Ich glaube, diese Hommage beeinflusste die Regierung. Als dann aber am 28. Juli 2006 der erste Entwurf des Gesetzes vorlag, waren wir sehr überrascht, denn es kam nicht einmal der Ausdruck »franquistische Diktatur« vor. Was in der Zwischenzeit geschehen war, weiß ich nicht. Wir hatten eine Sitzung mit Regierungsvertretern Anfang Dezember 2004, es hieß, das Gesetz würde Mitte März verabschiedet werden. Doch dauerte es bis zum 26. Dezember 2007. Es dürfte ziemliche Probleme gegeben haben, statt drei Monaten benötigten sie drei Jahre. Ich sprach einmal mit Zapatero, noch bevor er Ministerpräsident war, er dachte, er hätte einen gewissen Spielraum, um das Gesetz beschließen zu können. Doch gab es scheinbar Widerstand in der Partei ...

Das hat mit unserer Geschichte zu tun. Achtzig Prozent der Regierungsmitglieder seit dem Tod Francos, egal zu welcher Partei sie gehören, stammen aus Familien von hohen Funktionären des Franco-Regimes. Zum Beispiel die drei

---

[*] Santos Juliá: Trampas de la memoria, in: *El País*, 14.10.2006.

Vizeministerpräsidenten der letzten Legislaturperiode, alle aus der Sozialistischen Partei: Der Vater von Alfredo Pérez Rubalcaba war Flieger der franquistischen Luftwaffe. Der Vater von Manuel Chávez war Oberst der franquistischen Armee, seine Mutter gründete die *Sección Femenina* der Falange in Ceuta. Und der Vater der Wirtschafts- und Finanzministerin Elena Salgado war ebenso ein hoher Funktionär des Regimes. Der Vater der ehemaligen Vizeministerpräsidentin, María Teresa Fernández de la Vega, die, nebenbei gesagt, für das Gesetz zuständig war, arbeitete als Delegierter des Ministeriums für Arbeit in Valencia und Zaragoza. Dieses Ministerium hatte enge Verbindungen zur Falange und zum Nationalsyndikalismus. Der Vater des früheren Präsidenten des Abgeordnetenhauses, José Bono, war siebzehn Jahre lang franquistischer Bürgermeister im Blauhemd der Falangisten. Bei der PP ist es genauso. Manchmal sind sie auch verwandt: Trinidad Jiménez [die frühere Außenministerin] ist eine Cousine von Alberto Ruiz Gallardón [dem früheren Bürgermeister von Madrid und jetzigen Justizminister]. Der Schwiegervater von Ruiz Gallardón ist José Utrera Molina, der unter Franco Arbeitsminister war. Wie man sieht, ist es eine Oligarchie, die in zwei Teile zerfallen ist, einige gingen zur PSOE, andere zur PP, aber es gibt viele Dinge, in denen sie einer Meinung sind. Im Bereich der Gedächtnispolitik etwa haben sie keine rote Linie überschritten, es ist eine Politik, die keinen Konflikt ausgelöst, keinen Verlust von Privilegien bedeutet hat. Der Einzige, der diesen Status bedroht, ist Baltasar Garzón. Und man hat ja gesehen, wie die Cosa Nostra mit ihm abgerechnet hat. Viele von denen, die gegen Garzón intrigiert haben, stammen ebenso aus franquistischen Familien. Meiner Meinung nach kam es zum Prozess gegen Garzón, weil er einen Pakt gebrochen hat. In der politischen Soziologie gibt es das »eherne Gesetz der Oligarchie« von Robert Michels, und Garzón hat gegen dieses Gesetz gehandelt. Noch nie wurde der Status von so vielen Franquisten derart infrage gestellt, die dank der Diktatur reich geworden sind, die politische Sklaven ebenso ausgenutzt haben wie die Gewalt der Diktatur. Und plötzlich kommt da dieser Richter und schreckt sie auf. Es ist ein Klassenkampf. Im Grund konnten die Nachkommen der Verlierer des Bürgerkriegs, wie meine Familie, in fünfunddreißig Jahren keine Gruppe bilden, die Druck auf die Politik ausgeübt hätte. Es ist vor allem ein soziologisches Phänomen, denn diejenigen, die in den Fünfziger-, Sechziger- und Siebzigerjahren an den Universitäten studierten, waren meist Kinder des Regimes, Mitglieder der Oberschicht, und ein paar aus den Unterschichten. Im Madrider Colegio del Pilar gingen etwa José María Aznar und Javier Solana zu Schule, der eine konservativ, der andere Mitglied der PSOE. Es ist eine soziale Klasse. Die PCE hätte dieses Gleichgewicht aufbrechen können, doch tat sie es nicht. Bei den Wahlen des Jahres 1977 – dies ist bezeichnend, wird aber nie erwähnt – konnten viele republikanische Parteien nicht antreten. Somit waren es keine freien Wahlen. Und ich spreche nicht von kleinen Parteien, ich spreche von *Izquierda Republicana*, der Republikanischen Linken, der Partei des republikanischen Präsidenten Manuel Azaña, der mein Vater angehörte. Kommunisten und Sozialisten schafften sich dadurch einen Konkurrenten vom Hals, im Parlament stellte niemand das Amnestiegesetz infrage, niemand diskutierte über Republik oder Monarchie. Beide Parteien verteidigen die *transición* bis heute und haben nie erklärt, warum sie für das Amnestiegesetz stimmten, zu einem Zeitpunkt, als praktisch alle politischen Gefangenen bereits in Freiheit waren.

Warum wird in der Öffentlichkeit nicht öfter über diese Themen gesprochen?

Weil die spanische Demokratie medial sehr eng ist. Nehmen wir zum Beispiel die Tageszeitung *El País*. Einer ihrer Gründer war Manuel Fraga, Minister von Franco und Stammvater der PP. Wer ist Juan Luis Cebrián, der erste Herausgeber der Zeitschrift, heute der starke Mann der Mediengruppe PRISA, zu der *El País* gehört? Er war 1974 Leiter der Nachrichtenabteilung des spätfranquistischen Fernsehens. Es war eine breit angelegte Operation, um zur Demokratie überzuwechseln und gleichzeitig unter dem Anschein von Demokraten die Privilegien behalten zu können. Im Grund geht es nur um Privilegien. Es gibt jede Menge an wechselseitigen Beziehungen, wie im Fall der *Ley de Memoria Histórica*: Die PSOE beschließt ein sehr weiches Gesetz und die PP schlägt Krawall, damit es so aussieht, als wären sie dagegen. Ich glaube, sie haben ein stillschweigendes Abkommen.

Einer der unglaublichsten Aspekte dieses Gesetzes ist übrigens ein Zertifikat zur persönlichen Wiedergutmachung, das aber keine Wiedergutmachung ist. Sie haben ein Dokument erfunden, das dir nicht etwa ein Minister im Rahmen eines öffentlichen Aktes überreicht. Per Post wird es dir nach Hause geschickt! Darin steht, was für ein guter Mensch dein Großvater war. In der Präambel des Gesetzes heißt es, dass das Gedächtnis »persönlich und zur Familie gehörig« sei. Da du nicht zu meiner Familie gehörst, breche ich gerade das Gesetz, wenn ich mit dir über das Gedächtnis spreche. Dieser Aspekt ist franquistisch, denn er besagt, dass das Gedächtnis weiterhin im Verborgenen zu bleiben hat. Welchem Opfer der Gewalt gegen Frauen, welchem Opfer des ETA-Terrorismus würde ein Politiker so etwas zumuten? Das einzig Positive am

Gesetz war die öffentliche Debatte über die Vergangenheit. In dieser Hinsicht ist mir alles recht: Es gibt schlechte Dokumentarfilme über die Vergangenheit, aber sie bewirken etwas. Der Prozess der letzten Jahre hat zum Beispiel bewirkt, dass in so konservativen Zeitungen wie *ABC* oder *La Razón* der Ausdruck »Verbrechen des Franquismus« vorkommt, an sich schon ein sozialer Wandel und ein Erfolg für uns.

Wie geht denn die konservative Seite mit dem Thema um?

Im Sommer 2003 wurde José María Aznar nach seiner Urlaubslektüre gefragt. Unter anderem nannte er *Die Mythen des Bürgerkriegs* von Pío Moa. Der Ministerpräsident einer demokratischen Regierung steht für ein Buch, das eine Diktatur glorifiziert – und nichts geschah! Ebenso finanzierte das Kulturministerium von Aznar drei Jahre lang die *Fundación Francisco Franco*. Aber das gehört zu seiner Idee des »Großen Spanien«, genauso wie der Nationalismus. Ein anderes Beispiel: 2006 veröffentlichte ich in *El País* einen Artikel unter dem Titel »Das ist eine vom Teufel inszenierte Kampagne«. Der Satz stammt aus dem Dokumentarfilm *Las fosas del silencio*, Die Gräber des Schweigens. Darin werden Franquisten interviewt, die jeden ersten Mittwoch im Monat in Madrid eine Messe für die im Krieg und in der *División Azul* gefallenen Soldaten feiern. Eine Frau wird nach ihrer Meinung über die Exhumierungen gefragt und antwortet: »Das ist eine vom Teufel inszenierte Kampagne. Sie machen alles zunichte. Dabei hatten wir ihnen schon verziehen.« Müssen sie meinem Großvater verzeihen, dass er sich zwei Kugeln in den Kopf schießen ließ? Am bezeichnendsten finde ich aber den Satz »Sie machen alles zunichte«. Denn drehe ich ihn um, sagt mir die Frau, dass alles in Ordnung sei. Und so haben wir, ohne es zu wollen, eine Grenze überschritten, die fünfundzwanzig Jahre lang bestens gehalten hatte.

Warum wurde sie nicht schon früher überschritten?

Es gab zwar Ende der Siebzigerjahre eine Auseinandersetzung mit dem Franquismus, es gab Exhumierungen, aber der Aufstand des Obersts Tejero am 23. Februar 1981, der 23-F, setzte ihnen ein Ende. Diejenigen, die den Franquismus miterlebt hatten, wollten ihn nicht noch einmal zum Leben erwecken. Der Satz, den Tejero brüllte: »¡Quieto todo el mundo! – Alles stillhalten!«, im Fernsehen zu sehen, war ein unerbittlicher Befehl. In einem Land, das vierzig Jahre lang voller Angst gelebt hatte, muss jemand nur mit einer Pistole im Parlament auftauchen, diesen Satz brüllen, das war's dann auch schon. In dem Sinn hat der Putsch triumphiert. Das Amnestiegesetz von 1977 hatte die juristische und die politische Straflosigkeit zur Folge – dadurch machten die Parteien gemeinsame Sache mit dem Franquismus. Aber es war auch eine soziale Straflosigkeit notwendig. Denn als die Konservativen ins Schlingern gerieten, der Aufstieg der PSOE drohte – was ermöglichte diese soziale Straflosigkeit? Der 23-F. Damit war alles »verschnürt und fest verschnürt«, wie Franco zu sagen pflegte. Darauf folgten zwanzig Jahre ohne den geringsten Muckser. Das entspricht der Theorie des Pawlowschen Reflexes, demzufolge der zweite Reiz länger anhält. Der erste Reiz war die Diktatur, der zweite der Putsch. Die Leute sagten sich, jetzt kann ich über alles sprechen, kann wählen gehen, dazu kam der Wirtschaftsaufschwung, eine Art von Sozialabkommen: Ich akzeptiere das Wirtschaftswachstum, das mit dem Schweigen einhergeht.

Dieses Modell hat Spanien weltbekannt gemacht. Nach der Verabschiedung der *Ley de Memoria Histórica* kam zweimal eine Wahrheitskommission aus Südkorea. Eines Tages rief mich die südkoreanische Botschaft an, sechs Personen wollten mit mir sprechen. Wir trafen uns, ich erzählte vom Verein, sie reisten ab. Ein Jahr später kamen fünfzehn Personen und der Präsident der Kommission, ein katholischer Priester. Wir trafen uns in einem Hotel und sprachen anderthalb Stunden, vor allem über die Exhumierungen. Als ich nach dem Treffen vor dem Hotel eine Zigarette rauchte, gesellte sich der Übersetzer dazu. Und ich stellte ihm die Frage, die ich aus Scheu der Kommission nicht gestellt hatte: Warum kommen sie nach Spanien? Wenn sie etwas über Gedächtnispolitik lernen wollen, dann sollten sie wohl eher nach Deutschland, Frankreich oder Argentinien reisen. Der Übersetzer klärte mich auf. Die Kommission wurde im Herbst 2005 ins Leben gerufen, doch bald kam sie unter Beschuss der größten, konservativen Zeitung des Landes. Als Beispiel führte die Zeitung Spanien an, das gleich groß war wie Südkorea, wo die Diktatur ähnlich lange gedauert hatte und das damals als Wirtschaftswunder galt. Doch verfasste ein hier lebender koreanischer Hispanist einen Bericht über den damals ausgebrochenen Streit um die Vergangenheit, den auch die Abgeordneten zu lesen bekamen. Deswegen war die Kommission zum zweiten Mal hierher gereist, um zu überprüfen, ob Spanien tatsächlich nachahmenswert sei. Und was ist Spanien? Ein Modell für Straflosigkeit. Und für verdrängte Erinnerung.

Wir wuchsen mit der Vorstellung auf, die Vergangenheit sei ein persönliches und familiäres Problem. Mein Vater erzählte mir etwa von meinem Großvater und sagte: »Darüber spricht man außer Haus nicht.« Wir wurden in einer Unordnung groß, denn wir merkten, dass wir eine Geschichte hatten, über die man nicht sprechen konnte. Ich glaube, das jetzige Aufbrechen der Erinnerung hat etwas Therapeutisches an sich, da wir in einer Art Psychose lebten, einer Schizophrenie zwischen dem, was wir draußen waren, und dem, was wir zu Hause waren. Zu Hause lebten wir unsere wahre Identität: eine Familie, die den Krieg verloren hatte, der alles genommen worden war, was sie besaß, die verachtet und gequält wurde. Draußen waren wir etwas anderes, eine Familie, die ganz normal ihrer Arbeit nachging. Was dann geschah, war eine Art Ausgleich, um drinnen und draußen das sein zu können, was wir wirklich sind. Neben dem politischen und humanitären Aspekt gibt es diesen wichtigen therapeutischen Aspekt: die Schizophrenie aufzubrechen, die Unordnung zu ordnen. Ich nenne es das Ende der Bedeutungslosigkeit: Als Familie mussten wir uns bedeutungslos machen, um überleben zu können, wir lebten in der Demokratie auf bedeutungslose Weise und sind dabei, unserer Bedeutungslosigkeit ein Ende zu setzen. Denn wir sehen nicht ein, warum wir nicht in der Gesellschaft vertreten sein sollen. Es gibt einen Tag, der den Opfern des Holocaust gewidmet ist oder einen für die Opfer des Terrorismus. Aber es gibt in Spanien keinen Tag, der den Opfern der Diktatur gewidmet wäre oder denen des erzwungenen Verschwindens, was eines der brutalsten Verbrechen ist, die man gegen eine Person begehen kann: sie zu entführen, zu foltern, zu ermorden und ihre Leiche verschwinden zu lassen.

Warum ist die andere Seite derart aggressiv gegen die Tätigkeit der Vereine?
Sie akzeptieren nicht. Der Satz der Frau ist repräsentativ: »Wir hatten ihnen bereits vergeben.« Was denn? Mein Großvater war Zivilist, der nie jemandem etwas getan hatte. Die in den Massengräbern Verscharrten sind auch Zivilisten. Unser Verein hat kein einziges Grab im Kriegsgebiet exhumiert. Alle waren Zivilisten, wie die Opfer, die von der ETA entführt und erschossen wurden. Die PP wusste das sehr wohl, als sie die Demonstrationen auf der Plaza de Colón gegen die ETA organisierte. Dort sah man Transparente mit der Aufschrift »Zapatero, geh zu deinem Großvater« [der von den Aufständischen erschossen wurde]. Wie ist es möglich, dass jemand an einer Demonstration teilnimmt, auf der man den Tod des Ministerpräsidenten fordert? Wenn ich bei einer Demonstration jemanden sehe, der ein Transparent mit der Aufschrift »Für ein neues Paracuellos!« trägt [siehe Seite 80], so sage ich ihm, er soll verschwinden. Sie aber können perfekt damit leben, das ist der Beweis für die Bedeutung, die die ETA für den spanischen Nationalismus hat, als Element des Zusammenhalts und der Verschleierung. Wie viele von den älteren Herren, die auf der Plaza de Colón in eleganten Mänteln »Mörder!« schrien und dabei

nach Norden, in Richtung Baskenland zeigten, waren früher in den Gefängnissen gewesen und hatten ihre Landsleute gefoltert? Sicherlich einige. Und was hat ihnen der Terrorismus ermöglicht? Sich zu verstecken. Die Bösen sitzen dort oben und tragen eine Baskenmütze.

Anfangs wollten wir die beiden Themen nicht zusammenbringen, doch wenn man von Staatspolitik spricht, so kann es nicht angehen, dass die Opfer der ETA Wahrheit, Gerechtigkeit und Wiedergutmachungen erhalten haben, Millionen an Entschädigungen, und die Täter in Haft sind. Und die Opfer des Franquismus sind ihrem Schicksal ausgeliefert. Eine Demokratie darf keine doppelte Moral haben. Immer noch sind 113 000 namentlich bekannte Personen in Spanien begraben, auch wenn es wahrscheinlich mehr sind, denn viele Provinzen sind noch nicht erforscht. Niemand weiß, ob all diese Menschen einmal exhumiert werden. Wir exhumieren, wenn man uns danach fragt. Aber viele wissen nicht, an wen sie sich wenden sollen, um ihre Vorfahren auszugraben, und viele haben wohl noch immer Angst.

José María Pedreño
oder Das Recht, die Dinge zu erzählen

Wie jeden Donnerstag hat es José María Pedreño eilig. Wir treffen uns um achtzehn Uhr auf der Puerta del Sol, um halb sieben muss er in eine Versammlung (er kam zu spät), um sieben Uhr beginnt der donnerstägliche Umzug der Sympathisanten der *Federación Estatal de Foros por la Memoria*, der Staatlichen Föderation der Gedächtnisforen, die mit Plakaten, Transparenten und Fahnen der Kommunistischen Partei und der Zweiten Republik um das Reiterstandbild von Karl III. marschieren. Vor dem Gebäude der Comunidad de Madrid machen sie Halt, um an dessen Vergangenheit als Kerker und Folterzentrum der franquistischen Geheimpolizei zu erinnern.

Foros por la Memoria, wie er der Einfachheit halber genannt wird, ist der Dachverband von neunzehn, bald zwanzig Vereinen, »viele oft sehr kleine Organisationen«, deren genaue Mitgliederzahl schwer zu eruieren ist. »Hier in Madrid haben wir ungefähr hundert Mitglieder, aber der aktive Kern ist nicht größer als zwölf, dreizehn Personen. Die anderen arbeiten punktuell mit. In Huelva sind es fünf, doch auch fünf können ganz schön Lärm machen, wenn sie imstande sind, viele Leute zu mobilisieren. Aber die Avantgarde der Organisation sind sehr, sehr wenige.« Die kommunistische Diktion ist nicht zufällig, hat sich die *Federación* doch von der Kommunistischen Partei abgespalten, weniger aus ideologischen denn aus machtpolitischen Gründen.

Wie viel Lärm relativ wenige Personen schlagen können, zeigte der 1. Kongress der Opfer des Franquismus, der vom 20. bis 22. April 2012 in Rivas Vaciamadrid stattfand und an dem mehr als sechzig Vereine und dreihundert Personen teilnahmen. Hauptorganisator und Motor der Veranstaltung war Pedreño. Die Vorträge, Diskussionen und Zeugnisse sind auf der Website des Vereins zu sehen und sollen als Buch erscheinen.

All dies organisiert José María Pedreño neben seiner Arbeit, beinahe ohne jede Infrastruktur. »Mein Büro ist mein Handy, mein Computer, ein Zimmer zu Hause und die Garage eines Kollegen, der ein kleines Haus hat. Dort haben wir unsere Werkzeuge, unser Material und das Zeltdach für die Exhumierungen.« Ein anderer Kollege aus Barcelona betreut die Website, die in Spanien sicher eine der umfassendsten Informationsquellen zu diesem Thema ist und beachtliche zwei Millionen Mal im Monat angeklickt wird. Wichtig sei auch die Vereinsarbeit, der Vorstand trifft sich alle zwei Wochen, alle sechs Monate findet eine Vollversammlung statt. Für den Verein selbst wird kaum etwas ausgegeben, die Subventionen kommen Veröffentlichungen, Dokumentationen, Ausstellungen oder der Instandhaltung der Webseite zugute. Die Exhumierungen werden von Familienangehörigen der Opfer oder von Organisationen beantragt, die verschiedenen Vereine unterstützen sie bei der Antragstellung und den Amtsgängen. Seine eigene Aufgabe sieht das *Foro* eher in der politischen Gedächtnisarbeit.

José María Pedreño wurde 1959 geboren, heute lebt er in Leganés im Süden von Madrid. Sein Interesse am Bürgerkrieg und am Franquismus geht kurioserweise auf seinen Militärdienst in den späten Siebzigerjahren zurück. Er war einer Stelle zugeteilt, bei der Opfer des Franquismus Wiedergutmachung beantragen konnten. »Nachmittags ging ich immer ins Militärgericht und suchte Personalakten zusammen, um die an uns gerichteten Ansuchen bearbeiten zu können. Damals waren die Witwen kaum älter als sechzig, ich sprach mit vielen, meist waren es Arbeiterinnen. Dann las ich die Gerichtsakten und war empört darüber, dass man mich mein ganzes Leben lang betrogen hatte. Stets hatte es geheißen, die Roten wären die Bösen gewesen, dabei war es genau umgekehrt. Und die Geschichten, die ich zu lesen bekam, waren schrecklich.« So begann er sich für die Vergangenheit zu interessieren und, Ironie des Schicksals, beendete seinen Militärdienst als überzeugter Linker.

Er arbeitete als Buchhalter. »Als ich eines Tages überraschend entlassen wurde, beschloss ich, mich selbständig zu machen. Zu der Zeit traf ich einen ehemaligen Genossen, der eine Kulturstiftung leitete. Er lud mich zum Abendessen ein, bei dem für verarmte Mitglieder der Internationalen Brigaden aus den ehemaligen Ostblockländern Geld gesammelt werden sollte. Die Stiftung fand ich sehr interessant, ich beschloss mitzuarbeiten.«

Es war die *Asociación Cultura, Paz y Solidaridad* »*Haydée Santamaría*« aus Leganés, benannt nach der kubanischen Revolutionärin, Gründerin und Leiterin des Kulturzentrums *Casa de las Américas*. Damals, als der Eiserne Vorhang gefallen war, fehlte es an politischen Bezugspunkten, aber bald merkten sie, dass diese Bezüge nicht unbedingt im Ausland zu finden waren, sondern ebenso unter den Verteidigern der Spanischen Republik. »Wir luden Widerstandskämpfer aus dem französischen Exil ein, die uns erzählten, wie sie die Züge der Nazis in die Luft gesprengt hatten. Später lernte ich Emilio Silva kennen, bei einer Hommage für die Internationalen Brigaden in Rivas Vaciamadrid. Er berichtete mir von seinem Großvater und den Massengräbern, und ich bat ihn, mich bei der nächsten Exhumierung zu verständigen. Damals war ich Korrespondent von *Mundo Obrero* [Zeitschrift der Kommunistischen Partei] und wollte einen Artikel darüber schreiben.

Eines Tages rief mich Emilio an, es gebe eine Ausgrabung in einem Ort namens Espinosa de Cervera bei Aranda de Duero. Als ich vor der offenen Ausgrabung stand, wusste ich, dass wir uns auch daran beteiligen sollten. Denn sie begnügten sich damit, die Reste ihrer Familienangehörigen zu bergen, ließen aber die politischen und sozialen Aspekte außer Acht. So entstand ein Verein im Geist der von Franquisten Ermordeten, nach dem Vorbild der politischen, sozialen und Gewerkschaftsgruppen der Zweiten Republik. Denn sie waren der Motor des gesellschaftlichen Wandels, viel mehr als die republikanische Regierung, die links oder rechts sein konnte.«

Mit der Unterstützung der PCE und des Vereins »Haydée Santamaría« wurde das *Foro por la Memoria* ins Leben gerufen. Da sie sich aber auch um Angehörige anderer politischer Gruppierungen kümmerten, kam es bald zum Bruch mit der Partei, die immer mehr Macht für sich beanspruchte. Das *Foro* exhumierte Anarchisten, Sozialisten, Republikaner, selbst Mitglieder der kleinen Liberal-Konservativen Partei aus Segovia, die aufgrund ihrer demokratischen Überzeugung gegen den Putsch waren und ermordet wurden. Es gehe um den Geist des 14. April, und der umfasse viel mehr als die PCE. Heute seien immer noch sehr viele Kommunisten in ihrem Verein, aber sie arbeiteten mit Menschen anderer Ideologien zusammen. Der politische Aspekt unterscheidet sie auch von der ARMH, mit der sie seit je eine Hassliebe vereint, trotz der persönlichen Freundschaft zwischen Pedreño und Silva. Sie würden zwar denselben Weg gehen, manchmal aber ein anderes Ziel haben.

»Die Familienangehörigen sind nicht politisiert, sie wollen die Reste ihres Vaters, ihres Großvaters. Sie wollen nicht viel mehr wissen, selbst wenn du ihnen erklärst, dass ihr Großvater der Leiter eines ›Volkshauses‹ der Sozialistischen Partei war. Es ist, als hätte sich die Angst über die Generationengrenzen hinweg fortgepflanzt. Wir erklären den Familien, was wir machen, wenn wir ein Massengrab öffnen, und wenn das jemand nicht will, dann exhumieren wir eben nicht. Wir erklären ihnen, dass wir nach unserem eigenen Protokoll die Reste ihrer Vorfahren bergen. Sie können sie dann ehren, wir aber organisieren unsere eigene Hommage und sprechen viel von Politik, darüber etwa, wer sich ihren Besitz unter den Nagel gerissen hat. Manchmal sagen uns Besucher, unsere Exhumierungen sähen aus wie Militärlager der Roten Armee, alles ist wohlgeordnet, alles ist voll von Fahnen. Wie alle diese Vereine haben wir einen physischen Anthropologen, einen Sozialanthropologen, Historiker und Archäologen. Aber wir haben auch Pressesprecher, Anwälte und Verantwortliche für die Sicherheit. Man merkt unsere politische Schule, es hat viel mit der Tradition der Kommunistischen Partei zu tun, die immer bestens organisiert war.«

Natürlich waren auch die Familienangehörigen dabei, von denen viele immer noch die Konsequenzen fürchten. Deswegen arbeitet das *Foro* mit Psychologen zusammen. Oft stellt sich dann heraus, dass eine unpolitische Familie gar nicht so unpolitisch war, sondern einfach seit mehr als siebzig Jahren Angst hatte. Eine achtzigjährige Frau habe einmal plötzlich die *Internationale* angestimmt. Als Kind habe sie es von ihrem Vater gelernt, aber seit mehr als siebzig Jahren hätte sie das Lied nicht mehr zu singen gewagt, erklärte sie danach den erstaunten Zuhörern. Dieses Aufbrechen des so lange Unterdrückten sei die Folge der politischen Arbeit, es gehe um viel mehr als um die Trauer der Familienangehörigen.

Pedreño erzählt einen anderen Fall, den einer alten Frau in La Rioja, mit der sie über ihre Kindheit sprachen und darüber, wie viele Morde sie hatte mit ansehen müssen. Als er fragte, ob er sie filmen dürfe, rannte sie mit ihrem Stock auf und davon. Nein, nein, nein, auf keinen Fall, schrie sie. Woanders wollte ein alter Mann ebenso wenig aufgenommen werden, falls sich die Sache wieder wenden sollte, wie er meinte. Diese Angst herrscht weniger in den Großstädten, wo vieles verfließt, sie ist eher in den Provinzhauptstädten, in den Dörfern und auf dem Land zu finden, dort sei es oft ungeheuerlich. Denn die Kinder derjenigen, die diese Verbrechen begangen und außerdem den Besitz der Ermordeten an sich gerissen hätten, seien immer noch dort, stolz auf diese Vergangenheit.

Ob dies einer der Gründe für den Erfolg der Revisionisten und rechten Historiker sei, frage ich ihn. Sie hätten vor allem Erfolg, weil Spanien ein kapitalistisches Land sei und es einen großen Unterschied mache, ob man seine Bücher in der Buchhandlung an der Ecke verkaufe oder in *El Corte Inglés*, der

mächtigsten Einkaufskette des Landes. »Hier haben die Erben der Bürgerkriegssieger immer noch das Sagen. Die Linke hat zwar regiert, bestimmte
aber nicht, als sie an der Regierung war. Und die Erben kontrollieren immer
noch alles, beherrschen die Medien und können sich den Luxus einer Menge
von Fernsehsendern leisten, die ihre Geschichtsversion unters Volk bringen.
Die Werke wichtiger Historiker werden verschwiegen, um die Bücher von Pío
Moa zu lancieren. Viele seriöse Historiker wie Ángel Viñas, Francisco Espinosa
oder Paul Preston sind längst nicht so bekannt wie Moa. Außerdem sind die
Dokumentationen, die viele Medien produzieren, sehr schlecht. Sie versuchen,
die Exhumierungen gleichzusetzen: Man weiß oft nicht, ob von Republikanern
oder von Parteigängern der Aufständischen die Rede ist. Einmal protestierte
ich, denn eine Exhumierung der ARMH wurde mit Paracuellos gleichgesetzt.
Wo doch die historischen Voraussetzungen ganz anders waren! Und immer
wieder ist von Paracuellos die Rede, da es sonst kaum etwas gibt, womit man
die franquistische Repression vergleichen kann.«

Das grundsätzliche Problem bestehe darin, dass diejenigen, die den Krieg
verloren haben, die *transición* verloren haben und aufgrund der Krise gerade
dabei sind, auch noch die Demokratie zu verlieren. Denn da die Linke nur über
geringe ökonomische Mittel verfüge, habe sie nach Auffassung der Rechten
kaum Anspruch darauf, ihre Version der Geschichte zu erzählen. Ob denn die
Sozialistische Partei diese Sichtweise nicht geändert habe? Pedreños kommunistische Wurzeln brechen hervor, war doch die PCE die einzige Partei, die
ernsthaft Widerstand gegen Franco zu leisten versuchte: »Das ist nur sehr
schwer zu ändern, und die Sozialisten sind diejenigen, die am besten gelebt
haben: eine Partei, die im Franquismus praktisch nicht existierte, die vierzig
Jahre lang auf Urlaub war, um dann plötzlich neu gegründet wieder aufzutau-
chen, die über die deutsche Sozialdemokratie vom CIA finanziert wurde, geleitet von einer Reihe von Personen, die aus franquistischen Familien stammen!«

Die Bewegung der *memoria histórica* versuche das zu erreichen, was im
restlichen Europa nach dem Zweiten Weltkrieg geschehen war: den Krieg gegen den Faschismus mit friedlichen Mitteln zu gewinnen. Denn institutionell
sei der Faschismus zwar ausgestorben, seine Nachwirkungen seien aber immer noch präsent. Und das gelte es zu bekämpfen. In den letzten Jahren hätten sie alle sehr viel gelernt, vor allem über das internationale Strafrecht. Die
Triade »Wahrheit, Gerechtigkeit, Wiedergutmachung« vereine sie alle, dank
Garzón sei allen bewusst geworden, dass in Spanien ein System der Straflosig-

keit herrsche, das es zu beseitigen gelte. »Wir müssen uns bald zu einer großen Organisation zusammenschließen, wie immer sie auch aussehen mag. Sonst wird die Erinnerung endgültig ausgelöscht, spätestens dann, wenn die letzten Überlebenden verschwinden.«

Francisco Etxeberria
oder Die Verantwortung für die Vergangenheit

Francisco Etxeberria hat viele Leichen obduziert, und viele von ihnen waren politisch brisante Fälle. In den Achtzigerjahren nahm er alle Autopsien an Opfern von ETA-Anschlägen in der baskischen Provinz Gipuzkoa vor. Zur selben Zeit untersuchte er die sterblichen Überreste derjenigen, die der spanische Staatsterrorismus unter der PSOE-Regierung getötet hatte. Im Juni 2011 gehörte er der Expertenkommission an, die feststellte, dass der chilenische Präsident Salvador Allende am 11. September 1973 vom putschenden Militär ermordet worden war und nicht, wie es lange Zeit hieß, Selbstmord begangen hatte. Und er war an der ersten Exhumierung der Gedächtnisbewegung im Oktober 2000 in Prioranza del Bierzo beteiligt, als Emilio Silva seinen Großvater und andere Opfer der Aufständischen ausgrub. An dieser Pioniertat nahm er »eher zufällig« teil, ein befreundeter Anthropologe lud ihn ein, da er ein Experte für die Analyse von Knochenpathologien aufgrund von traumatischen Verletzungen war.

Heute ist Etxeberria der angesehenste Fachmann für die Exhumierungen der Bürgerkriegsopfer, der nicht nur praktisch, sondern auch theoretisch viel zum Bewusstwerdungsprozess der Bewegung beigetragen hat. Neben seiner Tätigkeit als Professor für Rechtsmedizin am Baskischen Institut für Kriminologie der Universität des Baskenlandes in San Sebastián ist er Präsident der bedeutenden Wissenschaftlichen Gesellschaft Aranzadi. Dort gründete er in der Abteilung für Physische Anthropologie ein Team, dessen Mitarbeiter sich auf die Exhumierung der Bürgerkriegsopfer spezialisiert haben und in ganz Spanien zum Einsatz kommen. Aranzadi selbst wurde 1947 im Baskenland ins Leben gerufen, wo es damals, in der düstersten Zeit der Diktatur, keine Universität gab. Aus politischen Gründen durfte sich die Gesellschaft keinen heiklen Disziplinen wie Geschichte oder Soziologie widmen, sondern allein den scheinbar harmlosen Naturwissenschaften. Daher verfügte Aranzadi über große Fachkenntnis in Feldforschung, Laborarbeit und multimedialer Dokumentation, als die Exhumierungen begannen. Heute arbeitet Aranzadi mit verschiedenen Institutionen und mehreren Universitäten zusammen, hat mehrere Außenstellen und hilft nicht nur in technischen Belangen, sondern auch bei komplexen administrativen Tätigkeiten.

Etxeberria spricht leise und verhalten, langsam und überlegend, wird zwischendurch schneller, lauter, leidenschaftlich, spielt mit dem Rhythmus, dem Tonfall. Man glaubt ihm aufs Wort, wenn er meint, er würde in nur einer halben Stunde selbst die Politiker der PP von der Bedeutung der Exhumierungen überzeugen. Für ihn sind die Ausgrabungen die natürlichste Sache der Welt, ist er doch seit je mit diesem Thema vertraut. »Meine Rolle ist ganz klar: Wir müssen über die Todesursachen der Bürgerkriegsopfer sprechen. Das heißt, dass die Rechtsmedizin zur Anwendung kommen muss: Davor scheuen sich die meisten Spezialisten, denn sie fürchten sich vor dem Franquismus, der bis ins 21. Jahrhundert reicht. Ich aber habe keine Scheu davor, man muss es nur mit Ernsthaftigkeit betreiben und im Bewusstsein, dass wir als Staatsbürger oder Spezialisten bei Menschenrechtsverletzungen nicht neutral sein können. Als Rechtsmediziner müssen wir objektiv und unparteiisch sein. Aber die Frage ist, ob wir neutral sein können. Warum? Es handelt sich um Menschenrechtsverletzungen, die keinen zeitlichen Rahmen und geografischen Raum haben, die uns also immer betreffen. Eine Verletzung der Menschenrechte, die jetzt irgendwo anders auf der Welt geschieht, betrifft mich, auch wenn sie weit entfernt scheint. Man kann nicht wegschauen, kann sich nicht seiner Verantwortung entziehen. Außerdem ist diese Geschichte auch meine Geschichte: Ich bin von Menschen umgeben, deren Leben von diesen Ereignissen geprägt ist. Das macht meine Verantwortung umso größer.«

Im Jahr 2000 fing für Etxeberria ein neuer Abschnitt an, in Bezug auf die Auseinandersetzung mit der Vergangenheit und auf die Exhumierungen. Zwischen 1978 und 1981 hatte es bereits Ausgrabungen gegeben, sie waren jedoch sehr laienhaft vonstatten gegangen, heute sind davon nicht viel mehr als Fotos und Zeitungsartikel erhalten. »Als wir zu exhumieren begannen, wurde mir klar, dass wir alles ausführlich dokumentieren mussten. Dokumentieren heißt Gutachten erstellen, die Datum, Name und Unterschrift von fachlich qualifizierten Personen tragen, die Auskunft über die Funde geben. Wenn es heißt, es seien sechs Skelette, dann sind es auch sechs, wenn eines davon eine Frau ist, ist dem auch so. Daher schlug ich von Anfang an vor, technische Gutachten zu erstellen für den Fall, dass die Ausgrabungen einmal administrative oder juristische Folgen haben sollten. Damals dachte ich nicht, dass sich je eine öffentliche Stelle dafür interessieren würde. Doch hielt ich es für unsere Pflicht, den Opfern zu Ehren und damit man auch in Zukunft weiß, wie viele Gräber wir gefunden haben, wie viele Reste, welche Verletzungen, welche Typologien. Daher stellten wir gleich zu Beginn ein Protokoll auf, das nach und nach verbessert wurde. Es hatte einigen Einfluss, sodass man heute das, was die verschiedenen Teams machen, summieren und auf mehr oder weniger objektive Weise nachvollziehen kann, nicht nur akademisch, auch administrativ. Kommt morgen ein internationales Tribunal und stellt uns Fragen, so können wir ihnen sofort Tonnen von Gutachten vorlegen, bestens dokumentiert mit Fotos und Videos.«

Ein großes Problem ist für ihn die Unwissenheit der Verantwortlichen. Als 2011 das – damals sozialistisch besetzte – Justizministerium ankündigte, dass es eine landesweite Karte mit den Massengräbern publizieren würde, wandte er sich an die zuständigen Stellen und setzte durch, dass ein verpflichtendes Protokoll für Exhumierungen festgelegt wurde. So konnte man unfachmännischen Ausgrabungen vorbeugen.

Dennoch ist die Arbeit seiner Teams auf harsche Kritik gestoßen, die weniger von rechts als von links kommt: Sie würden Beweise zerstören. »Aber ich kann genau das Gegenteil beweisen, ich kann sagen, dass wir bis heute mehr als 5000 Skelette geborgen haben, von denen vier Prozent Frauen sind, kann es belegen, denn wir haben diese Informationen auf methodologisch und formal korrekte Weise erhalten. Und was haben wir bewiesen? Etwas, das alle wussten, das man aber aufs Papier bringen musste. Wir haben bewiesen, dass die Repression allgegenwärtig war, wie bereits die Historiker festgestellt hatten, dass es in Spanien keinen Ort gab, an dem es unter der Zivilbevölkerung nicht zu repressiven Maßnahmen gekommen wäre. Überall im Hinterland stießen wir auf sie, gegen Männer, Frauen, Kinder und alte Menschen, ohne Ausnahme, Taten, die noch nie zuvor untersucht worden waren. Wir können aber auch Details angeben: die Todesart, ob die Menschen gefesselt waren, wie viel Zeit zwischen der Festnahme und ihrem ›Verschwinden‹ verging. Daher können wir auch beweisen, dass sie ›verschwundene Festgenommene‹ im Sinn der modernen Terminologie des internationalen Strafrechts waren. Es fehlt aber noch etwas: Wir müssen diese Wahrheit offiziell machen. Die Suche nach der Wahrheit ist fast immer nur annähernd, nie komplett, wie die juristische Wahrheit. Diese leitet sich von einem Urteil ab, das nichts anderes ist als eine formal erhaltene Wahrheit, die nicht immer der realen Wahrheit entsprechen muss. Aber es ist eine formale Wahrheit, zu der man durch ein Gesetz gelangt ist. So erhalten wir eine Wahrheit, die zwar nicht vollständig, aber formal ist. Dennoch wird sie nicht als offizielle Wahrheit anerkannt, da sich Spanien, und das ist der Schlüssel, nicht mit seiner tragischen Vergangenheit auseinandersetzen will. Würde etwa ein Ombudsmann von mir die Gutachten anfordern, könnte ich sie ihm übergeben, bestätigt mit meiner Unterschrift. Und das Ergebnis wäre offiziell. Oder in einer kleinen Gemeinde: Wir machen eine Feldforschung, exhumieren die Reste, identifizieren sie, analysieren die Todesursache und übergeben sie im Rahmen eines Festakts im Rathaus, das die Ergebnisse unserer Forschungen ratifiziert und publik macht. Das kostet keinen Euro.«

Dies würde den ersten der drei Rechtsgrundsätze lösen, auf die die Opfer Anspruch haben: Wahrheit, Gerechtigkeit, Wiedergutmachung. Der elementarste Grundsatz sei die Wahrheit, die sie durch ihre Arbeit ans Licht bringen würden. Ihr folge die Gerechtigkeit, die nach den Schuldigen sucht und die Frage der Verantwortung klärt. Schließlich die Wiedergutmachung, die bedeutet, dass man die Wahrheit, die historischen Tatsachen, auf sozialer oder institutioneller Ebene anerkennt. Etxeberria zufolge verlangt heute niemand Entschädigungen, es geht vor allem um die Anerkennung der Ermordeten. Die Hierarchie und Reihenfolge dieser drei Rechtsgrundsätze einzuhalten, sei von fundamentaler Bedeutung, denn in Ländern, wo man zu rasch vorgegangen war und die Suche nach der Wahrheit sowie die Frage der Gerechtigkeit übersprungen hatte, sei man auch gescheitert.

Der Erfolg der Gedächtnisbewegung besteht laut Francisco Etxeberria darin, dass sie ein politisches und soziales Umdenken bewirkt habe. Heute hätten fast alle Parteien bei Wahlen, egal auf welcher Ebene, zumindest einen Passus in ihrem Programm, der auf das Problem der *memoria histórica* eingehe – abgesehen von der PP. »Aber auch in der PP ist etwas Eigenartiges geschehen. Viele Parteimitglieder gestehen mir, dass sie unsere Arbeit schätzen, ich solle es aber nicht weitersagen: In der Partei sei über das Thema diskutiert worden, der offizielle Standpunkt sei ein anderer. Doch der Bürgermeister eines kleinen Ortes weiß sehr wohl, dass sich auf seinem Gemeindegebiet ein Massengrab befindet und wer die Opfer sind, nämlich die Väter seiner Freunde, seiner Schulkameraden, von Personen, die ihn wählen können oder auch nicht – und dieser Bürgermeister hilft uns aus persönlicher Initiative. Unglaublich ist aber, dass er uns bittet, wir sollten es nicht weitersagen. Das ist

Teil einer perversen Kultur, die in den Generalsekretariaten der Parteien entstanden ist.« Die PSOE habe ihren Standpunkt geändert, unter anderem, weil viele Opfer in der Partei oder in ihr nahen Gewerkschaften gewesen waren. Die PP hingegen würde zwei lächerliche Konzepte verwenden. Ihr zufolge entzweien die Exhumierungen die Spanier und öffnen alte Wunden. Das sei aber vollkommen falsch, im Gegenteil würden sie die Wunden schließen, wie ihre Arbeit klar bewiesen habe. Das wahre Problem sei, dass dadurch andere Themen wie die Plünderungen und Enteignungen der Nachkriegszeit ans Licht kommen und schlussendlich die *transición* infrage gestellt würde.

Im Gegensatz zu vielen anderen Aktivisten der Gedächtnisbewegung sieht Francisco Etxeberria das Gesetz des historischen Gedächtnisses positiv.»Ich glaube, es hat viel gebracht, auch wenn es insgesamt etwas enttäuschend ausfiel. Aber es war im Bereich der Archivforschungen ein großer Fortschritt, heute hat man eine Legitimität, um die uns die Verantwortlichen dieser Archive früher betrügen wollten. Was aber fehlt, ist eine öffentliche Gedächtnispolitik.« Ein Beispiel sei etwa der letzte republikanische Bürgermeister von San Sebastián, Fernando Sasiaín Brau, der ins Exil fliehen musste, in den Fünfzigerjahren unter falschen Versprechungen zurückgelockt und noch an der Grenze verhaftet wurde, in ein Gefängnis, schließlich in eine psychiatrische Klinik kam und 1957 elend starb.»Niemand wusste etwas von ihm, niemand interessierte sich für sein Schicksal. Ich habe mit dem früheren Bürgermeister der PSOE und dem jetzigen von der linksnationalistischen Partei Bildu gesprochen, und nun wird Sasiaín Brau zu Ehren etwas geschehen, was, steht noch nicht fest, aber immerhin passiert etwas. All das müssen wir provozieren, es überrascht, dass die Politik nichts dergleichen tut.«

Heftig wird Etxeberria, wenn er über den Widerstand spricht, den viele Menschen den Exhumierungen entgegenbringen.»Ich kann verstehen, wenn diese Sache jemandem nicht zusagt und er sich neutral verhält, aber sich dagegenzustellen, gegen was denn? In Azkoitia in Gipuzkoa haben wir ein Grab geöffnet, das sich unter einer Müllhalde befand. Erst hatten sie an dieser Stelle die Leichen verscharrt, dann warfen sie den Müll dorthin. Selbst ich dachte, das kann nicht sein, das ist eine Legende, hier gibt es sicher keinen Toten. Aber als wir fünf Meter Unrat mit dem Bagger abgetragen hatten, tauchte das erste Skelett auf. Und dagegen will sich jemand stellen?«

Sie würden niemandem ihre Arbeit aufzwingen. Sind die Vereine oder Nachkommen dagegen, so sei es angebracht, die Stelle, an der die Reste liegen, zu kennzeichnen und für die Zukunft zu schützen. Damit kein Parkplatz darüber errichtet oder die Straße erweitert wird. Von links würden sie hingegen angegriffen, da sie, wie Etxeberria meint, keine republikanischen Fahnen an die Brust geheftet hätten. Eine republikanische Fahne habe aber in einem DNA-Labor ebenso wenig zu suchen wie ein Kruzifix. Der politische Wert der Arbeit werde dadurch nicht geschmälert, denn allein schon die Tatsache der Exhumierung sei politisch. »Ein Genetiker muss ja nicht mit einem Transparent auftauchen, er muss seine Arbeit machen. Die politischen Forderungen sollen zu ihrer Zeit und von denen gestellt werden, die dafür zuständig sind, in Absprache mit den Familienangehörigen, aber nicht von den Technikern.«

Die Politisierung des Themas wird auch in den Unterschieden im sozialen und medialen Umgang mit den Opfern der ETA und den Opfern des Franquismus augenfällig. Wie sieht er das als Baske? »Ein Thema, das man mit großer Vorsicht erklären muss, denn es setzt starke Gefühle in Bewegung. Für mich steht eindeutig fest, dass für die Opfer des ETA-Terrorismus die drei Prinzipien Wahrheit, Gerechtigkeit und Wiedergutmachung erfüllt worden sind. Möglicherweise gibt es einige wenige Fälle, wo dies nicht so war, als etwa durch das Amnestiegesetz der *transición* inhaftierte ETA-Attentäter ohne Prozess freikamen. Doch in fast allen Fällen wurden die drei Prinzipien erfüllt.

Bei den Opfern des Staatsterrorismus oder der polizeilichen Übergriffe hingegen, die mehrere Hundert Todesopfer gefordert haben und über die man bis heute außerhalb des Baskenlandes viel zu wenig weiß, sind diese drei Rechte ebenso wenig erfüllt worden wie bei den Opfern des Franquismus. Hier zeigt sich ein interessantes Phänomen. Die Wiedergutmachung hat zwei Aspekte: die soziale Anerkennung und die institutionelle Anerkennung. Und darin liegt der Schlüssel. Denn die Opfer des Franquismus wurden im Baskenland sozial anerkannt, sodass sie sich nicht als Opfer fühlen. Was aber fehlt, ist die institutionelle Anerkennung. Bei den Opfern der ETA ist es genau umgekehrt. Sie wurden institutionell anerkannt, zu ihren Begräbnissen kam der Innenminister im Flugzeug angereist, der Polizeidirektor, Mitglieder ausländischer Botschaften. Was im Baskenland aber fehlt, ist die soziale Anerkennung.« Eine öffentliche Politik des historischen Gedächtnisses müsste nun den Opfern der ETA soziale Anerkennung und den Opfern des franquistischen Staatsterrorismus institutionelle Anerkennung zukommen lassen. Das sei die Aufgabe der Politik. Doch hätten die Politiker zwar entgegengesetzte, sich aber überschneidende Interessen, um den gegenwärtigen Zustand nicht allzu rasch zu verändern. »Und am Ende müssen wir für alles bezahlen, obwohl wir weder die Situation heraufbeschworen haben noch die geringste Schuld daran tragen.«

Memoria –
Gedächtnis und Geschichte

»Wir erleben eine weltweite Konjunktur des Gedächtnisses. Seit zwanzig oder fünfundzwanzig Jahren macht sich allenthalben, in allen Ländern, allen gesellschaftlichen und ethnischen Gruppen eine tiefgreifende Veränderung der traditionellen Beziehung zur Vergangenheit bemerkbar. Diese Veränderung hat vielerlei Formen angenommen: Kritik der offiziellen Geschichtsdarstellung und Wiedererwachen der verdrängten Anteile des historischen Geschehens; Einforderung der Spuren einer zerstörten oder beschlagnahmten Vergangenheit; Pflege der Wurzeln *(roots)* und Entwicklung der Ahnenforschung; Aufblühen aller möglichen Arten des Gedenkens; juristische Aufarbeitung der Vergangenheit; Eröffnung der verschiedensten Museen; erhöhte Sensibilität für die Vorenthaltung von Archivbeständen und deren Freigabe zur Einsicht; neue Bindungen an das, was die Angelsachsen *heritage,* die Franzosen *patrimoine* und die Deutschen *Erbe* nennen. Wie auch immer diese Elemente kombiniert sein mögen, es ist, als wäre eine Flutwelle der Erinnerung über die Welt hereingebrochen und hätte überall eine enge Verbindung zwischen der – realen oder imaginären – Treue zur Vergangenheit und dem Zugehörigkeitsgefühl, dem Kollektivbewusstsein und dem individuellen Selbstgefühl, dem Gedächtnis und der Identität geschaffen.«[1]

So begann einer der Großmeister der Gedächtnisforschung, Pierre Nora, im Jahr 2002 einen Aufsatz über »Gedächtniskonjunktur«. Der Artikel erschien eben zu der Zeit, als in Spanien die Arbeit der sogenannten Gedächtnisbewegung einer breiteren Öffentlichkeit bekannt wurde, die Exhumierungen der Opfer des Franquismus. Nicht nur die Arbeit dieser Bewegung, auch der Name, den sie sich gegeben hatte, stießen immer wieder auf Ablehnung: *memoria histórica,* historisches Gedächtnis. Historiker wie Stanley G. Payne verwiesen einerseits darauf, dass der Begriff zwei Konzepte zusammenspannte, die sich gegenseitig ausschließen würden, andererseits warfen sie der Bewegung vor, »eine Version durchsetzen« zu wollen, »kein Interesse an der Geschichte« zu haben und sie zu politisieren oder gar auszulöschen.[2] Der katalanische Publizist Francesc-Marc Álvaro kreidete an, dass es sich um ein Oxymoron handle – »Entweder ist es Gedächtnis oder es ist Geschichte«[3] –, und plädierte dafür, die Existenz von mehreren parallelen Gedächtnissen zu akzeptieren, die in einen Dialog treten sollten, damit die Historiker ihre Arbeit tun könnten.

Weitaus positiver interpretierte der Historiker Francisco Espinosa Maestre den Begriff; er hob nicht den Widerspruch der beiden Konzepte hervor, sondern vielmehr ihre Synergieeffekte: »Geschichte und Gedächtnis flossen in einem bestimmten Augenblick zusammen, und aus dieser Begegnung sind beide bereichert hervorgegangen.«[4] Denn, so führt er an anderer Stelle aus, »weder geben die Dokumente die gesamte Wirklichkeit eines Ereignisses wieder, noch wurde alles dokumentarisch festgehalten. Es gibt Aspekte der Vergangenheit, zu denen wir nur durch das Zeugnis der Menschen Zugang erhalten. Dies ist vor allem dann der Fall, wenn wir über repressive Regime forschen, die besondere Sorgfalt darauf verwenden, damit die Worte, die stets im Dienst der Macht stehen, die Wirklichkeit verbergen, sodass bestimmte Aspekte auf keine Weise widergespiegelt werden.«[5]

Wie viele Konzepte im Bereich der Gedächtnisforschung stammt der Begriff »historisches Gedächtnis« aus den französischen Sozialwissenschaften der Zwanzigerjahre. Charles Blondel führte ihn in seiner *Introduction à la psychologie collective* (1928) ein und bezeichnete das »historische Gedächtnis« als die Fähigkeit, eine geordnete Erzählung wiederzugeben. Zur selben Zeit tauchte der Begriff auch bei Jean Nogué auf, für den das Konzept des »historischen Gedächtnisses« den Menschen befähigte, seine persönliche Geschichte in die Gesellschaft zu integrieren.[6] Schließlich griff der Vater der Gedächtnisforschung, der französische Soziologe Maurice Halbwachs, den Begriff auf, nicht in seinem einflussreichsten Werk *Das Gedächtnis und seine sozialen Bedingungen* (1925), sondern in dem postum erschienenen und weniger rezipierten *Das kollektive Gedächtnis* (1950). Dort unterscheidet er »zweierlei Gedächtnisse [...], deren eines man [...] innerlich oder intern und deren anderes man äußerlich nennen würde, oder auch persönliches Gedächtnis und soziales Gedächtnis. Noch genauer würden wir sagen: autobiografisches und historisches Gedächtnis. Das erste würde das zweite zu Hilfe nehmen, da schließlich die Geschichte unseres Lebens zur Geschichte allgemein gehört. Aber das zweite würde naturgemäß sehr viel umfassender sein als das erste.« Doch Halbwachs selbst sieht im Lauf seines Textes ein, dass »der Ausdruck ›historisches Gedächtnis‹ nicht sehr glücklich gewählt ist, da er zwei Glieder verbindet, die sich in mehr als einem Punkt widersprechen«[7].

Dennoch überlebte der Begriff und war in Spanien durchaus gebräuchlich, wie etwa die beiden wichtigsten Zeitungen seit der *transición*, *El País* und *ABC,* belegen. Der damalige Chefredakteur von *El País*, Juan Luis Cebrián, verwendete den Ausdruck 1976 in einem Leitartikel, in dem es unter anderem heißt, die Völker hätten *memoria histórica.* Der Soziologe und Politologe José Vidal-Beneyto schrieb 1980 in einem Artikel von der »Beschneidung des historischen Gedächtnisses«, die den Spaniern in der *transición* abverlangt wurde, um einen demokratischen Bruch zu vermeiden und die Selbstreform des Franquismus zu akzeptieren.[8] Am 18. Juli 1986, dem fünfzigsten Jahrestag des Aufstandes der Generäle, erschienen in *El País* zahlreiche Texte unter dem Generaltitel »La memoria histórica«. Auf der anderen Seite berichtete die konservative Zeitung *ABC* über eine Veranstaltung von *Alianza Popular* im Mai 1977, auf der der Schriftsteller Torcuato Luca de Tena von der »Amputierung unserer *memoria histórica«* sprach, bezeichnenderweise mit Blick auf die Legalisierung der Kommunistischen Partei. Vier Jahre später schrieb der Präsident des Senats, Cecilio Valverde Mazuelas, in einer Kolumne über die »geringe *memoria histórica* des spanischen Volkes«. Und in einer Rezension des Theaterstücks *¡Ay Carmela!* von José Sanchis Sinisterra wird die »Notwendigkeit der *memoria histórica*« so beschrieben: »Man muss den Groll überwinden, aber man darf nicht vergessen.«[9]

Seit dem Auftauchen der Gedächtnisbewegung als soziales Phänomen hat sich der Begriff trotz der Kritik von allen Seiten durchgesetzt. So etwa gibt es die 2005 gegründete *Cátedra Extraordinaria Memoria Histórica del Siglo XX* (Außerordentlicher Lehrstuhl Historisches Gedächtnis des 20. Jahrhunderts) der Madrider Universidad Complutense ebenso wie das *Centro Documental de la Memoria Histórica* in Salamanca, die Website www.memoriahistorica.gob.es, auf der mehrere Ministerien Unterlagen zu diesem Thema versammelt haben; in *Dialnet,* dem spanischen Wissenschaftsportal, sind im Oktober 2012 insgesamt 1159 Beiträge aus allen möglichen Bereichen zum Begriff *memoria histórica* zu finden – ein Jahr zuvor waren es 984.[10] Doch nicht nur in Spanien, auch in verschiedenen Ländern Lateinamerikas war und ist der Ausdruck gang und gäbe. In Kolumbien etwa gibt es ein *Grupo de Memoria Histórica de la Comisión Nacional de Reparación y Reconciliación* (Gruppe des historischen Gedächtnisses der Nationalen Kommission für Reparation und Wiederversöhnung), in Guatemala ein *Proyecto Interdiocesano de Recuperación de la Memoria Histórica* (Interdiözesanprojekt zur Wiederherstellung des historischen Gedächtnisses).

Auch im deutschen Sprachraum geschah die Auseinandersetzung mit der Vergangenheit unter einem Schlagwort, das sachlich unrichtig und ideologisch geprägt war: »Vergangenheitsbewältigung«, ein Begriff, der ab Mitte der Fünfzigerjahre aufkam. Die unmittelbare Vergangenheit so bald wie möglich zu *bewältigen* – also zu überwinden und hinter sich zu lassen –, war damals, in der Nachkriegs- und Wirtschaftswunderzeit, aus Gründen der Staatsräson dringend geboten. Sowohl dieser Begriff als auch der der *memoria histórica* haben sich gegen alle Kritik durchgesetzt und sind im sozialen Umgang mit der Vergangenheit Realität geworden.[11]

Wie bereits oben angesprochen, bindet der Ausdruck »historisches Gedächtnis« zwei Begriffe zusammen, die zwar wesensverwandt, aber doch sehr verschieden sind. Geschichte, die Historiografie, ist eine Wissenschaft, die sich auf objektive, nachvollziehbare Tatsachen, Fakten und Dokumente stützt und diese zu Erkenntniszwecken auswertet. Das Gedächtnis hingegen »ist der Aufbewahrungsort aller Erinnerungen«[12], somit subjektiv, sozial bedingt und wandelbar. Im Unterschied zur Erinnerung, die individuelle, persönliche Erlebnisse festhält, ist das Gedächtnis eine Art von Speicher, aus dem persönliche und soziale Erinnerungen abgerufen werden können. Als solcher ist es »in erheblichem Ausmaß nicht innerhalb des individuellen Gehirns organisiert [...], sondern außerhalb«[13]. Das bedeutet, dass das Gedächtnis Elemente aufnehmen kann, die nicht autobiografischer Natur sein müssen: Erzählungen anderer Personen, Gelesenes, Gehörtes, Gesehenes. Zugleich kann das Gedächtnis auch überpersönlich, sozial sein, von mehreren Personen, einer Gruppe, einer Gemeinschaft geteilt werden. Bestimmte Ereignisse werden auf dieselbe Weise erinnert und gedeutet, sodass sich Erinnerungsbilder herauskristallisieren, die in das »kollektive Bewusstsein« eingehen und kollektive Repräsentanz erhalten. So entwickelt sich das, was Maurice Halbwachs als »kollektives Gedächtnis« bezeichnet: Das innerhalb einer Gruppe aufgewachsene Individuum erwirbt bestimmte »soziale Rahmen«, die für seine Erinnerungen prägend sind.[14] Individuelle Erinnerungen sind daher »Konstruktionen, die sich auf diese sozialen Bezugsrahmen der Gegenwart stützen«[15], und insofern eine Mischung aus selbst erlebten Ereignissen und vorgegebenen Elementen aus der Gesellschaft.

Aufbauend auf diesen Überlegungen sind in den letzten Jahrzehnten zahlreiche Gedächtnistheorien entstanden. Der für unsere Belange wohl produktivste Ansatz stammt von Aleida und Jan Assmann.[16] Sie unterscheiden das kommunikative vom kulturellen Gedächtnis, wobei das kommunikative eine Vorstufe zum kulturellen Gedächtnis darstellt. Das Gedächtnis hat eine betont kommunikative Komponente, die es für Einflüsse, Änderungen, Revisionen und Fälschungen zugänglich macht. In einer Gesellschaft kristallisiert sich während einer Zeitspanne von etwa drei Generationen (achtzig bis hundert Jahre) heraus, was aus dem unendlichen Fundus von historischen Ereignissen im kollektiven Gedächtnis überlebt und Bestand hat. In dieser Zeit existieren aber auch verschiedene Gedächtnisvarianten nebeneinander, die diese historischen Ereignisse auf jeweils eigene Weise erinnern. Dabei treten sie, vor allem bei polarisierenden Ereignissen, in Widerspruch zueinander, beeinflussen, durchsetzen sich gegenseitig und formen im Lauf der Zeit eine immer weniger spannungsgeladene Variante, die schließlich als sogenanntes kulturelles Gedächtnis sanktioniert und festgeschrieben wird. Aus dem »heißen«, umstrittenen, emotional geladenen Gedächtnis wird so ein »kaltes«, breit akzeptiertes Gedächtnis, das nun ohne große Auseinandersetzungen der Geschichtswissenschaft anheimfallen kann.

Besonders spannungsgeladene Ereignisse rufen natürlich weitaus stärkere Emotionen und eine viel größere Nachhaltigkeit hervor – und das für ein Land wohl konfliktreichste Ereignis ist ein Bürgerkrieg, bei dem sich nicht nur zwei sehr eng zusammenlebende Gruppen gegenseitig bekämpfen, sondern nach dem Ende des Konflikts auch weiterhin zusammenleben müssen, jede Seite mit ihrem eigenen kollektiven Gedächtnis, für das historiografische Fakten nur bedingt Bedeutung haben. Zwingt die siegreiche Seite des Bürgerkriegs der anderen ihr Gedächtnis auf, so muss diese andere Seite ihr Gedächtnis gleichsam in den Untergrund schicken und auf den Moment warten, in dem es wieder hervorgeholt werden kann – eben das, was ab dem Jahr 2000 in Spanien geschah.

Die Herausbildung eines Gedächtnisses ist ein komplexer Prozess, der von kulturellen, politischen, sozialen, ökonomischen Faktoren bedingt ist, sodass man in vielen Fällen zwar parallele Entwicklungen finden kann, diese aber selten auf andere Fälle übertragbar sind.

Spanien ging aus einer Diktatur hervor, deren Generalissimus im Krankenhausbett starb. Insofern sind die Voraussetzungen vollkommen andere als etwa in Portugal, wo die »Nelkenrevolution« der überlebten Salazar-Diktatur ein Ende setzte; als in Italien, wo sich dank dem Vormarsch der Alliierten ein erheblicher Prozentsatz der Bevölkerung gegen Mussolinis Regime erhob und der Duce gelyncht wurde; als in Deutschland, wo die Alliierten den Nationalsozialismus besiegten und die Deutschen nach Kriegsende »umerzogen« wurden, freilich oft mit fragwürdigem Erfolg.[17] In Spanien blieb das franquistische Gedächtnis erhalten, hatte sich in den fast vierzig Jahren der Diktatur tief in das kollektive Bewusstsein eines recht großen Teils der Bevölkerung eingeprägt und überstand den Übergang in die Demokratie weitgehend unbeschadet.

Eine auffällige Parallele zeigt sich jedoch im zeitlichen Ablauf. In den meisten Ländern Westeuropas begann Ende der sechziger, Anfang der Siebzigerjahre eine erste Auseinandersetzung mit den Verbrechen des Nazismus und der mit ihnen kollaborierenden Regime, deren Interesse jedoch vor allem den Tätern galt. Erst im Zuge der Auseinandersetzung mit dem Holocaust kam es in den Achtzigerjahren zu der eingangs von Pierre Nora beschriebenen »Gedächtniskonjunktur«. Auch in Spanien dauerte es rund ein Vierteljahrhundert bis zur Entstehung der Gedächtnisbewegung, gerechnet allerdings nicht ab dem Ende des Bürgerkriegs, sondern ab dem Ende der franquistischen Diktatur im Jahr 1975. In beiden Fällen musste die eine Generation umfassende Zeitspanne vergehen, damit es zu einer ersten Revidierung der Vergangenheit und des Gedächtnisses kam. Diese sogenannte Theorie der zweiten Generation oder der Enkel ist aber insofern etwas brüchig, als die Altersspanne der Personen, die sich für eine Revidierung des Gedächtnisses engagieren, von Jugendlichen bis hin zu Zeitzeugen reicht, sodass also eher der zeitliche Abstand ausschlaggebend ist als die tatsächliche Generationenabfolge.

Neben der europäischen »Gedächtniskonjunktur« waren für die spanische Gedächtnisbewegung vor allem zwei Ereignisse von Bedeutung: die Kriege im ehemaligen Jugoslawien und die Debatten in Lateinamerika rund um die Aufarbeitung der Diktaturen. Bis heute gibt es noch keine Studie über den tatsächlichen Einfluss der Kriege in Jugoslawien, doch sowohl die große mediale Aufmerksamkeit, die ihnen zuteil wurde, wie die vielen Parallelen zum Spanischen Bürgerkrieg als auch die Tatsache, dass sich in den Neunzigerjahren das Bewusstsein für die im eigenen Land erfahrene Repression herausgebildet hatte, legen diesen Schluss nahe. Die Zusammenhänge mit den Diktaturen in Lateinamerika sind eindeutiger und klarer. Die Debatten um die verschieden ausformulierten *leyes de punto final*, Schlusspunktgesetze oder Schlussstrichgesetze, wie sie im Deutschen genannt werden, die in Chile, Argentinien, Guatemala oder El Salvador versuchten, die Täter vor Strafverfolgung zu schützen, wurden in Spanien sehr aufmerksam verfolgt. Den Müttern der Plaza de Mayo von Buenos Aires etwa wurde großes Interesse entgegengebracht, und es war ein spanischer Richter, Baltasar Garzón, der durch den Haftantrag und das Auslieferungsverfahren gegen den ehemaligen chilenischen Diktator Augusto Pinochet einen entscheidenden Beitrag zur Internationalisierung der Justiz und der Aufklärung von Verbrechen gegen die Menschheit oder Völkermord leistete. Die Tatsache, dass diese Schlussstrichgesetze annulliert und viele der putschenden Generäle von Pinochet in Chile bis zu Jorge Rafael Videla in Argentinien zur Verantwortung gezogen werden konnten, stellten Vorbilder für die spanische Situation dar und waren ein Ansporn, nach mehr als siebzig Jahren nicht nur Gerechtigkeit für die Ermordeten zu fordern, sondern auch das Amnestiegesetz des Jahres 1977 und die Straflosigkeit der Täter zu hinterfragen.

Zugleich bildeten sich in internationalen Foren neue juristische Konzepte und ein neues Vokabular heraus, das auf die Ereignisse der spanischen Vergangenheit angewendet werden konnte, um die Vorfälle während des Bürgerkriegs und der Diktatur besser zu beschreiben und zu verstehen, auch wenn, wie die Prozesse gegen Baltasar Garzón (siehe Seite 272) mehr als deutlich zeigten, eine rückwirkende

Rechtsprechung bis heute tabu ist: »transitionale Justiz«, »erzwungenes Verschwinden«, »Genozid«, Ausdrücke, die im Rahmen der Aufarbeitung der Verbrechen gegen die Menschheit und des Völkermords in den letzten Jahrzehnten entstanden sind, sei es infolge der Verbrechen der Militärs in Lateinamerika oder aufgrund der Genozide in Afrika oder Asien. Die Aufarbeitung der Vergangenheit in Spanien stellt somit eine Mischung aus genuinen Gedächtnisprozessen und internationalen Tendenzen dar, die im Folgenden beschrieben werden.

Reyes Mate
oder Das Gedächtnis ist gefährlich

Für sein Buch *La herencia del olvido* (Das Erbe des Vergessens), erhielt der Philosoph Reyes Mate 2009 den spanischen Nationalpreis für Essays. In zehn Aufsätzen schreibt er darin über die spanischsprachige Gegenwartsphilosophie, Judaismus und Antisemitismus, religionstheoretische Fragen, Walter Benjamin, Politik und Philosophie, Auschwitz und die *memoria histórica*. Wie kaum ein anderer spanischer Philosoph hat er sich dem Problem des Erinnerns und Vergessens gewidmet. 1942 in Pedrajas de San Esteban, einem kleinen Ort der Provinz Valladolid, geboren, studierte Mate in Rom, Madrid, Paris und Münster, wo er auch seine Doktorarbeit schrieb. In der ersten Legislaturperiode von Felipe González (1982 bis 1986) war er Leiter des Technischen Kabinetts des Unterrichts- und Wissenschaftsministeriums und gründete die wohl solideste Philosophieinstitution Spaniens, das *Instituto de Filosofía* des *Consejo Superior de Investigaciones Científicas* (CSIC), dem er lange Zeit vorstand. Seit 1990 leitet er das renommierte Projekt »Philosophie nach dem Holocaust«, das sich der Erforschung des Gedächtnisses verschrieben hat. Als wir uns Ende Oktober 2011 in seinem Büro im CSIC treffen, ist gerade sein jüngstes Buch, *Tratado de la injusticia* (Traktat über die Ungerechtigkeit) erschienen, in dem er über die (Un)Gerechtigkeit des Gedächtnisses reflektiert, über Gewalt, Terror und Opfer.

Der Begriff memoria histórica *ist für viele polemisch, da er Konzepte mische, die sich gegenseitig ausschließen, nämlich Gedächtnis und Geschichte. Wie sieht das ein Philosoph?*

Memoria histórica ist kein sehr glücklicher Begriff, er tut so, als gäbe es ein Gedächtnis, das nicht historisch sei. Das Historische hat in einem weiten Sinn mit der Zeit zu tun, und auch das Gedächtnis, die Erinnerungen sind in der Zeit angesiedelt, daher ist der Begriff reduplikativ. Ich spreche lieber von »politischem Gedächtnis«, ein ebenso polemischer Begriff, da er die politische Dimension des Gedächtnisses betont. Der Kern der Debatte in Spanien handelt davon, ob das Gedächtnis politisch sein soll oder nicht. Über die *transición* behaupten die Historiker mit Recht, dass es kein Vergessen gab. Man wusste ganz genau, was geschehen war. Doch bevorzugte man, wie ein Historiker es ausdrückte, die Vergangenheit »dem Vergessen zu übergeben«, man wollte ihr keine politische Bedeutung beimessen. In diesem Sinn privatisierte man das Gedächtnis. Wenn wir von »politischem Gedächtnis« sprechen, dann meinen wir hingegen, dass das Gedächtnis berücksichtigt werden muss, am Beginn eines neuen politischen Prozesses, aber auch generell in der Politik.

In Ihrem Buch sprechen Sie von der »Pflicht des Gedächtnisses«. Was bedeutet das für Spanien?

Gedächtnis ist ein vieldeutiger Begriff, Gedächtnis heißt, der Vergangenheit in der Gegenwart Bedeutung zu verleihen, die Vergangenheit in die Gegenwart zu holen. Das kann auf viele Arten geschehen, durch die Geschichtswissenschaft, aber auch durch die Literatur und die Philosophie, und alle haben ihre eigene Vorstellung von Gedächtnis. Für die Historiker, die die Dinge mehr oder weniger so erzählen wollen, wie sie geschahen, bedeutet Gedächtnis einen subjektiven Blick auf die Vergangenheit. Es ist der Blick, den der Überlebende auf sein Erleben der Vergangenheit hat. Anders ist es für die Philosophen und Literaten. Die Literatur lebt vom Gedächtnis, und ich meine jetzt nicht die historische Literatur. Ein Beispiel dafür ist *Hundert Jahre Einsamkeit* von Gabriel García Márquez. Der Roman erzählt die Geschichte Macondos, der Ort steht für Amerika, und seine Einwohner haben ein Problem: Sie werden mit der Pest des Vergessens geboren. Denn als die europäischen Eroberer kamen, mussten sie als Preis dafür, in die Geschichte einzutreten, ihre eigene Geschichte, ihre Wurzeln aufgeben. García Márquez versucht nun, diese Vergangenheit zurückzugewinnen, diesem gedächtnislosen Volk das Gedächtnis wiederzugeben. Aber seine Auffassung von Gedächtnis ist anders als die der Historiker, denn in *Das Leichenbegängnis der Großen Mama* sagt eine Figur: »Lasst uns schnell erzählen, was geschehen ist, bevor die Historiker kommen.« Auch in die Philosophie hat die Idee des Gedächtnisses sehr früh Eingang gefunden und bis ins 20. Jahrhundert mehr oder weniger konstante Inhalte gehabt. Viele Jahrhunderte lang war das Gedächtnis, wie Aristoteles es ausdrückte, ein *sensus internus*, ein innerer Sinn, der Gefühle bewirkte. Daher gehörte es zum privaten, subjektiven Bereich, nicht aber zum politischen. Das ändert sich im

20. Jahrhundert, die Soziologen des Gedächtnisses machen uns deutlich, dass es eine politische Dimension hat.

Das geschah nach dem Ersten Weltkrieg.

Die ersten Überlegungen wurden in der Zwischenkriegszeit angestellt, vor allem von der frühen Frankfurter Schule. Das hat wohl mit ihrem jüdischen Erbe zu tun, denn sie verweisen auf den kognitiven Charakter des Gedächtnisses, das für sie Erkenntnis ist. Wie auch für Walter Benjamin, für den das Gedächtnis eine feinere Erkenntnis bietet als die Geschichtswissenschaft.

Warum ist sie feiner?

Sie ist vollständiger, denn nichts geht verloren, wie Benjamin sagt. Er vergleicht das Gedächtnis mit einer Linse: Je stärker die Linse, desto mehr sieht man. Wie in *Blow up* von Michelangelo Antonioni: Eine starke Linse kann das zeigen, was dem Auge verborgen bleibt. Der Historiker sieht das Offensichtliche, die Tatsachen, das Gedächtnis sieht außerdem das Unsichtbare, die Nicht-Tatsachen. In Europa gab es ein drittes Moment, nämlich die Reflexion nach dem Zweiten Weltkrieg rund um die nazistische Barbarei und die Vernichtung der Juden. Und es taucht der Begriff Pflicht des Gedächtnisses auf, ein sehr französischer Ausdruck mit einem stark moralischen Anklang. Adorno ist genauer, wenn er vom kategorischen Imperativ spricht, der für ihn metaphysisch ist, nicht nur moralisch. Diesem Imperativ, dieser Pflicht ist die Erkenntnis beigeordnet, dass es etwas gibt, was dem Wissen verborgen bleibt, das wir erst erkennen, wenn es geschehen ist, nämlich das Ereignis, das, was Alain Badiou »l'événement« nennt.

In einem Interview, das er kurz vor seinem Tod gab und das letztes Jahr in Italien veröffentlicht wurde, sagte Primo Levi, es gebe Ereignisse, die die Dinge früher erfassen als sie geschehen, die also imstande sind, die Dinge zu entdecken. Dennoch existierten Aspekte der Realität, die dieser analytischen Macht des Erkennens entgehen. Ist das der Fall, so gibt dies zu denken – ein sehr treffender Ausdruck, zu denken geben, der am Beginn der Erkenntnis steht. Und genau dies ist das Gedächtnis, das Wiedererkennen, dass es ein Ereignis gegeben hat, eben Auschwitz, das zu denken gibt. Dadurch entdecken wir, dass ein Teil der Wirklichkeit existiert, welcher der Erkenntnis verborgen bleibt. Normalerweise ist dies die *historia passionis,* die Geschichte der Opfer und des Leidens, derjenigen, die wir unbedeutend, bedeutungslos gemacht haben. Doch nun, dank der Pflicht des Gedächtnisses, begreifen wir, dass sie Ausgangspunkte für die Erkenntnis sind. Mit diesen interpretatorischen Hilfen setzt sich die

Philosophie auf sehr anspruchsvolle Weise mit der Vergangenheit auseinander, mit Ansprüchen, die weder Historiker noch Schriftsteller stellen.

Für Aristoteles war das Gedächtnis privat. Das ist eben einer der Kritikpunkte an der Ley de Memoria Histórica, *dass sie das Gedächtnis als »persönlich und familiär« definiert.*

Es ist ein seltsames Gesetz, das ursprünglich Opfern des Kriegs oder der franquistischen Repression Unterstützung zukommen lassen sollte. Daher hatte das Gesetz auch keinen Anspruch auf eine Revision der Vergangenheit, den Namen gab ihm die Öffentlichkeit. Sie sah in ihm die Möglichkeit, etwas zu erreichen, was das Gesetz nicht beabsichtigt, nämlich der Vergangenheit politische Bedeutung zu verleihen. Und dabei nicht nur die *transición* zu hinterfragen, sondern auch die Vergangenheit wiederzuerlangen. Das Gesetz privatisiert einerseits die Wiedererlangung des Gedächtnisses, anstelle des Staates müssen die Familienangehörigen die Überreste exhumieren. Zweitens hat es mit einer Revidierung und einer Verurteilung des Franquismus zu tun und drittens mit einer Revidierung der *transición*. Doch wurde der von Garzón unternommene Versuch, das Gesetz für eine Verurteilung des Franquismus zu nutzen, durch die List der Jurisprudenz hintertrieben, um es freundlich auszudrücken. In Spanien brachte die *transición* eine Demokratisierung vieler Bereiche mit sich, nicht aber des Richterstandes.

Im Gegensatz zur Armee, die sich sehr gewandelt hat.

Die Armee hat sich gewandelt, da die Gefahr, die von ihr ausging, nicht nur offensichtlicher, sondern auch ausdrücklicher war. Daher brachte die Regierung González viel Energie auf, die faschistische Ideologie zu demontieren, die Verantwortlichen auszutauschen und klarzustellen, dass die Regierung den Oberbefehl über die Armee hat.

Und der Richterstand schien nicht so gefährlich.

Er war diskreter, denn scheinbar mussten die Richter in einer Demokratie nur die Gesetze des Rechtsstaates anwenden. Doch kann dies auf vielfache Weise geschehen, ein Gesetz wird ausgelegt, und in der Auslegung steckt der Teufel.

Es ist seltsam, dass in Spanien die Rechtsprechung derart stark ideologischen Kriterien folgt, stärker als anderswo.

Sie ist sehr stark ideologisiert. Es war juristische Schwerarbeit, aus einer Diktatur eine Demokratie zu machen, und diese ideologische Dehnbarkeit ist Teil des Systems.

Warum hat es in Spanien so lange gedauert, bis man umfassender über die Vergangenheit zu sprechen begann?

Hier gab es etwas Ähnliches wie in Deutschland: das Prestige des Vergessens. Die *transición* geschah im Zeichen des Vergessens, sie wurde als großer Erfolg interpretiert und exportiert. Auch in Deutschland gab es aus vielen Gründen nach dem Zweiten Weltkrieg ein Prestige des Vergessens: Das politische Szenario hatte sich geändert, der Aufbau des Landes war vorrangig, man wollte nicht zurückblicken. Selbst in den Vereinigten Staaten empfahl die jüdische Gemeinschaft ihren Mitgliedern, zu vergessen, sich zu assimilieren, zu integrieren. Mischehen wurden angeraten in einer Strategie des Vergessens, die vor allem mit dem Prozess gegen Eichmann aufbrach. Ich weiß nicht, ob es ein historischer Prozess ist, ob die Völker nach einem traumatischen Erlebnis eine gewisse Zeit brauchen, um sich zu fassen. Oder ob der militärische Triumph des Diktators auch das Bewusstsein beherrscht und formt, die hermeneutische Schlacht gewinnt und man deswegen so lange benötigt, um die Folgen zu überwinden.

In Deutschland hat es fast ein Vierteljahrhundert gedauert, bis die Vergangenheit grundlegend infrage gestellt wurde. In Spanien sind zwischen dem Ende der Diktatur und dem Beginn der Exhumierungen auch etwa so viele Jahre vergangen. Braucht man diese Zeit, um die Vergangenheit verarbeiten zu können?

Ich weiß nicht, ob man sie braucht oder ob man hier unfähig war. Ich glaube eher, man war unfähig. Denn nach vierzig Jahren Diktatur existiert immer noch ein soziologischer Franquismus, auch wenn er brüchig geworden ist. Deswegen war vielleicht diese Zeit nötig. 1968 war ich in Deutschland, damals war es nicht Auschwitz, was diese Generation interessierte, sondern das, was ihre Väter getan hatten. Es störte die Töchter und Söhne nicht, dass die Väter Juden ermordet hatten, sondern dass sie Faschisten waren, wobei für sie Faschismus die extremste Form des Kapitalismus darstellte. Damals begriff man den Holocaust nicht in seiner ganzen Dimension, wie es später der Fall war.

Kann man diese persönliche Reaktion vergleichen? In Deutschland gegen die nazistischen Väter, hier der Versuch, die eigenen Verwandten zu exhumieren.

Natürlich, hier geht es aber nicht gegen die Väter, sondern um die »Wiedererlangung« der Großväter. Hier schwiegen die Väter, man entschuldigt sie, denn die Repression dauerte sehr lange, viele Väter starben oder gingen ins Exil, andere mussten schweigen und sich anpassen. Interessanterweise gab es keine

Auseinandersetzung mit den Vätern, es wurde ihnen nichts vorgeworfen, nicht einmal, wenn sie vom Regime profitiert hatten. Es gab nur Kritik an der *transición*. In der *transición* existierte kein Bewusstsein und auch keine Theorie, es war unklar, was die Republikaner eigentlich forderten. Ich fragte damals ehemalige republikanische Gefangene, was sie wollten – eine Rente, sagten sie. Für das damalige Bewusstsein war eine Rente genug, die *Ley de Memoria* hätte gereicht. Seit 1975 hat sich das geändert, jetzt sind auch die Ansprüche an das Gedächtnis andere. In der Debatte, die wir manchmal mit Historikern führen, wird deutlich, dass diese immer noch auf der Position von 1975 stehen, ohne zu merken, dass die öffentliche Meinung viel näher an den philosophischen Postulaten des Gedächtnisses ist als an den historiografischen Positionen. Es war schwer, damals mehr zu erreichen, schwer, aber nicht unmöglich.

Warum gibt es auf der anderen Seite immer noch so große Aversionen?
Diejenigen, die dem Gedächtnis der *transición* keine politische Bedeutung beimessen wollen, wie Santos Juliá oder Javier Pradera, behaupten, dass bereits während des Franquismus in den Fünfzigerjahren eine Versöhnung zwischen den beiden Teilen stattgefunden habe. Dieses Problem sei überwunden, da sich in der Opposition zum Franquismus Kinder der Sieger und Kinder der Besiegten gefunden hätten. Es stimmt zwar, dass viele von diesen Jugendlichen aus Familien des Regimes stammten, doch sollte man ihre Präsenz nicht überbewerten, die studentische Opposition war nicht sehr groß. Meiner Meinung nach überschätzt man die Bedeutung dieser Aussöhnung. Andererseits stimmt es aber, dass für einen Teil des Franquismus die Demokratie inakzeptabel war, ein Verrat, begangen von denen, die die *transición* möglich machten, vor allem von Adolfo Suárez. Für einige war sogar der König ein Verräter. Diese Leute sind in der PP, und das Unglück dieses Landes ist, dass es keine rechtsradikale oder franquistische Partei gibt, sondern dass sie die Minderheiten bilden, ohne die die PP nicht gewinnen kann. Daher muss die Partei auf sie Rücksicht nehmen, denn sie sind medial sehr präsent. Man sieht es zur Zeit bei der Debatte um das Ende der ETA, wo die mehr oder weniger vernünftige Position von Mariano Rajoy von den eigenen Leuten brutal kritisiert wird. Dieser ultrarechte Sektor hat die Opfer für sich gepachtet. Und die Opfer spielen dabei eine nicht sehr positive Rolle. Denn die Bedeutung der Opfer wird übertrieben, bestimmte Opfer werden anderen gegenüber ausgespielt. Für die Rechten zählen nur die Opfer der ETA, spricht man von den Opfern des Franquismus, geraten sie in Rage. Sie verzeihen nie, verlangen aber von den ande-

ren, dass sie verzeihen. Das tut der spanischen Rechten nicht gut und erklärt, warum es eine seltsame Rechte ist, die immer noch einen deutlich sichtbaren franquistischen Anstrich hat.

Warum sind sie so aggressiv?

Weil sie viele Jahre lang das Sagen hatten.

Stammt das nicht schon von früher her, noch aus der Zeit vor der Republik?

Sie brachten die Republik zu Fall, da sie keine Reform tolerierten. Aber während des Franquismus fühlten sie sich als die Herrn. Das sieht man vor allem in den Dörfern, in der Provinz, in Kastilien, in Andalusien. Dort müssen scheinbar immer dieselben das Subjekt der Macht sein, es ist für sie unerträglich, wenn ein sozialistischer Bäcker Bürgermeister wird. Hier haben bestimmte Leute immer geherrscht, und sie müssen immer herrschen. Dies erklärt ihre enorme Aggressivität. Zugleich stellen sie die Legitimität der Demokratie infrage.

Aber sind nicht auch viele Sprösslinge franquistischer Familien bei den Sozialisten? War das nicht auch ein Grund für den zögerlichen Umgang mit dem Gesetz?

Ich glaube nicht, dass es mit der Vergangenheit der Familie zu tun hat, eher damit, dass das Gedächtnis in der PSOE lange gebraucht hat, um sich durchzusetzen. Es kam zu dem Paradox, dass die Erinnerung an die Opfer von der Rechten kultiviert und monopolisiert wurde, von aktiven Vereinen wie der *Asociación de Víctimas del Terrorismo*, während die PSOE, die viel mehr Opfer durch den Franquismus zu beklagen hatte, sie verschwieg. Noch bei den vorletzten Wahlen im Baskenland gab es eine Anweisung, bei Wahlveranstaltungen nicht über die *memoria histórica* zu sprechen. In der PSOE hat das Gedächtnis keinen kulturellen Stellenwert.

Und in der Kommunistischen Partei oder Izquierda Unida?

Auch nicht. Die PCE hat ein Problem mit der eigenen Vergangenheit. Denn diejenigen, die das Vergessen in der Partei am eifrigsten verteidigen, sind die Protagonisten der *transición*. Ich habe mit damaligen Abgeordneten gesprochen, sie sind felsenfest davon überzeugt, in der *transición* das Richtige getan zu haben. Freilich, die *transición* betrifft aus heutiger Perspektive auch sie. Santiago Carrillo etwa soll weiterhin die sympathische Figur bleiben, die so viel für die Demokratie getan hat. Sie wollen nicht, dass man die Vergangenheit aufwühlt und sie dafür verantwortlich macht, was der Kommunismus in

Europa angerichtet hat oder wie mit den spanischen Kommunisten umgegangen wurde. Carrillo war ein Stalinist wie viele andere, dafür gibt es die Zeugnisse von Jorge Semprún und Fernando Claudín. Das Gedächtnis ist gefährlich, sehr gefährlich. Deswegen hat es die Politik auch immer im Zaum gehalten und kontrolliert. Statt der Dynamik des Gedächtnisses der Opfer hat sie die Gedächtnispolitik bevorzugt, was nichts anderes ist als die Verwaltung des Gedächtnisses vonseiten der Macht.

Immer wieder ist vom Opfer die Rede. Nun ist der Begriff sehr moralisierend und stammt aus der religiösen Tradition.

Opfer hat es immer gegeben, es ist tatsächlich ein religiöser Begriff, wenn ich auch nicht weiß, ob er ausschließlich religiös ist. Hegel spricht in den *Vorlesungen über die Philosophie der Geschichte* über die Opfer als Preis der Geschichte. Es ist eine Form, die Subjekte zu bezeichnen, die unschuldig Gewalt erleiden müssen. Das Problem ist weniger das Wort Opfer, das eine Konstante in der Geschichte ist, mir scheint eher die Frage relevant, warum sie unsichtbar sind und wann sie sichtbar werden. Seit je gab es großes Interesse daran, sie zu verbergen, in der Religion, in der Kunst. Auf den Bildern von Alonso Berruguete sieht man Figuren, die von der Inquisition gemartert werden, zugleich aber einen glücklichen Gesichtsausdruck haben. Das ist eine Form des Unsichtbarmachens. In der Philosophie ist das, was Hegel sagt, sehr beeindruckend. Er ist überrascht, dass sich die Geschichte auf Opfern gründet, erklärt aber, dies sei der Preis des Fortschritts: »Aber solche große Gestalt muss manche unschuldige Blume zertreten, manches zertrümmern auf ihrem Wege«, heißt es. Und diese Blumen waren im Verlauf der Geschichte ein Großteil der Menschheit. Nach einer langen Zeit der Unsichtbarkeit wurden die Opfer nun plötzlich, in zwei oder drei Jahrzehnten, sichtbar – deswegen ist auch die spanische Geschichte in diesem Augenblick überfordert, vor allem aufgrund der Opfer der ETA. Dies verlangt neue Lösungen. Es gab drei große Waffenstillstände der ETA: einen unter Felipe González, einen unter José María Aznar und den letzten unter José Luis Rodríguez Zapatero. Bei den ersten beiden war der Verzicht auf Waffengewalt sehr wichtig. Legt die ETA die Waffen nieder, so ist alles möglich, hieß es. Damals tauchten die Opfer nirgendwo auf. Beim letzten Waffenstillstand hingegen waren sie plötzlich da, waren sichtbar. Durch ihre Präsenz ist der Verzicht auf Waffengewalt nicht das Ende der Auseinandersetzung, denn durch die Opfer bleiben Schäden, Verluste, Ungerechtigkeiten weiter bestehen, auch wenn die Waffen niedergelegt sind. Und dies bedingt die politische Diskussion.

Das lässt sich natürlich auch auf die Opfer der franquistischen Repression übertragen.

Selbstverständlich. Es macht nicht nur eine Revidierung der *transición* notwendig, sondern verlangt auch einen tief greifenden Positionswechsel in der Reflexion über die Beziehungen zwischen Politik und Gewalt. Wir leben mit der Vorstellung, die Demokratie sei die Überwindung der Gewalt, doch denke ich, dass sich die Gewalt in der Demokratie eingenistet hat und es viele Formen von Gewalt gibt. Jede Form von Ungerechtigkeit ist Gewalt. Da die Politik heute global ist, ist es eine lokale und globale Gewalt oder Ungerechtigkeit. Daher besteht ein Zusammenhang zwischen der Sensibilisierung zugunsten der Opfer, darunter auch die der *memoria histórica,* und einer Revision der Beziehungen zwischen Politik und Gewalt.

Das franquistische Gedächtnis

In seinem *Spanischen Testament* stellte Arthur Koestler fest, dass »dieser Krieg nicht um Territorien geführt werde, sondern um Worte«. Wie kaum eine andere bewaffnete Auseinandersetzung war der Spanische Bürgerkrieg ein Kampf der Ideen, Ideologien und der Worte. Von Anfang an war beiden Seiten die symbolische Bedeutung der Schlacht bewusst. So war der Krieg im Inneren wie im Äußeren zugleich auch ein Kampf der Propaganda, die in den unzähligen Streitschriften, Broschüren und Plakaten sinnfälligen Ausdruck fand; besonders die Plakate stellen heute einen der Schwerpunkte des Bürgerkriegsarchivs in Salamanca dar. Propaganda ist letztendlich ein Versuch, die eigene Version eines politischen Geschehens darzustellen, durchzusetzen und festzuschreiben, egal wie realitätsnah diese Darstellung auch ist. Dasselbe geschieht *a posteriori* mit den Geschichtsversionen – und hier fielen nach dem Ende des Kriegs die Möglichkeiten zur Festschreibung der eigenen Sicht des Bürgerkriegs dramatisch auseinander. Während die Sieger das ganze Land zur Verfügung hatten, um die Darstellung ihres Triumphes auf vielfache Weise symbolisch und konkret Gestalt werden zu lassen, standen den Verlierern kaum Mittel zur Wahl. Im Exil verfügten sie weder über die finanziellen noch über die publizistischen Möglichkeiten, ihrer Sichtweise Ausdruck und Gehör zu verschaffen. Und im Land selbst stand die Verbreitung ihrer Erinnerung unter strengster Strafe, oft sogar unter Todesstrafe. Sie blieb geheim, verborgen, unterdrückt. Daher sind die Zeugen der franquistischen Erinnerung weitaus zahlreicher und sichtbarer als die der Verteidiger der Republik.

Den Franquismus als solchen zu definieren, ist schwierig, da er kein statisches ideologisches Gebilde war, sondern sich den wechselnden Zeitumständen anpasste. Nicht umsonst überlebte er alle politischen Wandlungen in Europa und endete erst nach dem Tod seines Namensgebers am 20. November 1975. Er entstand aus dem Zusammenschluss verschiedener rechter ideologischer Strömungen während der ersten Monate des Bürgerkriegs: der Militarismus der »Afrikanisten«, wie die für ihre Brutalität berüchtigten Angehörigen der Kolonialtruppen genannt wurden, die in den Zwanzigerjahren in Marokko stationiert waren; die stark vom italienischen Faschismus beeinflusste Ideologie der Falange, rechtsradikal-revolutionär mit sozialen und zugleich elitären Tendenzen; und der monarchistischkonservativ-katholische, aus dem 19. Jahrhundert sich herleitende Karlismus, der vor allem in Navarra beheimatet war. Allen drei Strömungen war ein vehementer Antiliberalismus, Antikommunismus und Antirepublikanismus gemein, sie befürworteten ein autoritäres Staatsgebilde, dessen allmächtige Leitung bald Francisco Franco zufiel. Bis zu seiner »Inthronisierung« am 1. Oktober 1937, als er offiziell zum »Regierungschef« gekürt wurde – auch wenn er sich in der Folge immer mehr als »Staatschef« gerierte –, hatte Franco die mit ihm in den Putsch verwickelten Generäle ausgeschaltet und die Macht nach und nach ganz an sich gerissen.

In dieser Phase des Kriegs und in den ersten Nachkriegsjahren überwogen die martialischen und faschistischen Aspekte der Herrschaft, was sich nicht nur in der Brutalität der Repression in den eroberten Gebieten, sondern unter anderem auch in mehreren Konflikten mit dem Vatikan ausdrückte.[1] Als gegen Ende des Zweiten Weltkriegs der Sieg der Alliierten immer wahrscheinlicher wurde, ließ die Begeisterung für die bis dahin mit dem Regime verbündeten Achsenmächte nach und es kam zu Annäherungsversuchen an Großbritannien und die USA, die Franco Mäßigung in Sachen Menschenrechte – *avant la lettre* – nahelegten. In dieser Phase, in der ein Gutteil der politischen Gefangenen freigelassen wurde – wenngleich sie auch in Freiheit keineswegs vor der Kontrolle durch den Staat und die »franquisierte« Gesellschaft sicher wurden –, wandelte sich das Regime ins Katholisch-Konservative und schottete sich von der Außenwelt erst einmal ab. Es begann die Epoche der »Autarkie und des Schwarzmarktes«[2] der Vierziger- und frühen Fünfzigerjahre, in denen die Kirche immer größere Macht erhielt. Gegen Ende dieses Jahrzehnts vollzog der Franquismus einen erneuten Wandel und betonte als »Wachtposten des Westens« seinen Antikommunismus im Zeichen des einsetzenden Kalten Kriegs. Der Tourismus brachte ebenso eine Entspannung mit sich wie der Bauboom und Wirtschaftsaufschwung der »glücklichen Sechzigerjahre«, die zu einer umfassenden wirtschaftlichen, aber kaum zu einer politischen Liberalisierung führten. Die politischen Bewegungen der Fünfziger- und Sechzigerjahre (Arbeiter- und Studentenunruhen) zeitigten daher kaum konkrete Auswirkungen, waren aber eine wichtige Basis für die spätere Demokratisierung der Gesellschaft. Trotz dieser leichten Öffnung des Spätfranquismus blieb die Repression als eines der Grundelemente des Regimes bis in die letzten Tage bestehen, selbst nach dem Tod Francos wurde noch gefoltert, von denselben Schergen, die es unter dem Diktator getan hatten und die erst in der Demokratie entlassen wurden, freilich ohne dass sie je für ihre Taten zur Verantwortung gezogen worden wären.

Der Franquismus an sich war ein dynamisches Produkt aus Überlebenswillen unter sich wandelnden Umständen, Anpassungsfähigkeit und ideologischer Standhaftigkeit, der sich als allein staatstragende Macht über das Land gelegt hatte und es auf allen Ebenen beherrschte: politisch, religiös, ideologisch, sozial, wirtschaftlich, administrativ. Zugleich wandelte er seine aus politischer Propaganda entstandenen, historisch nicht haltbaren Ursprünge und Gründungsmythen, aber auch seine weltanschaulichen Dispositionen in Realität um und war so, wie es Federico Fernández-Crehuet ausgedrückt hat, »eine Fiktion und gleichzeitig eine reale Constructio«[3].

Zur Umsetzung dieses Programms dieses ideologischen Aufbaus waren nicht nur konkrete materielle Maßnahmen notwendig, sondern auch ein alles übergreifendes System von Symbolen, um der Umgestaltung der Gesellschaft nach den Normen des Nationalkatholizismus den der Diktatur gemäßen Überbau zu geben.

Genese und Grundzüge

Seit dem ersten Tag des Aufstandes vom 18. Juli 1936 waren die rebellischen Generäle darum bemüht, ihre eigene Version der Ereignisse, ihre Symbole, ihre Mahnmale, ihre Gedenkorte flächendeckend über das ganze Land zu verbreiten und es ideologisch ebenso zu besetzen wie militärisch. Zugleich suchten sie auch jede Meinung, die dieser Version widersprach, im Keim zu ersticken. Das Regime schuf sich selbst eine hegemonische Erzählung, durchsetzt und getragen von der Ideologie und Rhetorik dessen, was später als »nationalkatholisch« bezeichnet wurde: Es ging um Opfer, Helden und Märtyrer im Zeichen des christlichen Erbes, deren höchster Ausdruck waren die Figuren der *caídos por Dios y por España,* die für Gott und Spanien Gefallenen.

Die Taktik der Sieger folgte dabei mehreren Prinzipien. Einmal musste jede positive Erinnerung an die Zweite Republik, an ihre sozialen und politischen Fortschritte ausgelöscht und zum Schweigen gebracht werden. Andererseits war ein positives Bild des *Movimiento,* der falangistisch-monarchistisch-katholischen Bewegung, zu entwerfen, das in eine Tradition zu stellen und weltanschaulich zu begründen war. Dazu musste der öffentliche Raum den neuen politischen und ideologischen Überzeugungen entsprechend umgestaltet werden, um so als Legitimations- und Propagandamittel des Regimes zu fungieren. Die Tatsache, dass bis heute, mehr als ein Dreivierteljahrhundert nach dem Bürgerkrieg, immer noch über die Reste dieser Politik debattiert wird, zeigt, wie erfolgreich sie war und wie tief ihre Änderungen in der spanischen Gesellschaft gegriffen haben.

Die Auslöschung des republikanischen Gedächtnisses geschah durch die üblichen Mittel wie Umbenennung von Straßen, Entfernung jeglicher Symbole, Namen und Institutionen der Zweiten Republik und durch eine Unzahl von Gesetzen und Bestimmungen, die die fünf Jahre und drei Monate der Republik aus der Geschichte zu löschen trachteten. So etwa wurden alle Einträge in öffentliche Register nach dem 18. Juli 1936 für ungültig erklärt. Einem Erlass vom 18. Mai 1938 zufolge wurden alle »abstrakten« und »tendenziösen« Vornamen oder solche, die nicht aus dem *santoral*, dem katholischen Verzeichnis der Heiligen, stammten, für unzulässig erklärt: Libertad (Freiheit), Constitución (Verfassung) und all die Namen, die in einer anderen Tradition standen als der katholischen. Ihre – meist wohl noch kindlichen – Träger mussten umbenannt und neu oder auch zum ersten Mal getauft werden, wie etwa ein gewisser Lenin de Dios de Dios, der sich einen anderen, christlicher anmutenden Vornamen zuzulegen hatte.[4] Zivile Ehen und Scheidungen, die seit 1932 möglich waren, wurden für ungültig erklärt, kirchliche Hochzeiten hingegen nachträglich anerkannt.

Bald nach Kriegsbeginn wurde der *Servicio Nacional para la Recuperación de Documentos* gegründet, dessen Auftrag es war, alle Dokumente und Zeugnisse zu sammeln, die in irgendeiner Beziehung zur Republik und zum Bürgerkrieg standen: erbeutete Unterlagen von republikanischen Institutionen ebenso wie Archive der Gewerkschaften und Parteien oder Briefe, Schriften und Papiere von Privatpersonen. Dieser Nationale Dienst zur Wiederbeschaffung von Dokumenten wurde im April 1938 institutionalisiert, vergrößert und schließlich in der Universitätsstadt Salamanca angesiedelt. In den fast vierzig Jahren der Diktatur legten seine Mitarbeiter mehr als drei Millionen Akten von Personen an, die das Regime überwachen ließ und verfolgte. Nach dem Bürgerkrieg gliederte sich der *Servicio* als eigene Abteilung in das *Archivo Histórico Nacional*, das Nationale historische Archiv, ein, bis er schließlich als *Archivo General de la Guerra Civil* (Generalarchiv des Bürgerkriegs) im Jahr 1999 dem Kulturministerium unterstellt wurde. Im Rahmen der *Ley de Memoria Histórica* wurde es zu einem Schlüsselarchiv des *Centro Documental de la Memoria Histórica*. Durch die Demokratisierung kehrte das Archiv seine Vorzeichen um: War es während der Diktatur seine vorrangige Aufgabe, die Unterlagen des republikanischen Feindes aus dem öffentlichen Bewusstsein verschwinden zu lassen und sie für repressive Maßnahmen zu nutzen, so ist das Archiv seit seiner Öffnung eine der bedeutendsten Fundgruben für die Erforschung des Bürgerkriegs und der franquistischen Repression.

Diese Auslöschung der republikanischen Erinnerung ging einher mit einer »Diabolisierung«[5] der Zweiten Republik, die systematisch als Zeit des Chaos, des Aufstandes des Pöbels, der politischen Unruhen oder der Verführung des Volkes vonseiten eines krass verzerrt dargestellten Kommunismus oder Anarchismus gebrandmarkt wurde. Dadurch usurpierte die Diktatur die Erinnerung an diese Zeit und machte sie zu dem, was Paul Ricœur »manipulierte Erinnerung«[6] genannt hat. Der Bürgerkrieg wurde – mit den im Spanischen seltenen Großbuchstaben – einerseits in militärischer Tradition als *Alzamiento Nacional,* Nationale Erhebung, bezeichnet oder in christlicher Tradition als *Cruzada,* als Kreuzzug gegen den Kommunismus, den Bolschewismus, die Anarchie und die Freimaurerei charakterisiert, denen bei Bedarf auch das Adjektiv »jüdisch« vorangestellt wurde, wenn auch nicht mit Nachdruck.

Dieser Mythos des Kreuzzugs war, wie der Historiker Alberto Reig Tapia schrieb, »der bedeutendste, da sich alle anderen von ihm ableiteten«[7]. Und er war der Ausgangspunkt für die Heldenverehrung der »für Gott und Spanien« Gefallenen ebenso wie für das intime Bündnis mit der katholischen Kirche, einem der Grundpfeiler der Diktatur. Keinen Monat nach Ausbruch des Bürgerkriegs verwendete der Erzbischof von Santiago, Tomás Muniz, zum ersten Mal den Ausdruck Kreuzzug in einem Rundschreiben, das weite Verbreitung fand und in dem er die von den Republikanern begangenen Gräuel anführte: die »Morde an Bischöfen, Priestern, Geistlichen und christlichen Gläubigen, die sich durch ihre religiösen Taten hervorgetan haben«, die »Brandlegung von Kirchen, die Schändung von geweihten Orten, die Zerstörung von Klöstern«, die beweisen würden, dass »der Kreuzzug, der sich gegen sie erhoben hat, patriotisch ist, jawohl, sehr patriotisch, aber vor allem ein religiöser Kreuzzug« in der Tradition der mittelalterlichen Kreuzzüge, »denn nun kämpft man für den Glauben an Christus und für die Freiheit der Völker. Gott will es!« All dies wurde später zu einer immerzu wiederkehrenden Litanei der franquistischen Propaganda.

Der Bischof schloss sein Schreiben mit »¡Santiago y cierra, España!«[8], ein Ruf, der seine Brandrede für jeden Spanier erkennbar in die Tradition der mittelalterlichen Wiedereroberung des Landes von den Mauren stellte, die unter den Schutzpatronat von Santiago gestanden hatte, des Heiligen Jakob, der in Santiago de Compostela begraben ist und den Beinamen Matamoros, Maurentöter, trägt. Den theologischen Hintergrund dazu lieferte am 30. September 1936 der Bischof von Salamanca, Enrique Pla y Deniel, in einem Hirtenbrief mit dem Titel *Die zwei Städte,* von denen die eine die Stadt Gottes, die andere die des Teufels ist. Der Krieg sei ein Kampf »zwischen zwei Vorstellungen von Leben, zwei Formen zu fühlen, zwei Mächten, die bei allen Völkern der Erde zu einem universellen Kampf rüsten«. Die Rollen waren dabei klar: »Die Kommunisten und Anarchisten sind die Kinder Kains, Brudermörder ihrer Geschwister, neidisch auf die, welche die Tugend ehren, und daher ermorden und quälen sie sie.«[9]

Eingeschrieben in diese simple Dichotomie ging es also nicht nur um die militärische Eroberung des Landes und die Wiederherstellung der alten oligarchischen Ordnung durch die Armee nach den Jahren des Chaos und der Anarchie der Republik, es ging vor allem um die Rettung des christlichen Abendlandes. Das kommt auch in dem am 1. Juli 1937 entsandten und in zahlreiche Sprachen übersetzten *Rundschreiben der spanischen Bischöfe an die Bischöfe der ganzen Welt über den Bürgerkrieg in Spanien* zum Ausdruck, ganz klar ein Propagandastück zugunsten der aufständischen Generäle.

Um den Aufstand gleichsam im Nachhinein zu rechtfertigen, kam es zu einer das ganze Land umfassenden und erfassenden Aktion, die neben dem bereits erwähnten *Servicio Nacional para la Recuperación de Documentos* ein Beispiel für Erinnerungsarbeit darstellt, wie es sie in Spanien bis heute nicht wieder gegeben hat.

Die *Causa General* – der Generalprozess

Etwas mehr als ein Jahr nach dem Ende des Bürgerkriegs, am 26. April 1940, erließ der Justizminister Eduardo Aunós ein Dekret, das die Erforschung der »verbrecherischen Taten« anordnete, die »im gesamten Staatsgebiet während der roten Herrschaft begangen« worden waren. Der bezeichnende Titel des Werks: *Causa General, geführt von der Staatsanwaltschaft über die rote Herrschaft in Spanien*. Untersucht wurden Verbrechen nicht nur während des Bürgerkriegs selbst, sondern seit dem Beginn der Zweiten Republik am 14. April 1931. Ganz auf der Linie, wie es heute von francophilen Historikern dargestellt wird, erklärte man so die Zweite Republik zum Präludium der »roten Herrschaft« und rechtfertigte dadurch den Aufstand der Generäle als Rettung Spaniens vor dem Kommunismus. Das umfangreiche Material, Tausende Aktenstücke, die in rund 4000 Schachteln verwahrt sind, wurde bis in die späten Sechzigerjahre hinein gesammelt, bis zur Generalamnestie von 1969, die aus Anlass des vierzigsten Jahrestages des Kriegsendes alle Verbrechen als verjährt erklärte, die vor dem 1. April 1939 begangen worden waren – und somit zugleich auch die bis heute ungesühnten Verbrechen der franquistischen Seite von jeder Verfolgung freisprach. Bis zu dieser Amnestie diente die *Causa General* als Beweismaterial für eine Vielzahl von Anklagen und Prozessen.

Beteiligt an dieser monumentalen Arbeit waren unzählige Beamte aus allen Bereichen – Justiz, Verwaltung, Militär, Polizei, Zivilgarde –, die Daten erhoben über fast jede Ortschaft Spaniens, egal, ob sie sich bei Ausbruch des Bürgerkriegs in republikanischer oder franquistischer Zone befand. Bis nach dem Ende der Diktatur blieb das Material in den Archiven der Staatsanwaltschaft, erst im September 1980 wurden die Kisten dem Madrider *Archivo Histórico Nacional* übergeben. Im Rahmen der *Ley de Memoria Histórica* schließlich wurde die gesamte Dokumentation in das neu gegründete *Centro Documental de la Memoria Histórica* in Salamanca transportiert, die Übersiedlung war im April 2011 abgeschlossen. Heute findet man über das Internetportal *Pares* (http://pares.mcu.es) der spanischen Archive Zugang zu den Aktenstücken der *Causa General*.

Bereits der Ursprung der *Causa General* war rein propagandistisch und sollte ein Gegenmittel sein zu den Nachrichten über die Massenmorde von Badajoz im August 1936, die ob ihrer Brutalität in der ganzen westlichen Welt bekannt geworden waren, hatten doch die Truppen des Generals Yagüe zwischen 2000 und 4000 republikanische Gefangene in der Stierkampfarena der Stadt niedergemetzelt. Nach dem Ende des Kriegs wurde die Arbeit an der *Causa General* auf das ganze Staatsgebiet ausgeweitet. Sprachen die Aufständischen Mitte 1937 von 600 000 Todesopfern, die auf das Konto der »Roten« gingen, gab Franco der Welt ein Jahr später die Zahl von 470 000 bekannt. 1942 legte die *Causa General* die Zahl von gerade noch 85 940 Todesopfern fest, doch aufgrund der zahlreichen Fehler, Doppelungen und Ungereimtheiten bei der Datenerhebung sanken im Lauf der Jahre diese Zahlen immer mehr.[10]

Bis in die Gegenwart ist die *Causa General* ein unschätzbarer Fundus an historischer Quellenforschung, der freilich dezidiert einseitig ist und allein die Bluttaten anführt, die Anhänger des republikanischen Spanien begangen hatten. Gefragt wurden einerseits die Bürgermeisterämter der Ortschaften nach den Vorfällen und den Personen, die, wie es auf den auszufüllenden Formblättern hieß, »während der roten Herrschaft gewaltsam getötet wurden, verschwanden oder deren Ermordung man vermutet«. Andererseits wurde aber auch ausführlich Feldforschung betrieben, einzelnen Fällen wurde nachgegangen, Zeugnisse und Augenzeugenberichte wurden eingeholt. Historiker sprechen zwar seit Jahrzehnten von »der Unordnung, die im Archiv der *Causa General* herrscht«[11], da bislang noch keine systematische Arbeit zur Erfassung all der Daten und Unterlagen geleistet wurde, doch kann man das Werk grundsätzlich in zwei Teile gliedern. Der erste, systematische Teil ist sowohl thematisch als auch geografisch nach Provinzen geordnet. Der zweite, größere Teil hingegen ist, wie der Historiker José Luis Ledesma meinte, ein »riesiger, unausge-

wogener und ungeordneter dokumentarischer Anhang«[12] des ersten
Teils, der vor allem Dokumente der gerichtlichen Untersuchungen
enthält. Der erste Teil besteht aus elf »Stücken«, die Material zu folgenden Stichworten sammeln: jegliche Art von Gewalt und Verfolgung durch die Republikaner (der weitaus umfassendste Abschnitt);
rote Armee; Gefängnisse und außergerichtliche Ermordungen; *checas* (die kommunistischen Verhör- und Folterzentren); rote Justiz; religiöse Verfolgung; Amtsführung der lokalen Regierungsautoritäten;
Presse; strafbare Handlungen gegen Privateigentum; Banken; Kunst-
schätze und rote Kultur; aber auch Materialien zur Nationalen Erhebung, zu den Ereignissen während der Zweiten Republik, zur roten
Armee und zur Befreiung ebenso wie Hinweise und Untersuchungen
zur »Exhumierung von Märtyrern des Kreuzzugs«, vor allem zu »Don
José Calvo Sotelo« (dem konservativen Politiker, dessen Ermordung
der Vorwand für den Aufstand der Generäle war) und dem Begrün-
der der Falange, »Don José Antonio Primo de Rivera«.[13]

Die Aufzählung zeigt, wie parteiisch die Untersuchungen waren
und unter welchen Vorzeichen sie standen. Dennoch ist dieses Material von unschätzbarem Wert, nicht nur als »Erinnerungsort der
Diktatur«[14], sondern auch als Dokumentation der Zustände in der republikanischen Zone und als Psychogramm des franquistischen Denkens – wobei freilich umfangreiche historische und ideologische Vor-
sichtsmaßnahmen zu treffen sind, da sehr viele Angaben in ihrem
inquisitorischen Eifer weit über die Realität hinausschießen.

Zu Beginn dieser Forschungsarbeit veröffentlichte das Justizministerium 1943 ein Buch, das vor allem Propagandazwecken diente
und in dem die Verbrechen der »Roten« ausführlich beschrieben werden. Mit dem Buch wurde der Kanon der übelsten Verbrechen der Republik festgelegt, der bis in die rechte Geschichtsschreibung unserer
Tage hinein Gültigkeit hat. Neben den bereits genannten Punkten
fanden hier der anarchistische Terror, der sowjetische Einfluss und
der Transport der Goldreserven nach Moskau Eingang. »Der Spanier
ist wieder auf seinen normalen Weg zurückgekehrt«, meint der Mi-

nister Aunós im Vorwort und deklariert dieses Stück Propaganda als eine »Einladung zur Meditation«, vor allem aber – natürlich unausgesprochen – als Rechtfertigung des franquistischen Terrors angesichts der zuvor erlittenen Untaten. Das Buch erschien in mehreren Auflagen und passte sich mit seinen wechselnden Vorworten den weltpolitischen Ereignissen an. Nach dem Ende des Zweiten Weltkriegs wurde es ins Englische, Französische, Deutsche und Italienische übersetzt als Versuch, den Antikommunismus der Diktatur im Licht des Kalten Kriegs darzustellen.

Bis heute ist die *Causa General,* sowohl als Buch als auch dank der digitalisierten Dokumente im Internet[15], leicht zugänglich. Sie ist somit eine der bedeutendsten und umfassendsten historischen Quellen und dient immer noch vor allem propagandistischen Zwecken. Stellte sie im Nachkriegsspanien ein Mittel dar, um eine Version der Erinnerung durchzusetzen, die die Basis aller franquistischen Legitimationsversuche war, ist sie weiterhin eine grundlegende Quelle bei der Seligsprechung der katholischen »Märtyrer«, die dem »roten Terror« zum Opfer fielen, aber auch für Revisionisten aller Art, die im Fahrwasser einer postfranquistischen Geschichtsklitterung unterwegs sind. Rechte Medien und Historiker greifen immer wieder auf die darin enthaltenen Informationen zurück, um den »roten Terror« anzuprangern und sich gegen eine Verurteilung des Franquismus zur Wehr zu setzen. Die Websites der Vereine der Memorialbewegung sind im Vergleich zu diesem monumentalen Erinnerungsort ein recht karges Mittel der Gegeninformation. Die *Causa General* »inszenierte die soziale Trennung zwischen Besiegten und Siegern«[16], wie es der Historiker Julián Casanova ausdrückte: Die Sieger konnten ihre Toten einschreiben lassen, denen alle Ehren widerfuhren; die Besiegten konnten ihre Toten zumeist nicht einmal begraben, da sie irgendwann einmal irgendwo zum Verschwinden gebracht worden waren und es zum Großteil bis heute geblieben sind.

Paracuellos del Jarama

Eines der wichtigsten Propagandastücke des Franquismus von seinen Ursprüngen bis in die Gegenwart sind die *matanzas de Paracuellos,* das Blutbad von Paracuellos. Der Name steht bis heute für den »roten Terror« und ist untrennbar mit der Person des langjährigen Generalsekretärs der Kommunistischen Partei Spaniens verbunden: Santiago Carrillo. Ein paar Kilometer oberhalb des Tals, in dem im Februar 1937 die »blutige Schlacht« am Río Jarama geschlagen wurde, liegt die kleine Ortschaft Paracuellos del Jarama, ganz in der Nähe des Flughafens von Madrid-Barajas. In der dort errichteten Gedenkstätte, die durch ein großes weißes Kreuz auf einem Hügel leicht auszumachen ist, sind, glaubwürdigen Schätzungen[17] zufolge, zwischen 2200 und 2500 Menschen begraben, wenn auch die gehandelten Zahlen aus propagandistischen Zwecken oft ganz andere Dimensionen annahmen, bis zu 12 000[18]. Die Opfer wurden zwischen dem 7. November und dem 4. Dezember 1936 hier und in der näheren Umgebung erschossen und notdürftig begraben. Unter ihnen waren Falangisten, mehr oder weniger militante Angehörige von rechten Parteien, Geistliche, Bürgerliche wie etwa der Schriftsteller Pedro Muñoz Seca, vor allem aber Soldaten und Militärs, die sich bei Ausbruch des Kriegs den Aufständischen angeschlossen hatten oder Gegner der Republik waren. Anfang November startete die franquistische Armee mit vier Kolonnen eine groß angelegte Offensive gegen Madrid, die Hauptstadt konnte jedoch standhalten, unter anderem dank der Intervention der Internationalen Brigaden. Aus Sicherheitsgründen wurden die meisten der rund 8000 Gefangenen aus den Madrider Gefängnissen, vor allem aus der nahe der Front liegenden *Cárcel Modelo,* in andere Zuchthäuser gebracht. Im belagerten Madrid wären die Mitglieder dieser »Fünften Kolonne«, wie die mit den Franquisten kollaborierenden Bewohner der Hauptstadt später genannt wurden, eine zu große Gefahr gewesen. Die Transporte wurden von der neu gegründeten *Junta de Defensa de Madrid* (Madrider Verteidigungsrat) angeordnet und geleitet, deren Rat für Öffentliche Ordnung der einundzwanzig Jahre alte Vorsitzende der Vereinigten Sozialistischen Jugend war, eben Santiago Carrillo.

Bis heute ist ungeklärt, wer letztendlich den Befehl zum Mord an all diesen Menschen gab, obwohl an der Ausarbeitung und Planung dieser Aktionen zahlreiche Personen beteiligt gewesen sein mussten. Zuständig für den Vollzug war, wie der britische Historiker Paul Preston in der letzten dazu veröffentlichten Studie festhielt, die Abteilung für Öffentliche Ordnung des Verteidigungsrates, die Carrillo unterstand, »doch hätten sie nie durchgeführt werden können ohne die Mithilfe anderer Elemente unter den Milizen oder der Etappe«[19]. Der Mord an so vielen Personen setzte eine »beachtliche Organisation«[20] voraus, die von den Madrider Behörden gebilligt werden musste, und sei es nur durch ihr Stillschweigen. Wirklich aussagekräftige Dokumente dazu sind nicht vorhanden – oder zumindest bis heute trotz intensiver Nachforschungen nicht gefunden worden. Carrillo erklärte in seiner Autobiografie und in Interviews immer wieder, er habe nie die Hinrichtung dieser Personen befohlen; dennoch ist es wahrscheinlich, dass er an prominenter Stelle »an der Entschlussfassung und Ausführung der Hinrichtungen«[21] beteiligt war. Dies ist für das rechte Spanien ein willkommener Anlass, Carrillo bei allen möglichen Gelegenheiten als Massen- und Völkermörder zu bezeichnen. Im Jahr 1998 erstattete die Vereinigung von Familienangehörigen und Freunden der Opfer des Genozids von Paracuellos del Jarama bei dem Richter Baltasar Garzón Anzeige gegen Santiago Carrillo. Garzón wies sie mit der Begründung ab, dass der Fall bereits während der Diktatur untersucht und die Beschuldigten verurteilt worden waren, eine Begründung, in der viele einen gewissen Widerspruch zu den späteren Maßnahmen des Richters im Bereich der *memoria histórica* sehen.[22]

Paracuellos diente dem Franquismus und seinen ideologischen Nachfahren vor allem dazu, diese schlimmste, unentschuldbare und vor allem unnötige Bluttat des republikanischen Spanien, die aber zugleich auch der einzige derartige Massenmord war, als generelles Beispiel für den »roten Terror« anzuprangern und es dem bereits erwähnten Massaker von Badajoz im August 1936 und überhaupt den Terrormaßnahmen im »national« besetzten Gebiet gegenüberzustellen. Die Morde von Paracuellos waren, wie Preston schrieb, »die schlimmste Gräueltat, die auf republikanischem Territorium während des Bürgerkriegs begangen wurde, und ihr Horror kann durch die schrecklichen Zustände in der belagerten Hauptstadt zwar erklärt, aber nicht gerechtfertigt werden. Im Unterschied zu früheren *sacas,* die vom Volkszorn nach Luftbombardements ausgelöst worden waren oder durch Nachrichten vom Wüten der Aufständischen, die von Flüchtlingen überbracht wurden, waren diese Morde das Ergebnis politisch-militärischer Entscheidungen.«[23]

Wie an keinem anderen Denkmal werden in Paracuellos die Widersprüche der aktuellen Kontroverse in Spanien deutlich. Der »Friedhof der Märtyrer« liegt heute desolat in einem hässlichen Industriegebiet, umgeben von Lagerhallen und Fabriken, im Hintergrund starten Flugzeuge vor der Kulisse der Hochhäuser Madrids. Von den Umfassungsmauern des Friedhofs bröckelt der Verputz, Unkraut und Disteln wuchern auf den leeren Flächen abseits der Gräber, an einer Gedenkstelle in der Mitte des Areals weht eine rot-gelbrote Fahne ohne Wappen – da an öffentlichen Orten nur das heutige Staatswappen zugelassen ist, soll diese Abwesenheit das alte, franquistische Wappen in Erinnerung rufen. So trist heute der Anblick ist, die hier begrabenen Opfer der Republik wurden einst hoch geehrt, der Friedhof war eine nationale Pilgerstätte, und die Hinterbliebenen wagten es dank der symbolischen Macht des Ortes und der hier begrabenen »Märtyrer« sogar, gegen einen Befehl Francos Einspruch zu erheben. Als in den Fünfzigerjahren die Überreste ins Valle de los Caídos gebracht werden sollten, wehrten sie sich dagegen, mit Erfolg. Aber eben das, was den hier Liegenden zugestanden wurde, wollen viele den Vorfahren der anderen Seite nicht zubilligen: ein Begräbnis in Ehren.

María García Alonso
oder die Gräber der Anderen

María García Alonso (1966) arbeitet in der Abteilung für Sozial- und Kulturanthropologie der UNED, der spanischen Fernuniversität, wo wir uns an einem stillen Freitagnachmittag im Januar 2012 treffen. Zugleich ist sie Mitglied der Forschungsgruppe *Las políticas de la memoria* und Vizedirektorin des Studienzentrums für Migrationen und Exil ihrer Universität. Vor etwas mehr als zehn Jahren begann ihr Interesse an Themen, die mit der Republik, dem Bürgerkrieg und dem Gedächtnis in Zusammenhang stehen.

Zuvor hatte sie andere Forschungsschwerpunkte, hatte über den Körper, über Euthanasie und über Lateinamerika gearbeitet. Von 1997 bis 2002 leitete sie das Dokumentationszentrum der *Fundación Francisco Giner de los Ríos*, eine Stiftung, die in der Tradition der aufklärerischen spanischen Pädagogik der letzten Jahrhundertwende steht. So war sie eine der zwei Kuratorinnen einer Ausstellung über das ehrgeizigste Erziehungsprojekt der Zweiten Republik: *Las Misiones Pedagógicas (1931–1939).* Durch diese »pädagogischen Missionen« sollte Kultur in Form von Bibliotheken, Filmvorführungen, Debatten, Lesungen und Unterricht auf allen Ebenen demokratisch unters Volk und in die abgelegensten Dörfer gebracht werden. Dabei stieß María García auf den weiten Bereich der Gedächtnisarbeit, dem sie seither treu geblieben ist.

»Wir mussten erst einmal nach Archiven, Quellen und noch lebenden Personen suchen, wie es oft der Fall ist bei Institutionen, die nach dem Bürgerkrieg verschwanden und deren Material verloren ging. Wie die Erinnerung an die Menschen. Deswegen begann ich Personen zu suchen, die ich interviewen konnte. Über sie kam ich zum Bürgerkrieg und zu den Exhumierungen. Vor ein paar Jahren fragte mich Paco Ferrándiz, ob ich in seiner Forschungsgruppe mitarbeiten wollte. Da alle anderen über republikanische Ausgrabungen arbeiteten, schien mir das Projekt unvollständig, wenn sich nicht jemand mit den Gräbern der Anderen auseinandersetzte.«

Daher begann sie, sich mit den Exhumierungen der franquistischen Seite zu beschäftigen. Die meisten Massengräber waren während des Kriegs oder ab 1939 mehr oder weniger systematisch geöffnet worden. Einige aber waren aufgrund der technischen Schwierigkeiten mit den damaligen Mitteln nicht zugänglich, sodass man die Überreste liegen ließ und ein Denkmal errichtete. Vor allem in den Provinzen Ciudad Real und Toledo war dies der Fall. Dort wurden die Leichen der franquistischen Opfer in ausgetrocknete Brunnenschächte oder in aufgelassene Stollen geworfen, die zum Teil aus der Römerzeit stammten.

Ende März 2009 kam María García nach Camuñas, einen kleinen Ort mitten in der Mancha, wo in einem Stollen eine unbekannte Anzahl von »Märtyrern der Kirche« liegen sollten. In dieser Gegend war die republikanische Repression brutal gewesen, denn die Region, die früher Neukastilien hieß und heute Teil der Autonomen Region Castilla-La Mancha ist, blieb bis zum Ende des Kriegs von den Kämpfen verschont, die Fronten waren ebenso weit weg wie die Regierung. Wie im franquistischen Hinterland wurden auch hier die drei Kriegsjahre hindurch viele Menschen aus politischen und ideologischen Gründen ermordet, wenn auch die Gründe und die Opfer andere waren.

»In diesen verlassenen römischen Stollen wurden die Leichen aus der ganzen Umgebung geworfen, darunter ein paar Priester, für die ein Prozess der Seligsprechung im Gang war. Daher wollte die Diözese in Erfahrung bringen, ob sich ihre Reste tatsächlich dort befanden, in welchem Zustand sie waren und ob man Reliquien bergen könnte. So beauftragten sie das Team von Aranzadi unter der Leitung von Francisco Etxeberria mit der Exhumierung. Und ich nahm daran teil.«

Die Arbeit war ungemein kompliziert, denn der Stollen war sehr groß und lag in dreißig Meter Tiefe, das Team wurde mit Klettergurten hinuntergehievt. Teile des Stollens waren verschüttet und mussten erst einmal freigelegt werden. Man konnte nur wenige Reste bergen, nicht einmal bestimmen, wie viele Menschen dort tatsächlich lagen. An die hundert, schätzt María García. Bei den Leichen fanden sie viele katholische Symbole, Medaillons und Kruzifixe. Auch wenn sie nicht unzweifelhaft bestimmen konnten, dass es sich um die gesuchten Geistlichen handelte, so stand jedenfalls fest, dass sehr viele religiöse Menschen unter den Opfern waren. Wie bei allen Massengräbern, die unter Franco nicht exhumiert werden konnten, hatte man den Ort als Friedhof geweiht und durch ein Kreuz gekennzeichnet. Die Familienangehörigen, die wussten oder oft auch nur glaubten, dass ihre Verwandten hier lagen, kamen an Gedenktagen oder zu Allerheiligen hierher, als wäre es ein ganz normaler Friedhof.

Ihre Erlebnisse bei der Exhumierung veranlassten María García, sich mit der Geschichte des Stollens von Camuñas ausführlicher auseinanderzusetzen. Dazu gehörte, dass sie nicht nur die republikanische Repression bis 1939, sondern auch die franquistische Repression ab dem Ende des Bürgerkriegs studierte. Es war für sie eine unglaublich harte »Feldforschung«.

»Ich hatte zuvor in Kolumbien und anderswo gearbeitet, aber noch nie dieses Gefühl gehabt. In der Anthropologie gibt es einen Ausdruck dafür, wenn du dich einer Realität aussetzt, mit der du nur schwer zurechtkommst: Man erlebt einen Kulturschock. Diesen Kulturschock habe ich oft erfahren, an den verschiedensten Orten, aber nie war er so stark wie bei dieser Exhumierung. Denn bald wurde mir klar, dass diese Personen auf schreckliche Weise ums Leben gekommen waren. Für einen Anthropologen sind Emotionen, ist Empathie ein Teil seines Arbeitswerkzeuges, man muss Kontakte knüpfen, die nicht bloß praktischer oder technischer Natur sind, sondern man muss sich tatsächlich auf eine Gruppe einlassen, mit ihr zusammenleben. Daher war es unheimlich schwer, mich mit dieser Position des Anderen zu konfrontieren, da der Andere Ideen vertrat, die den meinen diametral entgegengesetzt sind. Dabei geht es nicht darum, sich in die Lage des Anderen zu versetzen, man kann sich selbst nicht so sehr zurücknehmen. Aber es ist eine Übung, die Grenzen des Verstehens, des Verständnisses so weit wie möglich zu dehnen. Nachdem ich ihnen zugehört hatte, verstand ich, warum sie so radikal waren. Man hört ihre Gründe, und auch wenn einem vieles davon unangebracht scheint, vor allem die Schlüsse, die sie daraus ziehen, so denkt man doch, dass man vielleicht ähnlich gehandelt hätte, wenn man derselben ›Erziehung der Gefühle‹ ausgesetzt gewesen wäre.«

Diese »Erziehung der Gefühle« sei sehr eng und einseitig. Argumentiert man, dass es auch andere Familien gebe, deren Vorfahren ermordet und illegal begraben wurden, so erhält man als Antwort, dass man sie ja schon früher hätte exhumieren können, was, so María Alonso, angesichts der historischen Umstände zumindest fraglich sei. Wie es die spanische Rechte oft tut, unterscheiden diese Familienangehörigen zwischen den Exhumierungen und den politischen Ansprüchen auf Anerkennung und Schadenersatz: Eine Sache sei es, die Leichen auszugraben und in Würde zu bestatten, und eine andere, mit ihnen Politik zu machen. »Fragt man weiter, so stößt man auf die Folgen ihrer Erziehung. Denn die Kirche gab der sogenannten Aussöhnung eine perverse Wende. Man hat mir erzählt, dass die Kinder, vor allem die Töchter, der ›für Gott und Spanien Gefallenen‹ den Kindern und Familien der erschossenen Republikaner Almosen bringen mussten, und zwar genau denjenigen, die ihre Väter ermordet hatten. Das war die Politik des Vergebens: Der am schlimmsten Betroffene musste verzeihen, und man kann sich vorstellen, was das für beide Seiten bedeutete. Dies war nur ein Aspekt der Beziehungen, die die staatliche Politik der Vergebung und des Leidens den Gewinnern und Verlierern des Kriegs aufzwang, im ganzen Land. Daher hört man von den Gewinnern oft das Argument: ›Wir haben ihnen doch schon verziehen!‹ Als ich das zum ersten Mal hörte, war ich sehr betroffen, es schien mir grausam, waren doch auch die Eltern der Verlierer auf brutale Weise ums Leben gekommen, und die Kinder litten oft Hunger. Aber die Gewinner fanden sich in ihre Rolle, glaubten, korrekt gehandelt zu haben, und hatten den Verlierern vergeben. Und da sie verziehen haben, existiert auch keine Schuld mehr. Was wollen sie also noch von uns? – Das alles spiegelt sich in ihrer Haltung. Sie glauben, die Politik der Aussöhnung sei bereits abgeschlossen, und verstehen nicht, dass dies für einen Teil der Menschen nicht der Fall ist.«

Wie fühlt man sich als Forscherin in diesem Umfeld? Stößt man da nicht auf beiden Seiten auf Unverständnis? Sie befinde sich zwischen zwei Fronten, meint María García. Einerseits müsse sie den Nachkommen der franquistischen Ermordeten gegenüber ihren eigenen Standpunkt behaupten. Das gelinge ihr vor allem dadurch, dass sie sich auf Fragen der Menschenrechte beschränke. Gleite sie manchmal ins Terrain der Politik oder Ideologie ab, sei sofort der alte Groll wieder da, der von der Politik der Aussöhnung nur oberflächlich zum Schweigen gebracht worden war. Andererseits aber würden ihre Forschungen immer wieder auf Kritik von Kollegen stoßen, da sie ihnen zufolge der Rechten in die Hände spiele. »Aber schließlich war es ein Bürgerkrieg, bei dem Menschen auf beiden Seiten starben und die Gewalt auf beiden Seiten ungemein groß war.«

Gibt es denn Unterschiede zwischen einer republikanischen und einer franquistischen Ausgrabung? »Der größte Unterschied ist wahrscheinlich das Verhalten der Forscher selbst. Denn in den besten Teams sind politisch linke Personen tätig, sie haben mit den Ausgrabungen begonnen und verfügen über Erfahrung und Wissen. Bei republikanischen Exhumierungen besteht ein Einvernehmen, das bei franquistischen fehlt. Einzig der Schmerz der Familien ist derselbe. Ein anderer Unterschied ist, dass die Rechte diese Massengräber seit jeher dazu verwendet hat, um Propaganda zu betreiben. In den Siebzigerjahren behauptete die rechtsradikale Partei *Fuerza Nueva*, in Camuñas seien 15 000 Personen begraben. Bis heute streiten sie um die genauen Zahlen. Generell ist die Rechte gegen die Exhumierungen, ausgenommen die extreme Rechte, denn durch sie würde man sich auf die Stufe der anderen stellen. Außerdem wäre es eine indirekte Anerkennung der *Ley de Memoria Histórica*. Schon aus Stolz sucht die Rechte selten um Subventionen für Exhumierungen an.«

Bei ihren Studien fand María García heraus, dass der Bürgerkrieg auf dem Land viel schlimmer war als in den Städten. Da war die Anonymität größer, auf dem Land kannten sich alle. Heiratete später einmal jemand eine Person, deren Eltern »Rote« gewesen waren, so nannte man ihn oder sie in den Dörfern von Ciudad Real »Blutsverräter«. Dieser Hass reicht weit zurück, im Bürgerkrieg brach er nur viel heftiger hervor und hielt auch nach dessen Ende an. Dabei war María García zufolge gerade der »Stammbaum« eines der Elemente, die eine Aussöhnung möglich machten. Da es zu Hochzeiten zwischen Kindern beider Seiten kam, ließ die Spannung nach, auch wenn manchen Familien bis heute anzumerken sei, dass ein Teil von einer Seite abstammt und der andere von der anderen.

Wie haben diese Menschen auf die Gedächtnisbewegung reagiert? »Die Bewegung stört sie, da sie im Grund Gegenwartspolitik ist, jede Gedächtnisarbeit ist Gegenwartspolitik. Prinzipiell ist die Sicht auf die historischen Ereignisse unterschiedlich, abhängig davon, ob an den Orten der ›Aufstand‹ sofort erfolgreich war oder ob es republikanische Repressionen gab. Die Unterschiede sind enorm. Normalerweise sind die Leute dort entspannter, wo nur die franquistische Gewalt herrschte. Denn in den anfangs republikanischen Gebieten haben die Nachkommen der Republikaner Schuldgefühle. Ebenso wie der Franquismus den Siegern eine Politik des Verzeihens aufzwang, wurde den Verlierern eine Politik der Schuld aufgenötigt. Das zeigt sich deutlich an Aussagen wie: Die Unseren wurden ermordet, die Roten wurden verurteilt. Die franquistische Repression war für sie keine Repression, sondern Justiz, und die Verlierer verinnerlichten diese Art der Rechtsprechung. In den anfangs republikanischen Gebieten gab es außerdem so etwas wie eine Kollektivschuld, denn jemand musste für die Morde bezahlen. Aufgrund dieser doppelten Repression im Hinterland haben die Menschen viel mehr Scheu zu reden, und sie waren auch die Letzten, die sich dazu aufraffen konnten. Denn viele Jahre lang standen die Namen der ›für Gott und das Vaterland Gefallenen‹ an der Kirchenwand, zugleich aber war dein Bruder oder Vater hingerichtet worden, da er mit diesen Morden zu tun hatte. Das alles war natürlich nicht der Fall in den Landesteilen, in denen der Aufstand von Beginn an erfolgreich war und alle Gegner von den Franquisten umgebracht wurden.«

In den letzten Jahren kam es zu einer Verlagerung des Schwerpunktes des franquistischen Gedächtnisses. Eine politisch, historisch oder ideologisch fundierte Betrachtungsweise machte einer religiösen Platz, die für die Nachfahren der franquistischen Opfer sehr wichtig war. »Politisch war nicht mehr viel zu machen, man konnte nur noch die alten Mythen wiederholen, was einige denn auch begeistert taten. Religiöse Aspekte waren im damaligen Umfeld neu, der Verweis auf die ›Märtyrer‹ war zugleich eine Waffe im Kampf um die Menschenrechte, den die andere Seite führte.

Vor allem aber stand dieser Aspekt im Zeichen einer weltweiten Kampagne, die der Vatikan unter Johannes Paul II. begonnen hatte. Bald nach seinem Amtsantritt änderte der Papst die Politik der Selig- und Heiligsprechungen. Da es zu Beginn des zweiten Jahrtausends zahlreiche Märtyrer gegeben hatte, beschloss er, dass auch das dritte Jahrtausend seine eigenen Märtyrer haben sollte. Und so wurde ein detaillierter Plan ausgearbeitet, um weltweit das Martyrium zu forcieren. Von allen Ländern war Spanien am besten für diese Politik gerüstet, denn seit den Vierzigerjahren gab es Unterlagen über die Morde an Geistlichen.

In Spanien hatte diese Politik eine doppelte Funktion: Einerseits positionierte sich die spanische Kirche sehr günstig innerhalb der Weltkirche. Andererseits ist es eine Art von Geschichtswäsche, die Transformation einer heutzutage sehr unbequemen Erzählung, nämlich des Nationalsyndikalismus, in eine religiöse Erzählung, die ökumenisch ist und vor allem keine Kontroversen zulässt. Man kann etwas gegen eine politische Figur sagen, gegen jemanden, der seliggesprochen wurde, ist es viel schwieriger. Natürlich sind auch die meisten Nachfahren für diese Seligsprechungen, denn nun gibt es zahlreiche Orte in Spanien, die ihren eigenen Seligen in der Kirche haben. Ihm zu Ehren kann man Feste feiern, Wallfahrten organisieren, seine Fürsprache erbitten, wenn die Kinder krank sind... Plötzlich ist die Heiligkeit in unmittelbarer Nähe. Das Symbolische, die Anrufung des Glaubens, der Gefühle, all das ist sehr wichtig. Wie auch die Unterstützung der offiziellen Kirche, die ihnen hilft, diese Dinge zu verbreiten, etwa mit Comics über das Leben der Seligen oder mit Unterrichtsmaterial. Bei all dem darf man nicht vergessen, dass die spanische Kirche die Seligsprechung von Personen betreibt, die von den ›Roten‹ ermordet wurden, auch wenn es heißt, sie seien für Gott oder sonst etwas gestorben. Und an gewissen Tagen gedenkt die spanische Kirche dieser Personen, die von ihren Nachbarn ums Leben gebracht wurden.«

Die Wurzeln dieser Totenverehrung reichen María García zufolge zurück in die christliche Frühzeit. Es handelt sich dabei um Archetypen mit enormer Symbolkraft wie das Märtyrertum der Christen unter den Römern. Dazu kommt die wiedererstandene Macht der katholischen Kirche in Spanien, die nicht mehr dieselbe ist wie zu Zeiten der *transición*, als nach dem Zweiten Vatikanischen Konzil Aufbruchstimmung herrschte. »Damals gab es Arbeiterpriester, Basiskatholiken und auch mehrere Versuche, sich für die Vergangenheit zu entschuldigen. Bis Mitte der Achtzigerjahre weigerte sich die spanische Kirche, an den Seligsprechungen teilzunehmen, denn sie wollte die Vergangenheit nicht aufwühlen. Doch setzten sich schließlich die Strömungen durch, die für die Seligsprechungen waren. Das Problem dabei ist, dass es eine Unzahl von Kandidaten gibt: alle Katholiken, die im Krieg ums Leben kamen. Die *Ley de Memoria Histórica* brachte zugleich eine Radikalisierung dieser Gruppen mit sich, egal, ob sie religiös sind oder nicht. Die Falange etwa konnte ihre Toten nicht mehr ehren, sie konnte nicht mehr ins Valle de los Caídos, da dort jeder politisch motivierte Festakt verboten ist, und sie durfte auch ihre Symbole nicht mehr öffentlich zur Schau stellen. Zudem verlieh das Gesetz den Toten der Anderen eine Bedeutung, die es, den Nachfahren des Franquismus zufolge, den ihren nahm und die sie nicht gutheißen konnten. Für sie ist es eine reine Aggression.«

Identitätsstiftende Symbole des Franquismus

Der Faschismus »benötigt den Mythos und die Symbole, um die Aus-
übung der Vernunft zu ersetzen«[24], meinte der Schriftsteller und
Chronist des späten Franquismus und der *transición* Manuel Vázquez
Montalbán. Als positiver Gegenentwurf zur Verdammung der repub-
likanischen Gegner und als identitätsstiftendes Element mussten My-
then, Symbole und Rituale begründet, Ikonografien entworfen und
Gedächtnisorte errichtet werden, die Tradition vermitteln und das
Volk zusammenschweißen sollten. Auf allen Ebenen wurden neue
Symbole geschaffen, die zugleich auf die spanische Geschichte zu-
rückverweisen als auch ein neues Bewusstsein wecken und Zusam-
menhalt schaffen sollten: Fahnen, Wappen, alle möglichen Arten von
Abbildungen auf Briefmarken, Medaillen, Münzen, Abzeichen und
Uniformen, Hymnen, Leitsprüche, Statuen, Bilder, literarische Werke,
Filme und dergleichen mehr.

Eines der ersten Zeichen des »Neuen Spanien« war die Fahne. Dies
geschah aus symbolischen Gründen, aber auch aus praktischen: In
den ersten Wochen des Bürgerkriegs war es bei Kampfhandlungen
immer wieder zu Verwechslungen zwischen den beiden Seiten gekommen, da die Aufständischen die Farben der Republik beibehalten
hatten. Keinen Monat nach Ausbruch des Kriegs, am 15. August 1936,
wurde deshalb die Fahne des »Nationalen Spanien« bei einem Festakt
in Sevilla eingeweiht. Die dreifarbige rot-gelb-violette republikanische Fahne ersetzte man durch die zweifarbige rot-gelb-rote Fahne,
die »ruhmreiche Flagge, die Zeugin der unsterblichen Heldentaten
der Spanier«[25] gewesen war, wie es der Propagandist der Frühzeit des
Franquismus, der Schriftsteller José María Pemán, begeistert formulierte.[26] 1938, nach einer ersten Zeit der Unbestimmtheit, wurde
schließlich auch das Wappen festgelegt.[27] Dargestellt ist der Johan-
nesadler mit einem Schild, darauf die Symbole der spanischen Könige: die Wappen von Kastilien, León, Aragonien, Navarra und Granada zusammen mit den kronengeschmückten Säulen des Herkules und
der Aufschrift »Plus Ultra«, darüber die Königskrone. Hinter dem

Kopf des Adlers ist ein Spruchband mit der Aufschrift »Una Grande Libre« (Geeint Groß Frei), unter seinen Klauen, die den Schild umklammern, sieht man ein Joch, ein Pfeilbündel und zwei gordische Knoten. Die Symbolik ging zwar auf die Katholischen Könige und über diese bis in die Antike zurück, enthielt aber auch eine klare Anspielung auf die Gegenwart: In den Dreißigerjahren waren Joch und Pfeilbündel zum Symbol der Falange geworden, in Anlehnung an das Rutenbündel des italienischen Faschismus. In der Folge wurde dieses Wappen omnipräsent, zierte bis weit in die Neunzigerjahre hinein die Münzen der Peseten, die noch unter dem Diktator geprägt worden waren, prangte unter anderem auf staatlich geförderten Wohnhäusern und an öffentlichen Gebäuden. Bis 1981 hatte es, seit 1977 leicht abgewandelt, seine Gültigkeit. Dieses Wappen war das Symbol schlechthin des Franco-Regimes und ist es bis heute: Rechtsradikale Organisationen verwenden es bei Umzügen oder Demonstrationen auf ihren Fahnen, die von der liberalen Presse euphemistisch als »preconstitucional« – vorverfassungsmäßig – bezeichnet werden.

Als Symbol des Sieges wurde ein weiteres antikes Motiv eingeführt, der *víctor,* der bei der Siegesparade am 18. Juli 1939 erstmals auftauchte und in der Folge als persönliches Emblem Francos galt und zu Ehren des unbesiegten Caudillo bei allen Paraden und Ansprachen die Tribüne zierte.[28] Waren das Joch und die Pfeile von den spanischen Königen verwendet worden und auf zahlreichen Inschriften zu finden, stammt der *víctor* aus der universitären Tradition und galt als Emblem der Doktoren.

Auf diese Weise wurden bestehende Symbole vom Franquismus vereinnahmt, während andere gelöscht, getilgt, übermalt, weggemeißelt wurden, egal, ob sie aus der Monarchie oder der Republik stammten. Zusammen mit diesen offiziellen Symbolen wurden an vielen öffentlichen Plätzen Aufschriften angebracht, die an den Krieg erinnern sollten und dessen Allgegenwart perpetuierten: nach genauen Richtlinien zu erstellende Gedenktafeln für die »für Gott und Spanien Gefallenen« an Kirchenwänden und auf Friedhöfen, Inschriften von Einweihungen, Eröffnungen, Zeremonien, bei denen der *Caudillo de España por la Gracia de Dios* anwesend war, der Führer Spaniens durch die Gnade Gottes, wie er sich bald nennen ließ. Neben diesem Epitheton, das ihn auf allerkatholischste Weise in die Reihe der spanischen Könige stellte, behielt er seinen militärischen Titel des *generalísimo* bei, des Oberbefehlshabers der spanischen Truppen.

Wie alle Diktatoren des 20. Jahrhunderts war Franco als höchster Ausdruck des Regimes omnipräsent. Sein Porträt war auf Münzen, Banknoten oder Briefmarken zu finden, sein Relief zierte Amtsgebäude und Gedenktafeln, seine Bilder und Fotos hingen in Schulen, Ämtern, offiziellen Stellen und öffentlichen Gebäuden, Büsten des Diktators standen in Repräsentationsgebäuden ebenso wie auf Plätzen. In allen größeren Städten Spaniens wurden Standbilder errichtet, die Franco zu Fuß oder zu Pferd darstellten. Besonders bekannt waren die Reiterstatuen von Madrid, Zaragoza, Santander oder La Coruña,[29] unter anderem deswegen, weil sie bis zu ihrer Demontage den Nostalgikern des Regimes als Anlaufstelle für Gedenkveranstaltungen dienten. Alle Abbildungen Francos unterstanden von Beginn an einer strengen Zensur, wohl auch deshalb, weil der Diktator *in natura* nicht unbedingt ansehnlich und ein leichtes Opfer für Karikaturisten war. Ebenso wie seit 1937 die Verwendung der »glorreichen Namen der Nationalen Bewegung«[30] zu kommerziellen Zwecken verboten war, musste jede Abbildung des Caudillo von höchster Stelle genehmigt werden.

Wie Hitler und andere Diktatoren hegte Franco nicht nur eine Leidenschaft für die soziale Umgestaltung seines Volkes nach seinem Vorbild und Maß, sondern auch eine besondere Vorliebe für die Architektur.[31] Ihren administrativen Ausdruck fand diese Leidenschaft im September 1939 in der Gründung der *Dirección General de Arquitectura*, der Generaldirektion für Architektur, die den »Nationalen Wiederaufbau« der vielfach zerstörten Städte und Dörfer in Angriff nehmen und dem Regime einen angemessenen Stil schaffen sollte. Leiter dieser Institution war Pedro Muguruza, der erste Archi-

tekt des Valle de los Caídos, der denn auch im Technischen Verlag der
Falange seine *Allgemeinen Ideen zum Nationalen Plan der Ordnung
und des Wiederaufbaus*[32] kundtat. Die Architektur wurde so »zu einer
politischen Aktivität, die den Notwendigkeiten und Bedürfnisses des
siegreichen Staatsapparats unterworfen war«[33]. Zu sehen ist dies an
den vielen Monumentalbauten, die im ganzen Land errichtet wurden.
Es konnten Denkmäler in Erinnerung an den Sieg im Bürgerkrieg
sein, wie etwa der im klassizistischen, den römischen Imperialismus
nachahmenden Stil gestaltete Triumphbogen im Moncloa-Viertel von
Madrid; sie konnten religiösen Ursprung haben wie der Cerro de los
Ángeles, der im Süden der Hauptstadt im geografischen Mittelpunkt
Spaniens liegt; oder beides vereinen wie das Valle de los Caídos (auf
das später noch zurückzukommen sein wird). Nachhaltiger als diese
triumphalen Prunk- oder Sakralbauten waren jedoch die öffentlichen
und privaten Gebäude, die im Stil des Franquismus errichtet wurden
und bis heute die Stadtarchitektur von Madrid prägen. Gleich neben
dem Triumphbogen etwa steht das zur selben Zeit errichtete Luftwaf-
fenministerium, gebaut in Anlehnung an das Schloss von El Escorial,
aber auch ein tempelartiges Gebäude, das einst den in der Schlacht
um Madrid Gefallenen gewidmet war und heute die Bezirksverwal-
tung beherbergt. Die zwei wohl beeindruckendsten Versuche, eine
neue Architektur zu schaffen, sind die Arbeitsuniversität von Gijón
und ein Teil des Campus der Universidad Complutense von Madrid
(deren Ausbau bereits unter der Republik begonnen worden war, die
aber im Bürgerkrieg heiß umkämpft und dementsprechend zerstört
worden war). Es sind dies Beispiele für einen Baustil, der Funktionali-
tät mit dem Anspruch auf Macht und räumliche Großzügigkeit zu-
sammenspannt und sich ohne Weiteres in den Kanon der autoritären
Architektur des 20. Jahrhunderts einreihen lässt. Nicht umsonst waren die nationalsozialistischen Bauten eines Albert Speer ein Vorbild.
Vor allem aber in den Städten und Dörfern im ganzen Land kann man
die rationalistische, grobklotzige, schmuck- und fantasiearme Bau-
weise des Franquismus bis heute sehen.

Mit der Errichtung von neuen Gebäuden und Denkmälern ging eine Inbesitznahme der historisch gewachsenen Orts- und Straßennamen einher. Auch hier war der Zweck ein doppelter. Einerseits war es nötig, wie es in einem Erlass von Madrid vom 29. April 1939 zu entnehmen ist, die Städte »von allen Symbolen und Namen zu reinigen, die ein politisch korruptes und für die Heimat unheilvolles System«[34] hinterlassen habe. Andererseits bekamen nun diese Orte unter staatlicher Oberaufsicht und unter Berücksichtigung historischer Umstände neue Namen in, so hieß es, »sinnvoller und kulturell für die Bewohner nachvollziehbarer Weise«. In allen Dörfern, Orten, Städten wurden die wichtigsten Alleen, Straßen und Plätze umbenannt zu *Avenida, Calle, Plaza del Generalísimo, del Caudillo* oder *General Franco*. An zweiter Stelle kamen die aufständischen Generäle Mola, Sanjurjo, Queipo de Llano, Moscardó, Yagüe oder Millán Astray an die Reihe, danach die »Märtyrer« des Bürgerkriegs, allen voran José Antonio Primo de Rivera, gefolgt von Leopoldo Calvo Sotelo. Weiter ging es in der Hierarchie mit wichtigen Daten oder Ereignissen der »Befreiung«: 18. Juli, 1. April, Alcázar de Toledo, Batalla de Belchite, los Caídos, Arriba España oder später auch *División Azul* (die »Blaue Division«, die Franco dem Dritten Reich für den Russlandfeldzug zur Verfügung gestellt hatte).

Mit den Straßennamen war es den neuen Herrschern nicht genug, auch an den Ortsnamen selbst sollten die ideologische Gesinnung oder die Herkunft der Großen des Regimes erkennbar sein. Der Geburtsort Francos, das galicische El Ferrol, wurde zu El Ferrol del Caudillo, aus dem kleinen Ort Quintanilla de Abajo in der Nähe der kastilischen Hauptstadt Valladolid wurde Quintanilla de Onésimo, da der Gründer der später mit der Falange zusammengeschlossenen *Juntas de Ofensiva Nacional Sindicalista*, Onésimo Redondo, von dort stammte. Viele, vor allem neu gegründete Ortschaften nahmen mehr oder weniger freiwillig Beinamen an, die fast alle auf den Diktator verwiesen: Barbate de Franco (von 1940 bis 1998), Villafranco del Guadalhorce, Villafranco del Guadiana, Orte wie Águeda, Alberche,

Bembézar, Bárdena oder Llanos, die den Zusatz »del Caudillo« bekamen – und ihn bis heute immer noch führen.[35] Wie komplex der Umgang mit franquistischen Beinamen bis heute ist, wurde von den beiden Filmemachern Lucía Palacios und Dietmar Post in ihrem
Dokumentarfilm *Los colonos del Caudillo (Franco's Settlers)* dargestellt. Es zeigt sich aber auch am Fall der kleinen Ortschaft Guadiana
del Caudillo in der Extremadura, die sich von der größeren Gemeinde Badajoz abspalten wollte: Bei einer Volksbefragung am 11. März
2012 stimmte eine Mehrheit für die Beibehaltung des Epithetons, obwohl diese Reminiszenz in krassem Widerspruch zur *Ley de Memoria
Histórica* steht. Freilich hatten sich die Sozialdemokraten (PSOE) und
die Vereinigte Linke (IU) gegen eine Beteiligung an der Abstimmung
ausgesprochen; ihrem Aufruf zur Stimmenthaltung leisteten 67,7 Prozent der 2530 Einwohnerinnen und Einwohner Folge. Etwas mehr als
800 Personen, kein Drittel der Bevölkerung, schritten schließlich zur
Abstimmung, 495 stimmten für den Namenszusatz, 310 dagegen, ein
wohl kaum repräsentativ zu nennendes Ergebnis.[36] Ihre Krönung
fand diese absurde Geschichte am 3. August 2012, als Guadiana del
Caudillo, mit dem anachronistischen Beinamen, als jüngste spanische Gemeinde offiziell anerkannt wurde.[37]

Natürlich betraf diese Politik der Neu- und Umbenennung auch
Schulen, Kulturzentren oder Krankenhäuser, die ebenso zu Ehren der
großen Namen der Bewegung umgetauft wurden. Am 22. April 1939
wurde ein Dekret erlassen, das für Schulen festlegte, in welcher Ordnung diese Namen zu bestimmen seien: »a) repräsentative Figuren
unserer glorreichen Nationalen Bewegung; b) durch ihr Ansehen und
ihre nationale Bedeutung herausragende Personen; c) Helden unseres
Kreuzzuges; d) unsere im Kampf Gestorbenen oder von den Roten
Ermordeten; e) altruistische Persönlichkeiten aus dem Unterrichtsbe-
reich.«[38]

Auf einer symbolischen, aber sehr massenwirksamen Ebene befanden sich die rituellen Sinnsprüche, die bei öffentlichen Anlässen
zur Anwendung kamen. Einerseits wurden hier Rituale der National-

sozialisten und italienischen Faschisten nachgeahmt, so etwa »Una Patria, Un Estado, Un Caudillo« in Anlehnung an »Ein Volk, ein Reich, ein Führer« oder die dreimalige Wiederholung des Namens Franco als Kopie des faschistischen »¡Duce, Duce, Duce!«. Genuin spanisch war das Ritual des »¡Una, Grande, Libre!«, das meist in einem Wechselspiel zwischen Redner und Publikum ablief und von Hochrufen auf Franco und José Antonio (Primo de Rivera) beendet wurde. Religiösen Ursprungs war der Ruf »¡Viva Cristo Rey!«. Der bis heute charakteristische Ruf des franquistischen Spanien ist »¡Arriba España!«, im Verein mit dem zum römischen Gruß hochgereckten rechten Arm. Nach diesem Ruf war eine der schärfsten Zeitungen des Regimes benannt, die falangistische *Arriba,* die von 1935 bis 1979 erschien und gemeinsam mit *El Alcázar* (1939–1987) das Sprachrohr der »Aufrechten« und des »Bunkers« war, also jener Gruppe hochrangiger Franquisten, die sich gegen die *transición* und die Demokratie ausgesprochen hatten.

Als Nationalhymne des franquistischen Spanien griff man auf einen alten monarchistischen Grenadiermarsch zurück, die *Marcha Granadera* von 1749,[39] die bereits zuvor als Hymne gedient hatte, von der Republik aber gleich am 14. April 1931 zugunsten des *Himno de Riego* abgesetzt wurde.[40] Der neuen alten Nationalhymne wurde von Franco die falangistische Hymne *Cara al sol* beigestellt, der martialische Schlachtgesang *Gesicht zur Sonne,* was sowohl »im Kampf sterben« als auch »an der Front, in erster Linie, in der Vorhut zu sein«[41] bedeutete. Natürlich protestierten die Falangisten gegen die Bevorzugung des Marsches und die Herabsetzung ihrer Hymne,[42] doch waren so die beiden Grundpfeiler des Franco-Regimes vereint: das konservative, katholische, monarchistische Spanien und das rechtsrevolutionäre, aufständische Spanien. Noch während des Kriegs nahm diese Dichotomie Gestalt an, wie der Autor des Textes von *Cara al sol,* Agustín de Foxá, 1938 in seinem Roman *Madrid, de Corte a checa* (dt. *Sturm über Madrid,* 1940) ausführlich beschrieb. Der Text der Nationalhymne, der noch vor dem Bürgerkrieg von José María

Pemán verfasst und später leicht abgewandelt und auf das Regime angepasst wurde, war nie offiziell, wurde aber bei allen möglichen Anlässen gesungen – unter anderem an den Schulen. In der Demokratie wurde die Melodie beibehalten, jedoch blieb sie ohne Text. Bis heute ist die spanische Nationalhymne wortlos, trotz mehrfacher, peinlich endender Versuche, ihr einen neuen, demokratischen Gehalt einzuschreiben. Bei der nächsten Weltmeisterschaft möge man sich auf die Lippen der Fußballer konzentrieren: Sie summen nur. Gespielt wurden unter Franco sowohl die Hymne wie auch *Cara al sol* bei allen offiziellen Anlässen.

Anlässe dazu waren vor allem die neuen Feiertage, die geschaffen wurden, um die Jubiläen des Bürgerkriegs zu verewigen. 1939 wurde der 18. Juli, der Jahrestag des Aufstandes, zur *fiesta nacional,* zum Nationalfeiertag erklärt. Es war der Tag, an dem das Urlaubsgeld ausbezahlt wurde, an dem der Caudillo die bedeutendsten Eröffnungen und Einweihungen vornahm, vor allem aber wurden große Paraden und Aufmärsche im Zentrum von Madrid organisiert, rund um die Plaza de Cibeles, im symbolischen Machtzentrum der Hauptstadt, befanden sich doch dort das Heeres- und das Marineministerium ebenso wie die spanische Nationalbank und das Hauptpostamt des Landes. Der Platz hat immer noch hohen symbolischen Wert, denn rund um den Brunnen der phrygischen Fruchtbarkeitsgöttin Kybele werden die Siege von Real Madrid oder der spanischen Fußballnationalmannschaft gefeiert.

Der heutige spanische Nationalfeiertag, der 12. Oktober, Tag der »Entdeckung Amerikas« und der Virgen del Pilar, der Schutzheiligen der *hispanidad,* hieß unter Franco *día de la raza,* der spanischen Rasse nämlich, die den amerikanischen Kontinent erobert hatte. Der 1. April (1939, Ende des Bürgerkriegs) galt nicht als Tag des Friedens, als der er immer wieder propagiert wurde, sondern als »Tag des Sieges«. Die an diesem Tag abgehaltene Siegesparade wurde zwar hin und wieder auch Friedensparade genannt; doch in der für den Franquismus typischen Doppeldeutigkeit wird dieser Frieden mit größtem militärischem Pomp begangen, um so das Volk daran zu erinnern, dass es ein »bewaffneter« und »überwachter« Frieden war, ein »beinahe aggressiver Frieden, der ebenso wenig zu einer sozialen Integration beiträgt wie zur Gründung einer kollektiven Identität, die von allen akzeptiert werden kann«[43]. Der 20. November galt dem Regime als der »Tag des Schmerzes«, war doch am 20. November 1936 einer der ideologischen Urväter des neuen Staates, José Antonio Primo de Rivera, in Alicante hingerichtet worden, nachdem ihn ein republikanisches Standgericht zum Tode verurteilt hatte. Als neue religiöse Feste wurde *Inmaculada Concepción*, unbefleckte Empfängnis, am 8. Dezember eingeführt, sowie *Santiago Apostol* am 25. Juli, der Apostel Jakob, der, wie bereits erwähnt, unter dem Beinamen »Maurentöter« der Schutzpatron der Wiedereroberung gewesen war. Bezeichnende Feiertage auch für die Rollen, die Männer und Frauen im Franquismus innehatten.

Dasselbe Rollenbild kam auch in den Schul- und Jugendbücher zum Tragen, die bald nach dem Sieg veröffentlicht wurden. Sie waren eminent propagandistisch und dienten dazu, die Geschichtsversionen der Zweiten Republik »zurechtzurücken« und ein Bild Spaniens zu zeichnen, das im »Kreuzzug«, »Befreiungskrieg« oder der »glorreichen Erhebung« seine endgültige Bestimmung erfahren hatte.[44] Vor allem in der Anfangszeit des Regimes war die Darstellung plakativ, einseitig und manichäisch, ab den späten Fünfzigerjahren fanden Nuancen Eingang in diese Bücher. So banal die meisten dieser Schulbücher heute auch erscheinen mögen, so darf nicht übersehen werden, dass sie der Sozialisierung eines Großteils der heute in die Jahre gekommenen Spanier dienten und ihnen daher eine wahrscheinlich doch recht große Bedeutung als Instrumente einer mehr oder weniger unterschwelligen Indoktrinierung zukam, die ihre Auswirkungen bis in die Gegenwart hat. Auch wenn es bis heute noch keine diesbezüglichen Untersuchungen gibt, so kann man in der über die Schulbücher vermittelten Propaganda und Ideologie einen der Schlüssel für den Erfolg der revisionistischen Autoren im letzten Jahrzehnt sehen.

Das wohl wichtigste Instrument der franquistischen Propaganda und eine der bedeutendsten »Quellen der politischen Sozialisierung«[45] war der NO-DO, Akronym für *Noticiarios y Documentales Cinematográficos* (Kinematografische Nachrichten und Dokumentationen), der zwischen 1943 und 1975 obligatorisch in allen Kinos vorgeführt werden musste. Es war das, was früher im deutschen Sprachraum *Wochenschau* hieß: Nach der Kennmelodie und den ersten Bildern mit dem franquistischen Wappen berichtete eine stets etwas aufgeregte Männerstimme vor dem Hintergrund von schnell geschnittenen Aufnahmen in Schwarz-Weiß und begleitet von pompöser Orchestermusik über alle möglichen Begebenheiten im In- und Ausland. Diese »umfassendste visuelle Erinnerung unserer jüngeren Vergangenheit«[46] war von Anfang an darauf bedacht, die Information zu zentralisieren, zu zensurieren sowie den Richtlinien des Regimes entsprechend aufzubereiten und zu vermitteln. Im *Boletín Oficial del Estado* (BOE) vom 22. Dezember 1942,[47] das mitten im Zweiten Weltkrieg die Gründung des NO-DO bestimmte, wurde als Aufgabe festgelegt, »den Austausch von filmischen Nachrichten mit dem Ausland durchzuführen« mit dem Zweck, »die nationale filmische Information mit eigenem Impuls und angemessenen Richtlinien« aufrechtzuerhalten. Der NO-DO löste alle anderen bis dahin existierenden Wochenschauen ab und musste vor jeder Vorführung gespielt werden. Zugleich war die Beschaffung und Verarbeitung der Information einer strengen Kontrolle und Zensur unterworfen. Kein Kameramann, der sich nicht als Mitarbeiter des NO-DO auswies, durfte Filmaufnahmen zu dokumentarischen Zwecken machen, kein Labor Material entwickeln, das nicht von Personal des NO-DO geschossen worden war – selbstverständlich waren alle Versuche, dem zuwiderzuhandeln, zur Anzeige zu bringen.

Am 4. Januar 1943, dem ersten Montag im Jahr, wurde die Nummer 1 des NO-DO vorgeführt. Omnipräsent waren natürlich der Bürgerkrieg und der Triumph des Guten, besonders in den ersten Jahren. Unumgänglich waren die Symbole des franquistischen Spanien und vor allem die Präsenz Francos, der, je nach Epoche, jede Woche oder zumindest alle zwei Wochen auf die Leinwand kam, auch wenn sich sein Auftritt in späteren Jahren auf das Zerrbild eines greiser werdenden, Stauseen, Straßen und Gebäude eröffnenden Caudillo reduzierte. Vor allem in der fernsehlosen Zeit der Nachkriegsjahre war der NO-DO das Medium, um die Werte und Parolen des Regimes unter das Volk zu bringen. Neben den 1966 Folgen, die bis 1981 produziert wurden (ab 1975 war die Vorführung nicht mehr obligatorisch und die Gestaltung wurde moderner), gab es auch Dokumentationen für das Ausland oder für die Fluglinie Iberia. Insgesamt wurden 23 405 filmische Dokumente[48] erstellt und verarbeitet. Heute wird das Material in der Madrider Filmoteca aufbewahrt, Bilder, die wie keine anderen von der Diktatur geprägt wurden und diese geprägt haben.

Der Nationalkatholizismus

Das ideologische Bindemittel all dieser Versuche einer Identitätsstiftung war der Nationalkatholizismus. Der ursprünglich ironisch verwendete Begriff offenbart die bald untrennbare Symbiose zwischen Staat und katholischer Kirche und wurde von dem antifranquistischen Benediktinermönch Hilari Raguer auf die einfachste Formel gebracht: »Der Nationalkatholizismus besteht darin, dass jeder gute Spanier katholisch, römisch und apostolisch zu sein hat, umgekehrt hat jeder spanische Katholik ein guter Spanier zu sein, wobei jedoch das Spaniertum mit dem Franquismus gleichgesetzt wird.«[49]

Franco hatte aus den Fehlern der Diktatur von Miguel Primo de Rivera (1923–1929) gelernt und versuchte, seinem Regime einen ideologischen Überbau zu verschaffen, den der Faschismusforscher Stanley Payne aufgrund seiner »rechtsgerichteten, prätorianischen, katholischen und halbpluralistischen Struktur« als »halbfaschistisch« bezeichnete.[50] Anders als in Deutschland oder Italien, aber durchaus ähnlich dem Austrofaschismus, war die Bedeutung der katholischen Kirche sehr groß. Die Triade »Religion, Vaterland, Führer« bringt die drei Grundpfeiler des autoritären, nationalistischen und klerikalen

Staatswesens auf den Punkt.[51] Oder wie Franco es in einer Rede zur Eröffnung der 11. Nationalversammlung der Bewegung am 28. November 1967 ausdrückte: »Drei sind die Grundwahrheiten, auf die sich im Lauf dieser Jahre unsere Politik gestützt hat: die Prinzipien des göttlichen Gesetzes, wahrer Dienst an der Heimat und soziale Gerechtigkeit in Bezug auf das Gemeinwohl der Spanier, der Grundstock einer großen und unumgänglichen politischen Revolution.«[52]

Durch den Zusammenschluss der rechtsrevolutionären Falange mit dem katholisch-konservativen Karlismus im April 1937 gab es nur noch eine Partei, die *Falange Española Tradicionalista y de las Juntas de Ofensiva Nacional Sindicalista (FET y de las JONS),* Falange der spanischen Traditionalisten und der Ausschuss der Nationalsyndikalistischen Offensive, wie der Name nur schlecht zu übersetzen ist. Der alleinige Führer war nunmehr Francisco Franco. José Antonio Primo de Rivera blieb als *el ausente,* der Abwesende, Führer der Falange – ein symbolischer Ehrentitel für einen Toten, der zugleich Franco die uneingeschränkte Alleinherrschaft sicherte.

Die beiden Grundlagen der »Bewegung« zusammenzubringen, war alles andere als einfach, standen sich doch die »Blauhemden« der Falangisten und die traditionalistischen *requetés* der katholisch-monarchistischen Karlisten mit ihren roten Baskenmützen nicht unbedingt mit Sympathie gegenüber. Sehr zum Leidwesen der *camisas viejas,* der »alten Hemden«, wie die Veteranen der Falange hießen, gewannen die Kirche und die konservativen Strömungen in diesem Machtkampf immer mehr an Terrain, je weiter der Krieg fortschritt – bis sich die Mitglieder der Falange schließlich mit Ehrenämtern begnügen mussten, die ihrem ehemaligen gesellschaftskritischen Impuls nicht wirklich entsprachen.

Die katholische Tradition Spaniens hatte seit dem Mittelalter bestanden, war ein Angelpunkt der Eroberung Amerikas gewesen und wurde ab dem Staatskatholizismus seit Philipp II., vor allem aber im 19. Jahrhundert zu einem Ideologem ausgearbeitet, das die Verbindung von Staat und Kirche als das Wesen Spaniens interpretierte und die Verbreitung des Katholizismus zu einer seiner Hauptaufgaben machte. Der zentralen Stellung der Kirche entsprechend war die Zahl der Geistlichen in Spanien enorm hoch. 1931, im Jahr der Proklamation der Zweiten Republik, gab es rund 115 000 Geistliche bei einer Gesamtbevölkerung von nicht einmal 23 Millionen Menschen: 60 000 Nonnen, 15 000 Mönche und 35 000 Diözesanpriester.[53] Übersehen wird bei diesen Zahlen gerne, dass bis weit ins 20. Jahrhundert hinein sehr viele Kinder von Angehörigen aus den unteren Klassen keinen anderen Ausweg aus dem Elend sahen als das Kloster oder das Priesteramt. Und dass es, vor allem im Baskenland, zahlreiche fortschrittliche Geistliche gab, die für die Republik eintraten oder, zur Zeit der Diktatur, den Antifranquismus unterstützten.

Die laizistischen Bestrebungen der Zweiten Republik waren der Kirche natürlich ein Dorn im Auge, sie sah ihre finanziellen und sozialen Privilegien schrumpfen und die Grundpfeiler ihrer strengen Morallehren ins Wanken geraten, wenn etwa zivile Ehen und Scheidungen erlaubt oder uneheliche Kinder den ehelichen gleichgestellt wurden. So umarmte die offizielle Kirche Spaniens vom ersten Moment an den Aufstand der Generäle und lieferte ihm das ideologische Unterfutter des Kreuzzugs, obwohl dieser ohne jede religiöse Konnotation als reiner Militärputsch begonnen hatte. Viele Priester nahmen an vorderster Front am Krieg teil oder waren bei den Säuberungen im Hinterland tätig, wo die »Kirche [...] sich nicht um den Tod so vieler Verurteilter [kümmerte], wohl aber um ihre Sakramentalisierung«[54], also darum, dass die Opfer der Kriegsgerichte zum Christentum bekehrt das Zeitliche segneten. Der Vatikan teilte zwar diese Haltung nicht und war »viel humaner und weniger kriegerisch als die spanischen Bischöfe«[55], aber nach anfänglichem Zögern stellten sich auch der Papst Pius XI. und die römische Kurie auf die Seite Francos. »Es war der Moment, in dem die Bischöfe stolz den Arm erhoben und Franco jeden Tag zur Kommunion schritt.«[56]

Dabei waren die Beziehungen zwischen der spanischen Kirche, dem Vatikan und den aufständischen Generälen nicht immer einfach, vor allem in der Frühzeit des Bürgerkriegs.[57] Nicht nur war die Falange dezidiert antiklerikal, auch die aufständischen Generäle Mola, Queipo de Llano und Franco waren in ihren jungen Jahren durchaus keine bigotten Glaubenskrieger gewesen, sondern waren dem Katholizismus distanziert gegenübergestanden. Selbst noch in seiner Ansprache als Staatschef am 1. Oktober 1937 forderte Franco die Trennung zwischen Staat und Kirche. Doch angesichts des Kriegsverlaufs änderte sich diese kritische Haltung rasch zugunsten der gegenseitigen Durchdringung von Staat, Kirche, Glauben und Ideologie.

Nach dem Ende des Bürgerkriegs sprach der erst kurz zuvor gewählte Papst Pius XII. Franco in einem Telegramm seine Anerkennung aus: »Wir wünschen, dass dieses ungemein geliebte Land nun, da der Frieden erlangt ist, mit neuer Kraft seine alten christlichen Traditionen aufnimmt, die es so groß gemacht haben.«[58] Damit war der Grundstein gelegt zur Durchdringung aller Ebenen der Gesellschaft mit katholischen Inhalten. Franco selbst bezeichnete diese untrennbare Einheit von spanischem Staat und Katholizismus als gottgegebenen Wesenszug des Landes: »In der Geschichte Spaniens ist es unmöglich, die zwei Mächte zu trennen, die kirchliche und die zivile, denn beide tragen dazu bei, das unserem Volk von der göttlichen Vorsehung bestimmte Schicksal zu erfüllen.«[59] Die Katholische Kirche wurde in einem der wichtigsten franquistischen Gesetze, dem *Fuero de los Españoles* (Grundgesetz der Spanier, 1945), in den Rang einer Staatsreligion erhoben, als solche geschützt und privilegiert. Der Staat kam für die Finanzierung der Geistlichen auf, die Kirche, einer der bedeutendsten Immobilien- und Grundbesitzer des Landes, erhielt umfassende Steuervergünstigungen und andere Sonderrechte. Das Konkordat von 1953 besiegelte schließlich den Pakt mit dem Vatikan und versuchte gleichzeitig, Spanien als Vorreiter des Antikommunismus aus seiner Isolation zu holen, in die es seit dem Ende des Zweiten Weltkriegs und dem Untergang der faschistischen Diktaturen geschlittert war. Der Katholizismus hatte eine Monopolstellung, die Ausübung aller anderen Religionen war im öffentlichen Raum verboten und blieb auf die Privatsphäre beschränkt. Im Gegenzug durfte Franco in monarchistischer Tradition die spanischen Bischöfe zur Ernennung vorschlagen und unter dem *palio,* dem Baldachin der Bischöfe, die Kirche betreten oder Prozessionen beiwohnen, ein Bild, das bis heute als Metapher dient, um die Kollaboration der Kirche mit dem Franquismus zu denunzieren. In diesem Klima erlangte das 1928 gegründete Opus Dei rasch Macht und Einfluss in Politik, Finanz und Verwaltung, eine sehr undurchsichtige Macht, die es bis heute in weiten Kreisen des rechten Spanien – und auch im Vatikan – innehat. Die Doktrinen der katholischen Kirche fanden Eingang in das Sozialprogramm des Franquismus, vor allem hinsichtlich der Familienpolitik. Die Familie war die Keimzelle des Staates, in deren Mittelpunkt der Mann stand. Der Frau kam die Rolle als Mutter und Hausfrau zu. Je mehr Kinder eine Familie hatte, desto größer war ihr Ansehen, desto mehr staatliche Unterstützung bekam sie. Priester und Geistliche wurden zu Autoritätspersonen, die in vielerlei Belangen zivilen Autoritäten gleichgestellt waren und etwa Führungszeugnisse ausstellen und über das Schicksal politisch Verdächtiger bestimmen konnten.

Zugleich aber wurde der Nationalkatholizismus »dazu verwendet, den Gegner zu entmenschlichen und so seine Liquidierung zu ermöglichen. Er schützte und begünstigte den franquistischen Genozid, da er ihn als Gewalt darstellte, die notwendig war, um die Ordnung, das Vaterland und den Glauben zu retten.«[60] Diese Gewalt richtete sich natürlich vor allem gegen die »Roten«, ein Begriff, der so ziemlich alles umfasste, was den engen eigenen Vorstellungen nicht entsprach. Politische Gegner wie republikanische Politiker, Gewerkschafter oder Personen, die sich im Kampf um soziale Gerechtigkeit hervorgetan hatten, waren davon ebenso betroffen wie die ehemaligen Lehrerinnen und Lehrer der Republik, die dank ihrer fortschrittlichen Unterrichtsmethoden, ihrer Versuche einer sozialen und politischen Aufklärung und ihrem Einsatz für die unteren Schichten zu den Symbolfiguren dieser Zeit gehörten. Sie waren den staatlichen und kirchlichen Stellen ein Dorn im Auge und wurden einer harten Säuberung unterzogen, umso mehr, als die Erziehung nun fast ausschließlich in Händen der Kirche lag.

Zugleich überzog der Katholizismus die kriegerische Rhetorik des Bürgerkriegs. So war von Gotteskriegern ebenso die Rede wie von göttlichem Schutz und göttlicher Vorsehung, die den »Guten« den Sieg über die »Bösen«, über »das Böse an sich«, den »Teufel« in Gestalt der »roten Horden« gebracht habe. In allen möglichen Varianten wurde auf die katholische Tradition des Opfers, des Mysteriums, des Martyriums zurückgegriffen, um die im Krieg Gefallenen oder »von der Republik Ermordeten« zu glorifizieren – bis heute, wie die zu Hunderten vom Vatikan eingeleiteten Seligsprechungen der franquistischen »Märtyrer« zeigen.

In profranquistischen und katholischen Schriften wird immer wieder darauf hingewiesen, dass in den Jahren des Franquismus die Zahl der Gläubigen, Kirchgänger, Priester, Seminaristen, Nonnen und Mönche aufgrund der apostolischen Mission des katholischen Spanien enorm anstieg. Dies entsprach sicherlich den Tatsachen, doch wird dabei übersehen, dass der Glaube, oder der Scheinglaube, auch ein Mittel war, um sich vor Nachstellungen zu schützen und dem Nachkriegselend zu entgehen.

Im Gefolge des Zweiten Vatikanischen Konzils kam es zwar zu einer Öffnung und Liberalisierung eines Teils der Kirche, die ihren Ausdruck in den Arbeiterpriestern der Sechziger- und Siebzigerjahre fand, die mit dem kommunistischen und sozialistischen Widerstand zusammenarbeiteten, oder im Versuch des Vorsitzenden der Spanischen Bischofskonferenz, des Kardinals Vicente Enrique y Tarancón, während der *transición* ein Vermittler zwischen den Parteien zu sein, Versuche, die in nicht geringem Ausmaß zum gegenseitigen Verständnis und zur Demokratisierung des Landes beitrugen. Doch in den Jahren von Johannes Paul II. kehrte die spanische Kirchenhierarchie wieder in den Schoß des rechten Glaubens zurück. Heute ist sie eine der weltweit konservativsten und zugleich auch streitbarsten in der

Durchsetzung ihrer Ansichten, wie etwa die zahlreichen Demonstrationen gegen die Politik von José Luis Rodríguez Zapatero bewiesen. Und so ist auch der antikatholische Reflex vieler, nicht nur linker Spanier zu verstehen als Reaktion auf die jahrzehntelange Allgegenwart der Kirche in allen Lebensbereichen und auf ihre oft ultrakonservativen Positionen. Zurückzuführen ist er auch auf die Tatsache, dass die Kirche nie ihre Rolle im Bürgerkrieg und der Diktatur kritisch hinterfragt hat. Wie es Julián Casanova ausgedrückt hat: »Die Kirche ist Opfer und Henker, aber sie war viel länger und viel eindeutiger Henker als Opfer.«[61]

Der politische Stützpfeiler des Regimes war die Falange. Bis heute ist selbst vielen Spaniern nicht klar, welche Rolle diese Partei vor, während und nach dem Bürgerkrieg spielte. *Falange Española* wurde im November 1933 von José Antonio Primo de Rivera, dem Sohn des ehemaligen Diktators Miguel Primo de Rivera, und anderen jungen rechten Literaten und Intellektuellen mit elitär-revolutionären Neigungen gegründet. Drei Monate später schloss sich die Falange mit den radikaleren und aggressiveren *Juntas de Ofensiva Nacional Sindicalista* (Ausschuss der nationalsyndikalistischen Offensive) zusammen zur *Falange Española de las Juntas de Ofensiva Nacional Sindicalista (FE de las JONS)*. Bis zum Ausbruch des Bürgerkriegs war es eine kleine Partei, deren wichtigste Referenzen neben dem italienischen Faschismus der Antikommunismus und Antikapitalismus waren, eine Art von autoritärem drittem Weg zwischen den Ideologien, wie es Norberto Pico ausdrückt, *Jefe nacional,* Nationaler Leiter, der heutigen Nachfolgepartei *Falange Española de las JONS.*[62] Auch wenn sie bereits zuvor als Schlägertruppe gefürchtet waren, wuchs ab Beginn des Bürgerkriegs die Zahl der Falangisten immens an, sie wurden eine paramilitärische Einheit, die vor allem im Hinterland »für Ordnung sorgte«. Fanatische Rechte und viele Berufsmörder zogen nach Ausbruch des Bürgerkriegs die Uniform der Falange an und konnten so ungehindert ihren Geschäften nachgehen. In ihrer Dokumentation *Die Gräber des Schweigens* belegen Montse Armengou und Ricard

Belis anhand von Dokumenten der Falange, dass ein Mord mit 35 Peseten bezahlt wurde.

Norberto Pico distanziert sich auch aus heutiger Sicht von diesen sogenannten Falangisten: »1936 gab es den Historikern zufolge zwischen 5000 und 15 000 Falangisten. Diese Spanne ist so groß, da viele noch minderjährig waren und man aufgrund der Gewalt erst mit einundzwanzig Jahren beitreten konnte. Als dann im Juli 1936 der Krieg ausbrach, gab es fast eine Million Spanier, die sich zu Einheiten zusammenschlossen. Sie alle nannten sich Falangisten, trugen das blaue Hemd der Falangisten und die rot-schwarze Fahne der Falange. Das führte dazu, dass diese Einheiten, vor allem diejenigen, die Verbrechen begingen, als Falangisten galten. Die Falange erlitt so eine Invasion von rechts. Dazu kam, dass alle Führer der Falange in den ersten Kriegsmonaten starben und die Kontrolle über die Organisation sehr schwach war. Daher wurde die Falange von allen als faschistisch und verbrecherisch hingestellt.«

1937 vereinigte Franco alle Parteien zum *Movimiento Nacional,* sehr zum Leidwesen der Falangisten der ersten Stunde, da sie die revolutionäre Essenz ihrer Ideologie schwinden sahen. Norberto Pico: »Nachdem am 19. April 1937 der Erlass zur Vereinigung aller politischen Kräfte erschienen war und die Partei in *Falange Española Tradicionalista de las JONS* umbenannt wurde, verschwand die ursprüngliche Falange und tauchte bis 1976 nicht wieder auf. In den Jahren der Diktatur existierte die Falange als Organisation nicht, auch wenn es Falangisten gab, die hohe Positionen innehatten. Ein paar Gruppen bildeten eine Opposition gegen das Regime, andere kehrten der Falange enttäuscht den Rücken, andere wieder wurden zwar Minister, brachten aber aus einer dissidenten Position heraus eine soziale Komponente in den Franquismus ein. Viele waren in den Gewerkschaften, in der *Sección* Feminina und in Jugendorganisationen.«

War die Falange unter Franco allmächtig und omnipräsent, so verlor sie nach seinem Tod rasch an Bedeutung. Bei den Parlamentswahlen des Jahres 1977 erhielt die Partei gerade einmal 0,21 Prozent der Stimmen. In der Folge distanzierte sie sich immer mehr vom Franquismus und trat den Weg zurück zu ihren rechtsrevolutionären Wurzeln an, auch wenn sich bis heute mehrere Kleinstparteien das ideologische Erbe von José Antonio Primo de Rivera streitig machen, unter ihnen die *FE de las JONS,* die *Falange Auténtica,* die *Falange Independiente* und die *FE/La Falange.* Mit geringem Erfolg, denn bei den Parlamentswahlen des Jahres 2011 gelang es einzig *FE de las JONS,* die nötigen Unterstützungserklärungen aufzubringen, um überhaupt zur Wahl antreten zu können. Sie erhielt magere 2901 Stimmen.

Gedächtnisorte

Drei Orte sind besonders bezeichnend dafür, wie unter Franco Geschichte in symbolisches Kapital zur ideologischen Verfestigung verwendet wurde. Das erste Beispiel, die Belagerung des Alcázar von Toledo, fand während des Bürgerkriegs statt und zeigt seine unmittelbare Ausschlachtung zu Propagandazwecken und seine Erhöhung zu einem nationalen Heiligtum danach. Das zweite Beispiel belegt die Nutzung von authentischen Kriegsschauplätzen, in diesem Fall die heftig umkämpfte Stadt Belchite, die als Mahnmal stehen gelassen wurden, um so der Erinnerung zu dienen – und wie an ihnen Erwartungen enttäuscht wurden. Das dritte Beispiel, das Valle de los Caídos, illustriert die Bedeutung eines Denkmals, dessen Bestimmung sich durch die wechselnden historischen Umstände im Lauf der Zeit wandelt, von einem Triumphdenkmal der Sieger angeblich zu einem Mahnmal aller Gefallenen wird, um schließlich das problematische Symbol der nicht bewältigten Vergangenheit zu werden. Alle drei sind bezeichnend dafür, wie unter dem Franquismus Geschichte »gemacht«, inszeniert wurde; deshalb sollen sie etwas ausführlicher beschrieben werden.

Der Alcázar von Toledo

Seine mythische Aura erhielt der Alcázar in den ersten Monaten des Spanischen Bürgerkriegs. Der Oberst der *Escuela Central de Gimna-*

sia des Alcázar und Militärkommandant von Toledo, José Moscardó Ituarte (1878–1956), verweigerte der Republik den Gehorsam, indem er sich am 21. Juli 1936 dem Militäraufstand anschloss und im Alcázar verschanzte, nachdem er zuvor den Kriegszustand ausgerufen und vergeblich versucht hatte, die Stadt einzunehmen.[63] Mit ihm zogen sich an die 1800 Personen in die Festung zurück, darunter etwa 1200 Soldaten, Offiziere und Zivilgardisten und mehr als 500 Frauen, Kinder und alte Menschen. Dazu kam eine nie näher bestimmte Anzahl von Geiseln. Mit Waffen und Munition aus der wohlbestückten Toledaner Waffenfabrik ausgestattet, versehen mit Trinkwasser, dank der mehr als hundert Pferde und Maulesel der Anstalt mit Fleisch, aber auch mit Getreide versorgt, richteten sich die Soldaten auf eine relativ kurze Belagerung ein. Wegen des heftigen republikanischen Widerstandes, auf den die aufständischen Truppen bei ihrem Vorstoß aus Südwestspanien trafen, dauerte die Belagerung jedoch bis zum 27. September, statt der erwarteten zwei Wochen also volle siebzig Tage. Trotz mehrfacher numerischer Überlegenheit, trotz des Einsatzes von Kanonen, Flugzeugen und Dynamit gelang es den militärisch eher unkundigen republikanischen Milizionären nicht, die von ausgebildeten Militärs verteidigte Festung einzunehmen, die gegen Ende der Belagerung kaum noch mehr war als ein riesiger Schutthaufen. Diese viel zitierte »Insel im roten Meer« hatte schon während ihrer Belagerung weltweit Aufsehen erregt; und so darf es denn auch nicht verwundern, dass die Truppen des Generals Varela ihren Marsch auf Madrid unterbrachen, um die Belagerten zu entsetzen: Der Symbolgehalt der befreiten Widerstandskämpfer gegen den »roten Feind« war für Propagandazwecke von unschätzbarer Bedeutung, umso mehr, als nach dem Massenmord von Badajoz das Image der franquistischen Seite stark angeschlagen war.

Unmittelbar nach der Einnahme der Stadt und der Befreiung des Alcázar begann denn auch die propagandistische Ausschlachtung. Der schnellste Weg, ein aktuelles Ereignis Geschichte werden zu lassen, führt über dessen Mythisierung. Und die Belagerung des Alcázar bot eine Unmenge von Elementen, die sich problemlos in die rechte, katholische Mythentradition einschreiben ließen. Das Bild der gläubigen katholischen Männer, Frauen und Kinder, die in den Ruinen und Kellergeschossen des Alcázar die Bombardements überstanden, war ohne Weiteres mit den Katakomben, aber auch mit der legendären Belagerung von Numantia, der Hauptstadt der Keltiberer (in der heutigen Region Kastilien und León gelegen) zu assoziieren, die von einem iberischen Stamm gegen die übermächtigen Römer verteidigt worden war. Der bis dahin unbekannte Oberst Moscardó war eine leicht zu manipulierende Führerfigur, denn er hatte weder politische noch gesellschaftliche Ambitionen und wurde nach Beendigung des Bürgerkriegs mit ehrenvollen, aber unerheblichen Ämtern bedacht: Der zum General und *Conde del Alcázar de Toledo* ernannte Offizier wurde *Jefe de la Casa Militar del Jefe del Estado* (Leiter der Leibgarde des Staatschefs) und *Delegado nacional de Deportes* (Delegierter für Sport). In den Artikeln, Reportagen und Büchern über die Belagerung avancierte er jedoch zur unnahbaren, makellosen Führerfigur, in der sich die Ideologie der faschistischen und autoritären Bewegungen des damaligen Europa spiegelte. Dazu trugen neben der erfolgreichen Verteidigung des Alcázar vor allem zwei Elemente bei: einmal der für die Nachwelt gedachte – und von dieser auch freudig aufgenommene – Satz, mit dem Moscardó am Tag nach der Befreiung, also am 28. September 1936, dem General Varela Meldung erstattete: »Sin novedad en el Alcázar« – Nichts Neues im Alcázar, der wohl nicht unabsichtlich auf den Titel von Erich Maria Remarques auch in Spanien erfolgreichem Roman *Im Westen nichts Neues* anspielte. Die zweite mythenträchtige Begebenheit war das Telefongespräch zwischen dem Oberst und seinem Sohn Luis, der von den republikanischen Milizen gefangen genommen worden war. Die Milizen drohten Moscardó, seinen Sohn zu erschießen, sollte sich der Alcázar nicht ergeben. Als Beweis für dessen Gefangenschaft ließen sie Vater und Sohn am 23. Juli, also nur zwei Tage nach Beginn der Belagerung, kurz am Telefon miteinander sprechen. Dieser Versuch einer Erpressung war wohl von vornherein zum Scheitern verurteilt, da der Oberst tatsächlich nie die Wahl zwischen dem Leben seines Sohnes und der Kapitulation hatte; denn bei einer Übergabe wären weder sein Sohn noch die militärischen Leiter der Besatzung vor Repressalien oder der Hinrichtung sicher gewesen. Dennoch wurde dieses Gespräch zum Kernstück des Mythos des Alcázar und liegt in unzähligen Fassungen vor, die sich zum Teil erheblich widersprechen und Anlass für ausführliche Polemiken zwischen pro- und antifranquistischen Autoren waren. Die ersten Versionen strotzen nur so von Widersprüchen: Weder stimmen der Name des Sohnes noch sein Alter überein, der Wortlaut des Gesprächs wird in unzähligen Varianten wiedergegeben, in den ideologisch schärfsten Fassungen wird der Sohn widersinnigerweise noch während des Gesprächs ermordet und der Oberst am Telefon Zeuge seines Todes. Die späteren Versionen näherten sich im Wortlaut und in den Details immer mehr der offiziellen, im Alcázar selbst bis vor einigen Jahren über Tonband und Lautsprecher in mehreren Sprachen vorgeführten Fassung an: Ihr zufolge telefonierte der Oberst mit dem vierundzwanzigjährigen Luis Moscardó, der erst einen Monat später im Zuge einer Massenhinrichtung erschossen wurde.

Bei all diesen Versionen geht es jedoch weniger darum, den historischen Tatsachen Gerechtigkeit widerfahren zu lassen, als vielmehr um die Schaffung einer Legende, die sich im Laufe der Zeit zu einem der Gründungsmythen des Franco-Regimes entwickeln sollte. Wie wichtig dieses Opfermotiv war, zeigt sich daran, dass es in allen Texten über die Belagerung ausführlich und zentral behandelt wird und dass etwa die ersten internationalen Propagandisten des Aufstandes, die beiden französischen Rechtskatholiken Henri Massis und Robert Brasillach, diese Opferszene an den Beginn ihres 1936 erschienenen Pamphlets *Les Cadets de l'Alcazar* über die Belagerung des Alcázar stellten.

Die Szene war gut gewählt, denn sie bot eine breite Angriffsfläche für ihre Mythologisierung und verwies auf bedeutende Vorbilder, die durch diese »Transposition« aktiviert werden konnten. Claude Lévi-

Strauss zufolge ist die Mythologie statisch, da »ein und dieselben my-
thologischen Elemente immer neu kombiniert werden«[64]. So wird
denn hier in neuer – und dank des Telefons zu jener Zeit sogar tech-
nologisch modernster – Form die Erzählung vom Opfer des eigenen
Sohnes abgewandelt. Einerseits verweist diese Geschichte auf das alt-
testamentarische Opfer des Patriarchen Abraham, der in blindem
Gehorsam seinen einzigen, spät geborenen Sohn zu opfern bereit ist
(1. Mose 22,1–14). Nicht zufällig handelt es sich dabei um eine Szene,
die eindeutig in der Tradition der Gegenaufklärung steht und von den
Aufklärern heftig kritisiert wurde; in Hans Blumenbergs Worten stellt
sie das »Lieblingsstück« der Aufklärer für ihre »Moralkritik am bibli-
schen Gott«[65] dar. Auf der anderen, weltlichen Seite verweist die Szene auf das Opfer eines der spanischen Nationalhelden, Alonso Pérez
de Guzmán, genannt Guzmán el Bueno. Im April 1294 wollten ihn die
feindlichen Mauren während der Belagerung von Tarifa zur Übergabe der Stadt zwingen, indem sie ihm seinen gefangenen Sohn vor-
führten und drohten, ihn zu ermorden. Als Antwort schleuderte
ihnen Guzmán seinen Dolch entgegen, eine Episode, die zum patrio-
tischen Erbgut des nationalen Spanien gehört und in zahlreichen Ge-
dichten, Romanen und Theaterstücken verarbeitet wurde. Da Luis
Moscardó, das Opfer, im zweiten Familiennamen Guzmán hieß, war
die Verbindung zum Mythos gleich doppelt hergestellt; und es entsprach auch der Logik des Mythos, dass der Vater Moscardó 1948 mit
der Ehrenmedaille von Tarifa ausgezeichnet wurde.

   Auf republikanischer Seite wurde diese wenig ruhmreiche Episode weitgehend übergangen oder bestenfalls als Beispiel für die
schlechte franquistische Propaganda erwähnt (so schrieben etwa Ilja
Ehrenburg, Michail Kolzow, Franz Borkenau, Arthur Koestler oder
André Malraux darüber). Im Gegensatz dazu hatten katholische und
rechte Zeitschriften und Tageszeitungen bereits während der Belagerung weltweit über die »Helden des Alcázar« berichtet. Nach der Ent-
setzung kam es zu einer wahren Flut von Texten über das Leben in
der Festung. Nicht nur spanische Autoren, Augenzeugen und Kämp-

fer aus dem Alcázar gaben ihre Version der Ereignisse zum Besten, auch internationale Schriftsteller und Journalisten wie die schon genannten Franzosen Massis und Brasillach, der Engländer Geoffrey McNeil-Moss oder die Deutschen Rudolf Timmermans und Roland E. Strunk schrieben über die Belagerung.

Im mythenkundigen nationalsozialistischen Deutschland wurde die Bedeutung der Episode sofort erkannt: In der Rede, die Joseph Goebbels unter dem – reichlich verlogenen – Titel *Die Wahrheit über Spanien* 1937 am Reichsparteitag in Nürnberg hielt, erwähnte er kurz auch die Belagerung des Alcázar: »Am 27. September 1936 werden die todesmutigen Kämpfer im Alkazar befreit. Das neue Spanien erhält damit das heroische Symbol seines Kampfes gegen den Weltbolschewismus.«[66] Kürzer kann man das offizielle nationalsozialistische Bild der Belagerung wohl kaum ausdrücken: Es geht um den Kampf gegen den »Weltbolschewismus« – der in Goebbels Rede so ziemlich alles umfasst, was nicht der eigenen Ideologie zugehört –, das Symbol dieses Kampfes stellt der Alcázar dar. Die bloße Nennung des Alcázar ohne jeden Zusatz zeigt, dass der Name allein genügte, um auf die historischen Ereignisse hinzuweisen, und belegt die Bedeutung, die er für das nationalsozialistische Deutschland hatte. So nimmt es denn auch nicht wunder, dass dort bald sechs sehr martialische Bücher über die Belagerung erschienen.

Der Alcázar wurde in kurzer Zeit zum Mythos verklärt, seiner historischen und politischen Dimension beraubt und als Symbol für das franquistische Spanien eingesetzt. In Büchern wurde die Belagerung detailliert aus der Sicht der »Helden« beschrieben, auf Gemälden wurde der Schutz der Gottesmutter bei der Verteidigung dargestellt, es entstand ein Porträt Francos, der – vollkommen ahistorisch, aber in mittelalterlicher Kreuzzugstradition – auf einem Schimmel vor den Ruinen des Alcázar posiert. In Ländern wie Deutschland, Ungarn oder den USA kamen Texte heraus, die die Ereignisse als historische Tatsachen darstellten, zugleich aber narrative und fiktionale Elemente einarbeiteten. In Italien drehte 1940 der bekannte Regisseur

Augusto Genina in einer spanischen Koproduktion den mehr als zwei Stunden langen Spielfilm *L'assedio dell'Alcazar* – der in der spanischen Fassung nach Moscardós Ausspruch *Sin novedad en el Alcázar* hieß – mit großem Aufwand und fügte unter anderem eine melodramatische Liebesgeschichte ein.[67] Auch wenn der Alcázar im franquistischen Alltag omnipräsent war, in Reden des Diktators immer wieder erwähnt wurde und eine der radikalsten Publikationen des franquistischen und postfranquistischen Spanien nach ihm benannt wurde, war eine fiktionale Verarbeitung Tabu: Das Thema wurde fast ausschließlich in historischen Darstellungen und Augenzeugenberichten abgehandelt.

Diese beinahe blindwütige Verteidigung des Mythos zeichnet das rechte Spanien bis heute aus; eine der letzten großen Studien über die Belagerung des Alcázar aus dem Jahr 1997 ist der unumwunden revisionistische Versuch, mittels der franquistischen Quellen all jene Arbeiten zu widerlegen, die verfasst wurden, um die Mythenbildung in eben diesen Quellen aufzuzeigen. So heißt es dort etwa, recht umständlich formuliert: »Obwohl [...] die angeblich entmythifizierende Sichtweise der Verteidigung des Alcázar von Toledo absolut unhaltbar ist, wurde sie in vielen Werken aufgegriffen. [...] Es handelt sich [...] um eine Sichtweise, die zwar beim Großteil der Bevölkerung auf nicht sehr großen Glauben gestoßen ist, die jedoch ein gewisses Echo in der akademischen Welt gefunden hat. [...] / Schließlich ist die Verteidigung des Alcázar von Toledo ein Thema, das heutzutage jeder politischen Bedeutung entbehrt, da sie in keiner Weise die Wahrnehmung beeinträchtigt, die man von der einen oder anderen Seite hat. Der Alcázar widerstand heroisch einer mehr als zwei Monate dauernden Belagerung, doch ist deswegen die nationale Seite weder mehr oder weniger zu rechtfertigen noch besser oder schlechter, und dasselbe ist bei der republikanischen der Fall. Wenn man daher versucht, Tatsachen zu entstellen, die an sich jeder politischen Bedeutung entbehren, so kommen wir nicht umhin, uns mit Schrecken zu fragen, was einige Autoren in Belangen unternommen haben, die sehr wohl unsere Sichtweise der Vergangenheit betreffen können. Die kritische Revision der Geschichtsschreibung über den Spanischen Bürgerkrieg ergibt sich so als zwingende Konsequenz all unserer Ausführungen.«[68] Nicht umsonst erschien diese in ihrer Argumentation nur scheinbar blauäugige Arbeit 1997, kurz nach der Machtübernahme der konservativen Volkspartei unter Aznar, als es auf allen Ebenen zu einer Revidierung des kritischen Geschichtsbildes Spaniens kam. Bald darauf setzte der Triumphzug der ganz in der franquistischen Tradition stehenden rechtsradikalen Geschichtsdeutungen der Revisionisten ein, die sich bis heute erschreckender Beliebtheit erfreuen und auf die noch zurückzukommen sein wird.

NB: Der Alcázar befindet sich auch in der ideologischen Ahnenreihe der rechtsradikalen griechischen Partei *Chrysi Avgi*. Urania Michaloliakos, Tochter des »Führers« und zugleich Parteisprecherin, schwärmte nach dem überraschenden Wahlergebnis vom Mai 2012, bei dem ihre Formation 21 Mandate erhalten hatte, dem spanischen Radiosender SER gegenüber von der franquistischen Vergangenheit, sprach von Primo de Rivera und der »Geschichte von Alcatraz, bei der ich immer weinen muss, wenn ich sie lese« – wobei sie natürlich den Alcázar von Toledo meinte.[69]

Belchite

Im Sommer 1937 versuchten die republikanischen Truppen wieder einmal, Zaragoza zu entsetzen, das seit Beginn des Bürgerkriegs allen diesbezüglichen Versuchen standgehalten hatte. Diese »Schlacht von Aragonien« begann am 24. August und dauerte bis zum 7. September. Bei ihrem Vormarsch stießen die Einheiten des *Ejército del Este*, der Ostarmee, unter ihnen auch die 11. und die 15. Internationale Brigade, auf erbitterten Widerstand in der kleinen, 3800 Einwohner zählenden Ortschaft Belchite, der den Angriff ins Stocken brachte.[70] An die 7000 »nationale« Soldaten und Zivilisten hatten sich in den Häusern und Kirchen verschanzt und trotzten allen Artillerie- und Luftangriffen. Am 1. September begann die eigentliche Schlacht um Belchite,

die zum Ziel hatte, das Hinterland für den Angriff auf Zaragoza frei-
zubekommen. Der erbittert geführte Kampf wurde schließlich mit
Bajonetten Haus um Haus geführt, und es dauerte sechs lange Tage,
bis der Widerstand der Franquisten gebrochen war. Da die hier kämp-
fenden Kräfte vor Zaragoza fehlten, gelang es den Republikanern
nicht, die Hauptstadt Aragoniens einzunehmen.

Ein halbes Jahr später setzte der franquistische Gegenangriff ein,
in dessen Verlauf Ende April 1938 der Durchbruch ans Mittelmeer ge-
lingen sollte. Gleich zu Beginn dieser Gegenoffensive, am 10. März,
fiel das stark zerstörte Belchite den »nationalen« Truppen des Generals Yagüe »ohne nennenswerten Widerstand« in die Hände, obwohl
es eine der wichtigsten Aufgaben der Ostarmee gewesen war, den
symbolisch wichtigen Ort »um jeden Preis« zu halten.[71] Nach dem
Ende des Bürgerkriegs besuchte Franco die Ortschaft mehrmals, verlieh ihr den Beinamen Heróica und am 12. November 1943 die höchste
militärische Auszeichnung Spaniens, den *Real y Militar Orden de San
Fernando* als Anerkennung für den Heldenmut, den sie im Kampf gegen die *furia rojocomunista,* die rotkommunistische Furie[72], bewiesen hatte. Der Caudillo stellte die Einwohner Belchites vor die Alternative, ihren Ort an anderer Stelle neu errichten oder aber den
gesamten Landstrich durch den Bau von Kanälen bewässern zu lassen, um das trockene Terrain in Ackerland zu verwandeln. Die *belchi-
tanos* entschieden sich für die erste Option.

Beim Aufbau des neuen Belchite mussten gefangene Mitglieder
der Internationalen Brigaden mitarbeiten (»Ihr habt Belchite zerstört,
ihr werdet es wieder aufbauen«, hieß es damals[73]), die in einem von
der staatlichen Direktion für verwüstete Regionen eigens errichteten
Lagern hausten. Im Februar 1940 arbeiteten etwa 303 ausländische
Gefangene für den kargen Tageslohn von zwei Pesenten fünfzig.[74]
Bald darauf stieg die Zahl auf mehr als 1200, im Durchschnitt waren
zwischen 1940 und 1945 an die tausend Zwangsarbeiter im Einsatz.
Isaías Lafuente zufolge war Belchite das Symbol der Zwangsarbeit:
»aufgrund der großen Zahl der Gefangenen«[75], da auf der Baustelle

fast ausschließlich Gefangene oder bedingt freigelassene Gefangene arbeiteten, und wegen der für die damaligen Verhältnisse riesigen Ausmaße der Arbeiten, musste doch eine ganze Ortschaft für ein paar Tausend Menschen neu errichtet werden. 1946 zogen die ersten Einwohner in ihre frisch gebauten Häuser, 1954, also erst fünfzehn Jahre nach dem Ende des Bürgerkriegs, fand die offizielle Einweihung statt.

Diese Einweihung war bezeichnenderweise für den 13. Oktober 1954 angesetzt, einen Tag nach dem 12. Oktober, dem »Tag der Rasse«, an dem die »Entdeckung Amerikas« ebenso gefeiert wurde wie eine der wichtigsten Heiligen Spaniens, die heilige Pilar von Zaragoza. Franco hielt eine Rede, die er dazu nutzte, dem Mut der Verteidiger zu huldigen, die »ihr mit euren Frauen und Kindern in den staubigen Ruinen von Belchite eine heroische Seite unseres Kriegs geschrieben habt«, aber auch, um den Kommunismus zu denunzieren: Belchite sei der Prüfstein des spanischen Kommunismus gewesen, an dem dieser für immer gescheitert sei. Franco zufolge war der Plan zur Verteidigung Belchites direkt von Moskau ausgegangen und unter Stalins höchstpersönlicher Kontrolle gestanden, »ein Plan, in den der internationale Kommunismus sein Vertrauen gesetzt hatte«. Viel Feind, viel Ehr, ist man geneigt zu sagen, und nicht schlecht erfunden; in Wirklichkeit hatte Stalin zu jener Zeit kein allzu großes Interesse mehr an Spanien. Vom Internationalen kam Franco dann ins Detail: Als Belchite verlorenging, »war die moralische Verwüstung in diesen Reihen so groß, so stark der Hochmut und die Leidenschaft ihrer Führer«, dass sie die unglücklichen Verteidiger, die zwar verblendet, aber immerhin Spanier und als solche naturgemäß edler waren als die ausländischen Verführer, in Valencia durch Genickschuss hinrichten ließen. Die antikommunistische Lehre, die Franco daraus zieht, ist ein Beispiel für die vereinnahmende Ideologisierung eines Ortes. Denn gegen die Gewalttaten des Sozialismus und Kommunismus »erhob sich das *Movimiento*. Es genügte uns nicht der Sieg, es genügte uns nicht die Rückeroberung Belchites, es genügte uns nicht das materielle Werk. Es wäre ein Sieg ohne Flügel gewesen, ein steriler

Sieg wie so viele andere in unserer Heimat. Wir mussten ihn mit politischem Inhalt füllen, wir mussten Ideale schaffen, wir mussten die Spanier in einem einzigen Marsch, in einer einzigen Richtung vereinen: in der Größe der Heimat, im Erlangen unserer Ideale. Und dies ist das *Movimiento Nacional,* das keine inhaltslose Bewegung ist, keine Bewegung einer Gruppe und auch keine Bewegung zur Erlangung von Privilegien und Vorteilen; es ist eine Bewegung des Dienstes und des Opfers.«[76] Und genau dies war mit der Ernennung von Belchite zu einem der wichtigsten Gedächtnisorte geplant. »Ich schwöre euch, dass auf diesen Ruinen von Belchite eine prachtvolle und weitläufige Stadt gebaut werden wird zu Ehren ihres unvergleichlichen Heldenmuts. Franco 1937–1954«[77], das stand bis vor ein paar Jahren in Goldlettern auf den Marmorsäulen des Hauptplatzes der neuen Stadt. Erst nachdem alle Bewohner der alten Stadt übersiedelt waren, begann der eigentliche Zerfall des *Pueblo Viejo de Belchite,* an dessen Eingang heute ein Schild den Ort als »ruinas históricas« ausweist.

Genauso trist wie ein Spaziergang durch diese Ruinen, die teilweise malerisch und fotogen sind, ist der Besuch der neuen Stadt, die mit ihren knapp 1700 Einwohnern – noch knapp halb so viele wie im alten Belchite – wahrlich keine Zierde des ländlichen Spanien ist. Weder »prachtvoll« noch »weitläufig« ist der neue Ort, ein am Zeichentisch geplantes Oval, das um den Hauptplatz und die Kirche herum angelegt worden ist. Gäbe es nicht die Geschichte des alten Belchite, würde heute kaum jemand freiwillig hier halten. So aber kommen im Jahr an die 10 000 Besucher, Spielfilme verwenden die Ruinen als Kulissen, Bücher werden darüber geschrieben und am Originalschauplatz vorgestellt. Das letzte stammt vom Bestsellerautor Ken Follett, der seinen Roman *Winter der Welt* in den Ruinen spanischen und internationalen Journalisten präsentierte – ein Teil des Tausendseitenwerkes, das in den Dreißigerjahren des 20. Jahrhundert spielt, stellt die Schlacht um die Stadt dar. Der Einzug in die Welt der Trivialmythen ist Belchite somit sicher.

Das Valle de los Caídos

»Ich verabscheue Cuelgamuros auf gesunde Weise. Ich weigere mich, die Füße auf dieses Stück Erde zu setzen, das schön war, bevor es entweiht wurde, oder es beim Namen zu nennen, außer mit seiner traditionellen Bezeichnung, deren Etymologie *cuelga moros,* ›Maurenhenker‹, auch nicht gerade ein friedliches Zusammenleben zwischen Spaniern evoziert.«[78] Das schrieb jemand, der es wissen musste, der, wenn auch nur kurze Zeit, als politischer Gefangener am Bau eines monumentalen Denkmals von der Schreibstube aus mitgearbeitet hatte und dem, wie wenigen anderen, die Flucht aus der Diktatur gelang: Nicolás Sánchez-Albornoz, Sohn eines der bekanntesten Mitglieder der republikanischen Exilregierung, Historiker, Autor und von 1991 bis 1996 erster Leiter des *Instituto Cervantes,* des spanischen Kulturinstituts.

Fährt man von Madrid aus Richtung Nordwesten auf der Autobahn A 6, sieht man bald nach der Ausfahrt Torrelodones ein riesiges Kreuz vor der Silhouette der Bergkette aufragen, das die Landschaft zwischen der Hauptstadt und dem Guadarramamassiv dominiert: das Valle de los Caídos, das Tal der Gefallenen, ein 13,65 Quadratkilometer großes Areal, in dessen Mitte sich ein Felsen erhebt, in den in fast zwanzigjähriger Arbeit eine Basilika hineingebaut worden ist. Auf dem Felsen thront das Kreuz, an dessen Basis klassisch anmutende Monumentalfiguren angebracht sind. Das Valle, wie es gemeinhin genannt wird, ist wohl das augenfälligste Beispiel dafür, wie schwierig der demokratische Umgang mit der diktatorischen Vergangenheit Spaniens sein kann. Am 27. Mai 2011 wurde vom Ministerrat der sozialistischen Regierung Zapatero eine »Expertenkommission für die Zukunft des Valle de los Caídos« ins Leben gerufen, deren Aufgabe es war, im Rahmen der *Ley de Memoria Histórica* Vorschläge über die künftige Gestaltung und Verwendung dieses ungeheuren Mausoleums zu machen. Die Kommission bestand aus zwölf angesehenen Experten, Universitätsrektoren, Philosophen, Historikern und Anthropologen, die sich sechsmal trafen, um ihr Gutachten zu erstellen und

dem Präsidialministerium ihre Vorschläge zu unterbreiten. Die Aus-
schreibung im *Boletín Oficial de Estado,* dem Bundesgesetzblatt,
nimmt sich durch ihre philosophisch-memorialistische Betrachtungsweise recht kurios aus. So heißt es dort unter anderem, das Valle
de los Caídos sei »immer noch ein umstrittener Ort in der kollektiven
Erinnerung der Spanier. Seine monumentale Wucht ragt auf aus dem
Schweigen und dem Aufschub eines Urteils über die Geschichte, die
Anlass gab zu seiner Errichtung, der zutiefst schmerzlichen Vergangenheit des Bürgerkriegs und der franquistischen Diktatur. Es ist, auf
diese Weise, Erinnerung nur eines Teils.«[79]

Zugleich fasst der Text auf vorbildliche Weise die Entstehung des
Valle de los Caídos zusammen: Am 1. April 1940, genau ein Jahr nach
dem Ende des Bürgerkriegs, wurde per staatlichem Dekret der Bau
einer Basilika und eines Klosters in dem *Cuelgamuros* (»Mauerhän-
ger«, hervorgegangen aus dem schon genannten »Maurenhenker«) genannten Tal bestimmt, das im Ortsgebiet von San Lorenzo de El
Escorial lag, kaum zehn Kilometer entfernt von dem mächtigen
Schloss, das sich Philipp II. als Sommerresidenz zwischen 1567 und
1584 hatte errichten lassen und in dem seither die Spanischen Könige
bestattet werden. Der Bau des Valle de los Caídos als »Ort der Ruhe
und Meditation« sollte dazu dienen, »die Erinnerung an diejenigen
aufrechtzuerhalten, die in unserem glorreichen Kreuzzug gefallen
sind«, wie es im Dekret Francos heißt. Dem Wunsch nach Effizienz,
Monumentalität und Symbolik stand die Realität gegenüber: In einem Jahr sollte nach Francos Willen die Krypta fertiggestellt sein –
sie war es erst vierzehn Jahre später, im Sommer 1954. Zum zwanzigs-
ten Jahrestag des Bürgerkriegsendes schließlich, am 1. April 1959,
wurde das Bauwerk eingeweiht. Daran arbeiteten bezahlte Handwer-
ker neben Tausenden von politischen Gefangenen, die dem »Zentral-
patronat für die Erlassung von Strafen durch Arbeit« unterstanden.
Was bedeutete, dass die dort arbeitenden Kriegsgefangenen kaum
entlohnt und nur schlecht ernährt wurden, jedoch ihre Haftstrafen
abarbeiten und verkürzen konnten: Zwei Tage Arbeit entsprachen

drei Tagen Haftstrafe. Wie viele Häftlinge im Valle ihre Strafen abar-
beiteten, lässt sich nicht mehr eruieren, lange Zeit wurden, je nach
ideologischer Ausrichtung des Autors, Zahlen zwischen 2000 und 20
000 gehandelt. Neuere Studien sprechen von 6000 bis 7000 Häftlingen und einer unbestimmten Anzahl bezahlter Facharbeiter oder
enthalten sich wohlweislich der Schätzungen.[80] Ebenso unklar ist,
wie viele Personen beim Bau ums Leben kamen, aufgrund der un-
menschlichen Bedingungen, wegen der Hitze im Sommer, der Kälte
im Winter und des rauen Klimas, lag doch die Baustelle über 1200
Meter hoch direkt an der Bergkette. Fest steht, dass es nicht sehr viele
waren, weitaus weniger als die Hunderte oder Tausende, die von der
antifranquistischen Propaganda angegeben wurden.

Das Guadarramamassiv fand 1939 Eingang in die deutsche Literatur in dem kurzem Gedicht »Mein Bruder war ein Flieger« von Ber-
tolt Brecht. Dort fliegt der Bruder mit der Legion Condor südwärts,
um Raum zu erobern: »Der Raum, den mein Bruder eroberte / Liegt
im Guadarramamassiv / Er ist lang einen Meter achtzig / Und einen
Meter fünfzig tief.« Etwas mächtiger als das Grab von Brechts fikti-
vem Fliegerbruder ist die Basilika des Valle schon: Sie ist die zweit-
größte katholische Kirche nach dem Petersdom, 261 Meter lang und
18 Meter breit, ihre Kuppel ist 41 Meter hoch. Das 46 Meter breite
Kreuz, das den Bau krönt, ragt 150 Meter auf, mit dem Felsen, auf dem
es steht, ist das Denkmal an die 300 Meter hoch und somit nicht viel
kleiner als der Eiffelturm. Die Esplanade vor der Basilika umfasst
30 000 Quadratmeter, und, um den Reigen der imposanten Zahlen zu
beschließen, für den Bau wurden 200 000 Kubikmeter Stein bewegt.
Auf der Rückseite der Anlage befindet sich das Benediktinerkloster
Heiligkreuz, in dem zurzeit dreiundzwanzig Mönche leben. Es beherbergt eine umfassende Bibliothek mit zwischen 25 000 und 27 000 Titeln, wie der Padre Santiago erklärt, ein freundlicher, junger Benediktinermönch, der den abwesenden Abt vertritt. Außerdem gibt es
einen Knabenchor mit derzeit zweiundvierzig Jungen zwischen acht
und dreizehn Jahren, die hier in einem Internat wohnen und unter-

richtet werden: der einzige Kinderchor der Welt, der täglich gregorianische Choräle singe. Und es gibt eine professionell betriebene Herberge, in der nicht nur Gläubige wohnen und essen können.

Bis zum Herbst 2009, als die Regierung Zapatero das Valle de los Caídos schließen ließ, war es das vom *Patrimonio Nacional* verwaltete Denkmal, das die meisten Einnahmen brachte – mehr als der Escorial, der Madrider Königspalast oder andere Schlösser, Paläste, Gärten und Klöster, die unter den Fittichen dieses Amts für staatliche Denkmäler aus dem Umfeld des Königshauses stehen.

Geplant und durchgeführt wurde der Bau, der in seiner faschistischen Monumentalität weltweit wohl einzigartig ist und den Pío Moa als das »großartigste, harmonischste und inspirierteste Monument seiner Gattung des 20. Jahrhunderts«[81] bezeichnete, vom Architekten Pedro Muguruza, dem nach dessen Ableben im Jahr 1952 Diego Méndez folgte. Schillernd ist die Figur des Schöpfers der immerhin achtzehn Meter großen Skulpturen, die den Bau zieren und aufgrund ihres für die extreme Witterungsverhältnisse ungeeigneten Materials die Besucher mit Steinschlag gefährden: Juan de Ávalos (1911–2006). Er war Republikaner, hatte die Mitgliedsnummer sieben der Sozialistische Partei der Stadt Mérida, ging ins faschistische Portugal ins Exil, erhielt die höchsten künstlerischen Auszeichnungen Spaniens und der Sowjetunion und verbrach, neben vielen anderen monumentalen Werken, in seinen späten Jahren die Statue von Johannes Paul II., die seit 1993 vor einer nicht weniger unansehnlichen Kathedrale steht, der Almudena von Madrid.

Während der Diktatur und auch danach war das Valle einer der wichtigsten Wallfahrtsorte für die Anhänger des Caudillo, seine symbolische Bedeutung war der Plaza de Oriente am Madrider Königspalast gleichgestellt, wo Franco an allen möglichen Feier- und Gedenktagen Ansprachen hielt. Bis heute ist das Valle ein Ort der »nationalen« Einkehr, einerseits wegen der dort bestatteten Gefallenen des Bürgerkriegs, andererseits wegen der beiden Protagonisten, die vor und hinter dem Altar beigesetzt sind: José Antonio Primo de Rivera und

Franco. Beide starben an einem 20. November, der eine 1936 vor einem republikanischen Erschießungskommando, der andere in einem Krankenhausbett, nach 39 langen Jahren als Diktator. Immer noch pilgern am 20. November jedes Jahr Tausende Anhänger des Franquismus gemeinsam mit ausländischen rechtsradikalen Gästen ins Valle, um ihrer Helden zu gedenken. Auf der Esplanade kommt es zu Kundgebungen von Neonazis, Altfaschisten, Nostalgikern und Rechtsradikalen jeder Couleur aus ganz Europa, die gereckten Arms die Ehrengäste grüßen, in der Basilika wird eine Totenmesse für die Gefallenen abgehalten. Ein schauriges Spektakel, das die sozialistische Regierung in den letzten Jahren zu verbieten trachtete, indem sie durch die *Ley de Memoria Histórica* alle politischen Veranstaltungen und Kundgebungen auf dem Areal verbot.

Errichtet wurde das Bauwerk ursprünglich als Mausoleum für die Gefallenen der franquistischen Seite. Bereits zu Beginn des Kriegs habe Franco ein »fast physisches Bedürfnis« verspürt, ein Monument zu errichten, »um die Toten zu ehren, wie sie uns geehrt haben«, hieß es in einer Reportage zum Bau des Denkmals aus dem Jahr 1957.[82] Zwar wandelte sich im Lauf der Jahrzehnte die Gesinnung etwas, die Diktatur wurde ihren ehemaligen Feinden gegenüber milder und bestimmte das Valle zu einem »Ort der Versöhnung«, in dem die Gefallenen »ohne Unterschied des Feldes, auf dem sie gekämpft hatten«[83], begraben werden sollten, sofern sie nur katholisch waren. Doch die Rede Francos zur Einweihung des Denkmals war alles andere als versöhnlich. Der Diktator sprach vom Heldenmut der Männer und Frauen, die das wahre Spanien verteidigt hätten, von den Feinden, die immer wieder die Nation bedrohten, von José Antonio, der wenige Tage zuvor in einem triumphalen Trauerzug und gegen den Willen der Falange aus dem Escorial hierher überstellt worden war. »Sie opferten ihre wertvollen Leben nicht, damit wir ruhen können. Sie fordern uns auf, Wache zu stehen, treu dem, wofür sie starben. Dass wir von Generation zu Generation die Lehren der Geschichte am Leben erhalten, um das Blut fruchtbar werden zu lassen, das sie so großzügig vergossen.«[84] Das Wort Versöhnung kam in der Rede kein einziges Mal vor.

Dennoch wurden bald Gefallene beider Seiten exhumiert und hierher gebracht, aus allen Gegenden Spaniens außer den Provinzen Ourense, A Coruña, Las Palmas und Santa Cruz de Tenerife. Waren es »nationale« Opfer, konnten die Familien gegen eine Überstellung Einspruch erheben (wie etwa im Fall von Paracuellos, siehe Seite 80); handelte es sich um Überreste von »Roten«, wurden die Angehörigen oft gar nicht über die Exhumierung informiert und erfuhren die Wahrheit in vielen Fällen erst Jahrzehnte später.

Trotz der scheinbar nicht unbedingt professionellen Buchführung, die von den Benediktinermönchen des angeschlossenen Klosters und vom *Patrimonio Nacional* geleistet wurde, sind heute die Namen von 33 833 Personen registriert, die zwischen dem 17. März 1959 und dem 3. Juni 1983 bei insgesamt 491 Überstellungen hierher gebracht wurden. Ihre Überreste sind in individuellen und kollektiven Kolumbarien, also Urnenhallen, unmittelbar hinter den beiden Kapellen des Kreuzschiffs und den sechs Kapellen der Heiligkreuzbasilika beigesetzt. 21 423 Opfer sind identifiziert, 12 410 sind unbekannt, wie aus den Unterlagen des *Patrimonio Nacional* hervorgeht. Manche, wie etwa der freundliche Benediktinermönch Santiago, sprechen von bis zu 70 000 Personen, die hier beigesetzt sind, da man bei der Überstellung der Opfer zu einer konservativen Schätzung tendierte und die Reste von mehreren Personen einer einzigen zuschrieb. Außerdem wurden zahlreiche eingeäscherte Leichen als eine Person geführt, obwohl es oft viel mehr waren, wie etwa im Fall von »sieben Märtyrerinnen des Ordens der ›Sklavinnen des Allerheiligsten Sakraments‹«[85]. Die Überreste befinden sich in sehr schlechtem Zustand, da sie in manchen Kolumbarien im Lauf der Jahre durch eingesickertes Wasser und die großen Temperaturschwankungen zu einer unbestimmbaren Masse zerfallen sind. Ein Teil der Kolumbarien musste deswegen geleert und innerhalb der Grabanlage in andere Räume umgesiedelt werden, doch gibt es davon keine Aufzeichnungen. Daher ist eine Identifizierung der Leichen kaum mehr möglich und die

Mythen, Gerüchte und Halbwahrheiten führen zu Spekulationen
ohne Ende.

Im Herbst 2009 wurde die Basilika des Valle de los Caídos wegen
starker Bauschäden geschlossen, eine Finte der Regierung Zapatero,
um dem Valle den Garaus zu machen, wie Padre Santiago meint. Zwar
stimme es, dass die Statuen renovierungsbedürftig seien, da von ihnen immer wieder Bruchstücke abfielen, aber dies sei kein Grund, die
gesamte Anlage zu sperren. Diese Maßnahme führte zu heftigen Reaktionen der Klosterinsassen, die aus Protest dagegen »bei Schneefall
und Minustemperaturen« ihre Sonntagsmessen im Freien abhielten,
die live von rechten Radio- und Fernsehstationen übertragen wurden.
Mit der Ausdauer und Geduld der Benediktiner habe die damalige
Regierung nicht gerechnet, meint der Mönch und lächelt.

In dieser Zeit der Spannungen und Ungewissheit tat die Expertenkommission für die Zukunft des Valle de los Caídos ihre Arbeit und
war weniger den Launen das Schicksals als vielmehr dem Ungeschick
der Regierung unterworfen. Im Sommer 2011 hatte José Luis Rodríguez Zapatero aufgrund der Wirtschaftskrise Neuwahlen für den
20. November angesetzt, ein ob seiner Symbolik wahrhaft unschickli-
ches Datum. Die Kommission legte ihren Bericht neun Tage nach den
Wahlen vor, in der Gewissheit, dass die neue Regierung des *Partido
Popular* (PP) sie wohl kaum zur Kenntnis nehmen würde; doch tat sie
es in der Hoffnung, dass ihren Vorschlägen in einer weniger ideologi-
sierten Zukunft die gebührende Aufmerksamkeit zukommen könnte.
Der Bericht schlug im engen Rahmen der *Ley de Memoria Histórica*
verschiedene Maßnahmen vor, diesen wohl signifikantesten spanischen Gedächtnisort umzugestalten.[86] So sollte er eine neue Ausrichtung erfahren, um die da beigesetzten Opfer des Bürgerkriegs einan-
der gleichzustellen. Dazu sollte er nicht zerstört oder abgetragen,
sondern erklärt werden durch ein »Interpretationszentrum«, das
gleichsam der Zugang zur historischen Anlage wäre und die Besucher
vor jeder Besichtigung über die historische und ideologische Bedeutung informieren würde. Eine freilich etwas schwierige Aufgabe an-

gesichts der politischen Polarisierung des Ortes. Deswegen regte die Kommission zugleich ein Studienzentrum zur Erforschung, Verbreitung und Dokumentation des Bürgerkriegs an. Virgilio Zapatero, Universitätsprofessor für Rechtsphilosophie und einer der zwei Präsidenten der Expertenkommission, fasst die grundlegenden Probleme zusammen: »Die Anlage verfällt zunehmend; der Ort muss sozial befriedet sein, wenn man ihn restaurieren und umwidmen will. Statt ihn zu zerstören, ist es wichtig, ihn zu erklären: Wie er gegründet wurde, dass politische Gefangene am Bau teilnahmen, unter welchen Bedingungen sie es taten, was er ursprünglich bedeutete, all dies soll in einem ›Interpretationszentrum‹ erklärt werden. Zugleich soll auf der Esplanade ein Denkmal errichtet werden, um die dort Beigesetzten aus ihrer Anonymität zu holen. Zwei Probleme sind zu lösen: der Versuch, die Reste all der Personen zurückzuerstatten, die dort ohne die Einwilligung ihrer Familienangehörigen begraben wurden; und die Frage, was mit den Gebeinen der einzigen Person geschehen soll, die nicht im Bürgerkrieg gefallen ist, Francisco Franco. Das erste Problem hat keine Lösung, denn durch das Einsickern von Wasser sind die Skelette, die Särge und Kolumbarien in den Krypten zu einer unförmigen Masse geworden. Die befragten Rechtsmediziner meinten, es sei unmöglich, die Reste zu individualisieren.« Das zweite Problem sei komplex. Die Entscheidung, Franco zu exhumieren und im Familiengrab von El Pardo beizusetzen, stehe nicht der Familie zu, sondern dem Staat. Da die Basilika jedoch ein Sakralraum ist, müsse jeder Eingriff mit dem Vatikan ausgehandelt werden. »Deswegen ist die Rolle der Kirche in diesem Fall sehr wichtig, und manchmal empört es, dass die Kirche nicht zur Lösung des Problems beitragen will.«[87]

Laut Vorschlag der Kommission soll die Basilika ebenso bestehen bleiben wie die Gräber, die hinter der Kirche direkt im Fels angelegt sind und immerhin die größte Grabstätte des Bürgerkriegs darstellen. Die gesamte Anlage sollte neu definiert und das Abkommen mit der katholischen Kirche hinsichtlich der geistlichen Betreuung des Ortes revidiert werden. Der umstrittenste Vorschlag aber war die Exhumierung von Francisco Franco. Da das Valle, wie sein Name sagt, den Gefallenen im Bürgerkrieg vorbehalten ist, stellt Francos Leichnam einen Fremdkörper dar, ist er doch der einzige dort Beigesetzte, der nicht im Bürgerkrieg ums Leben kam, sondern im Gegenteil einer seiner Urheber und Nutznießer war. Der Vorschlag, Francos Überreste zu exhumieren und der Familie zu übergeben, stieß selbst in der Kommission auf Widerspruch, drei Mitglieder sprachen sich dagegen aus, da dies, wie es heißt, »in unserem zeitgenössischen europäischen und westlichen Kontext unangemessen« sei, in keinem anderen Land wäre etwas Ähnliches möglich. (Was nebenbei gesagt ein Irrtum ist: Stalins Leichnam etwa wurde am 31. Oktober 1961 aus dem Lenin-Mausoleum entfernt und an der Kreml-Mauer begraben.) Eine Exhumierung Francos würde »dazu beitragen, die öffentliche Meinung zu spalten und zu radikalisieren«. »Ein nicht sehr kleiner Teil der Spanier würde in einer Exhumierung die Herabsetzung einer langen Zeitspanne der Geschichte Spaniens sehen, einem anderen Teil wäre die Überstellung der Reste des Generals Franco mit den einem Staatsoberhaupt zukommenden Ehren sehr unangenehm.«[88] Auch wenn diese Argumentation der drei »Dissidenten« etwas surreal anmutet, da sie unter dem Vorwand, es allen recht zu machen, den Status quo beibehalten wollte: Die Kommission war durchaus ernsthaft um eine realistische Lösung bemüht, freilich ohne große Aussicht auf Erfolg,

Ohne dass davon viel Aufhebens gemacht worden wäre, stand das Valle de los Caídos im Winter 2011, zwei Jahre und einen Regierungswechsel nach seiner Schließung, den Besuchern wieder offen, die nicht einmal den zuvor üblichen Eintrittspreis entrichten mussten. Am Tag nach der Präsentation des Abschlussberichts der Kommission ließ Carmen Franco, die Tochter des Diktators, über den Anwalt des Vereins zur Rettung des Valle des los Caídos ausrichten, sie würde einer Überstellung der Reste ihres Vaters nicht zustimmen. Der Sprecher der PP, Esteban González Pons, winkte ebenso ab: »Was die Spanier interessiert, ist die Arbeitslosigkeit, nicht Franco.«[89] Am 7. Februar 2012 erklärte die Präsidialministerin Soraya Sáenz de Santamaría auf eine Anfrage im Parlament, dass das Gutachten der Kommission selbst von den Schwierigkeiten eines Konsenses spreche, den die Spanier finden müssten,[90] was im Klartext hieß, dass die Regierung kein Interesse an einer Änderung hatte. Am 1. Juni 2012 stand die Anlage den Besuchern wieder offen, die Eintrittspreise waren dieselben wie vor der Schließung, fünf Euro, nur bei Messen und Gedenkveranstaltungen ist der Zugang gratis. Immerhin verspricht die Wiedereröffnung mehr als zwei Millionen Euro jährlichen an Einnahmen.[91] Kurz gesagt: »Das Valle kehrt zur Normalität zurück«[92], wie es eine gewisse Nieves auf der rechtskatholischen Website *ReligionenLibertad.com* ausdrückte. An diesem prominentesten Gedenkort des Franquismus und dem zaghaften Umgang mit dem ungeliebten Erbe der Geschichte zeigt sich das grundlegende Problem der spanischen Vergangenheitspolitik, das sich wohl am besten mit einer Metapher aus der Welt des Sports umschreiben lässt: Das Spiel um das Valle de los Caídos ging unentschieden aus, endete aber mit einem klaren Sieg der Freunde des Franquismus.

Pío Moa
oder Die Wahrheit des Bürgerkriegs

Um fünf Uhr nachmittags vor der Madrider Basilika San Francisco el Grande, hatte Pío Moa vorgeschlagen. Überpünktlich geht er bereits vor der Kirche auf und ab, als ich, selbst ein wenig früh, hinkomme. Es ist Anfang Juni, der erste heiße Tag im Jahr. Wir könnten in den nahen Parque Dalieda de San Francisco gehen, dort sei er früher oft mit seiner Tochter gewesen, als sie noch klein war. Auf einer Bank im Schatten beginnen wir zu sprechen, anfangs ist der Park leer, nur die Vögel zwitschern, später kommen Fußball spielende Kinder, die uns auf eine andere, abseits gelegene Bank vertreiben.

Der 1948 in Vigo (Galicien) geborene Pío Moa war einst Mitglied der PCE(r), eine Abkürzung, die für *Partido Comunista de España (reconstituido)* steht, (wiedergegründete) Kommunistische Partei Spaniens, die marxistisch-leninistisch mit stark maoistischer Tendenz war. In ihrem Umfeld formierten sich die GRAPO *(Grupos de Resistencia Antifascista Primero de Octubre,* Gruppen des antifaschistischen Widerstands Erster Oktober), die in den letzten Jahren des Franquismus und in der *transición* aktiv waren, ab 1982 nur noch selten in Erscheinung traten, aber erst 2007 aufgelöst wurden. Moa gehörte zu beiden Organisationen und war an mindestens einer Entführung und einer Attacke auf eine Bankfiliale beteiligt, bei der ein junger Wachmann ums Leben kam. In den Achtzigerjahren wurde Moa amnestiert und konnte sein Untergrunddasein hinter sich lassen. Ende der Neunzigerjahre tauchte er wieder auf, diesmal als vehementer Verteidiger des Franquismus. Sein Buch *Los mitos de la guerra civil* (Die Mythen des Bürgerkriegs, 2003) wurde zu einem Besteller und ist es bis heute. In der akademischen Welt wird Moa nicht sehr ernst genommen, da er, so heißt es, unsauber arbeite, alte franquistische Mythen zu neuem Leben erwecke und Meinungen und Interpretationen verbreite, wo Beweise und Dokumente vonnöten wären. Während er der Lieblingsfeind der linken

Historiografie ist, widmet ihm die rechte nicht die Aufmerksamkeit, die er sich wünschen würde. Was aber seinem Erfolg als Populärhistoriker keinen Abbruch tut: In den letzten fünfzehn Jahren ließ er ein Buch dem anderen folgen, schreibt fast täglich Einträge in Blogs rechter Medien und gilt spanienweit als der Propagandist des neofranquistischen Revisionismus.

Ihr Wandel vom antifranquistischen Terroristen zu einem der größten Apologeten Francos ist doch sehr erstaunlich.

Als ich jung war, war ich Kommunist und dachte, wie viele andere auch, es gebe eine wissenschaftliche Theorie, die den Sinn der Geschichte erfasst. Konsequenterweise glaubten wir, dass man die Revolution vorbereiten müsse. Aber ich hatte Glück und wurde nach einem Streit aus der Partei ausgeschlossen.

Warum?

Weil der Chef meinte, ich wolle ihm seine Stellung streitig machen. Ich habe darüber ein Buch geschrieben. Danach versuchte ich, eine andere Partei zu gründen. Aber in der *transición* hatte sich das politische Klima geändert, und es geschahen seltsame Dinge mit Mao, der Viererbande, Vietnam. Zu dritt gaben wir eine Zeitschrift heraus, *Contracorriente* (Gegenströmung), und begannen, grundlegende Fragen des Marxismus zu untersuchen: die Nationalfrage, der Imperialismus, ich widmete mich der marxschen Theorie der Minderung der Profitrate, die angeblich das unausweichliche Ende des Kapitalismus aufgrund seiner inneren Widersprüche zur Folge habe. Und ich kam zum Schluss, dass diese Theorie vollkommen falsch war. Wenn aber die Grundlage des Marxismus in ihrer Wurzel falsch ist, dann ist alles falsch.

Und aufgrund dessen begannen Sie ...

... den Marxismus zu kritisieren. Ich lebte zwar weiterhin im Untergrund, aber als es eine soziale Wiedereingliederung von Mitgliedern der ETA gab, sprach ich mit dem baskischen Abgeordneten Juan María Bandrés, der der ETA nahestand, und fiel unter die Amnestie.

Das war 1983.

Ja, ungefähr. Später dann, so gegen 1992 oder 1993 wollte ich den sechzigsten Jahrestag des Bürgerkriegs nützen und ein Buch über die Schlacht um Madrid vom November 1936 schreiben. Ich hatte damals kein Geld und lebte von der Arbeit meiner Lebensgefährtin. Ich begann also, über die Schlacht um Madrid zu forschen, und bald merkte ich, dass all das ohne die Revolution von 1934 in

Asturien nicht zu verstehen war. Also studierte ich dieses Thema, mehrere Jahre lang, ging in die Archive der PSOE, des Parlaments, und kam zum Schluss, dass der Krieg damals begann, 1934, denn die PSOE wollten den Bürgerkrieg. Wortwörtlich. 1999 erschien dann mein Buch über die Ursprünge des Bürgerkriegs.

Und ihr ideologischer Umschwung vollzog sich zu dieser Zeit.

Der Wandel gegen den Marxismus vollzog sich schon in den Achtzigerjahren. Der Wechsel hin zum Franquismus geschah später, mit diesem Buch. Ich kam zum Schluss, dass der Krieg keine Auseinandersetzung zwischen Faschismus und Demokratie gewesen war, wie er normalerweise dargestellt wird, sondern von der PSOE, von *Esquerra Catalana* und anderen provoziert worden war. Bis heute konnte dies niemand widerlegen, sie werden zwar sehr wütend, haben aber keine Argumente.

Wie würden Sie die grundlegenden Linien Ihrer Werke definieren?

Ich habe über die Geschichte Spaniens insgesamt geschrieben* und eine ganz andere Lesart gefunden; ich glaube, das ist mein wichtigstes Buch. Zum Bürgerkrieg gibt es zwei grundlegende Fragestellungen, die ausschlaggebend sind und alle anderen bedingen. Die erste ist: Wer begann? Die zweite: Was bedeuteten die beiden Seiten politisch? Wer begann, ist klar: Es begann die Linke. Einerseits, weil sie 1934 den Bürgerkrieg wollte, andererseits, weil sie aus ihrer Niederlage keine Lehre zog und im Februar 1936, als sie wieder an die Macht kam, nach Wahlen, die alles andere als demokratisch waren, sondern voll von Erpressung und Gewalt, sofort begann, die republikanische Legalität zu untergraben.

Aber die Rechte war doch viel eher gegen die Republik und versuchte alles Mögliche, um sie zu zerstören.

Nein, nicht die gesamte Rechte. Die Republik kam zustande, da die Rechte der Linken die Macht abtrat. Statt den Demonstrationen Widerstand zu bieten und auf ihrer parlamentarischen Mehrheit zu beharren, um so ihre eigene Legalität zu verteidigen, gaben sie die Macht ab.

War denn die monarchistische Diktatur von Primo de Rivera besser als die Republik?

Die Diktatur von Primo de Rivera war sehr nützlich, denn sie gebot dem Zersetzungsprozess des Landes Einhalt. Doch scheiterte sie daran, ein angemes-

---

* *Nueva historia de España.* Madrid: La Esfera de los Libros 2010.

senes politisches System herauszubilden. Außerdem zählte sie auf die Mithilfe der PSOE, die in den Institutionen der Diktatur vertreten war. Und hätte die PSOE ihre gemäßigte Position beibehalten, so wäre wohl nichts passiert. Doch in der Republik radikalisierte sie sich. Und die Republik verdankt sich dem Defätismus der Rechten. Doch als nach zwanzig Tagen Republik Klöster, Bibliotheken, Schulen in Brand gesetzt wurden, sagte sich ein Teil der Rechten: Nein, so geht das nicht weiter. Und begann zu konspirieren. Doch waren die Verschwörer vier Generäle, nicht mehr.

Aber in Andalusien etwa gab es doch heftigen Widerstand der Großgrundbesitzer gegen die Landreform, ein Teil der Oligarchen ließ die Felder brachliegen.

Ja, aber das ist eine Lüge. Wenn man an die Quellen geht und die damalige Presse liest, merkt man es. Diese Geschichte, dass die Großgrundbesitzer sagten, sie sollten doch Republik essen, ist durch und durch falsch. Richtig ist vielmehr, dass die Gewerkschaft UGT einen Streik ausrief, infolge dessen die Großgrundbesitzer keine Arbeit mehr vergaben. Und einer von ihnen sagte, sie sollten doch Republik essen, aber nicht alle, es wäre für sie ja der Ruin gewesen. Aber so funktioniert die Propaganda: Man nimmt ein vereinzeltes Faktum und erklärt es zur Norm. Auf alle Fälle gab es bis zur Brandstiftung an Klöstern keinen Widerstand der Rechten, die, wie die CEDA, nicht faschistisch war.

Aber sie wurde bald sehr radikal.

Sie radikalisierte sich ein wenig, denn die Rechte gewann zwar die Schlacht von 1934, verlor aber die politische Schlacht. 1934 folgten die Menschen den Aufständischen nicht, aber 1936 herrschte ein wahrhaft wilder Hass, der zum Großteil eine Konsequenz der Kampagne war, die die Linken und die katalanischen Nationalisten gegen die Repression in Asturien gestartet hatten. Sie sprachen von Tausenden von Toten, von Vergewaltigungen. Ich habe darüber gearbeitet, es ist in der Wurzel falsch.

Es gab insgesamt an die 1500 Tote, 350 aufseiten der Armee. Und gab es nicht auch eine ziemlich brutale Repression durch den General Yagüe?

Es gab kaum Repression, ich habe die Versionen der Linken studiert, aber sie verwickeln sich unausgesetzt in Widersprüche und zitieren nichts Konkretes. In meinem Buch *El derrumbe de la República* (Der Zusammenbruch der Republik) untersuche ich das, denn die Wahlkampagne war sehr wild, die Leute glaubten der Propaganda und so entstand dieser Hass. Und es waren die Sozialisten, die anfingen.

Aber es gab doch auch Putschversuche vonseiten der Armee.

Sanjurjo. Aber es besteht ein grundlegender Unterschied: Der Putsch des Generals Sanjurjo war sehr begrenzt, es waren vier Generäle, der klassische Aufstand, der von der Regierung niedergeschlagen wurde.

Aber es gab doch in der Armee eine unterschwellige Konspiration gegen die Republik.

Die war sehr minoritär. Im Unterschied dazu wurde der Aufstand von 1934 von der PSOE geleitet, die die größte linke Partei war, von *Esquerra*, die in Katalonien die größte Partei war, mithilfe der Kommunisten, eines Teils der Anarchisten und auch von der Republikanischen Linken. Und in den Putsch von Sanjurjo war die Rechte nicht involviert. Hinsichtlich der politischen Bedeutung der Linken und der Rechten muss man nur die *Frente Popular*, die Volksfront, ansehen, zu der die PCE gehörte, eine stalinistische Partei, die zudem ein direkter Agent Moskaus war.

Aber die PCE war doch sehr klein und hatte nur siebzehn Mandate.

1936 war sie sehr klein, aber die Falange war noch kleiner, und manchmal scheint es, als wäre die Falange die gesamte Rechte gewesen.

Aber die Falange wuchs im Bürgerkrieg sehr rasch.

Sie wuchs rasch, wurde aber nie bestimmend. Während die PCE rasch wuchs und die wichtigste Partei wurde, denn alle hingen von Stalin ab.

War das nicht auch die Schuld der sogenannten Demokratien, Frankreich, England, die sich weigerten, die Republik zu unterstützen?

Die Demokratien sahen, dass die Republik nichts mit Demokratie zu tun hatte.

Aber eben dadurch überließen sie die Republik Stalin, der sie fast als Einziger unterstützte.

Das beweist ja schon, um was für eine Republik es sich handelte! Die Volksfront zerstörte die Republik und zerstörte die republikanische Legalität, von oben und von unten. Die fünf Monate vor dem Krieg waren eine einzige Zerstörung der Legalität. Die Volksfront bestand aus den Sozialisten, die revolutionäre Marxisten und in vielerlei Hinsicht radikaler waren als die Kommunisten, dann aus den Anarchisten, aus der PNV, der Baskischen Nationalistischen Partei, die zwar offiziell nicht Teil der Volksfront war, ihr in Wirklichkeit aber doch angehörte, übrigens eine rassistische, fast nazistische Partei, die von einer Rassensprache fantasierte – das Baskische, eine Rassensprache, das ist doch verrückt!

Der Begriff »Rasse« wurde damals doch viel unreflektierter verwendet und hatte nicht dieselben Konnotationen wie heute. Auch Franco schrieb ein Drehbuch mit dem Titel Raza, *das auch verfilmt wurde.*

Das war etwas ganz anderes. Für die PNV war es die Achse ihres Selbstverständnisses, sie fühlten sich als besondere Rasse, die natürlich dem Rest der Spanier überlegen war. Und für Franco hatte der Begriff nicht dieselbe Bedeutung wie für die Nazis oder die PNV. »Rasse« war ein sehr weiter Begriff, denn es gibt natürlich keine hispanische Rasse als solche. Gemeint war alles, was uns verband, auch ganz Hispanoamerika.

Zu Franco: Stimmen Sie dem Historiker Luis Suárez zu, wenn er schreibt, dass es sich um ein autoritäres Regime, nicht aber um eine Diktatur handelte?

Akademisch gesprochen war es keine Diktatur, denn eine Diktatur ist, wie Suárez sagt, eine provisorische, kurze Regierungsform. Und das dauerte fast vierzig Jahre. Aber in einem weiteren Sinn war es eine autoritäre Diktatur, die jedoch nicht totalitär war, das ist sehr wichtig. Franco rettete den Privatbesitz, rettete die Kirche, rettete die Einheit Spaniens, besiegte die Revolution, bewahrte Spanien vor dem Zweiten Weltkrieg, dann musste er das Land aus seiner Isolation befreien, die ungerechterweise nach dem Krieg über Spanien verhängt wurde, besiegte den *maquis,* der ein Guerillakrieg war. Franco sah, dass die Republik unmöglich war, dass es keine Demokratie geben konnte, nicht mit diesen Parteien. Also gründete er ein autoritäres Regime, und wenn wir Bilanz ziehen, dann war er für Spanien wunderbar.

Gab es denn Frieden mit Franco, wie es hieß? Oder war es Repression, wie die andere Seite sagt?

In den Vierzigerjahren gab es Repression, denn Spanien wurde von allen Seiten angegriffen, es war unmöglich… Aber die Opposition gegen Franco war nie demokratisch, es waren die PCE und ihre Helfer, in der letzten Epoche war es die ETA, eine marxistische Terrorgruppe. Die Liberalen und Demokraten lebten damals sehr gut, keiner von ihnen war jemals im Gefängnis. In der *transición* kamen 300 Gefangene frei, 300 von 36 Millionen Einwohnern, so groß war der Hass auf den Franquismus! Und diese 300 waren praktisch alle Kommunisten oder Terroristen oder beides. Praktisch alle.

Also gab es eigentlich keine Repression?

Doch, aber wenn die Vertreter der *memoria histórica* von den unschuldigen Opfern sprechen, gibt es ein Problem. Bei dieser Repression kamen natürlich viele Unschuldige ums Leben, aber auch viele, die an grausamen Verbrechen Schuld hatten. Und die werden nun gleichgesetzt, die unschuldigen Opfer und die Folterer in den *checas*. Das zeigt doch, was diese Leute denken!

Bei den Exhumierungen werden aber vor allem Menschen ausgegraben, die sich im Hinterland befanden, Mitglieder von republikanischen Parteien waren und gegen den Putsch.

Also, diese Exhumierungen sind zum Großteil Märchen.

Was heißt das?

Erstens einmal sind nicht nur Linke begraben, sondern auch Rechte, von denen viele noch in Massengräbern liegen.

Nach dem Ende des Kriegs wurden aber die meisten Toten der franquistischen Seite exhumiert und bestattet.

Nein, nein, nein, viele wurden ausgegraben, aber bei Weitem nicht alle. Wenn diese Typen von der *memoria histórica* ein Grab finden, das von Rechten ist, dann kümmern sie sich nicht darum. Und es gibt viele davon. Andererseits ist es empörend, was für Lügengeschichten sie erzählen. Sie haben, ich weiß nicht wie viele Jahre schon, eine Unmenge Geld für ihre Exhumierungen ausgegeben, mit viel Werbung, und vor fünf Jahren sah ich eine Reportage im Fernsehen, wo sie gefragt wurden, wie viele Personen sie ausgegraben haben. Dreihundert war die Antwort. Sie sprechen von hundert, hundertfünfzigtausend. Wo sind die denn?

Seit dem Jahr 2000 wurden fünftausend Leichen exhumiert.

Ja, aber man muss sehen, unter welchen Bedingungen. Denn wenn jemand Abgeordneter einer Partei war, die gemordet, den Mord gepredigt hatte ... Das waren keine Demokraten, sie waren in die Zerstörung der Republik verstrickt. Und es war ein Kampf ums Leben. Die Rechte stand am Anfang vor der Tatsache, dass fast der gesamte Militär- und Politikapparat, das Geld, die Industrie in Händen der anderen war, und sie liquidierten natürlich rasch jeden möglichen Widerstand im Hinterland. Dasselbe taten die anderen, nicht? Mit weniger Rechtfertigung. Ich würde gerne darüber diskutieren, ich habe in Artikeln dagegen geschrieben, aber sie antworten nicht. Schweigen, das war's. Also, wie viele waren es denn nun?

In dem heute wohl aktuellsten Buch, **Violencia roja y azul,** *werden präzise Daten angegeben. Dort ist von rund 49 000 Toten auf republikanischem Territorium und 130 000 auf franquistischem Gebiet die Rede.*

Ich kenne das Buch nicht, ich habe mich auf *Víctimas de la guerra civil* von Santos Juliá gestützt, auf die Bücher von Ángel David Martín Rubio und auf Ramón Salas Larrazábal. Die Gesamtzahl der Todesopfer betrug rund 130 000, auf beiden Seiten. Das weiß man schon seit Jahren. Was sie jetzt machen, ist reine Propaganda. Ein Beispiel. Vor ein paar Jahren wurde groß in *El País* veröffentlicht, dass die Linke nun auch ihr Paracuellos habe, in der Schlucht von Órgiva, in Granada. Dort entdeckte man auf einer Baustelle Knochen, Zeugen zufolge seien Frauen und Kinder ermordet worden, man müsse ein Denkmal errichten, hieß es. Zwei oder drei Tage später kam die Nachricht, dass es sich um Knochen von Hunden und Ziegen handelte, das erschien aber ganz klein. Genau das ist die *memoria histórica.* Auf Wikipedia habe ich gesehen, dass immer noch von 130 000 die Rede ist, unter anderem auch in Órgiva. Aber diese unverschämten Kerle sagten, es gehe nicht darum, den Hass zu schüren, sondern das anzuerkennen, was tatsächlich geschehen ist. Das machen sie immer, schüren Hass und sagen zugleich, dass sie das nicht wollen ... Die Linken wollen uns weismachen, dass sie ermordet wurden, weil sie Demokraten und die anderen Faschisten waren. Darum geht es im Grund. Aber weder waren die einen Faschisten, obwohl es unter ihnen Faschisten gab, noch waren alle anderen unschuldig, auch wenn es Unschuldige unter ihnen gab, und keiner von ihnen war Demokrat, verteidigte die Demokratie und den Frieden, sondern eine Art von Revolution.

Kein einziger?

Demokrat? Kein einziger!

Wirklich kein einziger?

Kein einziger! Diejenigen, die Demokraten zu sein schienen, waren die um Azaña, aber als Azaña die Wahlen verlor, versuchte auch er zu putschen.

Kann es nicht auch sein, dass damals der Begriff ein anderer war? Viele linke Parteien in Europa lehnten die Demokratie, wie wir sie heute verstehen, als bourgeois ab.

Vielleicht, aber dort war es bloße Rhetorik. In Spanien nicht.

In Spanien war die Linke also viel radikaler als im restlichen Europa?

Viel, viel radikaler.

Und die Rechte auch?

Die Rechte nicht, erst gegen Ende reichte es ihr. Franco war der letzte, der gegen die Republik rebellierte. Wenn man die Dokumente studiert, kommt man zum Schluss, dass er der beste Politiker war, den Spanien in den letzten beiden Jahrhunderten gehabt hat. Er hinterließ ein wohlhabendes Land, das sich ausgesöhnt hatte. Wenn es heißt, dass es in der *transición* zur Versöhnung kam, dann stimmt das nicht, die Masse der Bevölkerung war bereits versöhnt. Warum funktionierte der *maquis* nicht? Weil die Leute das nicht wollten, obwohl es die Zeit des Hungers und der Repression war und die Alliierten jeden Augenblick einmarschieren konnten. In diesen Jahren tötete und entführte der *maquis* mehr Menschen als die ETA. Aber er scheiterte, weil er unter den Leuten nicht Wurzeln schlagen konnte.

Hatte das nicht auch mit der Angst zu tun, die viele Menschen damals hatten?

Das ist ein Märchen! Die einzigen, die Angst haben mussten, waren wir, die wir gegen den Franquismus kämpften. Abgesehen von uns Kommunisten gab es keinen Widerstand. Natürlich hatten Menschen Angst, aber es war eine Handvoll. Abgesehen davon, dass es in der *memoria histórica* den Aspekt der Bestechung gibt. Man kann Geld bekommen, viel Geld, Pensionen für die sogenannten Opfer und Familienangehörigen. Sie haben eine Menge Agenten ausgeschickt, die sich als Historiker ausgeben, einerseits geht es um die Entschädigungen, andererseits sagen sie ihnen, was sie tun sollen. Und dann heißt es, es gebe Tausende Familien. Man müsste nachprüfen, wer diese Familien sind. Ein Historiker aus der Extremadura beschimpfte mich einmal und sagte mir: Sie sollten die Bitterkeit der Leute sehen, die jahrelang schweigen mussten. Und ich antwortete ihm: Sehen Sie, wenn Sie wieder einmal so geisteskranke Leute treffen, dann sollten Sie ihnen erklären, dass viel Zeit vergangen und Spanien heute ganz anders ist als damals. Und wenn Sie ihnen noch mehr erklären wollen, dann sagen Sie ihnen, dass nicht diejenigen den Krieg begannen, die ihn gewonnen haben.

Was sagen Sie zur Ley de Memoria Histórica?

Es ist erstens totalitär, denn es versucht, eine Geschichtsversion durchzusetzen. Zweitens ist es falsch, vollkommen falsch, denn es stellt sowohl Mörder als auch Unschuldige als Opfer dar. Das zeigt schon das Wesen derjenigen, die es beschlossen haben. Außerdem ist es sein Ziel, den Franquismus zu delegitimieren. Wenn man aber den Franquismus delegitimiert, delegitimiert man auch die Demokratie und die Monarchie, denn beide stammen vom Franquismus ab. Die *transición* wurde von Juan Carlos geleitet, einem König, den Franco eingesetzt hatte, von Adolfo Suárez, dem Leiter des *Movimiento Nacional*. Die Basis der *transición* war die Reform, das hieß, von einem Gesetz zum anderen, also der Übergang von der franquistischen Legalität zur demokratischen Legalität. Das grundlegende Problem Spaniens ist, dass es eine antidemokratische Linke und eine ademokratische Rechte hat. Darüber habe ich sehr viel geschrieben, aber es gibt keine Diskussion, nie gibt es rationale Diskussionen. Sie nennen dich einen Faschisten, Neofranquisten, Revisionisten, das ist die Diskussion, die es hierzulande gibt.

Ist alles, was rund um die memoria histórica geschehen ist, eine Farce?

Alles eine Farce.

Gibt es nichts Reales dahinter?

Es gibt schon etwas Reales, immer gibt es etwas Reales dahinter. Es gab im Krieg Terror auf beiden Seiten, das ist alles. Aber davon ausgehend wird dann eine Seite als die gute hingestellt, weil sie die Demokraten waren, die andere als die böse, weil sie die Faschisten waren. Das ist die radikale Fälschung des ganzen Projekts.

Und war es umgekehrt oder gibt es auch Graustufen?

Die Demokratie spielte keine Rolle im Bürgerkrieg, auf keiner Seite. Die Linke sah die Revolution, jede Linke die ihre, und dabei schlachteten sie sich gegenseitig ab. Und für die Rechte waren es die nationale Einheit und die christliche Kultur. Für die Linke war es ein Teil der Revolution, die christliche Kultur Spaniens auszulöschen. Nicht nur den Klerus zu töten, sie brachten Tausende um, alle, die sie konnten. Nein, sie wollten die christliche Präsenz auslöschen, die Kirchen, Klöster, Bibliotheken zerstören, sogar die Kreuze auf den Friedhöfen. Darum ging es. Die Demokratie spielte keine Rolle, denn wie gesagt: Auf der einen Seite ging es um die Bewahrung Spaniens und der christlichen Kultur, auf der anderen um deren Zerstörung im Namen einer Revolution, von der sie glaubten, sie würde das Menschengeschlecht emanzipieren, natürlich unter der Aufsicht Stalins. Das war der Bürgerkrieg. Alles andere sind Märchen.

Jaime Alonso
oder Das Vermächtnis des Francisco Franco

»Vom Ende des Bürgerkriegs bis zum Tod Francos
vergingen ebenso viele Jahre wie von 1975 bis 2012.
Man kann sich ausmalen, unter welchen Umständen Franco Spanien übernommen hatte, die enormen Probleme, die das Land nach einem Bürgerkrieg, aufgrund der internationalen Blockade
durchmachte, und was dieses Regime für Spanien
und das spanische Volk in 36 Jahren erreicht hat.
1975 waren wir die achte Industriemacht der Welt,
hatten uns wirtschaftlich mehr an Europa angenä-
hert als in den zweihundert Jahren zuvor, es fehlten
uns zehn oder zwölf Jahre, um auf der Höhe von

Frankreich, Deutschland und England zu sein. Was ist geschehen, dass wir
nach 36 Jahren wieder am hinteren Ende Europas angelangt sind? Es ist leicht
zu diagnostizieren und sehr schwer, es dem spanischen Volk deutlich und in
aller Ehrlichkeit zu sagen. Doch wir werden es immer tun.«

Noch bevor ich etwas fragen konnte, hatte Jaime Alonso García zu sprechen begonnen. Er sitzt an einem großen alten Schreibtisch im Büro der *Fundación Nacional Francisco Franco* (FNFF), vor einem riesigen Porträt des Generalissimus hinter Glas, an den Seitenwänden hängen weitere Bilder, Insignien,
Symbole, ein Foto steht auf einer dunklen Kommode: Franco mit Frau und
Tochter. Jaime Alonso spricht langsam, laut und deutlich, seiner selbst sicher,
man merkt ihm seine Vergangenheit als Redner an. In jungen Jahren war er
die Nummer zwei der rechtsradikalen *Fuerza Nueva* (Neue Kraft), die als eine
der wenigen Parteien das Erbe Francos anzutreten versuchte, bis sie sich wegen des geringen Wahlerfolges 1982 auflöste. Ab 1979 war Alonso Präsident
der Gewerkschaft *Fuerza Nacional del Trabajo* (Nationale Arbeitskraft). Seit
den Neunzigerjahren ist er für eine andere Gewerkschaft tätig, die von den
Medien ebenso als weit rechts eingestuft wird: *Manos Limpias*. Von seinem
Anwaltsbüro aus koordiniert Alonso die Unzahl der Anzeigen der Gewerk-

schaft und war federführend im Prozess gegen Baltasar Garzón beteiligt, auch wenn er persönlich nicht in Erscheinung trat. Ende der Achtzigerjahre tauchte sein Name in Zusammenhang mit Waffengeschäften in Chile auf, bis heute bestehen enge Kontakte: Jaime Alonso erzählt, er werde ein paar Tage später nach Chile fliegen, um an der Präsentation eines Films über Augusto Pinochet teilzunehmen. Seit September 2011 ist Jaime Alonso Exekutiv-Vizepräsident der Nationalen Stiftung, die alle persönlichen Unterlagen von Franco aufbewahrt. Präsidentin ist Carmen Franco Polo, die Tochter des Caudillo. Im Jahr 2002 kam die FNFF in die Medien, da sie einerseits von der Regierung Subventionen erhielt, um die Unterlagen Francos zu digitalisieren, andererseits ideologisch nicht konformen Historikern den Zugang zu diesen Unterlagen verwehrte. Die erste Frage gilt denn auch der Geschichte und den Zielsetzungen der *Fundación*.

Sie wurde 1978 gegründet, drei Jahre nach dem Tod Francos. Laut ihren Statuten soll sie das Gedächtnis an das Werk und das Denken Francisco Francos aufrechterhalten. Francos Denken war nicht autochthon, es war das Erbe der spanischen Tradition, leitete sich von der katholischen Religion her und sozial vom revolutionären Aspekt der Falange, die keine faschistische Bewegung war, sondern versuchte, die Nation mit einer sozialen Revolution, mit sozialer Gerechtigkeit in Einklang zu bringen. Der Schlüssel dazu war das *Fuero de Trabajo*, Arbeitsrecht, von 1938. Bereits damals wurde eine Art Sozialversicherung ins Leben gerufen, wurden die vertikalen Gewerkschaften gegründet, die Arbeiter und Unternehmer vereinten und dem Klassenkampf ein Ende setzten. Sie vertraten die Interessen beider Seiten, die besten Juristen waren als unabhängige Gewerkschaftsanwälte tätig, es wurden Kollektivverträge geschaffen. Streiks waren verboten und galten nicht als Recht der Arbeiter. Da alle Bedürfnisse abgedeckt waren, musste der Arbeiter ja nicht gegen seine Firma vorgehen, die doch die Quelle seiner Selbstverwirklichung war. Tatsächlich stiegen die Löhne in diesen Jahren harmonisch und es entstand die Mittelklasse. Franco übernahm ein ruiniertes Land, achtzig Prozent waren Bauern, es gab praktisch keine Industrie, er musste das Land industrialisieren und Dienstleistungen entwickeln, die bis dahin unbekannt waren, denn das Land war zwei Jahrhunderte in Rückstand. Schließlich schränkte er selbst seine Macht ein, stellte neben die Figur des Staatschefs die des Regierungschefs, gründete die *Cortes*, das Parlament, und setzte Juan Carlos als König ein. Juan Carlos wurde König durch den Willen Francos, und nur dank ihm konnte Spanien den einmal eingeschlagenen Weg beschreiten, auch wenn es ein Weg in die Dekadenz war. Daher bewies Franco von Beginn an enormen Weitblick.

Nach der Publikation des Lexikons der Königlichen Akademie für Geschichte kam es zu einer Polemik, ob Franco autoritär war, wie der Historiker Luis Suárez meinte, oder ein Diktator. Wie sehen Sie das?

Es gibt diese Polemik nicht, denn einem Historiker muss jede Regierung, die nicht totalitär ist, freistellen, seine eigene Geschichtsauffassung zu vertreten, und es kann unterschiedliche Interpretationen geben. Dies kann man jemandem nicht verbieten, der dreißig Jahre lang mit Akribie geforscht hat. In diesem Haus hat er die Unterlagen von Francisco Franco studiert, alles, was Franco selbst geschrieben, was er aufbewahrt hat – wir haben es bereits digitalisiert und können es bald der Welt des Wissens zur Verfügung stellen. Wer weiß also besser als Suárez, wer Franco war und ob er totalitär, autoritär, ob er ein Diktator war oder nicht? Seine Kategorisierung ist die eines rigorosen Mediävisten, dem mit seinen 86 Jahren niemand seine Fähigkeiten absprechen kann. Was aber wollen der Politiker und die Macht? Dass die Geschichte so ist, wie sie sie gerne hätten, und es scheint, dass die einzig gültige Geschichte im Dezember 1975 beginnt, die Geschichte der Freiheit, der Demokratie, der Wahlen der Autonomien. Aber das ist nicht die Wahrheit.

Heute wird vor allem von den negativen Folgen des Franquismus gesprochen.

Immer als Kritik, indem man außerdem die Realität fälscht und keine Diskussion zulässt. Äußert man sich dazu, wird man automatisch als Faschist abgetan, als rückständig oder zumindest undemokratisch. In diesem Klima ist es schwer, dass jemand den Mut aufbringt, etwas zu publizieren. Dennoch stimmen heute die meisten Historiker darin überein, dass weder die Republik demokratisch war noch Franco sich gegen eine Demokratie erhob, sondern gegen eine Revolution, die bereits im Gang war und von Stalin vorangetrieben wurde, von einer aufständischen Linken, die dies bereits 1934 bewiesen hatte und 1936 über einen weit fortgeschrittenen Plan verfügte, um die zu liquidieren, die sich ihr widersetzen würden. Und Franco kam ihr eine Viertelstunde zuvor. Natürlich nicht allein, es war mindestens die Hälfte des spanischen Volkes, aber er war der Beste. Und er bewies es, zuerst, als er den Krieg gewann, dann im Frieden, der schwieriger war als der Krieg.

Wie sehen Sie den Krieg der Zahlen hinsichtlich der Repression? Die jüngsten Forschungen haben ergeben, dass es aufseiten der Republik rund 50 000 Morde gegeben hat, aufseiten Francos 130 000.

Das hieße, mit fünf zu multiplizieren, was man nachweisen kann und was in der *Causa General* steht. Über die republikanische Seite müssen wir nicht viel sprechen, in den drei Jahren haben sie sich ja gegenseitig umgebracht. Und im Hinterland gab es keine Autorität, dort plünderten und mordeten Banden aus tausenderlei Gründen blindlings. Paracuellos de Jarama war ja ein erster Schritt zu Katyn und eine Probe dessen, was die Sowjetunion beabsichtigte, nämlich die Elite auszulöschen. Santiago Carrillo erklärte dann, was er wollte, aber er war zweifellos der direkt Verantwortliche. Auf der anderen Seite mochte es bis zum 1. Oktober 1936, als Franco sich zum Staatschef ernannte, im Hinterland zu gewissen Exzessen gekommen sein, aber nie in diesem Ausmaß und Verhältnis. Bis dahin gab es im Hinterland keine Kontrolle. Danach durfte aber auf nationaler Seite niemand erschossen werden außer nach einem Kriegsgericht. Wie viele kamen vor ein Kriegsgericht? 30 000, bis 1945 waren es 46 000, und von diesen wurden, namentlich belegt, 22 000 erschossen, wie einige Historiker meinen, andere sprechen von 25 000.

Die Kriegsgerichte waren aber alegal und boten kaum Möglichkeiten, sich zu verteidigen.

Mag sein, vielleicht gab es kaum Möglichkeiten, vielleicht gab es welche. Auf alle Fälle wurden 22 000 oder 25 000 erschossen. Aber Sie werden verstehen, dass es schwierige Zeiten waren. Gab es in den Kriegsgerichten nach dem Zweiten Weltkrieg irgendein Prinzip von Rechtmäßigkeit? Waren die Nürnberger Prozesse legal? Es war der Prozess der Sieger über die Besiegten in Europa, warum sollte es in Spanien anders sein? Auf alle Fälle, es waren keinesfalls 130 000, man multipliziert die Zahlen zu Propagandazwecken.

Was ist für Sie heute das Vermächtnis Francos?

Das Vermächtnis war beeindruckend. Er hinterließ ein Spanien, an das er glaubte, das sich entwickelte, wie er glaubte, wirtschaftlich gab es einen immensen Aufschwung, niemand kann das bestreiten, und dennoch gibt es Leute, die darauf versessen sind, es zu bestreiten. Politisch ließ er keine Parteien zu. Warum? Weil er glaubte, dass politische Parteien für Spanien keine Wohltat seien. Das Parlament, das ohne jeden Zweifel franquistisch war, gestaltete die *transición*. Es gab kein Trauma, keinen Bruch, keine Abrechnung mit der Vergangenheit. Jetzt aber sieht man die Folgen davon: dass Spanien in siebzehn Autonomien geteilt wurde, dass die Parteien sich wieder gegenseitig bekriegen, sich nicht um das Wohl der Nation kümmern, nicht die Probleme des Volkes lösen, eine Kaste sind, die abseits der Realität lebt.

Gibt es für Sie heute eine Partei, die Franco repräsentiert?

Nein, ich kenne keine. Die *transición* hatte zur Folge, dass zwar weder die Ideologie verloren ging noch die historischen Tatsachen, sehr wohl aber die Möglichkeit einer rein franquistischen Partei. Erstens weil Franco dies ebenso wenig wollte, es war das *Movimiento Nacional,* das keine organische Struktur und kein politisches Idearium hatte. Nach seinem Tod blieb alles, wie Franco es bestimmt hatte. Scheinbar gab es keinen Bruch, sondern eine Reform, alles schien gleich zu bleiben. Doch als Franquist und Bewahrer der Ideen Francos bedeutete es damals, die Reformen abzulehnen, und der einzige Politiker mit Charisma war Blas Piñar mit *Fuerza Nueva,* die einen Abgeordneten erzielte. Es war eine schwierige Zeit, und wäre die Partei in der Politik geblieben, wäre sie so wie die MSI* in Italien.

Warum wurde später keine franquistische Partei gegründet?

Um eine Partei zu gründen, benötigt man Strukturen, Finanzierung und die Möglichkeit, abseits der Medien Personen zu mobilisieren. Wird man aber zu keiner einzigen Diskussion eingeladen, kommt man auch nicht in die Medien. Die PP hat es geschickt verstanden, die soziologischen Sektoren des Franquismus an sich zu binden und zu behaupten, sie sei das kleinere Übel, sie zu wählen sei nützlich, damit die Linke nicht gewinne. Aber die Rechte macht nichts anderes, wenn sie an der Macht ist, sie ist zwar gut für die Wirtschaft, aber sie tut nichts für die Idee, das Prinzip oder die Werte Spaniens oder der Familie, nichts für die Erziehung oder die Kultur, die für eine Gesellschaft enorm wichtig sind.

Wie ist Ihre Position zur memoria histórica?

Sie ist ein Instrument der PSOE, ein Versuch, die aktuelle Staatsform durch die Zweite Republik zu legitimieren. So erklären sie die *transición* für ungültig und schaden der Rechten, die automatisch für die Diktatur steht, als das Erbe Francos gilt, während sie die Freiheit, die Republik, die Menschenrechte verteidigen. Außerdem wollen sie nur ihre Geschichte gelten lassen, daher müssen sie die Symbole und Statuen entfernen. Dies führt nicht nur zu einer Sprengung der Geschichte und zur Auflösung der Vergangenheit, sondern auch dazu, dass das soziale Individuum, die Nation, seine Bezugspunkte verliert. Sie wollen sogar das wahrscheinlich weltweit bedeutendste Bauwerk des 20. Jahrhunderts abreißen, das Valle de los Caídos.

---

* Movimento Sociale Italiano: 1946 gegründete neofaschistische Partei in Italien. Im Zuge eines Imagewechsels 1995 in Alleanza Nazionale umbenannt.

Abreißen will man es nicht, sondern umwidmen.

Das hieße, es abzureißen. Nimmt man all das weg, was das Valle de los Caídos bedeutet hinsichtlich Sieg, Frieden, Versöhnung, so bleibt allein das Kreuz übrig, das sie vielleicht auch einmal abreißen. Aber es wäre nicht mehr das Denkmal, als das es entworfen wurde. Aber man hat sie rechtzeitig gestoppt.

Was halten Sie von den Exhumierungen? Unter anderem soll das Gesetz den Familien helfen, ihre Vorfahren zu finden.

Das sind Scheingründe. Irgendwie müssen sie ja beweisen, dass es nicht bloß darum geht, die Spuren der Diktatur zu tilgen, all ihre positiven Errungenschaften, und eine Demokratie zu konstruieren, als hätte es diese Diktatur nie gegeben. Aber sie übersehen dabei absichtlich den diktatorischen Teil der Republik. Was wollen sie? Exhumierungen. Dahinter steckt eine Absicht, denn niemand kann etwas gegen Exhumierungen sagen. Vielleicht gibt es zehn-, fünfzehn- oder zwanzigtausend Verschwundene, keinesfalls 130 000, wie sie sagen, denn viele gingen ins Exil, andere starben in Russland oder bei der Verteidigung Frankreichs. Wo also sind die Großväter? Nicht nur in Spanien, an vielen Orten. Natürlich haben sie ein Anrecht darauf, aber dieses Anrecht kann nicht der Staat, nicht das spanische Volk bezahlen.

Warum nicht? Dasselbe geschah mit den franquistischen Opfern.

Nein.

Nach dem Ende des Kriegs wurden sie exhumiert.

Das geschah nur in Paracuellos del Jarama.

Unter Franco geschah es doch fast überall.

Nein, das war nicht so. Deswegen wurde das Valle de los Caídos gegründet. Aber auf nationaler Seite gab es keine Exhumierungen außer in Paracuellos del Jarama.

Kommen wir zurück auf die heutigen Exhumierungen.

Jetzt kommen die Enkel. Ich habe es im Prozess gegen Garzón gesehen, wie dort die von der *memoria histórica* vorbeidefilierten, alles historisch Subventionierte. Sie leben von den 150 000, 200 000, 300 000 Euro, die sie erhalten. Das kann man nicht zulassen. Wozu? Damit es zwölf Personen gibt, die sie dank einer DNA-Probe entdecken? Wissen Sie, was es bedeutet, Rechtsmediziner dafür abzustellen, wo zahllose Spanier aus vielen Gründen sterben? Und die Mediziner müssen Verbrechen untersuchen und sich Leichen widmen, die vor achtzig, neunzig Jahren umgekommen sind? Nur weil ein Enkel wissen möchte, ob sein Großvater oder Urgroßvater darunter ist? Das ist verrückt!

Aber es läuft doch alles über Vereine und Freiwillige.

Schon, aber die Vereine leben von der öffentlichen Hand und spielen mit Gefühlen, die edel sein mögen und die ich stets respektieren werde. Aber man kann diese Gefühle nicht dazu missbrauchen, den anderen Vorwürfe zu machen und zu verlangen, dass der Rest der Gesellschaft dafür aufzukommen hat.

Warum ist in Spanien die Auseinandersetzung über den Bürgerkrieg immer noch so aktuell und wird mit so vielen Emotionen geführt?

Es war ein Bruderkrieg, kein ideologischer oder historischer Krieg, 1936 brach auf, was sich in zwei Jahrhunderten der Dekadenz seit 1808 angestaut hatte. Andererseits war er ideologisch, denn eine Seite im Bürgerkrieg war kommunistisch. Da es ein Bruderkrieg war, dauerte es lange, bis wir uns wieder verstanden.

Und warum dauerte es so lange, jetzt schon drei Generationen?

Nein, als ich jung war, ich wurde zwölf Jahre nach dem Ende des Bürgerkriegs geboren, erlebte ich diese Auseinandersetzung nicht, in der Universität vielleicht, aber dort war es ideologisch. Ich wuchs nicht mit Groll auf, mein Vater war auf der nationalen Seite, war freiwilliger Offizier, Anwalt, nie sprach er von einer Seite oder der anderen, behandelte alle gleich. Das mit den zwei Seiten kam erst später wieder auf, ab 1978. Und dann unter Zapatero… Zapatero ist für mich der übelste Regent seit Ferdinand VII.

Aber es gab doch schon vor Zapatero Exhumierungen.

Aber die waren administrativer Natur. Es ist wie mit der Anerkennung der Dienstzeit der Soldaten, die für die Republik gekämpft hatten, das alles gab es schon mit Felipe González und Adolfo Suárez von 1979 bis 1986, es war normal, logisch. Auf keinen Fall möchte ich, dass die Zustände wieder so werden wie damals.

Ist die Spannung jetzt größer als vor zehn oder zwanzig Jahren?

Viel größer, aus den genannten Gründen. Trotzdem aber herrscht Besonnenheit, der Hass braucht viele Jahre, vor allem der Klassenhass. Die meisten Menschen gehören heute dem Mittelstand an, den Franco geschaffen hat. Dieser Mittelstand geht jetzt über ins Proletariat und wird die Schuld denen geben, die dies verursacht haben, nicht aber Franco oder denen, die wie sie zum Mittelstand gehören. Denn wir alle sind und waren Mittelstand.

Die Leerstelle der Erinnerung: die Repression des Franquismus

Wie viele Menschen im Spanischen Bürgerkrieg starben, ist bis heute ungewiss – und wird es wohl auch bleiben. An die 170 000 fielen im Kampf selbst, etwas mehr wurden Opfer von Unterdrückung und Gewalt auf beiden Seiten. Ungezählte starben an Hunger, Krankheiten, Mangel, Erschöpfung, infolge von Bombardierungen oder im Exil. Seit je besteht zwischen den Parteigängern der beiden Bürgerkriegsseiten ein unerbittlicher Streit um die Zahlen der Gewalt, darum, wie viele Menschen aufgrund der politischen und sozialen Unterdrückung während und nach dem Bürgerkrieg ums Leben gebracht wurden. Historiker gehen angesichts der propagandistisch verzerrten, schwer zugänglichen und oft unzuverlässigen Dokumentation nur sehr vorsichtig mit Zahlenangaben um. Heute hat sich unter seriösen Historikern ein Konsens herausgebildet, demzufolge rund 50 000 Menschen im Territorium der Republik ums Leben kamen, darunter »13 Bischöfe, 4184 Diözesanpriester, 2365 Geistliche und 283 Nonnen, die große Mehrzahl von ihnen im Sommer 1936«[1], also unmittelbar nach Ausbruch des Bürgerkriegs. Als unumstritten gilt auch, dass der Terror, der vonseiten der Republik und ihrer Verteidiger ausgeübt wurde, sehr oft »heißer« Terror war, der in dem Maß nachließ, in dem die Regierung nach einer ersten Zeit des Chaos die Macht in die Hand bekam. Javier Cervera stellte etwa fest, dass 97,6 Prozent der zügellosen Morde im republikanischen Madrid in den ersten fünf Monaten bis Ende Dezember 1936 stattfanden.[2] Ebenso ist es aber auch »mehr als wahrscheinlich, dass ein entschlosseneres Eingreifen der Autoritäten das Ausmaß des Blutvergießens eingedämmt, wenn auch nicht ganz verhindert hätte«[3], wie Julio Prada Rodríguez festhielt.

Der »heiße« Terror wurde zu Beginn des Kriegs von beiden Seiten ausgeübt. Auf franquistischer Seite war er, so der Historiker Julián Casanova, »integrativer Bestandteil der ›glorreichen Nationalen Bewegung‹« in den Gebieten, die von Anfang an in ihrem Machtbereich lagen, genauso wie in denen, die im Verlauf des Kriegs erobert wurden. Die Gewalt aufseiten der Republik war hingegen eine »grundlegende Komponente der vielgestaltigen, ungeordneten Antwort, mit dem die linken politischen und gewerkschaftlichen Organisationen auf den Militärputsch reagierten«. Die Eskalierung der Gewalt der frühen Monate war also »das direkte Ergebnis eines militärischen Aufstandes, der von seinem ersten Augenblick an auf straffreiem Mord und Gnadenschuss gründete«[4]. Im Herbst 1936, nachdem die kriegerische Auseinandersetzung zum Stillstand gekommen und mit der Belagerung von Madrid einem Stellungskrieg gewichen war, der oft an Nebenfronten ausgetragen wurde, gingen diese unkontrollierten Gewaltakte rasch zurück und es kam zu einer »Legalisierung« der Gewalt: Volksgerichte auf der einen, republikanischen Seite, Militärgerichte auf der anderen.

Die Volksgerichte verurteilten vor allem Militärs und Mitglieder der Sicherheitskräfte und der Zivilgarde, Bürgerliche, die mit Waffengewalt den Aufstand unterstützt hatten, Angehörige der Rechten oder der katholischen und monarchistischen Parteien, auf dem Land auch Großgrundbesitzer und Verwalter. Die Zahl der Hingerichteten war relativ gering. Casanova gibt Beispiele: In Valencia wurden zwischen September 1936 und Mai 1937 von 89 Angeklagten mehr als 40 zum Tode verurteilt, jedoch »nur« 23 hingerichtet; in Málaga wurden 557 Personen angeklagt und eine Person exekutiert; in Barcelona wurden 97 von 427 Angeklagten hingerichtet und in Madrid 45 von 566.[5]

Die von beiden Seiten ausgeübte Gewalt war, wie Javier Rodrigo in einer Arbeit dazu feststellte, nicht symmetrisch. Auf franquistischem Territorium war die Zahl der Toten ungleich größer, ebenso wie die im Vergleich zum jeweils kontrollierten Gebiet ausgeübte Repression, egal, ob dieses Gebiet von Anfang an aufseiten der Aufständischen lag oder erst später erobert wurde.[6] All diese Tatsachen bedeuten jedoch nicht, dass es bis zum Ende des Kriegs auf republikanischer Seite keinen Terror gegeben hätte. Er existierte weiter, im Unterschied zur franquistischen Seite richtete er sich nicht nur gegen die Feinde im eigenen Territorium, sondern auch gegen die Bündnispartner. So kam es etwa im Mai 1937 in Barcelona zu erbitterten, tödlichen Schlachten zwischen Parteigängern der Kommunisten und Anhängern der linksmarxistischen POUM (siehe etwa George Orwells Buch *Mein Katalonien* oder Ken Loachs Spielfilm *Land and Freedom)* oder zu selektiven Morden an politischen Gegnern wie etwa dem am Generalsekretär der POUM, Andreu Nin. Doch war diese Art der Gewalt selektiver und weitaus weniger systematisch als die der anderen Seite. Beide Arten des Terrors miteinander gleichzusetzen oder gar den »roten Terror« vor den »blauen« zu stellen, wie es rechte Historiker in den letzten Jahren erneut tun,[7] um so den Franquismus in ein besseres Licht zu setzen, hieße, die grundsätzliche Differenz zwischen beiden zu verkennen. Denn wurde im besetzten Gebiet der Terror gleichsam von oben nach unten organisiert und angestachelt, gab es im republikanischen Territorium mehr »zivilisatorische Elemente«, die versuchten, dem Morden Einhalt zu gebieten.

Auf »nationaler« Seite blieb der Terror weitaus länger »heiß«, oft bis in den Herbst 1937 hinein. Hier war die Repression nicht nur umfassender und weitete sich im Verlauf der Eroberung des Territoriums auf ein immer größeres Gebiet aus, sie hielt auch bis lange nach Kriegsende an und war bereits in den Ursprüngen des Aufstandes angelegt. Von Beginn an gaben die Generäle den Befehl, »das spanische Volk« zu reinigen (General Queipo de Llano), »die linken Elemente zu eliminieren: Kommunisten, Anarchisten, Gewerkschafter, Freimaurer etc.« (General Mola). Dieses »etc.« bezog sich bald auf alle Sympathisanten von »sozial fortschrittlichen Strömungen oder einfach Bewegungen für demokratische und liberale Meinungen« (wiederum

Queipo de Llano).[8] Schriftsteller wie der später hoch gefeierte José María Pemán lieferten den ideologischen Hintergrund zu diesem Ausrottungsplan: »Die Idee des politischen Wechselspiels ist für immer ersetzt worden durch die Idee der Ausrottung und der Vertreibung, der einzig gültige Ausweg angesichts eines Feindes, der aus Spanien ein Gemetzel macht, wie es uns in der Geschichte noch nie eine ausländische Nation zugefügt hat.«[9] So feuerte er am 24. Juli 1936, keine Woche nach Beginn des Kriegs, die Truppen an.

Die Angaben darüber, wie viele Republikaner von ihren Feinden ums Leben gebracht wurden, gehen sehr weit auseinander. Vielfach spricht man von 100 000 Opfern während des Bürgerkriegs und 50 000 danach, Anthony Beevor[10] führt sogar insgesamt 200 000 an. Wie später noch zu sehen sein wird, kam der Untersuchungsrichter Baltasar Garzón bei seinen Ermittlungen auf 138 037 »Verschwundene«, die immer noch in Massengräbern verscharrt sind. Den letzten umfassenden Forschungen zufolge stehen 130 199 ermordete Republikaner 49 272 »Nationalen« gegenüber, wie Francisco Espinosa und José Luis Ledesma festhalten.[11] Wohlgemerkt: Es handelt sich bei all diesen Zahlen um Opfer der Repression im Hinterland, nicht um Menschen, die bei Kriegshandlungen ums Leben kamen.

Dank der Arbeit einer Handvoll Historiker, die in den Achtzigerjahren in den damals noch oft schwer zugänglichen Archiven zu forschen begannen[12] und dabei erst an Einzelfällen, dann in immer größeren Zusammenhängen auf das ganze Ausmaß der Repression stießen, ist es in den letzten Jahren zu einem Paradigmenwechsel gekommen. Es wird nicht mehr pauschal vom Bürgerkrieg gesprochen, sondern von einem Bürgerkrieg, der zugleich ein Putsch war und in dessen Gefolge erst ein Teil des Landes, schließlich das ganze Land brutal unterdrückt wurde, fast vierzig Jahre lang. Oder, wie es der Historiker Francisco Espinosa Maestre ausdrückt: »Wir zogen aus, den Bürgerkrieg zu erforschen, und fanden nichts als reine Repression.« Denn das, was Bürgerkrieg genannt wurde, spielte sich nur in einer Hälfte des Landes ab. In der anderen »gab es einen brutalen Staatsstreich und die Ausführung eines Vernichtungsplans, der zwischen 1936 und 1953 dem Leben von Tausenden Personen ein Ende setzte«[13].

Aufgrund der chaotischen Umstände sind die Zahlen bis zum Ende des Kriegs kaum zuverlässig, viele Personen verschwanden in Massengräbern, wurden verbrannt oder in der Wildnis liegen gelassen. Danach, als die – mitunter perverse Züge einer Bürokratisierung der Gewalt annehmende – Administration der Diktatur einsetzte, kann man sich auf die überkommenen Unterlagen mehr verlassen. Viele der »legalen« und »illegalen« Hinrichtungen wurden penibel dokumentiert, auch wenn als Todesursache oft euphemistisch »hemorragia« (Blutung) stand. Manchmal strich später eine andere Hand die Todesursache dick durch, machte sie unleserlich, um Spuren zu verwischen. Viele, vor allem kompromittierende Aktenstücke und Dokumente wurden gegen Ende der Diktatur und in den ersten Jahren der *transición* zum Verschwinden gebracht, weswegen es nie möglich sein wird, die genauen Zahlen der Repression zu erfahren und jeden Fall aufzuklären. In öffentlichen und privaten Archiven liegt immer noch eine Unmenge von Unterlagen zu diesem Thema, die zahlreiche Aspekte der Unterdrückung, des Terrors, der Überwachung, der Zensur, kurz der franquistischen Gewaltherrschaft ans Licht bringen können – ihre Aufarbeitung steht bis heute aus.

Die Gewalt war, wie Francisco Moreno schrieb, »ein Strukturelement des Franquismus«, ein »Zentralpfeiler« des neuen Staates« und eine Art »Grundprinzip« der »Bewegung«.[14] Zugleich war das Blutbad, auf dem die Repression gründete, das »bestgehütete Geheimnis des Franquismus«. Das Ausmaß der Repression im franquistischen Spanien ist bis heute nur schwer vorstellbar. Vergleiche mit anderen Ländern sind zwar nur mit Vorsicht anzustellen, sie umreißen aber doch den Umfang der franquistischen Gewalt. In Frankreich wurden während der schlimmsten Zeit der Vichy-Regierung und unter der deutschen Besatzung 3100 Personen nach einem Gerichtsverfahren hingerichtet, 1434 Menschen wurden ermordet.[15] Nach der Befreiung durch die Alliierten wurden rund 1500 Kollaborateure hingerichtet, zwei Drittel der zur Todesstrafe Verurteilten wurden jedoch begnadigt. Im faschistischen Italien Mussolinis waren in den ersten Jahren des Machtantritts zwischen 2000 und 3000 politische Gegner »liquidiert« worden, in den darauf folgenden »Friedenszeiten« gab es nicht mehr als neun Todesurteile. Die Diktatur Salazars verursachte in Portugal 500 politische Todesopfer (sieht man einmal vom Kolonialkrieg ab), eine Zahl, die allein in der spanischen Provinz Tarragona weit übertroffen wurde. Dort wurden zwischen 1938 und 1944 717 Menschen erschossen.[16] Im Dritten Reich waren bis 1938 nicht mehr als 473 Todesurteile gefällt worden, aus spanischer Perspektive »Kleingeld«[17], stellt man ihnen die Zahlen des Franquismus gegenüber. Noch deutlicher wird es im Vergleich mit den südamerikanischen Diktaturen der Siebziger- und Achtzigerjahre: Allein in einer Stadt wie Sevilla oder in einer Region wie Galicien, die sich von Beginn an in der Hand der Aufständischen befanden, töteten die Machthaber mehr Personen als im Chile von Pinochet (3000 Ermordete und »Verschwundene«), in der kleinen Provinz Huelva gar doppelt so viele;[18] in vier Provinzen des spanischen Südwestens »verschwanden« mehr Personen als im Argentinien der Militärjunta, wo es rund 30 000 waren. Was den Historiker Francisco Espinosa Maestre zu dem Schluss bringt, dass damals der Begriff Genozid zwar noch nicht existierte, »das hier Geschehene aber in diese Kategorie fiel«[19].

Doch wurde nicht nur gemordet, unter dem Schein einer staatlichen Legalität in Form der Militärgerichte, die den Angeklagten kaum Rechte zusprach. Es kam auch zur »massivsten Einkerkerung in der Geschichte Spaniens«[20]. Viele der ehemaligen »Feinde« wurden in die überfüllten Gefängnisse gesteckt oder in einem der fast 200 Konzentrationslager festgehalten, die im ganzen Land errichtet wurden und von denen 104 dauerhaften Bestand hatten – ein Thema, dessen Aufarbeitung erst in den letzten Jahren begonnen hat. 1939 befanden sich, offiziellen Angaben zufolge, 270 719 Gefangene in spanischen Gefängnissen,[21] zu denen die 92 000 Gefangenen der Konzentrationslager und Arbeitsbataillone zu zählen sind, die nicht in diese

Statistik fielen, insgesamt also an die 363 000 Häftlinge.[22] 1940 sanken die offiziellen Angaben auf 233 373, immer noch mehr als ein Prozent der Bevölkerung dieser Zeit. Im selben Jahr betrug die Zahl der inhaftierten Frauen 23 000, 1934 waren es 500 gewesen.[23] In den folgenden Jahren ging die Anzahl der Gefangenen zurück, dank einer Amnestie zum Jahrestag des Kriegsendes, aber auch, weil viele Häftlinge die Gelegenheit eines Strafnachlasses nutzten, die ihnen der Staat bot: Wenn sie in oft sehr elenden Umständen und gegen ein geringes Entgelt beim Wiederaufbau des Landes mitarbeiteten, wurde ihnen ein Teil ihrer Strafe erlassen. Neuere Schätzungen, die auch die Häftlinge mit einbeziehen, die noch nicht verurteilt waren und in der offiziellen Statistik nicht vorkommen, sprechen von einer halben Million Gefangener in Konzentrationslagern bei Kriegsende, ein Jahr später veranschlagen sie die Zahl der Sträflinge der Arbeitsbataillone auf 90 000 und die der »Disziplinarbataillone für Arbeitssoldaten« auf 47 000.[24]

Die Arbeitslager waren zwar von den deutschen Konzentrationslagern inspiriert, jedoch, vor allem nach dem Ende des Zweiten Weltkriegs, weniger hart als diese. »Die Repression, die der Diktator ausübte, ruhte auf Fundamenten, die ebenso kalt waren wie die der Deutschen, sich jedoch in ihrer Unmenschlichkeit unterschieden«, schrieb jemand, der es wissen musste, über die Straflager: Nicolás Sánchez-Albornoz, selbst Gefangener im Valle de los Caídos.[25] Abgesehen von der Korruption, die auf allen Ebenen herrschte, sei die Bewachung der Lager ungleich lascher gewesen, aus zwei Gründen: Für die Häftlinge bestand die günstigste Möglichkeit, die Strafe abzubüßen und so bald wie möglich nach Hause zu kommen, eben in den Arbeitslagern; in den Gefängnissen waren die Strafen ungleich länger, ihr Ende oft ungewiss, und die Lebensumstände waren bei der Arbeit im Freien weitaus besser als in den engen, unsauberen Zellen. Zudem war die Chance unterzutauchen oder das Land zu verlassen sehr gering: Spanien war bis in den letzten Winkel vom Franquismus besetzt, die Pyrenäengrenze nach Frankreich kaum zu passieren. Das Regime verdiente nicht nur bestens an der »Vermietung« dieser äußerst billigen

Arbeitskräfte an staatliche und private Firmen, aufgrund der überfüllten Gefängnisse bestand auch kein Mangel an Nachschub. Von den 10,50 Peseten, die eine Firma pro Tag für diese Leiharbeiter bezahlen musste (ein Drittel von dem, was ein freier Arbeiter erhielt), gab der Staat an die 5 Peseten für Verpflegung, Unterkunft und andere Ausgaben aus, 50 Céntimos waren für den Gefangenen bestimmt, die dieser freilich erst nach dem Ende seiner Haftstrafe erhielt. Für jedes Kind bekamen die Familien von Gefangenen 15 Peseten im Monat. Der Rest kam dem Staat zugute.[26] Ein wohldurchdachtes Geschäft für die Privatwirtschaft und für den Staat, in moralischer Hinsicht stellte diese aufgezwungene Arbeit »für den Franquismus ein Mittel dar, die Skala der Repression bis zu einem Extrem zu steigern, das weder legal noch praktisch zu rechtfertigen war«[27].

Die Gefangenen waren dem Patronat für Strafnachlass unterstellt, das sie in »Strafkommandos« und »Militarisierte Strafkolonien« einteilte.[28] Die Strafkommandos wurden bei Bedarf staatlichen Organismen zugeteilt, lokalen oder Gemeindeverwaltungen, der katholischen Kirche, der Falange oder privaten Unternehmen, die so über äußerst billige Arbeitskräfte verfügen konnten. Die Militarisierten Strafkolonien wurden für öffentliche Bauten der zuständigen Ministerien verwendet, aber auch für Großbaustellen von Privatunternehmen, die im Auftrag des Staates arbeiteten. Eine unbekannte Zahl von kriegsgefangenen Republikanern kam dabei zum Einsatz, freilich nach einer ersten Auslese, bei der auch Todesstrafen verhängt wurden, und einer strengen ideologischen »Säuberung«. Viele dieser Soldaten waren zuvor in den Konzentrationslagern gewesen oder von Militärgerichten verurteilt worden und mussten in den härtesten Einheiten ihre Strafen abbüßen.

So kamen diese »Freiwilligen« in den verschiedenen Arbeitsbataillonen zum Einsatz, die Straßen, Kanäle, Staudämme errichteten, in den »verwüsteten Regionen«, wie es hieß, verwendet wurden, um bombardierte Ortschaften wie Belchite wieder aufzubauen, oder sie mussten Monumente des Regimes errichten wie das Valle de los Caídos. Diese »Sklaven für die Heimat« nutzten zuhauf die Möglichkeit eines Strafnachlasses, in dem armen, oft Hunger leidenden Spanien der Nachkriegjahre, da ihre Familien zu Hause kaum über Einkunftsmöglichkeiten verfügten und sozial als »Rote« geächtet waren. Der Historikerin Mirta Núñez Díaz-Balart[29] zufolge wurden allein im Jahr 1940 auf diese Weise 1 870 956 Tage Strafe abgebüßt.[30] Diese Arbeitskommandos in absoluten Zahlen[31]:

1939	961 Häftlinge
	24 Kommandos mit 3748 Häftlingen
1941	68 Kommandos mit 5879 Häftlingen
1942	93 Kommandos mit 11 115 Häftlingen
1943	(keine Angabe der Kommandos), 28 000 Häftlinge (Gesamtzahl aller Gefangenen 74 095)
1944	122 Kommandos mit 15 500 Häftlingen (54 017 Häftlinge)
1945	45 Kommandos mit 8122 Häftlingen
1946	23 Kommandos mit 2732 Häftlingen

Um die Gefängnisse zu leeren, die immens hohen Häftlingszahlen zu senken, Kosten für deren Verpflegung zu sparen, aber auch um den siegreichen Alliierten gegenüber guten Willen zu zeigen, erließ die Regierung mehrere Amnestien und Begnadigungen, die erste davon nicht zufällig am 9. Oktober 1945, kein halbes Jahr nach dem Ende des Zweiten Weltkriegs. Freigelassen wurden Gefangene, die »Verbrechen der militärischen Rebellion, gegen die Staatssicherheit oder die öffentliche Ordnung«[32] begangen hatten. Bis in die frühen Siebzigerjahre folgte in unregelmäßigen Abständen ein Gnadenerlass dem anderen, wobei meist ein »historisches Ereignis« als Vorwand diente: der Eucharistische Kongress am 1. Mai 1952, das Marien- und Jakobsjahr am 25. Juli 1954, das 25. Jubiläum der Inthronisierung Francos als Staatschef am 11. Oktober 1961 oder »30 Jahre Frieden« am 1. April 1969. Aus diesem Anlass kam es auch zu einer Generalamnestie, bei der alle Verbrechen als straffrei erklärt wurden, die vor dem 1. April 1939 begangen worden waren, also im Bürgerkrieg wie auch in der Zweiten Republik. Gemein haben alle diese Begnadigungen, dass sie bis zuletzt weniger einem Umdenken des franquistischen Regimes entsprachen als vielmehr der nationalkatholische Propaganda dienten.

Was die genannten Zahlen der Häftlinge und der in den Strafbataillonen Arbeitenden nicht zum Ausdruck bringen, ist die tagtägliche Unterdrückung, die von Beginn an einsetzte und bis in die letzten Jahre der Diktatur anhielt. Bis in die Spätzeit des 39 Jahre überdauernden Regimes wurden die politischen Gefangenen gefoltert, um Geständnisse zu erpressen, manche kamen dabei ums Leben, wie etwa der achtundzwanzigjährige Arbeiter Cipriano Martos Jiménez, der am 17. September 1973 starb, da er zweimal gezwungen wurde, den Inhalt eines Molotowcocktails zu schlucken. Sein Verbrechen: politisch engagiert zu sein. Großes Aufsehen erregte die Hinrichtung des Anarchisten Salvador Puig Antich am 2. März 1974, der nach einem fadenscheinigen Prozess von einem Militärgericht zum Tod durch die Garrotte verurteilt worden war – trotz einer Kampagne, bei der neben zahlreichen europäischen Parteien und Institutionen selbst der Vatikan seinen Freispruch gefordert hatte. Noch am 27. September 1975, keine zwei Monate vor dem Tod des *generalísimo,* wurden fünf des Terrors angeklagte Regimegegner hingerichtet, drei von ihnen gehörten dem FRAP *(Frente Revolucionario Antifascista y Patriota)* an, zwei der baskischen Organisation ETA. Unter dem Vorwand, diesen Terror zu bekämpfen, wurde bis zuletzt Staatsterror ausgeübt.

Die ersten Jahre der Diktatur waren von extremer Härte gekennzeichnet, die nach dem Sieg der Alliierten im Zweiten Weltkrieg zwar milder wurde, aber nie nachließ. Der Wille des Diktators wurde auf allen Ebenen durchgesetzt. Die Anwendung von physischer Gewalt hielt durch ein reiches Arsenal an Foltermethoden das Volk in Schach und fand ihren höchsten Ausdruck in der Auslöschung der Gegner: ihrer Tötung und dem spurlosen Verschwindenlassen ihrer sterblichen Überreste. Politisch war die Repression total: Die Meinungsfreiheit war abgeschafft, Äußerung von linkem Denken, Kritik am Regime,

Zweifel an der katholischen Doktrin wurden streng bestraft. 300 000 öffentlich Bedienstete wurden »bereinigt«, also entlassen.[33] Alle Bereiche der Verwaltung unterstanden der »Bewegung«, die Bürgermeister waren zugleich auch »Lokale Leiter« der Falange und hatten somit die volle Macht über ihren Zuständigkeitsbereich inne. Für öffentliche Stellen, aber auch für Schul- und Universitätsplätze war ein Führungszeugnis eines solchen Lokalen Leiters oder eines Priesters unumgänglich. Das Schulwesen war strikt von der franquistischen Ideologie kontrolliert und wurde zunehmend privatisiert, wobei Privatisierung bedeutete, dass die Schule in katholische Obhut kam. Und die katholische Kirche war in Form ihrer Nonnen, Mönche, Priester und Bischöfe, wie bereits oben geschildert, allmächtig und allgegenwärtig.

Prägend war die Kirche auch für die Stellung der Frauen in der franquistischen Gesellschaft.[34] In der Zweiten Republik waren sie, zum ersten Mal in der spanischen Geschichte, gleichberechtigt gewesen, eine Vielzahl von Reformen hatte dazu beigetragen, die Bedeutung der Frauen in der Gesellschaft zu stärken. Eine der ersten Normen der Diktatur, das Arbeitsrecht von 1938, schickte sie gleich wieder an den Herd zurück. Unter dem Vorwand, ihnen das harte Leben in den Fabriken und Werkstätten zu ersparen, durfte in den ersten Jahren der Diktatur keine verheiratete Frau arbeiten, der Mann war das alleinige Familienoberhaupt und als solches für den Unterhalt der Seinen zuständig. Nur Unverheirateten und Witwen stand die Arbeitswelt offen, ihre Gehälter waren aber geringer als die ihrer männlichen Kollegen. Für viele Bereiche im öffentlichen Leben benötigten Frauen die Zustimmung und die Unterschrift ihrer Eltern oder ihres Mannes, etwa für ein Bankkonto oder in juristischen Belangen. Keine Frau unter fünfundzwanzig Jahren durfte das elterliche Haus verlassen, es sei denn, um zu heiraten. Die schlimmsten Einschränkungen wurden im Lauf der Jahre aufgehoben, ab den Sechzigerjahren konnten auch verheiratete Frauen arbeiten, allerdings mussten sie bis 1976 die Einwilligung ihres Mannes vorweisen. Lebendes Vorbild aller Frauen, wie sie der Franquismus wünschte, war die Schwester von

José Antonio Primo de Rivera, Pilar, die der *Sección Femenina* vorstand, dem weiblichen Zweig der Falange, der seine Filialen in allen spanischen Ortschaften hatte, eine Sozialhilfe für Bedürftige organisierte und Kurse gab, um die Frauen zu guten Patriotinnen, vorbildlichen Christinnen und makellosen Ehegattinnen heranzuziehen.

Die Sprache des Landes war Spanisch, der öffentliche Gebrauch der anderen Regionalsprachen – Katalanisch, Galicisch, Baskisch – war verboten und blieb auf die private Sphäre beschränkt. Ebenso wurden alle kulturellen Äußerungen einer strengen Zensur unterstellt: Sozialkritische Literatur war ebenso verboten wie eine bildliche Ästhetik, die den biederen Vorstellungen des Nationalkatholizismus nicht entsprach. In der Welt der Arbeit unterstanden alle Gewerbezweige dem zur Falange gehörenden *Sindicato Vertical,* der Vertikalen Gewerkschaft. Gemeinsam mit der Einheitspartei bildete die Gewerkschaft die Stütze der spanischen Gesellschaft. War die Partei für die politischen und administrativen Aspekte des Regimes zuständig, blieben der Gewerkschaft die Bereich Arbeit, Wirtschaft und Soziales vorbehalten – ein weites Feld der unumschränkten Macht.

Im Februar 1939 wurde das sogenannte Gesetz der politischen Verantwortung verabschiedet, das die legalen Mittel zur Festnahme, Bestrafung und Enteignung ideologisch oder politisch vorbelasteter Personen oder Familien bereitstellte. Jegliche Unterstützung der Republik oder des Aufstandes von Asturien im Jahr 1934 konnte rückwirkend verfolgt werden, wobei der richterlichen Willkür Tür und Tor offen standen. Erst mit der Amnestie von 1969 wurde der über allen Oppositionellen schwebenden Drohung eines politischen Urteils ein Ende gesetzt, wenngleich das Gesetz bis nach dem Tod Francos in Kraft blieb.

In diesem politisch und sozial streng kontrollierten Umfeld lebten die Familien der *represaliados,* derjenigen, die vom Regime entweder ermordet oder in Lager und Gefängnisse gesperrt worden waren. Als *rojos,* Rote, gezeichnet, war ihnen, vor allem in den ersten Jahren, ein Leben im Abseits beschieden, unter der steten Kontrolle nicht nur der

Behörden und der Kirche, sondern oft auch der francofreundlichen Nachbarn. Diese »Gewalt von unten«[35] in Form von Anzeigen, anonym oder auch nicht, Denunzierungen und Bespitzelungen nahm in manchen Gegenden Züge eines omnipräsenten Überwachungsstaates an, der zwar von der Obrigkeit angeregt, aber oft nicht kontrolliert wurde, sondern auf »Privatinitiative« und der individuellen Begeisterung für das Regime basierte. Aus Angst vor den Behörden und ihren Mitmenschen lebten Hunderte Personen mitunter bis in die späten Sechzigerjahre als sogenannte *topos,* Maulwürfe, versteckt, in Kellern, Scheunen, doppelten Wänden oder Schränken, bis sie sich nach dem Amnestiegesetz von 1969 wieder ans Tageslicht und auf die Straße getrauten. Einer dieser »Maulwürfe«, der ehemalige Bürgermeister des Ortes Cercedilla, blieb sogar bis zum Juni 1977 versteckt. Andere flüchteten in abgeschiedene Gegenden, um sich dem *maquis,* der Widerstandsbewegung, anzuschließen.[36]

Die Erinnerung an ihre politische Tradition, an die Menschen, die sie im Bürgerkrieg verloren hatten oder die während und nach dem Krieg vom Regime hingerichtet worden waren, blieb den *represaliados* verboten, musste zu Hause, im Stillen geschehen. Im Zuge der Forschungen der verschiedenen *asociaciones* ist eine große Zahl solcher Geschichten ans Tageslicht gekommen, Berichte von der panischen Angst, die bei vielen Unterdrückten die bloße Möglichkeit hervorrief, von jemanden auf die Vergangenheit angesprochen zu werden. Francisco Espinosa Maestre berichtet von einem Zeitzeugen, José Vázquez, der bei einer Exhumierung in El Bosque (Cádiz) im Jahr 2004 den ihn interviewenden Reporter fragte: »Wird mir etwas passieren, weil ich mit Ihnen spreche?«[37]

Über all diesen Geschichten blieb lange, oft bis in unsere Gegenwart, der Mantel des Schweigens gebreitet, ein Schweigen aus Angst davor, erneut verfolgt, bestraft, geächtet zu werden. Umgeben von den Symbolen der Sieger musste die Erinnerung dieser Menschen und ihrer Familienangehörigen klandestin bleiben und blieb es bis weit in die *transición* und die Demokratie.

Mirta Núñez Díaz-Balart
oder Die Geschichte der Verlierer

Irgendwann fällt einem auf, dass in den Büchern über die *memoria histórica*, auf Kongressen, bei Podiumsdiskussionen weitaus weniger Frauen vertreten sind als Männer. Selbst in aktuellen und so fortschrittlichen Publikationen wie in dem von Ángel Viñas herausgegebenen *En el combate por la historia* stehen dreiunddreißig Männer einer einzigen Frau gegenüber. In dem umfassenden Werk *Generaciones y memoria de la represión franquista*, herausgegeben von Julio Aróstegui und Sergio Gálvez, sind unter den fünfundfünfzig Autoren nur neun Frauen. Ähnlich ist es auf der anderen Seite: In dem neofranquistischen Sammelband *La otra memoria* sind neun der zweiundfünfzig Beiträger Frauen, in ein anderes Werk der selben zwei Herausgeber fand überhaupt keine Frau Eingang. Dementsprechend sind leider auch im vorliegenden Buch die meisten Interviewpartner Männer.

Auf die Frage, warum in diesem Bereich so wenige Frauen tätig sind, weiß Mirta Núñez Díaz-Balart auch keine rechte Antwort. »Vielleicht, weil es ein hartes Thema ist. Es berührt mich immer noch sehr, ob ich will oder nicht, es ist eine Art Hassliebe, die mir sehr nahegeht. Zugleich ist es ein Ansporn, das Thema bekannt zu machen, obwohl es die Jugendlichen heutzutage kaum interessiert, schon gar nicht emotional, selbst wenn ihre eigenen Großeltern oder Urgroßeltern davon betroffen waren. Es ist ein sozialer Wandel, der nur schwer nachzuvollziehen und dessen weitere Entwicklung kaum vorhersehbar ist.«

Mirta Núñez ist Professorin für Geschichte an der Fakultät für Journalismus der Madrider Universidad Complutense. In Kuba geboren, kam sie als Kind nach Spanien, als ihre Eltern ins Exil gingen. Dabei war ihre Mutter die erste Frau von Fidel Castro und hatte mit ihm ein Kind, den einzigen offiziell anerkannten Sohn Castros, Fidelito. Da die Beziehung zu Castro scheiterte, heiratete ihre Mutter einen überzeugten Anticastristen, nach ein paar Jahren kehrten sie der Insel den Rücken und ließen sich im franquistischen Spanien nieder.

Als Mirta Núñez im Jahr 2000 von den ersten Exhumierungen Emilio Silvas hörte, war sie sehr beeindruckt – »eine geniale Idee, die sozial, historisch und politisch unbedingt notwendig war« – und schloss sich der Bewegung an. Bis heute ist sie aktiv, hält Vorträge, organisiert Kongresse, vor allem aber schreibt sie über Themen, die bislang kaum erforscht sind und die Verlierer der Geschichte zum Inhalt haben: Gefangene, Prostituierte, Kinder. Begonnen hatte ihre Auseinandersetzung mit Bürgerkrieg und Franquismus früh, in den Achtzigerjahren. Sie arbeitete über das Pressewesen der Republik während des Kriegs, über Zeitungen und Zeitschriften der Internationalen Brigaden, über Prostitution im Franquismus, verschwundene Kinder, das System der Straflager oder die Strategien der Herrschaft und Repression in der Diktatur. Sie gehört zu den ersten Historikerinnen und Historikern, die in den Neunzigerjahren die Repressionsmechanismen des Franquismus zu analysieren begannen. Wie kam sie dazu?

»Eine Gruppe von ehemaligen Kombattanten wandte sich an mich und erzählte mir, dass auf dem Madrider Almudena-Friedhof viele ihrer Genossen hingerichtet worden waren. Bis dahin war noch niemand dieser Sache nachgegangen.« Gemeinsam mit einem Kollegen, Antonio Rojas, begann sie, die Namen und Schicksale der Menschen ausfindig zu machen, die zwischen 1939 und 1945 im Friedhof erschossen und begraben worden waren, »an die dreitausend Personen, darunter neunundachtzig Frauen. Fast alle Personen wurden zwischen 1939 und 1944 füsiliert. Ab 1945 milderte sich die Politik angesichts des Ausgangs des Zweiten Weltkriegs, da die Alliierten Franco nahelegten, er möge doch weniger Menschen umbringen.« Als 1997 das Buch *Consejo de guerra: los fusilamientos en el Madrid de la posguerra* (Kriegsrat: Die Füsilierungen im Madrid der Nachkriegszeit) erschien, wurde ein Verein gegründet, *Memoria y libertad* (Gedächtnis und Freiheit), der die Namen der Toten ins Netz stellte und bis heute Gedenkveranstaltungen organisiert.

Bei den Arbeiten zu diesem Buch entdeckte Mirta Núñez, dass das System des Strafvollzugs kaum erforscht war – also machte sie sich an die Arbeit. Vor allem eine Zeitschrift, die für die Sträflinge herausgegeben wurde, beeindruckte sie sehr: *Redención*, was man mit »Erlösung« oder »Loskauf« übersetzen kann. »*Redención* vereinte das Propagandasystem und das Strafsystem, denn es war die einzige Publikation, die man in den Gefängnissen erlaubte. Als Propagandainstrument ist die Zeitschrift sehr wichtig, um die Grundlagen der franquistischen Doktrin zu verstehen, wie etwa die Begnadigungen. Den Häftlingen wurden die Strafen nicht erlassen, sie wurden nur begnadigt. Damit wurde zugleich die gewaltige Zahl der Gefangenen gesenkt, was zu einer Befriedung führte. Denn die Aussicht auf Begnadigung trug dazu bei, dass es weder zu Aufständen noch zu Fluchtversuchen kam. Wozu sollte man fliehen, wenn man auch so freikommen konnte? Generell zeichnete sich das System durch eine Mischung aus primitiven und subtilen Elementen aus. Der Ausdruck ›politischer Häftling‹ etwa wurde nicht verwendet. Es gab keine politischen Häftlinge, sondern politische Verbrecher oder einfach nur Sträflinge. Auf diese Weise wurden die Unterschiede zwischen politischen und normalen Häftlingen verwischt, und die Mitgefangenen oder deren Familien wussten nicht, ob sie gefährlich waren oder nicht.«

Die in den ersten Nachkriegsjahren geschaffene Struktur des »Zentralpatronats für die Erlassung von Strafen durch Arbeit« war eine andere geniale Erfindung der Diktatur und diente einem doppelten Zweck: die Gefängnisse zu leeren und wirtschaftlichen Nutzen aus den Sträflingen zu ziehen. »Es war ein äußerst erfolgreiches System, das verhinderte, dass die Gefängnisse überfüllt waren, und die Gefangenen dazu zwang, für ihren Unterhalt aufzukommen. Der Staat verdiente an den Häftlingen, indem er sie für eigene Projekte verwendete oder an Privatfirmen verlieh. Diese Unternehmen erhielten den idealen Arbeiter, der auch dort eingesetzt werden konnte, wo ein freier Arbeiter sich geweigert hätte. Die Häftlinge konnten sich eine Weigerung nicht leisten, sie wären zurück ins Gefängnis geschickt oder wegen schlechter Führung zusätzlich bestraft worden. Sie waren die unterwürfigsten Arbeiter.« Den kargen Lohn dieser billigen Arbeitskräfte erhielten die Familien, die so nicht dem Staat zur Last fielen oder ins Elend abrutschten. »Ein großes Problem dieser Zeit waren die Kinder, die bettelnden Kinder auf den Straßen, die Kinder der Straße. Durch die Zwangsarbeit wurden viele dieser Probleme zwar nicht gelöst, aber wenigstens gemildert. Die Kinder der Sträflinge hatten zu essen, konnten eine, meist religiöse Schule besuchen. Es war eine traurige Zeit, die sehr lange dauerte. Spanien war isoliert, es herrschte Hunger, der Bevölkerung ging es miserabel und sie war zum Schweigen verurteilt. Selbst die eigene Familie schwieg, verbarg sich, sodass die Kinder oft nichts über die tatsächliche Situation erfuhren. Die Familien der Verlierer versuchten alles Mögliche, damit die Kinder sich in die Gesellschaft einordnen konnten. Die Propaganda war dabei sehr wichtig. Bis heute sind wir das Ergebnis dieser Politik, der Franquismus ist bis heute sehr erfolgreich.«

Die Bedeutung der Kirche war sehr groß, vor allem in den Nachkriegsjahren, als sich rund ein Prozent der Bevölkerung in den Gefängnissen befand, an die 288 000 Menschen. »Die Kirche stellte dem Regime Klöster, Schulen und andere Gebäude zur Verfügung. Nonnen kamen in Männergefängnissen als Krankenschwestern zum Einsatz oder in der Intendanz, in den Frauengefängnissen lösten sie anfangs die von der Republik ausgebildeten Wächterinnen ab. Erst später wurde weibliches Wachpersonal ausgebildet. Die Errungenschaften der neuen ›Modellgefängnisse‹ der Republik wurden zurückgenommen, und dort, wo es helle und luftige Einzelzellen gegeben hatte, waren nun fünfzehn Personen zusammengepfercht. Dazu kamen die Kinder der weiblichen Sträflinge.«

In den Gefängnissen litten die Kinder Hunger, lebten im Schmutz und dienten den Behörden dazu, die Mütter zu erpressen. Gab es keine Familienangehörigen, bestand die Gefahr, die Kinder zu verlieren, denn mit drei Jahren mussten sie das Gefängnis verlassen, auch wenn es in der Praxis erst mit vier Jahren der Fall war: Die Kinder wurden zu einer oft illegalen Adoption freigegeben oder kamen in Hospize und Internate, wo sie der religiösen Propaganda ausgesetzt waren. Die Geistlichen trichterten ihnen ein, dass ihre Eltern Monster, Verbrecher, Mörder seien, sodass sie manchmal tiefe Abscheu vor ihnen empfanden. Dank der Arbeiten von Mirta Núñez, Ricard Vinyes, Montse Armengou, María José Esteso Poves oder Francisco González de Tena wurde das Thema in der Öffentlichkeit bekannt und man begann, sich mit den »geraubten Kindern« zu beschäftigen.

Ein anderes, kaum erforschtes Thema, auf das Mirta Núñez im Lauf ihrer Arbeit zum Strafsystem gestoßen ist, ist das der Prostitution im Franquismus. »Prostitution war im Franquismus legal, das überrascht zwar viele, aber in geschlossenen Räumen konnte sie legal ausgeübt werden. Als ich über den Straferlass im Rahmen des Patronats forschte, fand ich einen Bericht, der von ›gefallenen Frauen‹ handelte: Straferlass für gefallene Frauen. Ich ging dem nach, und es wurde ein Buch daraus. Es war genau die andere Seite, Frauen, die aufgrund von Straßenprostitution ins Gefängnis kamen. Sie waren das unterste Glied dieser ganzen Unterwelt der Prostitution, und sie stellten im Gefängnis eine Welt für sich dar. Auch wenn sie immer wieder mit politischen Häftlingen zusammenleben mussten, waren sie wie Wasser und Öl. Die Politischen verachteten sie, da sie in ihnen das Gegenteil dessen sahen, wofür sie kämpften. Die politischen Häftlinge waren die Avantgarde der politisierten Frauen, die in der Republik politisch aktiv geworden waren, sozial bewusste Frauen. Die

Prostituierten waren das Gegenteil, marginalisierte Figuren, Frauen, die meist aus den ärmsten Schichten kamen, wobei weniger ihre Armut als ihre fehlende Bildung den Ausschlag gab, waren doch die meisten von ihnen Analphabetinnen. Dieses Phänomen gab es auch in anderen Ländern, etwa in Italien, wo ein Buch von Laura Mariani erschien, das *Quelle dell'idea* heißt. Die wegen Prostitution Verurteilten nannten so die anderen: die, die Ideen haben, wir aber haben keine Ideen. Das ist traurig, zugleich aber sehr bezeichnend für sie.«

Das beste Bild für diese tristen Jahre des Franquismus habe der Schriftsteller Max Aub gefunden, als er Ende der Sechzigerjahre zum ersten Mal aus dem Exil nach Spanien kam. In seinem »Spanischen Tagebuch« *La gallina ciega* (Das blinde Huhn) schrieb er, dass Spanien mit dem Franquismus in einen Tunnel eingefahren war, und als es aus ihm herauskam, war das Land vollkommen verändert, erkannte sich selbst nicht wieder. »Ich finde diese Definition von Max Aub genial, sie bringt die Lage ab den Fünfzigerjahren auf den Punkt, als man sich für den wirtschaftlichen und individuellen Fortschritt entschied, als der Kapitalismus ins Land kam und mit ihm auch Eisenhower. In diesem Moment änderte sich Spanien tatsächlich, aus dem faschistischen Spanien wurde ein kapitalistisches Spanien unter der Ägide der Vereinigten Staaten. Dieser Wechsel brachte die Menschen zur Überzeugung, dass das Individuelle, die Familie, der persönliche Fortschritt wichtiger sei als das Politische, das all seine Bedeutung verlor.«

Eine der Folgen dieser Politik und der aus ihr entstandenen Ideologie sei der breite Erfolg der neofranquistischen, revisionistischen Historiker und Pseudohistoriker in den letzten zehn Jahren. »Die Personen, die diese Texte lesen, gehören einer bestimmten Klasse an. Auf der einen Seite wird alles für die Verbreitung der Werke dieser Autoren getan: Sie werden in den rechten oder rechtsradikalen Medien zu den besten Sendezeiten vorgestellt, ihre Bücher kann man in den Einkaufszentren finden, und da viele Leute nicht in kleine, unabhängige Buchläden gehen, sondern lieber in die Buchabteilungen von *El Corte Inglés*, sind sie sehr präsent. Auf der anderen Seite gibt es auch einen wichtigen soziologischen Faktor: In den Büchern steht dasselbe, was dieses Publikum gelernt und gelebt hat – und viele von ihnen haben sehr gut damit gelebt. Es handelt sich dabei um eine städtische Mittelklasse, die immer noch Bücher kauft und eben das sucht, was den Erfahrungen ihrer Kindheit und Jugend entspricht. In einer Art ideologischer Asepsis werfen sie uns, die wir aus einer linken Perspektive darüber schreiben, vor, wir seien ideologisch positioniert. Als wären sie es nicht genauso! Aber das ist generell ihr Trick, das war schon im Franquismus so. Und die Autoren dieser Schule, Pío Moa, César Vidal, haben ein Publikum gefunden, das ihre Bücher kauft. Und sie haben das rechte Radio und Fernsehen, aber auch die Publikationen im Internet.«

Wie sind sie unter wissenschaftlichen Gesichtspunkten? »Sie sind äußerst fragwürdig. Den für mich treffendsten Ausdruck hat ein seriöser Historiker geprägt, nämlich Alberto Reig Tapia, der sie ironisch als ›historietógrafos‹ bezeichnete: Sie erzählen einem die simpelsten Geschichten, die alle kennen, kramen die franquistischen Mythen hervor und geben sie als etwas Neues aus, im Widerspruch zu all dem, was die ernst zu nehmende Geschichtswissenschaft seit den Siebzigerjahren erforscht hat. Das alles ist ihnen egal, sie exhumieren den Leichnam des Franquismus und behaupten, dies sei die Wahrheit.«

Das Gedächtnis des Exils
und der in Spanien lebenden
Antifranquisten

Allzu oft geschieht es, dass das Exil, das Schicksal der Männer, Frauen und Kinder, die vor einem Krieg, vor Verfolgung und Bedrohung ihr Land verlassen mussten, um ihr Leben in Sicherheit zu bringen, nur am Rand in die Geschichte dieses Landes einfließt und kaum als Teil der Geschichte wahrgenommen wird. So war es lange Zeit, bis weit in die Siebzigerjahre, im deutschen Sprachraum der Fall mit den von den Nazis Vertriebenen, und so ist es größtenteils heute noch in Spanien. Die doppelbödige Faszination, die der Franquismus, seine Repression, seine Symbole bis in die Gegenwart hervorrufen, steht in keinem Verhältnis zur Erforschung des Exils, der Exilanten, ihres Lebens, ihres Schaffens, ihrer Literatur. Bemerkenswert ist zugleich, dass in einem Exilland wie Mexiko die Bedeutung des spanischen Exils viel größer, sein Erbe weitaus präsenter ist als in der ehemaligen Heimat. Dennoch gibt es, damals wie heute, in einem nicht allzu großen Bereich der spanischen Gesellschaft ein Bewusstsein für die Bedeutung dieses Exils als wichtiger Bestandteil der Polit-, Sozial- und Kulturgeschichte Spaniens. In den letzten Jahrzehnten hat auch das antifranquistische Exil an Aufmerksamkeit und Bedeutung gewonnen, oft Hand in Hand mit einer umfassenden Auseinandersetzung mit anderen Migrationsbewegungen des 20. Jahrhunderts, die vor allem wirtschaftlicher Natur waren. Zu Beginn dieses Jahrhunderts etwa kam es zu Emigrationsströmen vor allem nach Lateinamerika oder Frankreich – 1931 gab es immerhin 351 864 Spanier, die in

Frankreich eingeschrieben waren,[1] mehr als ein Prozent der Gesamtbevölkerung ihres Heimatlandes –, in den Sechzigerjahren war es die
Emigration der »Gastarbeiter« nach Frankreich, Belgien, Deutschland oder in die Schweiz.

Das Gedächtnis des Exils ist naturgemäß materiell ärmer, geografisch weit gestreut und vor allem symbolischer Natur. Spanische Emigranten landeten nicht nur in Europa und Amerika, sondern kamen
bis nach China, Indonesien oder Australien, wenn auch in geringer
Zahl. Für die republikanischen Spanier war das Exil in erster Linie
die Flucht vor der franquistischen Diktatur, Vertreibung aus einer
Heimat, in die sie, besonders in den ersten Jahren, nur unter Gefahr
für ihr Leben zurückkehren konnten, und eine Leerstelle, eine Abwesenheit in ihrer neuen Existenz, auch wenn sie sich in den fremden
Ländern oft eine zweite Heimat schufen, erstaunlich rasch und mit
erstaunlichem Erfolg, zumindest in einigen Ländern. Verglichen mit
den Exilantenströmen anderer Nationen dieser Zeit (Russen, Polen,
Italiener) war das spanische Exil mit knapp einer halben Million
Menschen nicht sehr groß, aber es zeichnete sich durch mehrere Be-
sonderheiten aus: durch seine lange Dauer von 1939 bis 1977; durch
die Tatsache, dass die republikanischen Institutionen im Exil bestehen blieben und die Exilregierung von zwei Ländern, Mexiko und Jugoslawien, bis 1977 anerkannt wurde; und schließlich durch sein ho-
hes intellektuelles und künstlerisches Niveau, gehörten ihm doch
»mehrere tausend Schriftsteller, Künstler, Wissenschaftler, Forscher
im Bereich der Human- und Sozialwissenschaften, Pädagogen, Lehrer«[2] an, die im Umkreis der »Generation von 1929«, dem »zweiten
Siglo de Oro« (Goldenen Zeitalter) der spanischen Kultur, aufgewach-
sen waren. Um hier nur ein paar Namen zu nennen: Schriftsteller wie
Antonio Machado, Max Aub, Arturo Barea, León Felipe, Ramón J.
Sender, Luis Cernuda, Rafael Alberti, María Teresa León, Jorge Guil-
lén, José Bergamín, Pedro Salinas, Francisco Ayala, der Nobelpreisträger Juan Ramón Jiménez, Philosophen wie José Gaos oder María
Zambrano, Musiker wie Pau Casals, Rodolfo Halffter oder Roberto

Gerhart, der Regisseur Luis Buñuel, der Pädagoge José Castillejo oder der Arzt und Nobelpreisträger Severo Ochoa. Während die »Gastländer« von diesen Personen profitierten, bedeutete ihr Exil einen immensen kulturellen Verlust für Spanien, wie er wohl nur mit der antifaschistischen Emigration in Deutschland zu vergleichen ist. Fast alle, die Rang und Namen hatten, gingen ins Exil. Zudem wurden die Exilautoren und -künstler erst sehr spät in Spanien wieder wahrgenommen – sofern dies überhaupt der Fall war.

Verlauf und Geografie des Exils

Bis zum Ende des Bürgerkriegs waren die Flüchtlingsströme sehr komplex. Einerseits gab es zahlreiche Parteigänger der Franquisten, die aus den republikanisch gebliebenen Gebieten in das »andere« Spanien überwechselten oder nach Frankreich und Portugal flohen, um von dort aus in die »nationale« Zone zurückzukehren. Vor allem wohlhabende Familien gingen erst nach dem Ende des Bürgerkriegs in das für sie nun sichere Land zurück. Andererseits überquerten viele linke, liberale, antifranquistische Spanier die Grenzen und Fronten, um auf republikanisches Territorium zu gelangen. Mehr als 160 000 Menschen flohen zwischen 1936 und 1938 nach Frankreich, als die rebellische Armee den Nordosten Spaniens eroberte, darunter viele Angehörige der republikanischen Streitkräfte. Nur etwa 40 000, zumeist Kinder, blieben im Land, der Rest kehrte bald auf republikanisches Territorium zurück. Angesichts des unaufhaltsamen Vormarsches der franquistischen Armee, die im letzten Kriegswinter mit der Einnahme Kataloniens endete, setzte eine Fluchtbewegung ein, die binnen kurzer Zeit zu der Massenflucht vom Februar 1939 anwuchs, die sich unter dem Namen *La retirada,* der Rückzug, über die Grenzen nach Frankreich wälzte. Das Exil von 1939 bedeutete für Spanien, wie Geneviève Dreyfus-Armand es ausdrückte, einen »Exodus in einem nie dagewesenen Ausmaß«[3].

Die Zahlen zum antifranquistischen Exil[4]

Exil am 1. April 1939	
Frankreich	430 000
Nordafrika	12 000
Sowjetunion	4 000
Andere europäische Länder	3 000
Amerika	1 000
Insgesamt	**450 000**
Exil Ende 1939	
Frankreich	
ehemalige Kombattanten	100 000
Zivilbevölkerung	40 000
Nordafrika	
in Lagern	12 000
in der Fremdenlegion	7 000
Andere europäische Länder	
Sowjetunion	4 500
andere Länder	3 500
Amerika	
Mexiko	8 000
andere Länder	6 000
Insgesamt 1939	**181 000**
Repatriierungen 1940–1944	**20 000**
Exil Ende 1944	**161 000**

Die geografische Lage der Halbinsel wurde für die republikanischen Flüchtlinge zum Verhängnis. Nachdem der Westen und teilweise der Norden des Landes von den franquistischen Truppen erobert waren, blieb nur der Fluchtweg nach Frankreich oder über das Mittelmeer. Schiffe nach England, Nordafrika oder Übersee waren rar, Plätze auf ihnen nur schwer zu bekommen. Nachdem die republikanische Flotte am 5. März von Cartagena ins tunesische Bizerta geflüchtet und als

Schutzmacht der Flüchtlingsschiffe ausgefallen war, war ein Durchkommen durch die Blockade der deutschen, italienischen und franquistischen Schiffe meist unmöglich. Als im Winter 1939 Katalonien fiel, kam nur mehr der Ausweg über das Meer infrage, denn alle Grenzen waren nunmehr von den »Nationalen« kontrolliert. Angesichts der Schlussoffensive der franquistischen Armee stauten sich Ende März Zehntausende Flüchtlinge in den Häfen von Valencia, Cartagena und Alicante, rund 15 000 Menschen konnten sich schließlich in Alicante oder in anderen Hafenorten einschiffen und das Land verlassen. Dem letzten Dampfer, der britischen Stanbrook, gelang es, die Seeblockade zu umgehen. Am 28. März, drei Tage vor Kriegsende, verließ der kleine Frachter den Hafen von Alicante, mit 2638 Personen an Bord, die er ins algerische Oran brachte.

Der Landweg war keineswegs einfacher. Das nach Westen hin angrenzende Portugal war wegen der Salazar-Diktatur kein sicherer Ort, da eine Auslieferung zurück nach Spanien drohte. Der Zwergstaat Andorra kam als Refugium nicht infrage, außerdem wäre er trotz der französischen Gendarmerie-Besatzung zwischen 1936 und 1940 leicht von den franquistischen Truppen zu stürmen gewesen. Es blieb also nur die schwer passierbare Grenze über die östlichen Pyrenäen nach Frankreich,[5] das für viele als vorläufiges Ziel gedacht war, von dem aus man in ein anderes Land fliehen oder nach Spanien zurückkehren konnte.

Frankreich

Ende Januar 1939 standen rund 470 000 Personen an den Grenzen zu Frankreich und strömten, als diese zwischen dem 28. Januar und dem 10. Februar geöffnet wurden, ins Land. Die meisten Flüchtlinge waren ausgehungert, trotz der winterlichen Bedingungen in den Pyrenäen nur notdürftig bekleidet und führten nicht mehr als die allernotwendigsten Habseligkeiten mit sich. Unter ihnen waren auch etwa 50 000 Soldaten der republikanischen Armee und einige Tausend Mitglieder der Internationalen Brigaden, die an der Grenze entwaffnet wurden.

Die Regierung des radikalsozialistischen Ministerpräsidenten Édouard Daladier, die den Flüchtlingen mit nur geringer Sympathie begegnete und auch nicht auf die Unterstützung durch andere Länder zählen konnte, musste nun in aller Eile Lager errichten, um diese Massen unterzubringen. So wurde in Grenznähe ein Lager ums andere eröffnet. Die beiden größten waren Argelès mit einer Kapazität für 77 000 Insassen und Saint-Cyprien mit 90 000. Sie befanden sich, ebenso wie Barcarès, direkt am Strand, die Internierten mussten trotz winterlicher Temperaturen, Feuchtigkeit und Meereswind in Zelten und notdürftigen Baracken am Boden schlafen. Der Schriftsteller Max Aub fand für ihre Verzweiflung eine der wohl traurigsten Metaphern: »Es schmerzt, was man nicht hat. Alles sind Stümpfe: du willst die Dinge mit der Hand fassen, die dir fehlt. Immer fehlen Hände«[6], schrieb er am 15. Dezember 1939 in sein Tagebuch.

Die spanischen Flüchtlinge wurden von den französischen Behörden vor drei Möglichkeiten gestellt: Repatriierung, Remigration, also das Exil in einem anderen Land, oder ein Verbleib in Frankreich. Die Repatriierung war die gefährlichste Lösung, so fiel man erneut dem Feind in die Hände, vor dem man geflohen war. Eine Remigration war sehr schwer zu bewerkstelligen, da sich nur wenige Länder bereit fanden, die Flüchtlinge aufzunehmen. Dennoch verließ ein Großteil der Flüchtlinge noch vor Ende des Jahres 1939 Frankreich: [Knapp 300 000 waren angesichts der widrigen Umstände und trotz allen Konsequenzen, die das für sie hatte, nach Spanien zurückgekehrt] Etwa 14 000 waren weiter nach Nord-, Mittel- und Südamerika, vor allem nach Mexiko, emigriert, 4500 in die Sowjetunion und an die 3500 in andere, meist europäische Länder. Für die verbliebenen 181 000 begann nun erst das tatsächliche Exil. Die französischen Behörden boten den Männern an, in die Fremdenlegion und in sogenannte *Compagnies de Travailleurs Étrangers,* Kompanien für ausländische Arbeiter, einzutreten oder aber in Landwirtschafts- und Industriebetrieben unterzukommen. Von den 37 000 Männern, die 1943 in diesen Kompanien arbeiteten, waren 31 000 Spanier.[7]

Die schlimmste Zeit für die spanischen Emigranten – und auch für die knappe Million von Flüchtlingen aus anderen Nationen – begann nach dem Ausbruch des Zweiten Weltkriegs. Die »feindlichen Ausländer« wurden in eines der mehr als zweihundert Lager gesteckt, die die französischen Behörden im ganzen Land errichteten, und mussten dort lange Jahre der Ungewissheit verbringen. Aus den Flüchtlingen waren Häftlinge geworden. Als Frankreich im Mai 1940 von den nationalsozialistischen Truppen besetzt und zweigeteilt wurde, waren sie weder vor den Nachstellungen der Regierung des greisen Marschalls Pétain noch vor einer Auslieferung nach Deutschland oder Spanien gefeit. Die Zustände in den Lagern waren übel, Hitze, Kälte, mangelnde Verpflegung und schwere körperliche Arbeit machten den Häftlingen zu schaffen, besonders in den Straflagern von Gurs und Le Vernet, die den politisch »gefährlichen Elementen« vorbehalten waren.[8] Über seinen Aufenthalt in Le Vernet, wo er mit Internierten aus vielen Ländern, unter anderem mit Arthur Koestler, Gustav Regler, Friedrich Wolf und der Spitze der Exil-KPD zusammen einsaß, hat Max Aub einen sehr bewegenden autobiografischen Bericht, das *Manuscrito cuervo* (Rabenmanuskript, 1955), verfasst, das neben seinem eigenwilligen Roman *Campo francés (Am Ende der Flucht,* 1965) wohl eines der wichtigsten Werke über das französische Exil der Spanier ist.

Doch bedeutete Frankreich für die Spanier nicht nur Lagerhaft und Einordnung ins Unabänderliche. Rund 50 000 Spanier kämpften in Einheiten der französischen Armee gegen die deutsche Wehrmacht, vor allem in der »Spanischen Legion«, der 9. Kompanie der Zweiten Panzerdivision des Generals Leclerc, an die 10 000 schlossen sich der Résistance an.[9] Dieser Kampf gegen den Faschismus jenseits der Grenzen Spaniens, eine Umkehr des Kampfes der Internationalen Brigaden in Spanien, wurde ein »Gründungsmythos der Identität des republikanischen Exils«[10] in Frankreich. Eines der Symbole für diesen Einsatz sind die Namen der Panzer, die Paris befreiten. Es war ein Tank mit dem Namen Guadalajara, benannt nach dem »letzten Sieg über den Faschismus« vom März 1937 nahe der gleichnamigen spanischen Stadt, der mit seiner anarchistischen Besatzung aus Extremadura am 24. August 1944 als erster über die Pariser Boulevards rollte. Ihm folgten andere Panzer, die Ebro, Teruel, Guernica, Madrid hießen oder auch Don Quijote und Durruti, dem legendären Anarchisten zu Ehren, der im Dezember 1936 vor Madrid fiel. Und so nimmt es auch nicht wunder, wenn der Gedächtnisverein *Memoria Guadalajara* das Motto »Siempre nos queda París« (Uns bleibt immer noch Paris) hat, eine Anspielung nicht nur auf den Film *Casablanca,* sondern auch auf die Befreiung der französischen Hauptstadt.

Ab 1942 übernahm die PCE die Organisation des spanischen Widerstandes im Rahmen der Résistance, indem sie das XIV. »Guerillakorps der republikanischen Armee« gründete, eine Hommage für die Einheit, die im Bürgerkrieg Madrid verteidigt hatte. Zugleich wurde die *Unión Nacional Española* ins Leben gerufen, um die Kräfte der verschiedenen ideologischen Gruppen zu vereinen. Vor allem in den südlichen Départements war die spanische Widerstandsbewegung von essenzieller Bedeutung für den Kampf gegen die deutschen Besatzungstruppen.

40 000 Spanier gerieten im Zweiten Weltkrieg in deutsche Gefangenschaft, wegen ihrer aktiven Beteiligung im Widerstand oder weil sie in französischen Lagern in Haft waren. 8200 wurden in nationalsozialistische Konzentrationslager deportiert. Allein 7189 wurden in das KZ Mauthausen[11] gebracht, andere nach Auschwitz, Bergen-Belsen, Dachau, Ravensbrück oder Buchenwald, so etwa der Schriftsteller, Politiker und damalige Kommunist Jorge Semprún. Mehr als 7000 Spanier wurden in KZs ermordet, allein in Mauthausen waren es 6502, wie dort auf dem Denkmal für die Opfer des Lagers zu lesen ist. David Wingeate Pike schätzt, dass in den übrigen nationalsozialistischen Lagern an die 200 Spanier starben und 1000 aus anderen Gründen ums Leben kamen, auf dem Transport, in den Gefängnissen der Gestapo und der Vichy-Regierung in Frankreich oder als Opfer alliierter Luftangriffe.[12]

Nach dem Ende des Zweiten Weltkriegs blieben an die 125 000 Spanier in Frankreich, vor allem in Paris und im Süden des Landes war und ist ihre Präsenz von Bedeutung. Paris wurde das wichtigste Zentrum des außerspanischen Widerstandes gegen Franco, hier und in Moskau hielt sich die Führung der Exil-PCE auf, es entwickelte sich ein eigenes Kulturleben. Aus diesem Exil entstammten unter anderen die emigrierten Schriftsteller Jorge Semprún und Michel del Castillo (die beide bezeichnenderweise auf Französisch zu schreiben begannen), aber auch Juan Goytisolo gehörte dazu, der 1956 nach Paris emigrierte, der Surrealist Fernando Arrabal, der Liedermacher Paco Ibáñez oder die Schauspielerin María Casares.

Einer der wichtigsten Beiträge des Pariser Exils für die Emigration und den linken Widerstand in Spanien war jedoch, neben zahlreichen, oft sehr langlebigen Zeitungen und Zeitschriften, der Verlag Ruedo Ibérico, 1961 von José Martínez gegründet. Er veröffentlichte mehr als 150 Bücher, die historische und sozialpolitische Gegenentwürfe zur Propaganda des Franco-Regimes darstellten. Werke über den Bürgerkrieg und die Geschichte Spaniens, die inzwischen zu Klassikern geworden sind, erschienen hier, etwa von Autoren wie Michail Kolzow, Hugh Thomas, Herbert R. Southworth, Stanley Payne, Ian Gibson, Gerald Brenan oder Franz Borkenau, ebenso wie philosophische, politische und literarische Übersetzungen, etwa von Leo Trotzki, Peter Weiss und Wilhelm Reich.

Das Schicksal dieses Verlages ist bezeichnend für den Umgang mit dem Erbe des Exils in der ersten Zeit der Demokratie. Martínez hatte sich während der *transición* in Barcelona niedergelassen, musste den Verlag aber aufgrund finanzieller Schwierigkeiten 1982 schließen. Einige Titel konnte er billig an andere Verlage weiterverkaufen, er blieb aber auf dem größten Teil seines Lagers sitzen. Als er 1983 den damaligen Kulturminister Javier Solana fragte, ob sein Ministerium Bücher für Bibliotheken erwerben wolle, lehnte dieser mit der Begründung ab, die F/A-18 seien so teuer – die kurz zuvor vom spanischen Staat erworbenen US-amerikanischen Jagdflugzeuge.[13]

Aufgrund dieser Abfuhr mussten »dreißig Tonnen Bücher« von Ruedo Ibérico makuliert werden.

Andere europäische Länder

Nach Großbritannien emigrierten an die 2000 Spanier, die direkt oder über Gibraltar ins Land kamen. Bereits während des Bürgerkriegs hatten 4500 Kinder hier Zuflucht gefunden, die jedoch bald wieder in ihre Heimat zurückkehrten. Ein Großteil der erwachsenen Emigranten reiste weiter in Richtung Amerika, viele von ihnen blieben aber oft mehrere Jahre in England. Etwa 350 Personen ließen sich hier länger nieder, unter ihnen zahlreiche republikanische Politiker, darunter Juan Negrín, die Schriftsteller Arturo Barea, Manuel Chaves Nogales und Salvador de Madariaga oder der Musiker Robert Gerhard.[14] Belgien nahm neben einer großen Zahl von Kindern nur sehr wenige spanische Exilanten auf, die wie ihre Leidensgenossen in Frankreich nach dem deutschen Einmarsch im Untergrund leben mussten. Die Schweiz hatte am 14. Februar 1939 das franquistische Spanien anerkannt und hielt daher ihre Grenzen für republikanische Flüchtlinge geschlossen. Selbst der ehemalige Präsident der Republik, Manuel Azaña, wurde abgewiesen. Während des Zweiten Weltkriegs gewährte die Schweiz aber schließlich doch ein paar Hundert Spaniern politisches Asyl.[15]

Auch die Sowjetunion, vor allem der europäische Teil, kam als Exilland infrage – in allen anderen Ländern waren die Aufnahmebedingungen sehr streng oder es herrschten faschistische oder mit faschistischen Staaten sympathisierende Regime, die die Republikaner ausgeliefert hätten. Die stalinistische Politik der Immigration war sehr restriktiv, es sollte keine größere nationale Gruppe entstehen, wie es auch mit Exilanten anderer Länder gehandhabt wurde. Deshalb war die Zahl der spanischen Exilanten in der Sowjetunion nicht sehr bedeutend, an die 4600 Personen, von denen fast 3000 Kinder waren. Neben den Kindern und ihren Lehrern hielten sich auch Pilotenschüler in der UdSSR auf, die während des Bürgerkriegs zu Ausbil-

dungszwecken hierhergekommen waren, aber auch Seeleute, die auf
spanischen, von der Sowjetunion requirierten Schiffen angeheuert
hatten. Die Gruppe, die das eigentliche politische Exil ausmachte, war
nicht viel größer als 1300 Personen. Sie setzte sich aus politischen
Führern, hohen Militärs, mittleren Funktionären und Mitgliedern
der PCE-Basis zusammen.[16] Im Vergleich zu anderen Ländern befanden sich wenige Intellektuelle unter ihnen. Moskau war das wichtigste Zentrum der Exil-PCE, deren Generalsekretäre enge Verbindungen zum Kreml hatten. Bis zu seinem Selbstmord im Jahr 1942 war
José Díaz Generalsekretär der Partei, ihm folgte Dolores Ibárruri, genannt La Pasionaria, und schließlich, ab 1960, Santiago Carrillo. Im
Verlauf des Weltkriegs kamen etwa 300 Gefangene der *División Azul*
(die Franco der deutschen Wehrmacht zur Verfügung gestellt hatte)
dazu, von denen einige im Land blieben sowie Spanier, die aus den
deutschen KZs befreit worden waren.[17] Das politische Klima in der
Sowjetunion schien selbst den Kommunisten nicht sehr zu behagen,
viele siedelten nach Kriegsende in andere europäische Länder um.
Das ist nicht verwunderlich, wurden doch zahlreiche ehemalige Spa-
nienkämpfer verfolgt und hingerichtet, etwa Michail Kolzow, der
während des Bürgerkriegs als Korrespondent der *Prawda* zugleich für
das NKWD in Spanien gearbeitet hatte und eine der einflussreichsten
Personen im belagerten Madrid gewesen war; Interbrigadisten standen, bis in die frühen Fünfzigerjahre, unter Generalverdacht und
wurden »ausgeschaltet«. Eine nicht sehr große Zahl von ihnen ließ
sich in den »Bruderländern« der Sowjetunion nieder, in Bulgarien,
Polen (wo der Architekt Manuel Sánchez Arcas entscheidend am
Wiederaufbau von Warschau beteiligt war) oder in der DDR. Nach
Ostdeutschland kamen vor allem ab den Fünfzigerjahren Kader der
PCE, da die Partei in Frankreich verboten worden war. Ab den Sechzigerjahren gesellten sich zu ihnen politisch verfolgte Spanier, die in
ihrer Heimat im Untergrund tätig waren, meist Arbeiter, die sich vor
allem im industrialisierten Sachsen niederließen, in Leipzig, Dresden
oder Karl-Marx-Stadt. Zu diesen Emigranten der zweiten Generation

gehörten auch der bereits erwähnte Sánchez Arcas und der im Bürgerkrieg als Plakatmaler bekannt gewordene Josep Renau, der in den 24 Jahren seines Aufenthalts in der DDR ein umfangreiches Werk schuf.[18]

Das Exil der Kinder

An die 32 000 republikanische Kinder wurden während des Kriegs dank der Intervention internationaler Hilfskomitees ins Ausland gebracht, die große Mehrzahl nach Frankreich (20 000), viele nach Belgien (5000), Großbritannien (4500) und in die Sowjetunion (2895), aber auch in die Schweiz (1000), nach Mexiko (456) und Dänemark (100). Die meisten Kinder kehrten nach dem Ende des Bürgerkriegs wieder nach Spanien zurück. Vor allem zwei Gruppen sind für die Geschichte des Exils von Bedeutung: die »Kinder von Russland« und die »Kinder von Morelia«. Die »Kinder von Russland« traf, nicht nur aufgrund der Zeitumstände, ein problematisches Schicksal. In den ersten beiden Jahren des Bürgerkriegs nach Russland gekommen, wurden sie anfangs sehr gut behandelt, auf Spanisch und Russisch von eigens für sie bereitgestellten Lehrern unterrichtet und auf Führungsposten vorbereitet. Sie wurden in sechzehn Häusern für Kinder und Jugendliche in verschiedenen Ortschaften vor allem im europäischen Teil der UdSSR untergebracht. Im Zweiten Weltkrieg meldeten sich viele von ihnen freiwillig zur Roten Armee, andere wurden Zeugen, Mitleidende und Opfer der Belagerung von Leningrad und Moskau. Auf der Flucht vor der deutschen Wehrmacht fanden mehrere »Kinder von Russland« in der ehemaligen Wolgadeutschen Republik Schutz, deren eingesessene deutschsprachige Bewohner nach Sibirien deportiert worden waren. Nach dem Tod Stalins kehrte die Hälfte von ihnen in den Fünfzigerjahren nach Spanien zurück. Viele konnten sich aber mit dem ungewohnten Leben unter der franquistischen Diktatur nicht abfinden, kehrten daher nach Russland zurück oder zogen in das revolutionäre Kuba oder ein anderes Land weiter.

Ein ebenso schwieriges Schicksal hatten die »Kinder von Morelia«.

Sie schifften sich im Mai 1937 in Barcelona auf dem Dampfer Mexique ein und legten am 7. Juni in Veracruz an, von wo aus sie nach Morelia, der Hauptstadt des Bundesstaates Michoacán, gebracht wurden. Dort kamen sie in ein für sie geschaffenes Internat und erhielten eine »sozialistische, laizistische Erziehung«[19] durch eigens abgestellte Lehrer. Die meisten Kinder stammten aus Arbeiterfamilien, hatten die anarchischen Zustände während der Zweiten Republik und im Bürgerkrieg kennengelernt, waren rebellisch, politisch geprägt und antiklerikal, was sich etwa dadurch ausdrückte, dass es an Disziplin mangelte und einige von ihnen spontan die Kirchen mit Steinen bewarfen. Der Versuch, diese Kinder ohne Familienbande und ohne tatsächlich für sie zuständige Autoritätspersonen zu erziehen, scheiterte, da mit dem Ende der Amtszeit von Präsident Lázaro Cárdenas das Interesse an ihnen rasch nachließ.

Lateinamerika und die USA

Die spanische Diaspora in Amerika, wie sie auch genannt wird, ist nicht sehr groß. Dies ist darauf zurückzuführen, dass es ab September 1939, vor allem aber ab 1940 sehr schwierig war, einen Platz auf einem der wenigen Schiffe zu ergattern, die während des Zweiten Weltkriegs den Atlantik überquerten. So blieben viele, die auswandern wollten, in Frankreich oder kehrten nach Spanien zurück. Wie in Europa war auch auf dem amerikanischen Kontinent das spanische Exil sehr ungleich verteilt. Die größte Zahl der insgesamt etwa 35 000 Emigranten kam nach Mexiko, nämlich zwischen 20 000 und 24 000, der Rest verteilte sich auf andere amerikanische Staaten, vor allem auf die Dominikanische Republik, Kuba, Chile, Argentinien und die USA. In den meisten Ländern betrug die Zahl der Emigranten kaum mehr als hundert, auch wenn die häufigen Ortswechsel der Emigranten, vor allem der Schriftsteller, Künstler und Intellektuellen, nicht nur zum wirtschaftlichen und kulturellen Leben ihrer jeweiligen Exilstation beitrug, sondern ihre Zahl wesentlich größer scheinen ließ, als sie schlussendlich war.

Die Dominikanische Republik war ein Sonderfall, denn der brutal regierende Diktator Leónidas Trujillo gewährte rund 4000 Flüchtlingen Asyl, da er sich trotz ihres politischen Hintergrundes von ihnen Fortschritte für das Land erhoffte. Doch wurden die Erwartungen auf beiden Seiten enttäuscht, mehr als drei Viertel der Exilanten zogen bis 1945 in andere Länder weiter. Und oppositionelle Politiker wie der baskische Nationalist Jesús Galíndez bezahlten ihre Kritik am Regime mit dem Leben. Eine kurze Zwischenstation war auch Kuba. Auf der Insel ließen sich vor allem Schriftsteller und Philosophen für einige Monate oder Jahre nieder, was seinen Niederschlag in der Gründung mehrerer Literaturzeitschriften fand und in einer wichtigen kulturellen Zusammenarbeit nach der Revolution. In Chile wurden an die 3000 Exilanten mit »offenen Armen empfangen«[20]. Zurückzuführen war dies einerseits auf die tatkräftige Unterstützung des Dichters Pablo Neruda, der bereits als Konsul in Paris und Madrid viel für die Republik getan hatte, vor allem aber auf die Politik des Präsidenten Pedro Aguirre Cerda. Chile war das letzte Land Lateinamerikas, das das Franco-Regime anerkannte (Mexiko tat es nie), in der Folge kam es aber immer wieder zu diplomatischen Auseinandersetzungen zwischen den beiden Staaten. Die Exilanten siedelten sich vor allem in der Landesmitte an und waren von einiger Bedeutung für den Handel und für das Verlagswesen.

In Argentinien war ebenso wie in Mexiko die Zahl der spanischen Wirtschaftsemigranten aus den ersten drei Jahrzehnten des 20. Jahrhunderts sehr groß. Die argentinische Regierung stand der republikanischen Immigration eher ablehnend gegenüber, vor allem nach der Machtübernahme von General Perón im Jahr 1946, der für das franquistische Spanien große Sympathien hegte. Dora Schwarzstein zufolge kamen rund 2500 Exilanten in drei Wellen nach Argentinien: die erste bei Kriegsende 1939, die zweite nach dem Ende des Zweiten Weltkriegs infolge einer Remigration aus Frankreich und lateinamerikanischen Ländern, die dritte in den Fünfzigerjahren, als eine neue Repressionswelle in Spanien viele zur Flucht zwang.

Die argentinische Regierung hatte bei der ersten Welle Basken und Intellektuellen den Vorzug gegeben. Basken waren bereits zuvor aus wirtschaftlichen Gründen gekommen und galten, wie der Abgeordnete Ernesto Sammartino meinte, als »Gewinn für ein Land, das die Tugenden der baskischen Rasse kennt und schätzt«. Viele der Intellektuellen, die in Argentinen landeten, fanden Anstellungen an den Universitäten,[21] Einige spanische Verleger nahmen ihre in der Heimat ausgeübte Tätigkeit wieder auf. Wichtige Verlage wie Losada oder Espasa Calpe Argentina mit seiner »Colección Austral« wurden (neu) gegründet;[22] sie knüpften nicht nur die Bande zwischen den Emigranten und den argentinischen Schriftstellern, sondern spielten in späteren Jahren auch für Spanien eine wichtige Rolle, waren sie doch oft der einzige Zugang zu Texten und Autoren, die die Diktatur verboten hatte.

Noch restriktiver war die Einwanderungspolitik der Vereinigten Staaten: »Es wurden nur Intellektuelle und Wissenschaftler eingelassen, die bereits anerkannt waren oder als junge Hoffnungen galten.«[23] Vor allem Literatur- und Sprachwissenschaftler siedelten sich an Universitäten des Ostens an, dank ihrer Initiative wurden zahlreiche Abteilungen und Institute für Spanische Studien gegründet. Die meisten stammten aus der republikanischen Bourgeoisie und fielen relativ weich in die Sozialstrukturen des Universitätslebens, im Unterschied zu den vielen Arbeitern und Handwerkern, die in anderen Ländern ihr Auskommen suchen mussten. Es war dies die wohl angenehmste Form des Exils, die aber nur wenigen offenstand.

Mexiko

Es ist vor allem dem Präsidenten Lázaro Cárdenas (1934–1940) zu verdanken, dass Mexiko das Land war, das die spanischen Exilanten am besten behandelte und nach Frankreich die größte Zahl von ihnen aufnahm. Schon während des Bürgerkriegs hatte Mexiko gemeinsam mit der UdSSR die Republik finanziell und mit Waffenlieferungen unterstützt. Die ersten Exilanten waren noch während des Kriegs gekommen, die meisten gelangten aber zwischen 1939 und 1942 ins Land. Auf drei Schiffen, Sinaia, Mexique und Ipanema, kamen im Juni und Juli 1939 4660 Spanier im Hafen von Veracruz an, begeistert willkommen geheißen von der mexikanischen Bevölkerung, wie die Zeitungen verlautbarten. Gilberto Bosques, dem Generalkonsul Mexikos in Frankreich, ist es zu verdanken, dass bis 1942 noch einmal mehr als 4000 Spanier und Angehörige anderer Nationen nach Mexiko emigrieren konnten, unter ihnen mehrere deutschsprachige Schriftsteller wie Anna Seghers, Egon Erwin Kisch oder Gustav Regler. Zu den spanischen Emigranten gehörten Geistesgrößen wie die Schriftsteller Max Aub, José Gaos, José Bergamín, León Felipe, Ramón J. Sender, die Philosophin María Zambrano, der Musiker Rodolfo Halffter, der Regisseur Luis Buñuel und andere mehr.

Die Zahl der spanischen Exilanten betrug nicht einmal 0,1 Prozent der mexikanischen Bevölkerung, doch waren sie, wie Alicia Alted schreibt, sehr wichtig für das Land: »Ihr Beitrag zum wirtschaftlichen, kulturellen und wissenschaftlichen Leben Mexikos war sehr bedeutend und in einigen Fällen wesentlich für die Herausbildung einer Disziplin, von wissenschaftlichen Forschungen oder technologischer Entwicklung.«[24] Schon relativ früh, nämlich 1938, wurde die *Casa de España* gegründet, in der anfangs nur spanische Wissenschaftler aus allen Bereichen tätig waren. Da dies zu Protesten ihrer mexikanischen Kollegen führte, schuf die Regierung im Oktober 1940 das *Colegio de México,* in dem sich die Spanier nun mit Mexikanern mischten. Bis heute ist das *Colegio* eine der wichtigsten wissenschaftlichen Institution des Landes. Tätig wurden die später hinzugekommenen Exilanten auch in anderen Einrichtungen, vor allem an der Universidad Nacional Autónoma de México, der UNAM, bis heute die größte spanischsprachige Universität. Dort waren sie bestimmend für den raschen Ausbau des wissenschaftlichen Lebens, zeitweilig machten sie bis zu sechzig Prozent des Lehrkörpers aus.

Von sehr großer Bedeutung waren die Spanier auch für das Literatur- und Verlagsleben. Sie gründeten und leiteten Literatur- und Kulturzeitschriften und waren federführend mitbeteiligt an neuen, bis heute einflussreichen Verlagen wie Fondo de Cultura Económica, der 1934 als Staatsverlag mit umfangreichen Freiheiten gegründet wurde, um den Human- und Sozialwissenschaften neue Impulse zu verleihen. In den ersten Jahren gab es kaum Aktivitäten des Verlags, »an denen die spanischen Exilanten nicht beteiligt«[25] gewesen wären, wie María Luisa Capella festhielt, sei es nun als Übersetzer, Herausgeber oder Autoren, die in den meisten Fällen männlich waren, manchmal aber auch weiblich.

Das Symbol einer Enttäuschung, dessen, was Javier Rubio, der erste Erforscher der antifranquistischen Vertreibung, als die »irreversible Auflösung des Exils«[26] bezeichnet, war hingegen das *Ateneo Español de México,* das »spanische Athenäum«. Es wurde 1949 gegründet, zu einer Zeit, als den meisten Emigranten klar war, dass es so bald kein Zurück in ihre Heimat geben würde, dass sich das Regime in Spanien festgesetzt hatte und von den Alliierten akzeptiert, oft sogar unterstützt wurde. Dies führte zur Gründung einer Institution, die die hispanische Welt in möglichst vielen Bereichen des Wissens zusammenführen sollte. Zugleich setzte es die Tradition des Madrider *Ateneo* fort, das seit dem frühen 19. Jahrhundert ein Symbol des spanischen Geisteslebens war. Ebenso wie sein Vorbild zeichnete sich das mexikanische *Ateneo* durch seinen »literarischen und unpolitischen« Charakter aus, wenngleich seine Gründung höchst politisch war: antifranquistisch und links, jedoch jenseits der Parteipolitik. So wurde es zu einem Kulturzentrum und Archiv, das bis heute existiert und Dokumente und Relikte aus der Zeit des Exils aufbewahrt.

Im mexikanischen Exil, wo es, anders als in Frankreich, keine Sprachbarrieren gab, die besonders zu Beginn große Schwierigkeiten bereiteten, kann man den Übergang der Exilierten von *exiliados* zu *transterrados* beobachten, wie sie sich selbst zu bezeichnen begannen, also zu Personen, die sich in ihrem Exil einrichteten und sich in der Diaspora ein neues Leben schufen, in einer Form, die gemeinhin als Akkulturation oder Transkulturalität bezeichnet wird: die Gründung einer Existenz, die sich aus Facetten beider Kulturen zusammensetzt und sie zu etwas Neuem, die Kulturen Verbindendem werden lässt. Natürlich ging diese Assimilierung mit einem Verlust ihres Zugehörigkeitsgefühls zu ihrer früheren Heimat einher, es ermöglichte den Exilanten aber gleichzeitig, ein neues Leben zu beginnen und sich eine neue Existenz aufzubauen.

Die Exilregierung

Ein wichtiges Element war für die spanischen Republikaner ihr Anspruch auf die Rechtmäßigkeit ihrer Regierung. Deswegen behielt ein Teil der Exilanten bis zur Demokratisierung des Landes im Juni 1977 die Tradition der republikanischen Regierung aufrecht. Auf spanischem Boden fand am 1. Februar 1939 die letzte Sitzung der republikanischen *Cortes,* des Parlaments, unter der Leitung des Regierungspräsidenten Juan Negrín in der katalanischen Burg San Fernando de Figueres statt. Vier Tage später setzte die Massenflucht nach Frankreich ein und Negrín überquerte ebenso wie der Präsident der Republik, Manuel Azaña, die Grenze in ein Exil ohne Wiederkehr. Azaña trat am 27. Februar zurück, an dem Tag, an dem Frankreich und Großbritannien Franco als Regierungschef anerkannten.[27] Nach einem Versuch, am 3. März zusammenzutreten, um, bereits im Ausland, eine neue republikanische Regierung zu wählen, lag das Parlament bis zum Ende des Zweiten Weltkriegs mehr oder weniger lahm. Negrín blieb bis August 1945 im Amt, als im Rathaus der mexikanischen Hauptstadt José Giral zum neuen Präsidenten gewählt wurde. Staatschef wurde Diego Martínez Barrio. 1946 verlegte Giral alle Institutionen nach Paris, um Spanien näher zu sein. Als erstes Land erkannte Mexiko die Exilregierung an, es folgten Guatemala, Panama und Venezuela, später auch die meisten Ostblockländer, Albanien und Jugoslawien, insgesamt elf Staaten. Bis auf Mexiko und Jugoslawien beugten sich die anderen Länder der »Realpolitik« und erkannten im Lauf der Jahre das franquistische Spanien an, wenngleich etwa die DDR erst im Januar 1973 diplomatische Beziehungen aufnahm. Mexiko, Jugoslawien und ab 1950 Frankreich unterstützten die Regierung auch finanziell. Von Beginn an war die Haltung der Exilregierung dezidiert antikommunistisch, was so weit ging, dass der gewählte Präsident zugleich auch das Amt des Parlamentspräsidenten innehatte – andernfalls hätte die Kommunistin Dolores Ibárruri, La Pasionaria, ihren Anspruch geltend machen können, war sie doch noch in Spanien dazu gewählt worden. Seit dem Ende der Vierzigerjahre stützte sich die Regierung allein auf eine Koalition aus liberalen republikanischen Parteien, was zu ihrer langsamen Dekadenz beitrug.

Die Bedeutung der Exilregierung war sowohl für die Exilanten als auch für die in Spanien lebende Opposition nicht sehr groß und eher symbolischer Natur. Die wichtigsten Errungenschaften waren wohl einerseits eine gewisse Anerkennung durch den Europarat, vor allem aber das Treffen vom 5. und 8. Juni 1962 in München, das Angehörige der inneren und äußeren Opposition zusammenführte, um über die Möglichkeiten einer Zusammenarbeit für ein neues, demokratisches Spanien zu beraten und um ihre Positionen abzugleichen. Dieses von der franquistischen Propaganda als *contubernio* (ein sehr polysemes Wort, dessen Bedeutungen von »schmähliches Bündnis« über »wilde Ehe« bis zu »außerehelicher Geschlechtsverkehr« reichen) bezeichnete Treffen wird von vielen als ein erster Schritt zur *transición* gesehen. Doch wurden an dem Treffen die unterschiedlichen Positionen des Exils und der inneren Opposition deutlich, die sich vor allem aus Söhnen des gehobenen und gebildeten Bürgertums zusammensetzte. Am ersten Tag wurde in zwei Sitzungen – hie Exil, hie innere Opposition – über die politische Form einer nachfranquistischen Zeit debattiert: War das Exil für eine Volksabstimmung, die über Republik oder Monarchie zu entscheiden hatte, sprach sich die andere Seite für eine Monarchie unter Don Juan, dem Sohn des bis dahin letzten spanischen Königs Alfons XIII. und Vater von Juan Carlos I., aus. Denn, so schrieb Joaquín Satrústegui, Vertreter dieser Seite, da die Republik im Mittelpunkt des Bürgerkriegs gestanden war, sei ein Neuanfang mit ihr nicht möglich. Zwar sei ein Teil der Exilanten für die Republik gefallen, doch sollten sie nicht vergessen, dass »gegen die Republik auch Hunderttausende Spanier gekämpft haben und gestorben sind. Das beweist, dass die Republik im Zentrum einer tragischen Schlacht stand.«[28] Bereits damals war diese Position, die später in der *transición* und den Jahren danach zum Tragen kam, ausformuliert und bezeichnete die Spaltung zwischen einer gemäßigten, bürgerlichen und einer radikaleren, oft auch tiefer betroffenen und politisierteren Opposition.

Spätestens nach diesem Treffen war klar, dass die Hauptarbeit des Widerstandes gegen den Franquismus von innen kommen musste. Gemeinsam mit den katalanischen und baskischen Exilinstitutionen fiel der republikanischen Regierung während der *transición* eine bescheidene Rolle zu, da sie im Juni 1977 die neue, demokratisch gewählte Regierung legitimierten. In einer Aussendung ließ die Exilregierung verlauten, dass sie »die historische Aufgabe, die sich die Institutionen der Republik im Exil zum Ziel gesetzt hatten«[29], für beendet erkläre. Und dies, obwohl die maßgebliche republikanische Partei des Exils, die *Acción Republicana Democrática Española* (ARDE), ein Zusammenschluss aus Parteien der Zweiten Republik, nicht zu den Wahlen zugelassen worden war: Sie hatte sich für ein republikanisches Spanien ausgesprochen und als Ziel angegeben, dieses System gegen die Monarchie durchsetzen zu wollen. Was damals ein Tabu war und heute immer noch ist.

Das grundlegende Problem des Exils war, wie der Anarchist Floreal Samitier 1993 meinte, dass »der Tod Francos für uns zu spät kam, um nach Spanien zurückzukehren«[30]. Aus den *desterrados* waren *transterrados* geworden, die sich in ihr neues Land gefunden hatten und den Weg zurück in das postfranquistische Spanien nicht mehr gehen konnten und wollten. Zu sehr hatte sich das Land verändert und mit ihm die Menschen. Max Aub hatte dieses Gefühl der absoluten Entfremdung bereits 1969 in *La gallina ciega* beschrieben, dem Tagebuch einer Spanienreise nach dreißig Jahren des Exils, wenn er von Franco als dem »großen Mann« schreibt, »der Spanien auf die

Höhe seiner dunklen, traurigen Schuhsohlen herabwürdigte und uns alle zertrat, die Lebenden und die Toten, und nichts für niemanden übrig ließ; oder besser gesagt machte er aus Spanien ein mittelmäßiges Land, in dem sich leicht leben lässt, in dreißig Jahren des Friedens [...]. Fünfundzwanzig oder dreißig schwarze Jahre. Ohne Licht, an der Sonne, Totenwache.«[31] Je jünger die Menschen ins Exil getrieben worden waren, desto schwerer fiel die Rückkehr. Rund um den »Gründungsmythos«[32] des Exils, den Bürgerkrieg, hatten sich die Exilierten ihre eigene Identität aufgebaut, die in krassem Gegensatz zu all dem stand, was in Spanien geschehen war. Deutsche Exilautoren berichteten nach ihrer Rückkehr immer wieder über das immense Fremdheitsgefühl, das sie in ihrer früheren Heimat überkam – und dies nach nur zwölf Jahren des Naziregimes. In Spanien dauerte die Vertreibung bis zu vierzig Jahre, die Entfremdung war ungleich größer, das Exil wurde zur Diaspora. Eine kleine Elite von Wissenschaftlern, Universitätsprofessoren und Schriftstellern konnten zwar ab den Fünfzigerjahren Kontakte zu Spanien knüpfen,[33] den politisch aktiven Exilanten blieb jedoch der Weg versperrt. Literarisch kam es zu ersten Annäherungsversuchen, so etwa in einer Anthologie des Kritikers Rafael Conte, *Narraciones de la España desterrada* (Erzählungen des verbannten Spanien) aus dem Jahr 1970, in der von einem »besonderen Interesse für alles, was mit der Exilliteratur zu tun hat«[34], die Rede war – was sich freilich als frommer Wunsch herausstellte, denn weder wollten die meisten Autoren nach Spanien zurückkehren noch wurde ihnen tatsächlich die gebührende Aufmerksamkeit zuteil.

Seit den Achtzigerjahren wird das kulturelle, literarische, künstlerische Exil in zunehmendem Maße erforscht, in Buchreihen, Filmen, auf Kongressen, Symposien. Doch kommen diese Initiativen für viele zu spät, da sie entweder im Exil gestorben sind oder als Kinder der Exilanten nur mehr geringes Interesse haben, nach Spanien zurückzukehren. Sehr wohl taten dies aber viele Emigranten der jüngeren Generation, die in den Sechziger- und frühen Siebzigerjahren aufgrund der franquistischen Repression oder aus wirtschaftlichen

Gründen ausgezogen waren. Ihre Distanz zu Spanien war nicht so groß wie die der unfreiwilligen Auswanderer der ersten Stunde, ihre Rückkehr leichter, wenngleich sie selten reibungslos verlief.

Der Widerstand in Spanien[35]

Der wohl aufsehenerregendste Versuch, Spanien von der franquistischen Herrschaft zu befreien, ging im Oktober und November 1944 in der kleinen Enklave des Valle de Arán vonstatten, heute eines der größten Skigebiete Spaniens. Das lang gestreckte Tal wird durch eine Bergkette von Spanien getrennt, sein natürlicher Zugang ist von Frankreich aus die Garonne flussaufwärts. Nachdem Südfrankreich im Sommer 1944 von den Alliierten befreit worden war, unternahm der Generalstab der *Agrupación de Guerrilleros Españoles,* geleitet von der Kommunistischen Partei, den Versuch der »Wiedereroberung Spaniens« durch einen »Brückenkopf« in diesem Tal. Am 19. Oktober 1944 marschierten an die 3500 Männer ein, kamen aber nur bis Viella, dem Hauptort des Tals. Acht Tage später gab Santiago Carrillo, der eigens für diese Aktion nach Frankreich gereist war, den Befehl zum Rückzug; zu groß war die Überlegenheit der franquistischen Truppen, die unter anderen von den prominenten Generälen Yagüe und Moscardó befehligt wurden, einem der Aufständischen der ersten Stunde und dem ehemaligen Befehlshaber des Alcázar. 40 000 Soldaten der franquistischen Armee waren aufgeboten, um die *guerrilleros* zu stoppen. Zwischen 200 und 330 *guerrilleros* bezahlten diesen »Rückeroberungs«-Versuch mit ihrem Leben, an die 800 wurden gefangen genommen, sehr viele von ihnen hingerichtet. Diesen missglückten Versuch nahm die Pasionaria Dolores Ibárruri zum Anlass, die Exil-PCE vollkommen umzugestalten. Zahlreiche Kader wurden abgesetzt, unter ihnen der bisherige Generalsekretär Jesús Monzón, an dessen Stelle Santiago Carrillo trat, der den Parteivorsitz bis 1982 innehatte.

Möchte man den bewaffneten Widerstand gegen das Franco-Regime im Land selbst auf den Punkt bringen, so kann man von großem

Heroismus vieler sprechen, zugleich aber auch, wie es der Historiker Francisco Moreno getan hat, von der »Tragödie des *maquis* und der *guerrilla*«. Zwischen dem Bürgerkriegsende 1939 und 1952, als die PCE infolge eines »Ratschlags« Stalins beschloss, den bewaffneten Kampf einzustellen und stattdessen auf die Unterwanderung der »vertikalen Gewerkschaften« durch kommunistische Sympathisanten zu setzen, kämpften rund 8000 Männer und Frauen im Widerstand, der die französische Bezeichnung *maquis* übernommen hatte, wenn auch die Aussprache dem Spanischen angepasst wurde. Rund die Hälfte von ihnen starb im Kampf, wurde »auf der Flucht erschossen« oder nach einem Kriegsgericht hingerichtet. Nicht viel mehr als 300 gelang es, ins Exil zu entkommen. Der Rest wurde gefasst, gefoltert, kam ins Gefängnis und musste lange Jahre unter der politischen und sozialen Schmach eines »Terroristen«, »Banditen« »Kriminellen« oder »Mörders« leben, wie das Regime und die Zeitungen die *guerrilleros* bezeichneten. Dasselbe galt für mehr als 60 000 Helfershelfer, die festgenommen und verurteilt wurden. Verglichen mit anderen Partisanengruppen beging der *maquis* in den Jahren seines Bestehens wenige Bluttaten, an die tausend, die sich in vielen Fällen gegen Verräter, Spitzel und Überläufer richteten. Zahlen sind jedoch mit Vorsicht zu betrachten, denn weder die franquistischen Behörden noch die Angehörigen des Widerstandes oder die Exilorganisationen hatten großes Interesse an dokumentarischer Genauigkeit.

Begonnen hatte der Widerstand bereits im ersten Kriegsjahr. In den von den Aufständischen besetzten Gebieten entzogen sich politisch exponierte Personen der Verfolgung und des sicheren Todes, indem sie sich in die Wälder und Berge schlugen – *echarse al monte* ist seit je ein geläufiger Ausdruck. Diese *huidos*, Geflohenen, versuchten, ins Ausland zu entkommen, was aber nur in wenigen Fällen gelang. 1939 gesellten sich die abgerüsteten Kämpfer der republikanischen Armee hinzu, die besser ausgebildet waren, aber gegen die Übermacht der franquistischen Armee und der Zivilgarde machtlos waren. Die *guerrilla* war anfangs geografisch ebenso weit gestreut wie politisch:

Mehr als neunzig Prozent der Widerstandskämpfer stammte aus ländlichen Regionen, vertreten war das gesamte ideologische Spektrum der Linken. Nach zahlreichen Versuchen und langwierigen Verhandlungen gelang es der PCE schließlich, die Führung zu übernehmen und die verschiedenen Gruppen in ein *Ejército Nacional Guerrillero,* ein Guerillanationalheer, zusammenzufassen, das sich in acht regionale Gruppierungen aufgliederte. Das Werk der *maquis* bestand im Wesentlichen in Sabotageaktionen, Entführungen und symbolischen Akten, die von ihrer Präsenz Zeugnis ablegen sollten. Da sie keine finanzielle Unterstützung von außen erhielten, mussten sie sich durch Überfälle selbst finanzieren, was von der Presse und den Behörden als Banditentum ausgeschlachtet wurde. Mit dem Ende des Zweiten Weltkriegs, das nicht zur erhofften Absetzung des spanischen Faschismus führte, wurde die Situation immer aussichtsloser. Das Regime erließ 1947 das Gesetz zur Unterdrückung des Banditentums und Terrorismus, das härteste Strafen und den aktiven Einsatz von *contraguerrilla*-Gruppen mit sich brachte. Daher war die Entscheidung der PCE, den Guerillakampf einzustellen und auf eine friedliche Eroberung der Macht hinzuarbeiten, folgerichtig, aber auch ein Zeichen der Niederlage.

Waren Vertreter des *maquis* in praktisch allen Gebirgsgegenden Spaniens zu finden, gab es nur vier bedeutende Zentren des städtischen Widerstandes: Barcelona, Málaga, Granada und Madrid. Barcelona war der größte, bis in die Sechzigerjahre hinein aktive »Unruheherd« des Franquismus. Hier waren es vor allem Anarchisten, die die nahe Grenze zu Frankreich nutzten, um von dort aus Aktionen zu planen und durchzuführen. In der von Militärs, Polizei und Zivilgarde durchsetzten Hauptstadt Madrid war ein Widerstandskampf ungleich schwieriger, weshalb sich hier die Aktionen auf die Jahre 1944 und 1945 beschränkten, in denen noch auf ein Eingreifen von außen zu hoffen war.

Weniger heroisch waren die Fünfziger- und Sechzigerjahren, in denen der Widerstand vor allem von der im Untergrund agierenden

PCE getragen wurde (Jorge Semprún war einer ihrer wichtigsten Verbindungsmänner), daneben aber auch von bürgerlichen demokratischen Gruppen. Das bereits erwähnte Zusammentreffen der inneren und äußeren Opposition im Juni 1962 in München stellte einen Höhepunkt dieser Neuorientierung dar, der freilich fürs Erste folgenlos blieb und erst in der *transición* eine gewisse Bedeutung erlangte. Auch die von Stalin angeregte Unterwanderung der »vertikalen Gewerkschaften« zeitigte erst in den späten Sechzigerjahren ihre Folgen, als sich im Zuge der internationalen Studentenunruhen in Spanien eine stärkere Oppositionsbewegung bemerkbar machte. In diese Zeit fiel auch die Entstehung der ETA, die im Verein mit anderen revolutionären Gruppierungen ihren Widerstandskampf gegen das Regime aufnahm, der auch vor Terroranschlägen nicht zurückschreckte. Die folgenreichste Aktion der ETA war das Attentat auf Luis Carrero Blanco am 20. Dezember 1973. Dieser war nur gut zwei Monate zuvor als Regierungschef eingesetzt worden, nachdem Franco sich offiziell aus dem operativen Regierungsgeschäft zurückgezogen hatte. Carrero Blanco galt als Garant für franquistische Kontinuität über den Tod des Diktators hinaus. Viele Mitglieder der letzten Generation des antifranquistischen Untergrundkampfes gingen dann über in den Widerstand gegen die neue parlamentarische Monarchie, da sie in ihm einerseits das Nachfolgeprojekt des Franquismus, andererseits einen kapitalistischen, spanisch-nationalistischen Staat sahen.

Symbole und Gedächtnisorte der Republik, des Exils und des Widerstandes

Die Symbole und Gedächtnisorte der Republik, des Exils und des Widerstandes sind, verglichen mit denen des Franquismus, naturgemäß weniger an Zahl und oft immaterieller Art. Während der Diktatur mussten sie unter Gefahr für das Leben geheim gehalten werden, im Exil fehlte es an finanziellen Mitteln für Monumente.

Zu den Symbolen gehört an erster Stelle die republikanische Flagge, die rot-gelb-dunkelviolette *bandera tricolor,* die am 27. April 1931 als Staatsfahne eingeführt worden war. Das dunkle Violett ging auf antimonarchistische Aufstände in Kastilien und auf den Liberalismus des frühen 19. Jahrhunderts zurück und ersetzte den unteren Streifen der traditionellen rot-gold-roten Fahne. Die republikanische *tricolor* »überlebte« im Exil, wurde zu Beginn der *transición* von PSOE und PCE beansprucht, im Verlauf der Verhandlungen aber als Zeichen des guten Willens der monarchistischen *bandera bicolor* geopfert. Im Zuge der Auseinandersetzungen der letzten Jahre um die *memoria histórica* hat die Fahne große politische Bedeutung erlangt, nicht nur bei Exhumierungen, Demonstrationen und Veranstaltungen, sondern auch als Symbol der Forderung nach einer Verfassungsänderung und der Abschaffung der Monarchie – begünstigt durch die Vorfälle und Skandale des Königshauses im Frühjahr 2012 (die königliche Elefantenjagd in Botswana oder die gerichtlichen Untersuchungen wegen Unterschlagung gegen den Schwiegersohn des Königs). Ebenso tauchen immer wieder die Fahnen der Organisationen auf, die bis 1977 verboten waren, seien es nun die Kommunistische Partei oder anarchistische Gewerkschaften.

Der wichtigste Gedenktag ist der 14. April, an dem im Jahr 1931 die Republik ausgerufen wurde. Die Veranstaltungen und Demonstrationen aus diesem Anlass finden zwar meist in kleinem Rahmen statt, doch hat sich ihre Zahl ebenso wie die der Teilnehmer in den letzten Jahren erhöht. Immer öfter ist auch die Hymne der Republik zu hören, *Himno de Riego*, benannt nach dem Oberstleutnant Rafael del Riego, der sich 1820 gegen Ferdinand VII. erhoben hatte. Das Verhältnis zwischen den offiziellen spanischen und den republikanischen Symbolen ist bis heute – und heute wohl mehr denn je – angespannt.

Zur Erinnerung an die Republik gehört auch die Würdigung der republikanischen Persönlichkeiten, allen voran Manuel Azaña und der Dichter Antonio Machado, sowie die Besinnung auf damals geschaffene soziale und politische Traditionen. Eine dieser Traditionen ist die soziale Bedeutung der republikanischen Lehrer, die in den Dreißigerjahren viel zum Fortschritt Spaniens vor allem in den ländlichen Regionen beigetragen hatten. Der Unterricht im Umfeld der *Institución Libre de Enseñanza* war zu Beginn des Jahrhunderts selbst für europäische Begriffe sehr fortschrittlich und hatte großen Einfluss auf das Schulwesen während der Republik. Eine Fortsetzung dieser Tradition wurde durch den Sieg des Franquismus brutal unterbrochen. In der bis heute heftig umstrittene Dichotomie zwischen staatlichem und privatem Schulunterricht bricht diese Tradition immer wieder auf, vor allem, wenn im Zeichen der Krise die Mittel für die öffentlichen Schulen gekürzt und private Schulen bevorzugt werden. Ein anderes Motiv der republikanischen Tradition ist die Gleichberechtigung der Frauen, die erstmals in der spanischen Geschichte in den Dreißigerjahren breite soziale Bedeutung erlangte. In der Verfassung von 1931 wurde die Gleichberechtigung der Frauen festgeschrieben, denen damals auch im öffentlichen Leben eine bedeutendere Rolle zukam, als es zuvor der Fall gewesen war – bis der Franquismus die Rolle der Frau auf die weiter vorn beschriebenen Maße zurückstutzte.

Seit dem Auftauchen der Gedächtnisbewegung sind die wohl wichtigsten Gedächtnisorte für Republik, Exil und Widerstand die Stätten der Exhumierungen, ihre lange, von Schweigen umhüllte Präsenz als Massengräber, ihre flüchtige Erscheinung als offene Grabstätten, die nach erfolgter Tätigkeit geschlossen werden, als solche aber im Bewusstsein und in der Erinnerung aller Beteiligten und Zuschauer bestehen bleiben, oft durch ein Mahnmal kenntlich gemacht. Hinzu kommen die Gräber der zum zweiten Mal Begrabenen und zum ersten Mal Bestatteten, die zumindest für eine Generation als Gedächtnisorte fungieren werden. Zu den Gedenkstätten, die erstmals in der *transición* zu Ehren der Vertreter der republikanischen Seite entstanden, gesellen sich in den letzten Jahren immer mehr: Friedhöfe (Fuencarral und Almudena in Madrid, Montjuich in Barcelona), legale oder illegale Gefängnisse, Konzentrationslager, Folterzentren, Bauten, Straßen, Gebäude, die Angehörige der Arbeitsbataillone errichtet hatten – das Land wird, zögerlich zwar, aber immerhin, von neuen Gedächtnisorten überzogen. Mit Studien, Filmen und Romanen ebenso wie mit Denkmälern, Gedenktafeln und Ausstellungen wird in den letzten Jahren immer häufiger der *maquis* gedacht, aber auch der Internationalen Brigaden, für die es sowohl in Spanien selbst als auch in anderen Ländern eine Reihe von Gedenkstätten gibt.[36] Erinnert wird auch an emblematische Kämpfe im Bürgerkrieg, durch Fußmärsche nach Brunete oder Fahrten zu den Orten der Schlacht von Guadalajara, die die *Asociación de los Amigos de las Brigadas Internacionales* organisiert, durch Ausgrabungen der ehemaligen Stellungen und die Errichtung von Schautafeln und Gedenksteinen auf den Schlachtfeldern am Jarama oder am Ebro[37], durch Denkmäler bei Massengräbern wie La Barranca bei Lardero in La Rioja oder Los Pozos de Caudé in Aragonien.

Aber das Gedenken an Republik und Exil reicht weit über Spanien hinaus. Zu den ältesten Gedächtnisorten gehören die ehemaligen Lager in Frankreich, in denen auf Stelen oder Gedenktafeln an die hier Gefangenen oder Gefallenen erinnert wird. Vor allem im Süden des Landes haben sich in den letzten Jahren und Jahrzehnten unter starker Beteiligung von Nachkommen spanischer Exilanten Vereine gebildet, die Initiativen setzten, um das Andenken an diese Orte zu pflegen: in Gurs, Le Vernet, Rivesaltes, Les Milles, Septfonds und anderen Orten.

Das Lager Mauthausen gilt den Republikanern als Chiffre für alle deutschen Konzentrationslager, da, wie bereits erwähnt, in ihm die meisten Spanier inhaftiert waren und ums Leben kamen. Jährlich versammeln sich zum Jahrestag der Befreiung die immer weniger werdenden ehemaligen Insassen, Mitglieder verschiedener Organisationen wie der *Amicale de Mauthausen* und Nachkommen der Ermordeten. 2005 nahm José Luis Rodríguez Zapatero als erster spanischer Ministerpräsident persönlich an der Gedenkfeier teil.[38] Auch in den Nebenlagern Gusen und Bretstein wird durch Privatinitiativen das Gedenken an die Spanier aufrechterhalten.[39]

Etwas näher, nämlich keine zwanzig Kilometer nördlich der spanischen Grenze, befindet sich in dem kleinen französischen Küstenort Colliure das Grab des Dichters Antonio Machado. Er war am 29. Januar 1939 mit seiner greisen Mutter, seinem Bruder José und dessen Frau in den Ort gekommen und fand in einem winzigen Hotel in der heutigen Rue Machado 2 Unterkunft. Geschwächt, geknickt, krank, starb der Dichter am 22. Februar, dreiundsechzig Jahre alt, seine Mutter überlebte ihn nur um drei Tage. Machado wurde in einem Nischengrab beigesetzt, 1959 in ein Erdgrab umgebettet, dessen Kosten durch öffentliche Spenden in Frankreich aufgebracht wurden. Die *Fundación Antonio Machado* wacht, wohlweislich von Toulouse und nicht von Spanien aus, bis heute über sein Erbe. Während der Bruder Manuel ein Fürsprecher Francos und seines Regimes war, wurde Antonio Machados Grab bald zu einer Pilgerstätte der republikanischen Tradition. Heute kommen täglich Besucher, wovon die frischen Blumen und Kränze, die republikanischen Fahnen, die Steine am Grabstein und nicht zuletzt die Plaketten und Tafeln mit den Inschriften zeigen, die sehr oft von Schulklassen oder Gedächtnisvereinen stammen.

Ein Stück weiter im Nordwesten befindet sich auf dem Friedhof der Stadt Montauban das Grab des letzten Präsidenten der Zweiten Republik, Manuel Azaña, der hier am 3. November 1940 im Alter von nur sechzig Jahren an den Folgen einer Erkrankung starb. Im Herbst 2008 wurde auf Initiative der *Association Présence de Manuel Azaña* das Grab, das etwas abseits, unscheinbar und versteckt zwischen zwei großen Familiengruften in der Allée de Canaris, Sektion 7, 8721, liegt, umgestaltet und mit einer Stele versehen, um so das Andenken an den ehemaligen Präsidenten zu ehren. Freilich war das Echo in der Presse nicht allzu groß.

Um beide Gräber gibt es immer wieder zum Teil heftig geführte Diskussionen darum, ob man die sterblichen Überreste der Symbolfiguren der Zweiten Republik exhumieren und nach Spanien bringen solle, um sie hier in einem Ehrengrab beizusetzen. Während eine Seite dafür plädiert, der Geschichte treu zu bleiben und sie dort zu belassen, wo sie aufgrund der historischen Umstände starben, spricht die andere Seite von einer Schande für das Land, das zwei zentrale Figuren der damaligen Zeit nicht an einem ihnen angemessenen Platz bestatten kann. Der Schriftsteller Benjamín Prado fragte sich anlässlich der Auseinandersetzungen um die missglückte Exhumierung von Federico García Lorca, ob es denn logisch sei, die beiden Persönlichkeiten an einem Ort zu belassen, den sie nicht gewählt hätten, sondern der ihnen von den »Aufständischen des Jahres 1936 zugewiesen« worden sei, ganz anders als etwa der Dichter Juan Ramón Jiménez, der nicht zurückkehren wollte, den »sie«, das franquistische Regime nämlich, 1958 »aber doch nach Spanien brachten, um ihn in der schwarzen Erde der Diktatur zu begraben«.[40]

Die *transición* – der kurze Weg von der Diktatur zur Demokratie

Am 20. November 1975 starb nach langer Agonie Francisco Franco im Madrider Krankenhaus La Paz, auf den Tag genau 39 Jahre nach José Antonio Primo de Rivera.[1] Fünfzig Stunden dauerte die Totenwache, zwischen 300 000 und einer halben Million Menschen defilierten an seinem Sarg vorbei, bis der Leichnam am 23. November im Valle de los Caídos beigesetzt wurde. Bereits 1947 war durch das sogenannte Gesetz der Nachfolge als Staatsoberhaupt der damalige Prinz und spätere König Juan Carlos I. zum Nachfolger Francos bestimmt worden, 1969 wurde er offiziell als künftiges Staatsoberhaupt bestätigt. Eine Bürde, die dem König bis heute von links vorgeworfen und von profranquistischen Kreisen zugutegehalten wird – woran der junge Regent nicht ganz unschuldig war, sprach er doch zu Lebzeiten Francos in den höchsten Tönen über den Diktator.[2]

Was nun begann, erhielt den Namen *transición* und meinte den Übergang von einer klerikalfaschistischen Diktatur zu einer parlamentarischen Monarchie. Wie lange diese Phase dauerte, darüber gehen die Meinungen auseinander. Manche setzen den Beginn bereits 1973 fest, als am 20. Dezember der Regierungspräsident Luis Carrero Blanco durch ein Attentat der ETA ums Leben kam. Carrero Blanco war von Franco als Nachfolger auf der Regierungsebene vorgesehen, sodass sich nun eine Leerstelle auftat, die Carlos Arias Navarro füllen musste. Andere lassen die *transición* am Todestag Francos beginnen, wieder andere zwei Tage später, da am 22. November 1975 Juan Carlos zum König und Staatsoberhaupt gekrönt wurde. Noch offener ist das Ende. Es liegt zwischen dem 29. Dezember 1978, als die demokratische

Verfassung in Kraft trat, dem 23. Februar 1981, als der Oberstleutnant Antonio Tejero gegen die junge Demokratie putschte, und Ende Oktober 1982, als die Sozialistische Partei an die Macht gelangte, oder gar dem Jahr 1986, als Spanien der damaligen Europäischen Wirtschaftsgemeinschaft beitrat und für den Verbleib des Landes in der NATO stimmte.

International war es eine bewegte Zeit. Im Nachbarland Portugal hatte am 25. April 1974 die Nelkenrevolution die Salazar-Diktatur gestürzt, in Griechenland war im Juli desselben Jahres das Regime der Obristen zu Ende gegangen, am 11. September 1973 hatte der General Augusto Pinochet geputscht, im März 1976 übernahm in Argentinien das Militär unter General Jorge Rafael Videla erneut die Macht.

Aufgrund des schlechten Gesundheitszustandes des greisen Diktators hatte sich die Opposition innerhalb und außerhalb Spaniens zu verschiedenen Bündnissen gefunden, die beiden bedeutendsten waren die *Junta Democrática de España* (JDC, Demokratisches Bündnis Spaniens) und die *Plataforma de Convergencia Democrática* (PCD, Plattform des Demokratischen Zusammengehens). Die JDC wurde im Sommer 1974 von der PCE ins Leben gerufen, neben ihr waren die Sozialistische Volkspartei des charismatischen Professors und Madrider Bürgermeisters Enrique Tierno Galván und die Gewerkschaft *Comisiones Obreras* die wichtigsten Partner. Die PCD entstand ein Jahr später rund um die PSOE, zu ihr gehörten neben den bürgerlichen baskischen Nationalisten der PNV kleinere Parteien wie die Demokratische Linke, die Revolutionäre Arbeiterorganisation und die Kommunistische Bewegung, eine ETA-Abspaltung. Von Bedeutung für die heutigen Auseinandersetzungen um die *memoria histórica* war, dass beide Bündnisse eher defensive Programme vorlegten, die zwar die Errichtung einer Demokratie ebenso wie die grundlegenden bürgerlichen Freiheiten proklamierten, sich aber nicht zur Frage Monarchie oder Republik festlegten und auch keine Entschädigungen oder gar Strafmaßnahmen hinsichtlich der franquistischen Repression forderten.

Der Ende 1973 noch von Franco eingesetzte Regierungspräsident Carlos Arias Navarro musste auf Wunsch des Königs im Juli 1976 zurücktreten. Zu seinem Nachfolger bestimmte Juan Carlos überraschenderweise Adolfo Suárez, einen bis dahin kaum in Erscheinung getretenen Politiker, der unter Franco Karriere gemacht und es zum Intendanten des spanischen Rundfunks sowie zum Minister und Leiter des mächtigen falangistischen *Movimiento Nacional* gebracht hatte. Die personelle und konzeptuelle Kontinuität des Regimes war durch Suárez ebenso gewährt wie eine moderate demokratische Öffnung, sodass nun die Weichen für die Zukunft gestellt werden konnten. Bereits unter Franco waren die Richtlinien für einen Übergang von einem System zum anderen beschlossen worden, ein Übergang, der *de la ley a la ley,* vom Gesetz zum Gesetz, genannt wurde. Daran arbeiteten nun die »Väter der Verfassung«, die von den größten Parteien bestimmt worden waren. Am 6. Dezember 1978 wurde bei einer Volksabstimmung ihr Verfassungsentwurf mit einer Mehrheit von 87,1 Prozent beschlossen. Allerdings war knapp ein Drittel der Stimmberechtigten der Abstimmung ferngeblieben.

Die meisten Spanier erlebten die *transición* als eine bewegte Zeit des Umbruchs, in der vieles offen war und möglich schien, in der es Debatten, Auseinandersetzungen, Polemiken gab, die im Zeichen einer großen Ungewissheit standen. Diese von vielen ihrer Protagonisten als vorbildlich und harmonisch beschriebene Epoche war aber tatsächlich von Gewalt durchwirkt. In der *semana trágica* etwa, der tragischen Woche vom 23. bis 29. Januar 1977, starben in Madrid bei Demonstrationen zwei Studenten, entführte die linksradikale GRAPO den Präsidenten des Obersten Militärgerichtshofs und brachte zwei Polizisten und einen Zivilgardisten ums Leben, ein rechtsradikales Kommando ermordete vier Arbeiteranwälte in ihrem Büro in der Calle Atocha. Die Demonstrationen anlässlich des Begräbnisses der Anwälte wurden zu einer massiven Kundgebung für die Demokratie, bei der die illegale PCE erstmals öffentlich in Erscheinung trat, während die Polizisten, die die Attentäter des »Gemetzels von Atocha« verhaftet hatten, die ihnen zustehenden Belohungen und Ehrungen aus Solidarität mit den Tätern nicht annahmen.[3] Insgesamt forderte der Terrorismus von links und rechts zwischen 1968 und 1983 nicht weniger als 560 Todesopfer, im Durchschnitt fast 38 im Jahr. Der Polizeiapparat der Diktatur behielt seine Macht bei und agierte nicht viel anders als zuvor, denn in der zweiten Hälfte der Siebzigerjahre gab es »mehr als zweihundert Tote und Tausende Verletzte unter linken Aktivisten«[4]. Der wohl bezeichnendste Ausspruch aus dieser Zeit stammt von Manuel Fraga Iribarne, Minister unter Franco und Minister und Vizeregierungschef unter Suárez: »Die Straße gehört mir!«

Am 9. April 1977 wurde, für viele überraschend, die Kommunistische Partei Spaniens legalisiert. Dieser Ostersamstag bedeutete eine klare Wende in der Politik, vor allem, weil nur wenige Stunden zuvor die Regierung Suárez beschlossen hatte, die Suprastruktur des franquistischen Staates zu eliminieren, das *Movimiento Nacional,* das zwar bereits all seine Inhalte verloren, seine Symbole und Institutionen jedoch beibehalten hatte.[5] Im Gegenzug akzeptierte die PCE das System der parlamentarischen und erkannte die monarchistische rotgold-rote Flagge an, pikanterweise am 14. April, dem 36. Jahrestag der Proklamation der Zweiten Republik.

Die ersten freien Wahlen vom 15. Juni 1977 brachten eine Überraschung mit sich: Sie wurden von der konservativen Koalition der *Unión de Centro Democrático* (UCD) von Adolfo Suárez gewonnen, zweitstärkste Partei wurde aber die PSOE unter Felipe González – und nicht, wie von vielen erwartet, die PCE unter Santiago Carrillo. Die PSOE, die während der Franco-Diktatur kaum in Erscheinung getreten war, hatte 1974 einen umfassenden Wandel durchgemacht. Auf dem 13. Parteikongress im französischen Suresnes wurde eine neue, junge Führung unter Felipe González und Alfonso Guerra gewählt, deren wichtigste Vertreter den Bürgerkrieg nicht miterlebt hatten und aus der studentischen Protestbewegung kamen. Sie brachen mit dem bisherigen Kurs der Parteileitung, die Rodolfo Llopis in seinem Exil in Toulouse innegehabt hatte. Mit der finanziellen, ideologischen und politischen Unterstützung der USA,[6] aber auch der Sozialistischen Internationale, der europäischen Sozialdemokratie (Willy Brandt, Olaf Palme) sowie der Friedrich-Ebert-Stiftung und der IG Metall wurde dem radikaleren Kurs der Exil-PSOE abgeschworen, realpolitisch wurde die Marktwirtschaft ebenso akzeptiert wie die Monarchie, die Forderung, dass Täter und Schergen der Diktatur Rechenschaft ablegen müssten, wurde gestrichen. Da die PCE und deren Gewerkschaft *Comisiones Obreras* »massiv« von der DDR gefördert wurden und sie zudem die weitaus stärkste linke Oppositionspartei war, garantierte Brandt Felipe González und Nicolás Redondo, dem Führer der Gewerkschaft UGT, dass es ihnen »an politischer und finanzieller Unterstützung«[7] nicht fehlen werde. Wie groß die Bedeutung der deutschen Sozialdemokratie nicht nur für die PSOE, sondern für den gesamten Prozess der *transición* war, hat Antonio Muñoz Sánchez erst 2012 in seinem Buch *El amigo alemán* (Der deutsche Freund) herausgearbeitet. Einige Jahre zuvor hatte bereits Joan E. Garcés in *Soberanos e intervenidos* (Unabhängige und Gesteuerte) nachgezeichnet, wie die ökonomischen Interessen vor allem Deutschlands und Frankreichs sowie die militärischen Interessen der USA und der NATO in diesen Jahren zu Einflussnahmen auf allen Ebenen führten, um sich »mit sehr wenigen Millionen« die spanischen Parteien gefügig zu machen, die Monarchie durchzusetzen und das Land als Bündnispartner zu gewinnen, da Spanien wirtschaftlich und geografisch von großer Bedeutung war. Ihm zufolge wurde der Postfranquismus von Teams in Angriff genommen, die nach unternehmerischen Kriterien ausgewählt worden waren, auch wenn einige von ihnen historische Siglen trugen – eine klare Anspielung auf die PSOE. Diese als Parteien getarnten Teams stellten sich nun einer Bevölkerung zur Wahl, der man fast vierzig Jahre lang ihre Organisationen und ihre politischen Rechte vorenthalten hatte.[8]

Die Wahlen vom 1. März 1979, kurz nach dem Inkrafttreten der Verfassung, brachten kaum Veränderungen gegenüber denen des Jahres 1977, sehr wohl aber die ersten Gemeindewahlen am 3. April 1979, als die PSOE in den meisten Ortschaften, vor allem in den großen Städten, gewann. Aufgrund des unerwarteten Sieges fehlte es der Partei an Personen, die über die nötigen politischen und administrativen Kenntnisse verfügten, sodass sie unter den besser ausgebildeten Kadern der PCE anwerben musste, mit dem Ergebnis, dass viele Kommunisten »überliefen«, weniger aus Verrat an den Idealen, sondern weil sie glaubten, auf diese Weise mehr für die Neugestaltung des Staates tun zu können. Dies führte in der Folge zum Niedergang der PCE, die von der treibenden Kraft des Widerstandes zu einer Existenz als Minderheitenpartei verdammt wurde, noch dazu im Inneren von Richtungs- und Machtkämpfen zerrissen. Zugleich verloren auch die Parteien, die sich in der direkten Nachfolge des Franquismus sahen, rapide an Wählern, die größte von ihnen war *Fuerza Nueva* (Neue Kraft) unter der Führung von Blas Piñar, die 1979 ein Abgeordnetenmandat erhielt. Die gemäßigten konservativen Parteien wie UCD oder *Alianza Popular* des ehemaligen Ministers Manuel Fraga übernahmen das radikale Wählerpotenzial des Franquismus, vor allem, als sie sich mit anderen kleinen Parteien 1989 unter der Leitung von Fraga als *Partido Popular* (PP) zusammenschlossen und die einzige rechte Partei Spaniens wurden, die ein ungemein breites Spektrum von Wählerinteressen abdecken musste: von stockkonservativen Katholiken des Opus Dei bis zu Neoliberalen, von alten und neuen Franquisten bis zu gemäßigten Christdemokraten. Eine unausgesetzte Zerreißprobe, die nur durch eine strenge, zentralistische Parteiführung zu bestehen war und ist.

An der *transición* scheiden sich bis heute die Geister, heute wohl mehr denn je zuvor. Denn sie stellte die Weichen für all das, was später geschah. Bis in die Gegenwart wird sie sowohl von den damaligen Protagonisten als auch von ihren, meist konservativen, politischen Nachkommen als mustergültig hingestellt,[9] von den anderen als Ausverkauf und Fortsetzung des Franquismus unter (pseudo)demokratischen Vorzeichen gesehen, deren Revision dringend notwendig sei. Unter den damaligen Kräfteverhältnissen war wohl nicht viel mehr möglich, zu schwach war die Opposition, zu stark waren die Mächte, die aus dem Franquismus kamen. Franco hatte in einer seiner Fernsehansprachen erklärt, das Land sei in Hinblick auf die Zukunft »atado, y bien atado – verschnürt und fest verschnürt«. Weitgehend stimmte dies auch, immerhin hatte er fast vierzig Jahre Zeit gehabt, das Land nach seinen Vorstellungen umzugestalten. Angesichts der drohenden Änderungen und der demokratischen Öffnung kam es immer wieder zu Verschwörungen und Putschversuchen der Nostalgiker des Regimes, der spektakulärste war wohl der sogenannte 23-F, die Besetzung des Parlaments am 23. Februar 1981, angeführt von Antonio Tejero, Oberstleutnant der Guardia Civil. Noch am 27. Oktober 1982, nachdem die PSOE die Parlamentswahlen mit absoluter Mehrheit gewonnen hatte, konnte ein Attentat auf Felipe González gerade noch vereitelt werden, als man bei einer Truppenparade unter seiner Tribüne Sprengstoff fand. Diese Attentate und Putschversuche waren ein Schock, der die Demokratisierung des Landes stark bremste, und zugleich eine Warnung, dass die Rechte ihre erworbenen Pfründen nicht so leicht aufgeben würde.

Die heutige Kritik an der *transición* bezieht sich wohl weniger auf die Zeit und ihre Umstände als auf einige der damals ausgehandelten Punkte, die sich als richtungsweisend für Spanien herausgestellt haben. So etwa kritisiert die Rechte die Schaffung der Autonomien, die Spanien in siebzehn Autonome Regionen unterteilte – sie würden dem Zerfall des Landes Vorschub leisten und die (von Franco hergestellte) Einheit gefährden. Die *Pactos de Moncloa* (Moncloa-Abkommen) zwischen Gewerkschaften, Unternehmerverband und Parteien, geschlossen, um den wirtschaftlichen Änderungen einen breiten sozialen Rahmen zu garantieren, gelten heute in Wirtschaftskreisen als Anachronismus und sind durch die letzten Arbeitsreformen auch tatsächlich ausgehöhlt worden. Von linker Seite wird die geheime Unterzeichnung eines Konkordats mit dem Vatikan im Januar 1979 kritisiert, das dem katholischen Klerus trotz der verfassungsmäßigen Trennung von Kirche und Staat nicht nur große Einkünfte sicherte, sondern viele der bisherigen Privilegien aufrechterhielt.

Durch die Gedächtnisbewegung wurde eine Reihe von neuen Kritikpunkten ins Spiel gebracht, die, durchaus in einer linken Tradition, im Grund darauf hinausliefen, dass der Weg von der Diktatur in die Demokratie viel zu eben, zu einfach und zu kurz gewesen sei und es keine grundlegende Auseinandersetzung mit den Instanzen des Regimes gegeben habe. Und vor allem keine Verurteilung des begangenen Unrechts. Unmittelbar nach dem Tod Francos kam es am 25. November 1975 im Sinne einer Befriedung und Harmonisierung der Gesellschaft zu einem Begnadigungserlass, dem bald darauf zwei Königliche Gesetzesverordnungen folgten: am 30. Juli 1976 eine zur Amnestie und am 14. März 1977 eine zu Begnadigungsmaßnahmen und allgemeinem Straferlass. Am 15. Oktober 1977, also nach den ersten demokratischen Wahlen, aber noch ohne neue Verfassung, wurde schließlich das Amnestiegesetz verabschiedet, aufgrund dessen sage und schreibe 89 politische Gefangene entlassen wurden; alle anderen Häftlinge waren bereits zuvor freigekommen. Diese Amnestie der *transición* erreichte zweierlei: Das zivile, gewaltlose Aufbegehren vieler Staatsbürger, die in »Ausübung der Rede-, Vereinigungs-, Versammlungs- und Demonstrationsfreiheit oder der Freiheit der Zugehörigkeit zu politischen Parteien«[10] gehandelt hatten, wurde ebenso wie die gegen eine Gewaltregierung gerichteten Attentate der ETA und anderer militanter linker Gruppen all den Verbrechen gleichgesetzt, die »Beamte im öffentlichen Dienst gegen die Ausübung der Rechte der Personen begangen hatten«[11]. Andererseits wurden diese »Beamten«, die nichts anderes waren als Angehörige des franquistischen Repressionsapparats, amnestiert, ohne je für ihre Taten zur Rechenschaft gezogen worden zu sein. Montse Armengou und Ricard Belis zufolge setzte das Gesetz »die ›Vergehen‹ des Kampfes um die Freiheit mit den Verbrechen des Franquismus gleich: Man warf Demokraten, die kein Blutsdelikt begangen hatten, in einen Topf mit franquistischen Folterern und Mördern; indem man dem Demokraten ›vergab‹, waren die Franquisten abgesichert. Daher bedeutete die Amnestie Straflosigkeit und ein effektives Schlussstrichgesetz, das jede Möglichkeit ausschloss, das Regime des Diktators strafrechtlich zu verfolgen.«[12] Eine »Besonderheit oder ein juristisches Versäumnis«[13], das José Antonio Martín Pallín zufolge weltweit einzigartig ist. Dank diesem Gesetz blieben die politischen Führer des Franquismus »als Teil eines ungeschriebenen und von niemandem gerechtfertigten Paktes«[14] von jeder Schuld frei. Die ausführenden Chefs und Leiter des Repressionsapparats fanden sich in einem gesetzlichen Niemandsland wieder, denn weder waren sie schuldig – und dank der Amnestie nicht mehr zu belangen –, noch waren sie unschuldig, da ihre Taten von keinem Richter untersucht und sie nicht freigesprochen worden waren. Einzig die folternden Polizisten wurden im Konjunktiv begnadigt für die »Verbrechen, die sie begangen haben könnten«, nämlich für diejenigen, von deren Existenz man wusste und weiß, die aber nie untersucht worden sind. Anders als in Argentinien, wo die Schlussstrichgesetze aufgehoben und die Militärs der Diktatur verurteilt wurden, dient das Amnestiegesetz bis heute als Mittel, um jeden Versuch einer strafrechtlichen Verfolgung der franquistischen Täter zu unterbinden, wie es sich im Fall Garzón (siehe Seite 272) gezeigt hat.

Niemand im ganzen Land wurde zur Verantwortung gezogen, egal, ob es ein kleiner Beamter war, der mitgemacht hatte, oder ein Leiter der Geheimpolizei. Die große Mehrzahl der Mitläufer und Täter behielt ihre Stellen und machte weiterhin unbeschadet Karriere. Es kam zu dem, was Ramón Sáez Valcárcel, Richter an der *Audiencia Nacional,* bezeichnet hat als die »massive Migration von Leitern und Spitzenpersonal der franquistischen Institutionen in das neue demokratische System, ohne Bedingungen oder Voraussetzungen; niemand bat um Verzeihung oder bedauerte die Tyrranei«[15].

Im Gegensatz zu den Franquisten unmittelbar nach dem Bürgerkrieg »hatten die Regierungen der *transición* keinen übermäßigen Eifer an den Tag gelegt, die Symbole des Franquismus aus der Öffentlichkeit zu entfernen«[16]. Die Fahne wurde erst 1981 geändert, das franquistische Wappen mit dem Spruch »Una Grande Libre« gar erst durch die *Ley de Memoria Histórica* als illegal erklärt. Je nachdem, welche Partei in den Ortsgemeinden oder Regionen regierte, wurden Straßennamen umbenannt, Symbole entfernt, Inschriften, Gebäude und öffentliche Einrichtungen »entfranquisiert« oder nicht. Linke Parteien taten es rasch und nachhaltig, rechte Parteien selten bis überhaupt nicht. Auf ihre nationale Eigenständigkeit bedachte »historische Autonomien« wie das Baskenland und Katalonien gingen sehr sorgfältig vor und tilgten fast alle Reste der Erinnerung an die Diktatur. Es gab keine öffentlichen Anweisungen dazu, es war den Bürgermeistern und der Verwaltung überlassen, diesbezügliche Entscheidungen zu treffen. Geschah dies anfangs mit Eifer, so erfuhren die Maßnahmen ab dem 23-F eine gewisse Lähmung, in den späten Achtziger- und Neunzigerjahren wurde kaum mehr etwas unternommen. Jesús de Andrés hat in einer Studie[17] festgestellt, dass (Reiter-) Standbilder Francos bis 1986 von öffentlichen Plätzen entfernt wurden, dann, nach einer immerhin sechzehnjährigen Pause, erst wieder ab dem Jahr 2002 im Zuge der Auseinandersetzungen um die *memoria histórica*. Ebenso waren im Jahr 2006 die Hauptstädte von nur vier Autonomen Regionen vollständig von franquistischen Namen bereinigt: Balearische Inseln, Katalonien, Baskenland und Navarra.[18] Und in bloß drei Provinzen waren alle Ortschaften »francofrei«: Girona, Guipúzcoa und Vizcaya. 35 Provinzhauptstädte führten in ihrem Straßenverzeichnis immer noch Namen franquistischen Ursprungs, in vielen von ihnen ist deren Präsenz bis heute sehr hoch, meist im Norden des Landes: Ávila, Oviedo, Santander, Valladolid, Salamanca, Zaragoza, La Coruña, oder an der südlichen Peripherie: Melilla und Santa Cruz de Tenerife. Aber auch die Hauptstadt Madrid hat sich bis heute erfolgreich der Gedächtnispolitik verweigert, denn immer noch tauchen mehr als hundert Namen franquistischen Ursprungs im Straßenverzeichnis auf.

Die Namen des Regimes blieben erhalten, doch verschwanden in der *transición* zahlreiche Dokumente und Akten aus den Archiven, die vernichtet wurden, um die Spuren der Repression zu verwischen.

»Wir garantieren die Vernichtung ihrer Archive«, stand als Werbeslogan auf dem Lastwagen einer Firma, die 1982 das Gericht von Salamanca um seine Akten erleichterte.[19] Dasselbe geschah in zahlreichen Institutionen, besonders im *Archivo General de la Administración* (AGA), dem Generalarchiv der Verwaltung, das dennoch bis heute eine Fundgrube für die Zeit des Franquismus darstellt, aber kaum genutzt wird. Zugang zu den Unterlagen der Diktatur erhielten die Spanier erst schrittweise ab 1978, um die *transición* nicht zu gefährden. Noch 1994 meinte die damalige Direktorin des AGA: »Wenn wir zu großen Druck ausgeübt hätten, wären die Unterlagen verschwunden. Es war besser abzuwarten, bis die Beamten ihre Angst verloren hatten, um die Zeugnisse jener Zeit zu retten.«[20]

Die Mythen des »modellhaften Charakters« der *transición* und ihre Probleme hat aus heutiger Sicht Ariel Jerez zu drei Punkten zusammengefasst.[21] Der erste Mythos ist der ihres »einvernehmlich ausgehandelten, friedlichen Charakters«. Tatsächlich seien die Verhandlungen von einer »Asymmetrie der Macht« gekennzeichnet gewesen, die den Regimegegnern zahlreiche Bedingungen aufgezwungen habe, um den »sozioökonomischen Status quo und die politische Amnestie des Franquismus« durchzusetzen, all dies zudem unter den Vorzeichen des Kalten Kriegs. Der zweite Mythos schreibe »der Umsicht und dem Pragmatismus der Eliten«, vom König über Felipe González, Santiago Carrillo bis hin zu Manuel Fraga, die beinahe ausschließliche Hauptrolle zu und würde die Aktivisten der Basis, die einen bedeutenden Beitrag für den friedlichen Übergang zur Demokratie geleistet hätten, außer Acht lassen. Der dritte Mythos betone den friedlichen Charakter, durch den die *transición* den Fortbestand des Franquismus forciert habe, da der sogenannte Frieden der Diktatur einem angeblich traumatischen Bruch mit der Vergangenheit vorgezogen wurde.

Diese Weichenstellung habe eine »profunde Depression« des »progressiven Feldes« ebenso zur Folge gehabt wie den Fortbestand eines umfassenden Erbes des Franquismus, das der konservativen Seite zahlreiche Vorteile verschafft habe. So etwa die Aufrechterhaltung der Monarchie als unhinterfragte Staatsform – auch wenn einer aktuellen Umfrage zufolge die Zustimmung zur parlamentarischen Monarchie von 66 Prozent im Jahr 1996 auf 53 Prozent im Jahr 2012 gesunken ist, während gleichzeitig die Befürwortung einer republikanischen Staatsform von 13 Prozent auf 37 stieg.[22] Weiter fördere, Jerez zufolge, das »vordemokratische Wahlsystem« eine konservative »Zweiparteienlogik«, die gegen den politischen Pluralismus Spaniens verstoße. Tatsächlich verschafft das Wahlsystem nicht nur den beiden Großparteien, sondern auch den Nationalisten des Baskenlandes und Kataloniens enorme Vorteile gegenüber anderen Parteien, da die in diesen Autonomien abgegebenen Stimmen ungleich größeren Wert haben als in anderen Regionen. Ein aktuelles Beispiel: Bei den Parlamentswahlen im November 2011 erhielt *Convergència i Unió,* die nur in Katalonien antrat, mit insgesamt 1 014 263 Stimmen 16 Mandate, während die landesweit angetretene *Izquierda Unida* mit 1 680 810 Stimmen bloß 11 Mandate erzielte.[23]

Bis heute sind auch die Wurzeln der spanischen Wirtschaft im Franquismus zu suchen. Für Jerez stammt das gegenwärtige sozioökonomische Modell aus der Diktatur und favorisiert die Macht der Unternehmens- und Finanzwelt über die Politik und die Arbeitnehmer, was »eine geringe Regulierung und staatliche Kontrolle der Wirtschaftsmächte und eine enorme Permissivität ihren illegalen Verhaltensweisen gegenüber«[24] zur Folge hat. Viele der großen Unternehmen, die heute im spanischen Aktienindex IBEX 35 vertreten sind, leiten sich wirtschaftlich und personell direkt vom Franquismus her.[25]

Die Folgen dieses Wirtschaftssystems traten in der Krise ab dem Jahr 2008 deutlich zutage: Die Korruptionsfälle des Falls »Gürtel« (siehe Seite 279), des Königshauses, der Immobilienblase gehen auf ein unternehmerisches Selbstverständnis zurück, bei dem Politiker und Unternehmer aufs Engste zusammenarbeiten, den Staat betrügen und sich gegenseitig enorme Gewinne aus Schwarzgeldern zuschieben, ein Modell, das zwar auch anderswo sehr erfolgreich ist, sich in Spanien aber im Franquismus herausgebildet hat. Nicht umsonst wird geschätzt, dass die Schwarzwirtschaft in Spanien ein Viertel des BIP ausmacht.[26]

Das, was wir heute unter Gedächtnispolitik verstehen, wurde in der *transición* zugunsten der Aussöhnung und des Neuanfangs in den Hintergrund gedrängt. Es gab zwar eine breite soziale Auseinandersetzung, es erschienen Bücher über alle möglichen Aspekte des Bürgerkriegs,[27] es kam zu ersten, oft heimlichen und dilettantischen Exhumierungen, deren Zahl und Ausmaß jedoch nie zu eruieren sein wird, die marxistisch-leninistische Kommunistische Partei *PCE (m-l)* versuchte im Oktober 1978, ein internationales Gericht gegen die Verbrechen des Franquismus ins Leben zu rufen, im Dezember desselben Jahres wurde die *Unión de Ex Combatientes* (Union der ehemaligen [republikanischen] Kombattanten) gegründet, im September 1979 die *Asociación de Ex-Presos y Represaliados* (Verein der ehemaligen Gefangenen und Unterdrückten), doch war der Erfolg dieser Unternehmungen eher bescheiden.

Eines der grundlegenden Probleme der *transición,* das bis heute weiterwirkt, war aber das Unvermögen oder der Unwillen vieler Bürgerkriegssieger, Verständnis, Empathie für die Verlierer oder gar Scham für die vollbrachten Untaten zu zeigen. Oder, wie es der Philologe Lluis Quintanilla ausgedrückt hat: »Keine Reue, kein Zeichen, dass sie auch nur einen Augenblick daran gedacht hätten, sich vielleicht geirrt zu haben, kein die Opfer um Verzeihung Bitten konnten wir hören, als der Franquismus zu Ende war. [...] und man muss mit Nachdruck feststellen, dass die Gnadenlosigkeit derjenigen, die gewonnen hatten, verwerflicher ist als der Hass, den man gegen sie verspüren konnte, denn sie und nur sie hatten die Möglichkeit zu handeln.«[28]

Santos Juliá
oder Das Gedächtnis der transición

Santos Juliá ist einer der bekanntesten Historiker der spanischen Zeitgeschichte, dank seiner vielen Bücher und aufgrund der Kolumnen, die er für mehrere Medien schreibt, vor allem für die Tageszeitung *El País*. In ihnen nimmt er, manchmal polemisch, zu tagespolitischen Ereignissen Stellung und hat sich im weiten Feld der *memoria histórica* zwischen die Fronten begeben: Die Rechten sehen in ihm den Linksliberalen, die Vertreter der Gedächtnisbewegung einen konservativen Verteidiger der *transición*.

Juliá wurde 1940 im galicischen El Ferrol geboren, studierte an der Madrider Universidad Complutense und in Stanford und begann relativ spät eine akademische Karriere. 1979 kam er an die UNED, die spanische Fernuniversität, zehn Jahre später war er Professor in der Abteilung für Sozialgeschichte und Politisches Denken, bis zu seiner Emeritierung im Jahr 2010. Dort hat er noch ein Büro voller Bücher und mit Blick auf die fern in der Januarsonne liegende Sierra de Guadarrama. Unter den zahlreichen Werken von Juliá sind seine umfassende Biografie von Manuel Azaña (1990 bzw. 2008) zu erwähnen, aber auch einige der von ihm herausgegebene Sammelbände, die wichtige Beiträge zur Erforschung des Gedächtnisses wurden. So etwa *Víctimas de la guerra civil* (1999), das eine erste Zusammenfassung all jener Studien war, die seit den Achtzigerjahren das Problem der Gewalt und Repression in eher lokalem Rahmen erforscht hatten, und *Memoria de la guerra y del franquismo* (2006), in dem viele historische Aspekte aus dem Blickwinkel des Gedächtnisses analysiert werden. In seinem letzten Buch versucht Juliá eine Ehrenrettung der Geschichte in Zeiten des Gedächtnisses: *Elogio de Historia en tiempo de Memoria* (2011).

Worin besteht für Sie der Unterschied zwischen Gedächtnis und Historiografie?

Das Gedächtnis macht aus der Vergangenheit eine kollektive Feier, verwandelt sie in Erinnerung und lässt sie als solche gegenwärtig werden, während die Geschichte die Vergangenheit erforscht.

Schließen sich die beiden aus?

Ich glaube nicht, es kann sogar zu einer gegenseitigen Befruchtung zwischen Geschichte und Gedächtnis kommen. Die Erinnerung an die Vergangenheit kann dazu führen, sie zu erforschen, und umgekehrt. In unserer Generation, der in den Vierzigerjahren Geborenen, war das Gedächtnis des Bürgerkriegs omnipräsent als das des Kreuzzugs, der Sieger. Niemand gedachte der Besiegten. Unausgesetzt wurde vom Bürgerkrieg gesprochen, als Sieg der Wahrheit über das Böse, des wahren Spanien über das Antispanien. Es mussten die Historiker kommen, um das Wissen über die Vergangenheit freizulegen.

Wann begann diese Freilegung? In Memoria de la guerra y del franquismo schreiben Sie, dass es bereits in den Fünfzigerjahren Versuche gab, das gespaltene Gedächtnis zu vereinen.

Es gibt viele Gedächtnisversionen der Vergangenheit. Eine bildete sich in den Medien der doppelten Opposition gegen den Franquismus heraus, eine Opposition, in der einerseits Personen aus dem Umfeld der Diktatur waren, andererseits die Verlierer. Sie traten an der Universität in Kontakt, in der Gewerkschaft *Comisiones Obreras*, wo sich viele Christen, Kommunisten und Anarchisten zusammenfanden. Allein die Tatsache, dass sich jemand von der Seite der Sieger mit jemandem von der Seite der Verlierer zusammensetzte, brachte eine andere Gedächtnisversion hervor. Diesen Prozess bezeichne ich als den Schritt von einem Gedächtnis des Kriegs als Eroberungs- oder Vernichtungskrieg zu einem Gedächtnis des Kriegs als Bruderkrieg. Dieses Gedächtnis entstand dank dem Zusammentreffen der Studentenbewegung mit der Arbeiterbewegung und der Bürgerbewegung. Dadurch wurde ein neuer Blick auf die Vergangenheit geworfen, den nicht mehr Rache- oder Vergeltungsgelüste bestimmten, sondern die Idee einer Amnestie: Die Vergangenheit ist vergangen, wird aber nicht die Zukunft bestimmen. Unsere Generation wusste, was geschehen war, beschloss jedoch, dass das Geschehene keinen Einfluss auf die Zukunft haben würde. Daher versuchten wir mit der Vergangenheit so umzugehen, dass sie kein Hindernis für unsere Zukunftspläne darstellte. Das kann man in den Manifesten nachlesen, die ab 1956 veröffentlicht wurden, in der Literatur, im Exil, bei Studenten, aber auch bei Angehörigen der älteren Generation. Ich glaube, dass genau dieses Gedächtnis während der *transición* wirksam wurde.

Unter Franco existierte eine offizielle, aufgezwungene Geschichtsversion. Daneben gab es andere, persönliche Versionen, über die man nicht sprechen konnte, die aber mit großer Vehemenz ab dem Jahr 2000 hervorbrachen. Würden Sie dem zustimmen?

Ja. Ich habe einen Artikel mit dem Titel »Dem Vergessen übergeben«[*] über dieses Auftauchen einer neuen Generation geschrieben. Dies ist ein wichtiges Element, aber nicht das einzige. Analysiert man ernsthaft, was während des Franquismus und der *transición* über den Krieg erschienen ist – Filme, Erinnerungen, Zeitschriftenartikel, Debatten, Konferenzreihen –, so ist das eine beeindruckende Menge. So erschien etwa eine Artikelserie über die Massengräber und Ermordungen während des Kriegs und danach in der größten Zeitschrift Spaniens, *Interviú*. Damals gab es keine Ansuchen um Exhumierungen, man wollte Denkmäler errichten, um an die dort Begrabenen zu erinnern. Das geschah auch manchmal.

Aber es gab auch geheime Exhumierungen.

Es gab einige, aber sie waren nicht geheim. Durch die Amnestiebewegung kam eine Debatte über den Massenmord in Gang, an der auch die radikale Rechte teilnahm. Denn diejenigen, die legalisiert wurden, die in der Öffentlichkeit auftraten, waren die Kommunisten, und die trugen der rechtsradikalen Zeitschrift *El Alcázar* zufolge die Verantwortung für den Massenmord von Paracuellos. Darüber wurde unablässig gesprochen. Es herrschte kein Schweigen, wie heute oft behauptet wird. In der Diskussion um das Amnestiegesetz ging es eben darum: Wir, die wir uns gegenseitig umgebracht haben, sitzen nun hier im Parlament zusammen und entscheiden, dass so etwas nicht noch einmal geschehen darf. Meiner Meinung nach sollte es in dieser Debatte nicht um die *transición* gehen, sondern um das, was danach geschah. In der *transición* wurde über alles gesprochen und das beschlossen, wofür die Mehrheit stimmte.

Gab es nicht großen Druck seitens der Rechten? Und herrschte nicht immer noch ziemliche Angst nach all der Gewalt der Diktatur?

Die Angst erklärt nicht alles, sonst hätte es gar keine *transición* gegeben und die Diktatur hätte sich perpetuiert. Bei den Gemeindewahlen des Jahres 1979 gewann die Linke in vielen Ortschaften, die im Widerstand aktivsten Personen hatten plötzlich institutionelle Ämter inne, waren Gemeinderäte oder

---

[*]   Echar al olvido, in: *El País*, 15.6.2002.

Bürgermeister. Diese Tendenz verstärkte sich nach dem Wahlsieg der Sozialisten 1982 und bei den Autonomiewahlen 1983. Der Franquismus wurde zu einer Restmacht und erhielt kaum mehr als zehn Prozent der Stimmen. Es war klar, dass die Rechte nicht an die Macht kommen und die Sozialisten lange Jahre regieren würden. Und da man unter diesen Umständen eine fundierte Demokratie aufbauen konnte, schwand das Interesse an der Vergangenheit. Nie zuvor hatte sich in Spanien auf friedliche Weise ein derart tief greifender Wandel in der politischen Klasse vollzogen wie während der *transición*. Beinahe die gesamte Klasse des Franquismus verschwand. Die Vergangenheit verlor als politische Waffe an Bedeutung. Das bedeutet aber nicht, dass über sie nicht gesprochen wurde. Nie hatte es so viele Fernsehserien, Kongresse, historische Studien über den Krieg oder die Repression gegeben wie in den Achtziger- und Neunzigerjahren. Es existieren jede Menge Zeugnisse. Ich kann mich noch an die Überraschung von Hispanisten wie Edward Malefakis, Paul Preston oder Walther Bernecker angesichts der vielen Menschen erinnern, die zu den Vorträgen über Republik, Krieg oder Franquismus kamen. Die kulturelle Produktion war enorm, und damit meine ich alles, von Erinnerungen über Zeitungen und Zeitschriften bis hin zu wissenschaftlichen Studien: Krieg und Franquismus waren permanent präsent. Doch war damit kein politischer Anspruch verbunden. Warum? Weil die Rechte als Alternative zur Linken verschwunden war, zur PSOE, auch wenn einige einwenden mögen, dass die PSOE nicht die Linke war. Dieses Verschwinden führte dazu, dass die Geschichte über das Gedächtnis die Oberhand behielt.

In einem Interview im Jahr 2007 sagte Manuel Fraga Iribarne, dass man vergessen müsse und dass Amnestie Amnesie sei.

Das finde ich nicht. Die Amnestie war das Produkt einer Gedächtnisleistung derjenigen, die den Krieg miterlebt hatten, aber auch der Kinder des Kriegs. Sie alle sagten sich: Das darf nicht wieder geschehen. Sie wussten, was passiert war, hatten es selbst erlebt, hatten persönliche Erinnerungen an den Krieg und seine Folgen. Die Amnestie ist das Resultat dieser Gedächtnisleistung, trotz ihrer griechischen Wurzel, die tatsächlich Amnesie bedeutet. Ich glaube, dass man erinnern muss und wissen muss. Mehr noch als erinnern sollte man wissen, denn man kann sich nicht an das erinnern, was man nicht erlebt hat. Man muss wissen und erinnern, doch haben die Erinnerung und das Wissen normalerweise ein Ziel. Und was war unser Ziel? Es gab mehrere Ziele. Eines war das Recht auf Anerkennung und Entschädigung. Ein anderes

Ziel war der unmittelbare politische Kampf, also der Partei zu schaden, die an der Macht ist. Ein Beispiel: Als die PP an der Macht war, brachten die Sozialisten einen Gesetzesantrag ein, um die Urteile aller Kriegsgerichte der Diktatur zu annullieren. Sie wussten, das Gesetz würde nicht durchgehen, denn die PP hatte die absolute Mehrheit und stimmte dagegen. Doch schuf dies Polemik. Kaum waren später die Sozialisten an der Macht, vergaßen sie die Annullierung. Für sie war es nichts als eine politische Waffe, eine Instrumentalisierung der *memoria histórica*.

Wann begann diese Auseinandersetzung? Mit dem Aufstieg von Aznar?

Genau. Als die PP glaubte, die PSOE ablösen zu können, etwa seit 1993. Bei den Wahlen dieses Jahres verwendeten die Sozialisten zum ersten Mal Metaphern, die den Krieg, die Republik und den Putsch evozierten. Die Rechte hatte kein Interesse an dem Thema, denn der Rekurs auf die Geschichte brachte ihr nichts. PP-Gründer Manuel Fraga war Minister unter Franco gewesen, vollzog aber später eine umfassende politische Wende. In der *transición* aber war er jemand, der den Franquismus reformieren wollte, daher auch sein Ausspruch: »Man reformiert, was man erhalten möchte.« Nach Fraga kam eine neue Generation ans Ruder, die den Bürgerkrieg nicht miterlebt hatte. Viele waren zwar in gewisser Hinsicht Erben des Franquismus, aber nicht alle. Sie sahen ihre historische Mission darin, im Auftrag der Idee der Nation all das zu retten, was national war. Aus dieser Zeit gibt es eine kuriose Anekdote: Am selben Tag, an dem bei einer Veranstaltung mit Felipe González in Barcelona das Motto »No pasarán« (Sie werden nicht durchkommen) aus dem Bürgerkrieg auftauchte, erinnerte Aznar bei einer anderen Veranstaltung in Valencia an Manuel Azaña, den er zwar hinsichtlich dessen Auffassung der Nation für die eigenen Zwecke interpretierte, aber immerhin sprach er über Azaña.

Hat das Gesetz der memoria histórica der Geschichte oder dem Gedächtnis etwas gebracht?

Ich glaube, das Gesetz hat die Menschen sensibler gemacht. Es gibt Aspekte, die man auch ohne Gesetz hätte ausführen können, durch Weisungen und Regierungsdekrete. Die Exhumierungen etwa. Als die Familien zum ersten Mal diese Forderungen stellten, hätte die Regierung Richter, Bürgermeisterämter, Autonome Regionen anweisen können, eine Karte aller Massengräber zu erstellen, die von Beamten der verschiedenen Zuständigkeitsbereiche erarbeitet worden wäre. So hätte man überall dort exhumieren können, wo ein Antrag dazu vorlag. Das wäre auch ohne ein Gesetz möglich gewesen.

Und es wären vom Staat getragene Exhumierungen gewesen.

Eindeutig. Doch hat man sich ein Procedere ausgedacht, das in Nichthandeln besteht, dafür aber Subventionen an Privatpersonen und Vereine ausschüttet, denen nun die Verantwortung für die Bergung der Reste zukommt. Das ist einfach unglaublich!

Die Vertreter der Vereine nennen das die Privatisierung des Gedächtnisses.

Es ist nicht unbedingt eine Privatisierung, denn das Gedächtnis ist immer privat. Für mich besteht das Problem darin, dass der Staat seinen Verpflichtungen nicht nachkommt. Überall dort, wo es illegale Gräber gibt, müssen Richter zum Einsatz kommen, die die Exhumierung der Leichen und ihre Identifizierung veranlassen und sie schließlich den Familienangehörigen zur Bestattung übergeben.

Unter Franco geschah genau das, allerdings nur für eine Seite.

Damals waren aber die Techniken zur Identifizierung nicht sehr ausgereift, ein Großteil konnte nicht identifiziert werden. In Paracuellos wurden viele Gräber wieder zugeschüttet, die Leichen blieben dort. Auch in der *transición* war die Technik nicht sehr fortgeschritten.

Warum existiert bis heute diese Aggressivität und diese Spaltung in Bezug auf den Bürgerkrieg, vor allem vonseiten der Rechten?

Ich glaube, dass ein demokratischer Staat, der nach einem Bürgerkrieg und einer derart langen Diktatur errichtet wurde, die ganze Last der Geschichte auf sich nehmen und sie sichtbar machen muss. Ein Staat muss im Plural von Gedächtnissen sprechen, von zwei sich feindlich gegenüberstehenden Gesellschaften. Daher muss ein Gesetz, das der Vergangenheit gerecht werden will, diese Realität berücksichtigen: Wir hatten einen Bürgerkrieg, in dem es Verbrechen gegen die Menschheit auf beiden Seiten gab. Die Morde von Paracuellos sind ebenso ein Verbrechen gegen die Menschheit wie die Morde von Badajoz: Menschen festzunehmen und umzubringen, weil sie katholisch waren oder politisch rechts. Mit dieser Vergangenheit umzugehen erfordert besonderes Fingerspitzengefühl.

In diesem Sinn ist die Formulierung im Gesetz doch sehr neutral, es ist von allen Opfern des Bürgerkriegs und der Diktatur die Rede.

Diese Details gingen im damaligen Klima und dem späteren Umgang mit dem Gesetz unter. Ich glaube, man hat eine Chance vertan. 2006 tauchte im »Krieg der Todesanzeigen« eine Sprache auf, die dieselbe Sprache des Kriegs war: »Von Faschisten ermordet«, »von den roten Horden umgebracht«. Die katholische Kirche, die bis heute nicht um Verzeihung gebeten hat, trug zu diesem Klima bei, denn sie organisierte Seligsprechungen in Massen, um ein Gegengewicht zu bieten. Die heutige Kirche, die wenig mit der Kirche der *transición* gemeinsam hat, übt immer noch großen Einfluss auf einen bestimmten Sektor der Gesellschaft aus. Damals organisierte sie erstmals große Zeremonien, um das Andenken an ihre Toten einzufordern, und vergaß dabei all jene, die wegen der Anzeige eines Geistlichen oder aufgrund der katholischen Verfolgung ihr Leben verloren hatten. Es hätte auch anders kommen können, ich glaube, man hat die Gelegenheit versäumt, ein Gesetz zu verabschieden, das tatsächlich Anerkennung und Entschädigung für alle zu Unrecht Ermordeten bedeutete. Das Gesetz hatte ein paar positive Effekte, beschleunigte etwa einen Prozess, der kaum fortgeschritten und praktisch den Bürgermeisterämtern überantwortet war: die Änderung der Straßennamen, die Demontage der Statuen. Und die Opfer werden entschädigt, auch wenn das Gesetz hinsichtlich der Annullierung der Strafen versagte.

In diesem Sinn war es ein eher symbolischer Akt.

Die Staatsanwaltschaft sah das nicht so. Es hätte zu Schadensersatzansprüchen führen können, was den gesamten Justizapparat für zehn Jahre in Beschlag genommen hätte. Deswegen wurde dieser Aspekt verworfen. Das Gesetz folgt dem typisch spanischen Spruch »Ich möchte gern, kann aber nicht«.

Sie haben gesagt, dass es Gewalt auf beiden Seiten gab. Einigen Historikern zufolge ist die Natur der Gewalt unterschiedlich gewesen: Auf republikanischer Seite kam es am Anfang oft zu »spontaner«, unorganisierter Gewalt, während die franquistische Seite vom ersten Moment an versuchte, den Feind auszulöschen.

Ich glaube, man kann nicht verallgemeinern, es hängt vom jeweiligen Ort und Zeitpunkt ab. Die ersten Massenmorde waren nicht geplant, es gab keine organisierte Macht. In Madrid waren viele Gruppen an den Morden vom Juli und August 1936 beteiligt, aber es waren politische und Gewerkschaftsgruppen, die organisiert waren und wussten, wer wo wohnte, sie hatten Listen. Es gab einen gewissen Grad an Spontaneität, und der Staat existierte nicht: Die Armee, der Justizapparat existierten nicht. Die Morde vom November hingegen waren perfekt organisiert, denn die Menschen waren im Gefängnis und es gab von einer Autorität unterzeichnete Befehle, sie dort abzuholen, in Busse zu verladen und zu erschießen. In diesem Sinn waren es organisierte Massenmorde. Aufseiten der Aufständischen kam es zu einer brutalen Repression, je weiter die Armee vorrückte, vor allem die Kolonne von Castejón und Yagüe, die von Andalusien aus über Extremadura in Richtung Madrid marschierte, sie hatte den Charakter eines totalen Vernichtungszuges. Begriffe wie Verbrechen gegen die Menschheit und Genozid wurden erst bei den Nürnberger Prozessen definiert, doch weisen diese Massenmorde alle Anzeichen von Genozid und Verbrechen gegen die Menschheit auf. Es wurde gemordet, weil jemand katholisch war, links war oder Gewerkschafter. Der Unterschied: Im republikanischen Staat ließ das Morden nach, je größer die Kontrolle der Regierung über die Situation wurde, während in dem Staat, der sich nach dem Aufstand herausbildete und in dem Maß Gestalt annahm, in dem die Militärs das Gebiet beherrschten, die Morde durch Kriegsgerichte ersetzt wurden. Ab 1937 gab es immer mehr Kriegsgerichte, die nichts mit Rechtsprechung zu tun hatten. Es war organisierte Repression, ausgeführt zudem auf sehr bürokratische Weise. Sie waren sich sicher, dass sie die Macht für lange Zeit innehaben würden, denn sie hielten alles fest, unterschrieben alles, alles geschah auf Papier, niemand wurde auf argentinische Weise erschossen. Hinter diesen Kriegsgerichten stand die ganze Militärbürokratie. Daher bin ich dagegen, dass man die Personen, die nach Urteilen von Kriegsgerichten erschossen wurden, als Verschwundene bezeichnet. Man brachte sie nicht zum Verschwinden, sie wurden zwar in Massengräbern auf den Friedhöfen beigesetzt, aber ihr Name, der Tag, an dem sie füsiliert und an dem sie begraben wurden, sind bekannt. Ich glaube, dies ist viel furchtbarer und grausamer, denn es stand der gesamte Apparat des im Aufbau begriffenen Staates dahinter. Ich glaube, dass man sie aufgrund ihrer Würde als Opfer nicht als Verschwundene bezeichnen sollte.

Wie stehen Sie zur Gedächtnisbewegung, die versucht, diese Hingerichteten zu exhumieren?

Ich glaube, dass diese Bewegung einen grundlegenden Beitrag zur Entschädigung der Besiegten, Erschossenen und Hingerichteten geleistet hat. Im Bereich der Entschädigungsansprüche und der Forschung haben sie meiner Ansicht nach ein soziales Verlangen kanalisiert, auf das der Staat sehr unpassend reagiert hatte, ein Verlangen, das nicht nur legitim, sondern notwendig war. Doch ist ein Teil dieser Bewegung politisch in eine Richtung abgedriftet, mit der ich nicht einverstanden bin, denn die *transición* wird als ein Verrat hingestellt, um all dem die Legitimation zu entziehen, was in der *transición* geschehen war.

Die Legitimation entziehen oder revidieren?

Die Legitimation entziehen. Sie behaupten, die *transición* sei eine Lüge, ein Mythos gewesen. Und sprechen von der Notwendigkeit einer zweiten *transición*. Damit bin ich nicht einverstanden, diesen Standpunkt teile ich nicht. Ich glaube, die *transición* hat hinsichtlich der Vergangenheit viel erreicht, und wenn schon jemand zur Rechenschaft gezogen werden soll, dann wohl die sozialistische Regierung, die danach vierzehn Jahre an der Macht war.

Die Jahre des Vergessens

Nach der bewegten Zeit der *transición* glätteten sich fürs Erste die Wogen der politischen Auseinandersetzung. Hatte es, wie schon angedeutet, bis in die frühen Achtzigerjahre erste Versuche einer Aufarbeitung des Franquismus gegeben, kam es nun kaum mehr zu Exhumierungen und zu einer tatsächlichen Analyse der Vergangenheit, denn, so stimmen viele Historiker und Aktivisten der *memoria histórica* überein, im ganzen Land war die Angst vor einem Militärputsch immer noch sehr groß, sodass man sich lieber ins Unvermeidliche fügte und erst einmal stillhielt. Gerne wird von dem »Pakt des Schweigens« gesprochen, der in der *transición* ausgehandelt worden war und nach ihr, in den ersten beiden Jahrzehnten der Demokratie, seine Wirkung tat, vor allem in den Jahren der Herrschaft der PSOE von 1982 bis 1996 unter Felipe González. Das Land wuchs wirtschaftlich ungemein rasch, gab sich der hedonistischen Kultur der *movida* hin, die mit viel Lärm und bunten Farben wenig Beständiges hervorbrachte. Der Beitritt zur Europäischen Wirtschaftsgemeinschaft im Jahr 1986 bescherte dem Land bis dahin unbekannte finanzielle Mittel, die vor allem für den Ausbau der Infrastruktur verwendet wurden, aber auch eine ökonomische Internationalisierung. Der politische Kurs der PSOE war wirtschaftlich dezidiert kapitalistisch, von den einstigen sozialdemokratischen Vorstellungen der Partei war wenig übrig geblieben. Zwar wurde versucht, das spanische Heer zu demokratisieren, indem die alten Kader in Pension geschickt und junge Offiziere unter demokratischen Vorzeichen ausgebildet wurden. Doch Institutionen wie die Katholische Kirche (mit dem mächtigen Opus Dei), der auf all seinen Ebenen seit eh und je konservative und klassenbewusste Richterstand, die Finanzwelt der Banken und großen Firmen sowie die Medienoligarchie überstanden beinahe unbeschadet den Übergang von einem System ins andere.

Einer der ersten Knackpunkte in der Zeit der Alleinherrschaft der PSOE war die Volksabstimmung vom 12. März 1986 über den Verbleib in der NATO. Seit 1982 war Spanien Mitglied des Militärbündnisses, und die PSOE hatte im selben Jahr mit dem Anspruch ihren Wahlkampf geführt, aus der NATO auszutreten. Als sie an der Macht war, änderte die Parteiführung jedoch ihre Meinung und plädierte nun für den Weiterverbleib. Diese Option gewann schließlich mit 52,5 Prozent. Einen ersten Einbruch erlitt die Hegemonie der PSOE bei den Wahlen des Jahres 1989, als die Partei die absolute Mehrheit verlor, die sie bis dahin innegehabt hatte. 1993, im Jahr nach den Olympischen Spielen von Barcelona und der Expo in Sevilla, das aber auch das Jahr der Wirtschaftskrise war, die zu einer mehrmaligen, dramatischen Abwertung der Peseta führte, gewann die Sozialistische Partei nur noch knapp vor der PP von José María Aznar. Aznar war im Januar 1990 von Manuel Fraga als Präsident der Partei vorgeschlagen worden und legte die Partei auf einen äußerst aggressiven Stil fest – sein Ausspruch »¡Váyase, señor González! – Gehen sie, Herr González!« wird bis heute zitiert. Aufgrund der Wirtschaftsmisere der frühen Neunzigerjahre hatte dieser aggressive Ton großen Erfolg, aber auch wegen der unzähligen Korruptionsskandale im Dunstkreis der PSOE und dank der Abnutzungserscheinungen, die die Sozialdemokraten nach fast vierzehn Jahren an der Macht zeigten. 1996 gewann die PP knapp die Parlamentswahlen. Musste Aznar in seiner ersten Legislaturperiode mit den bürgerlichen Parteien aus dem Baskenland und Katalonien paktieren, erhielt er bei den Wahlen im März 2000 die absolute Mehrheit, und es kam zum Bruch mit einem Gutteil des Wählervolks, das weder die umfassenden Privatisierungen noch sein »atlantisches Bündnis« mit George W. Bush und Tony Blair goutierte, und schon gar nicht seinen Kriegskurs im Jahr 2003 gegen den Irak.

Von heute aus gesehen waren die letzten beiden Jahrzehnte des

20. Jahrhunderts in Bezug auf eine Vergangenheitspolitik eine Zeit des Abwartens. Die Sozialistische Partei hatte kein Interesse daran, die Vergangenheit neu heraufzubeschwören, auch wenn es zu kleinen Gesten der Anerkennung kam, wie etwa dem im Oktober 1984 beschlossenen Gesetz, das ehemaligen Angehörigen der republikanischen Streitkräfte eine Rente garantierte. Die Haltung der Regierung unter Felipe González zeigte sich jedoch anlässlich des fünfzigsten Jahrestages des Franco-Aufstands. Am 18. Juli 1986 veröffentlichte die Regierung ein Communiqué, in dem es, für die Stimmung der damaligen Zeit bezeichnend, hieß, ein Bürgerkrieg sei kein Ereignis, an das erinnert werden sollte, auch wenn es für das Leben der daran beteiligten Personen bestimmend gewesen sei. Der Bürgerkrieg sei »endgültig Geschichte, Teil der Erinnerung der Spanier und ihrer kollektiven Erfahrung«. Doch habe er keine »Präsenz mehr in der Realität eines Landes, dessen grundlegendes moralisches Gewissen auf den Prinzipien von Freiheit und Toleranz« beruhe – und er sollte diese Präsenz auch nicht mehr haben, wie die Regierung anmerkte. Nach einer vieldeutigen Respektsbezeigung für diejenigen, die »von anderen Positionen als denjenigen des demokratischen Spaniens aus für eine andere Gesellschaft« gekämpft hatten«, brachte die Regierung ihre Hoffnung zum Ausdruck, dass »nie wieder, aus keinem Grund, aus keinem Anlass, der Geist des Kriegs und des Hasses unser Land heimsuche« und »der 50. Jahrestag des Bürgerkriegs endgültig die Versöhnung der Spanier besiegeln möge«.[1]

Ein lobenswerter Wunsch, der sich jedoch als unhaltbar herausstellte. Während in dieser Hochzeit des linken Spanien die PSOE – und mit ihr in geringerem Ausmaß die PCE – versuchte, die Aussöhnung über ein Ausschweigen herbeizuführen, war die konservative Hälfte Spaniens in eine tiefe Krise des Selbstverständnisses geraten, die auf die schlechten Wahlergebnisse ebenso zurückzuführen war wie auf einen nötigen Prozess der Selbstfindung unter den neuen politischen Umständen. Das in zahlreiche kleine Parteien zersplitterte rechte Spanien begann sich zu einen, erst unter Manuel Fraga, mehr noch aber unter José María Aznar. Und während die PSOE versuchte, sich durch Entideologisierung und Geschichtslosigkeit in der Gegenwart festzusetzen, begann man im Umkreis der PP mit einer Reideologisierung der Vergangenheit und der Gegenwart, die in den frühen Neunzigerjahren einsetzte. Beispiele dafür sind etwa die Wiederaufwertung und Neudeutung konservativer Politiker wie Cánovas del Castillo, nach dem nicht umsonst eine Stiftung der PP benannt war, der Königin Isabel I. von Kastilien, die Spanien geeint hatte, oder des Königs Philipp II., ausgehend von einer 1997 erschienenen Biografie von Henry Kamen.

Doch war das Spiel ein doppeltes. Denn während auf der einen Seite die konservative Tradition Spaniens aufgewertet wurde, begann man realpolitisch sich auch der liberalen Tradition zu besinnen, um diese nach Möglichkeit für sich zu vereinnahmen. In einem Versuch, sich zumindest nach außen hin ideologisch von seinen Wurzeln loszusagen – immerhin war sein Großvater Manuel Aznar eine wichtige Figur des Franquismus gewesen –, erklärte Aznar, er habe sich nie »mit der klassischen spanischen Rechten identifiziert«[2], obwohl er sich 1969 in der Zeitschrift *SP* als »unabhängiger Falangist« ausgewiesen und 1979 in *La Nueva Rioja* gegen die Verfassung und die Demokratie angeschrieben hatte. Um aber das Wählerpotenzial der PP nach links auszuweiten, bezeugte Aznar immer wieder sein Interesse an Manuel Azaña, dem letzten Präsidenten der Zweiten Republik. 1991 forderte er ihn für seine Mitte-rechts-Partei ein, 1994 stellte er ein Buch über Azaña des von weit links nach noch weiter rechts abgedrifteten Journalisten Federico Jiménez Losantos vor. 1997 sprach er anlässlich der Präsentation der Tagebücher Azañas, die während des Bürgerkriegs gestohlen und von Francos Tochter dem Kulturministerium übergeben worden waren.[3] Im Sommer desselben Jahres hielt Aznar bei der Eröffnung der Stiftung des Exilschriftstellers Max Aub eine rhetorische Rede, in der er die Autoren, die vor dem Franquismus fliehen mussten oder unter ihm ermordet worden waren, seiner eigenen Idee von Spanien einverleibte: »Heute können wir, ohne jemanden auszuschließen, eine Veranstaltung über Cernuda, García Lorca, Azaña, Max Aub oder wen auch immer organisieren, ohne sie zu vereinnahmen, sondern sie in ihrem ganzen Wesen akzeptieren, mit tiefem Respekt vor dem, was jeder von ihnen darstellt, und sie einer weiten, toleranten und ehrlich liberalen Auffassung von Spanien zurechnen.«[4]

Hier wurde der Anspruch erhoben, das gesamte Spanien zu repräsentieren, im Grund eine edle Geste, hätten ihr die Taten nicht widersprochen. Denn zugleich wurde im Umfeld der zu neuer Bedeutung erstandenen Privatuniversitäten damit begonnen, den mehr oder weniger breiten Konsens über die Fakten, Ursachen und Folgen des Bürgerkriegs zu unterwandern, der sich unter akademischen Historikern herausgebildet hatte.

Unter den Fittichen eines populären rechtsradikalen Historikers, Ricardo de la Cierva, entfaltete sich eine neue Generation von Geschichtswissenschaftlern, die versuchten, einen Paradigmenwechsel zurück zu franquistischen Geschichtsversionen einzuleiten. Bezeichnend sind der familiäre Hintergrund und der Werdegang von de la Cierva. Sein Vater war in Paracuellos erschossen worden, sein Onkel Juan de la Cierva hatte den *autogiro* erfunden, den Tragschrauber. Er selbst ist kein ausgebildeter Historiker, sondern war seit 1964 Beamter im Ministerium für Information und Tourismus, wo er in der Dokumentationsabteilung arbeitete. Im Jahr darauf wurde eine Sonderabteilung ins Leben gerufen, die den Bürgerkrieg analysieren und propagandistisch aufbereiten sollte, als Gegenmittel zu den zahlreichen Publikationen, die in diesen Jahren im Ausland und in Exilverlagen wie Ruedo Ibérico erschienen. Der Ton dieser Publikationen war verhaltener und objektiver als die franquistische Propaganda, de la Cierva war »einer der ersten offiziösen Historiker, der in größerem Ausmaß republikanische Quellen«[5] nutzte, doch stellte er nirgendwo die Geschichtsversion der Diktatur infrage. Bald hatte de la Cierva unter Franco wichtige Positionen im Kulturbereich inne, war in der Demokratie Abgeordneter und 1980 sogar kurzzeitig Kulturminister der

Regierung von Adolfo Suárez. Die Titel seiner fast im Jahresrhythmus erscheinenden Bücher sprechen für sich: *Francisco Franco, ein Jahrhundert Spaniens* (1973), *Der 18. Juli war kein faschistischer Militärputsch* (2000), *113 178 Gefallene für Gott und für Spanien* (2009). Klar zeigt sich an ihnen eine Radikalisierung: Waren die Titel seiner frühen Texte relativ neutral, sind sie ab den Neunzigerjahren eindeutig profranquistisch, antiliberal, gegen die PSOE und Zapatero ebenso gerichtet wie – in den Achtzigerjahren – gegen die Befreiungstheologie. Der wissenschaftliche Erkenntniswert dieser Bücher ist unerheblich, doch hatten sie aufgrund ihres populärwissenschaftlichen Charakters beim breiten Publikum großen Erfolg und prägen bis heute das Bild des Franquismus. Die Basis seiner ganzen Argumentation wird in einem Interview deutlich, das de la Cierva im November 2011 der rechtspopulistischen Zeitung *La Gaceta* gab. Auf die ironische Feststellung des Interviewers, dass die republikanische Regierung doch legitim gewesen sei, antwortet er: »Aber die Regierung war doch gar nicht legitim. Das war keine Demokratie. Eine Regierung, die den Mord am Führer der Opposition erlaubt, ist keine legitime Regierung.« Und etwas später: »Sie wollen nicht von der Revolution sprechen, denn die war ein Chaos. Die Republik erhebt sich gegen die Militärs, ja, denn zuvor hatten sich einige von diesen erhoben. Das Problem im Juli 36 ist, dass daraus nur mehr ein Bürgerkrieg entstehen kann. Ich bin vollkommen davon überzeugt, dass wir nicht zusammenleben konnten. Was soll man da machen.«[6] Die Gedankensprünge dieser Argumentation sind nur nachvollziehbar, wenn man die Vorannahmen de la Ciervas teilt. Der Mord am Oppositionsführer Calvo Sotelo stellt noch lange nicht die Rechtmäßigkeit der republikanischen Regierung infrage, diente aber den Generälen ebenso als Vorwand für den Putsch wie den franquistischen Historikern, diesen zu verteidigen. Das Argument der Unvermeidlichkeit des Bürgerkriegs ist ein unablässig wiederholtes Klischee, das in dieselbe Kerbe schlägt. De la Cierva geht aber noch einen Schritt weiter in Richtung Absurdität, wenn er die versuchte und gescheiterte Revolution von

1936 als Aufstand gegen die Militärs bezeichnet: Die Militärs waren keine Institution, gegen die man eine Revolution einleiten konnte, bestenfalls war dies gegen den Staat und seine Institutionen möglich, eben das, was der Militärputsch unternahm.

Unter den Fittichen dieses verkürzenden Denkens kam es zu ersten Versuchen einer Revitalisierung des Franquismus und seiner Mythen – bezeichnenderweise etwa zur selben Zeit, als linke Historiker auf das bis dato unerforschte Thema der Repression stießen. Wie bereits oben gezeigt, begann die neofranquistische »Historietografie« (Alberto Reig Tapia) mit einer Revitalisierung des Alcázar-Heldenepos durch zwei Historiker, Alfonso Bullón de Mendoza und Luis E. Togores, die sich seither mit einer konsequenten profranquistischen Geschichtsschreibung nicht nur einen Sitz im Vorstand der *Fundación Nacional Francisco Franco,* sondern auch Lehrstühle und leitende Funktionen an der katholischen Madrider Privatuniversität CEU San Pablo erstritten haben, einer, wenn nicht *der* Hochburg des Revisionismus. Bis heute geben sie Sammelbände mit programmatischen Titeln wie etwa *La otra memoria* (Die andere Erinnerung), heraus, die unter dem Deckmantel einer wissenschaftlichen Aufarbeitung der Vergangenheit pseudowissenschaftlich Ideologie betreiben. Oder sie erstellen im Auftrag von rechten Fernsehanstalten tendenziöse, schlecht gemachte und sachlich unhaltbare Dokumentationen über die Ursprünge und Hintergründe des Bürgerkriegs.[7] An ihre ersten, kaum wahrgenommenen (pseudo)akademischen Publikationen schlossen sich bald andere Autoren an, denen größerer Publikumserfolg beschieden war, unter ihnen vor allem Pío Moa. In deren Fahrwasser kam es zu einem wahren Boom an revisionistischen Texten.

Zurück jedoch zu den politischen Rahmenbedingungen. Nach einer ersten, liberalen und parlamentarisch konstruktiven Legislaturperiode gewann die PP am 12. März 2000 die absolute Mehrheit. Da die Partei nun nicht mehr auf die Zusammenarbeit mit den konservativen nationalistischen Parteien angewiesen war, nahm die ideologische Aufrüstung andere Züge an. Einerseits kam es zur Gründung der *Fundación para el Análisis y los Estudios Sociales* (FAES, Stiftung für Analyse und Sozialstudien), in der alle bisherigen PP-nahen Stiftungen zu einem einzigen neoliberalen und sozial sehr konservativen Thinktank zusammengelegt wurden, dessen allmächtiger Vorsitzender José María Aznar war. Auf diese Weise sicherte sich Aznar den ideologischen Einfluss auf die Partei nach seinem freiwilligen Rücktritt aus der Politik im Jahr 2004. Andererseits begann in diesen Jahren die Publikation von revisionistischen Werken, die nun nicht mehr, wie in den Neunzigerjahren, für einen akademischen Kreis gedacht waren, sondern für ein Massenpublikum.

»Von Anfang an verhielt sich die PP-Regierung in geschichtlichen und geschichtspolitischen Fragen als Sachwalterin des franquistischen Erbes«,[8] schrieb jemand, der es wissen musste: der deutsche Hispanist Walther Bernecker, der wie wenige die politische Entwicklung Spaniens seit dem Bürgerkrieg studiert und analysiert hat. Sein Befund kann nicht verwundern, stammen doch sehr viele Politiker der PP aus Familien, die unter dem Franquismus bestens lebten. Aznars Großvater war einer der Propagandisten des Regimes, der Großvater des ehemaligen Regierungssprechers Pío Cabanillas war – liberaler – Minister unter Franco, der Justizminister und ehemalige Bürgermeister von Madrid, Alberto Ruiz Gallardón, stammt nicht nur von einer mit dem Franquismus in bestem Einvernehmen lebenden Familie ab, er heiratete auch in die Familie eines sich bis heute bekennenden Falangisten ein. Am unverstelltesten hat die positive Erinnerung an die Diktatur wohl der ehemalige Innenminister und heutige EU-Parlamentarier Jaime Mayor Oreja ausgedrückt, als er im November 2007 in einem Interview ein Loblied auf den Franquismus anstimmte: »Warum sollte ich den Franquismus verurteilen, wo doch viele Familien ihn ganz natürlich und normal erlebten? In meiner baskischen Heimat gab es unendlich viele Mythen. Der Krieg war viel schlimmer als der Franquismus. Manche meinen, dass die Verfolgungen in den baskischen Dörfern furchtbar waren, doch scheint dies nicht so schlimm gewesen zu sein, wenn alle galicischen Zivilgardisten darum ansuchten, ins Baskenland versetzt zu werden. Es war ein Zustand außergewöhnlichen Wohlbehagens. Überlassen wir die Debatten über den Franquismus den Historikern.«[9] In diesem Sinn ist auch der Auftritt von Mayor Oreja im Juli 2006 vor dem Europaparlament zu verstehen, bei dem er sich weigerte, die Diktatur zu verurteilen, wovon später noch die Rede sein wird (siehe Seite 268).

Aussagen wie diese zeigen, dass die Theorie des »soziologischen Franquismus« bis heute eine gewisse Berechtigung hat. Dieser in den Achtzigerjahren entstandenen Theorie zufolge hat der von der Diktatur geschaffene Mittelstand das franquistische Denken verinnerlicht und sieht im Franquismus keinen Ausnahmezustand, sondern eine normale Epoche der spanischen Geschichte, die unter anderem aufgrund des sozialen Friedens und ökonomischen Fortschritts positiv besetzt ist. Zugleich hat er die autoritären Denk-, Sozial- und Wirtschaftsstrukturen ebenso beibehalten wie die Grundideologeme der Diktatur. Daher ist er gegen alle Versuche immun, das Regime aus einer kritischen Perspektive zu beleuchten und die Repression aufzuarbeiten, unter anderem auch deswegen, da dies ein Bekenntnis zur Schuld der eigenen Seite implizieren würde.

Francisco Espinosa Maestre
oder Das Schweigen über die Repression

Geboren wurde der Historiker Francisco Espinosa Maestre 1954 in der kleinen Ortschaft Villafranca de los Barros im Süden der Extremadura, seit seinem Studium wohnt er in Sevilla. Von der andalusischen Hauptstadt aus zog im Sommer und Herbst 1936 die Kolonne des aufständischen Generals Yagüe nach Norden in Richtung Madrid, eroberte bei ihrem Vormarsch die Extremadura und vereinigte das von Beginn an franquistische Galicien mit Westandalusien, das auch bald von den Rebellen besetzt worden war. Als altgedienter »Afrikaner« – Offizier der Kolonialtruppen in Marokko – wandte Yagüe die dort erprobten repressiven Maßnahmen nun in Spanien an. Der Terror, den seine Einheiten ausübten, war enorm und fand sein Symbol im Blutbad von Badajoz: Bis zu viertausend republikanische Gefangene wurden in der Stierkampfarena der Stadt abgeschlachtet. Es war der brutalste Massenmord auf der franquistischen Seite, der aber stets heruntergespielt und mit den Hinrichtungen von Paracuellos gleichgesetzt wurde, wenn man ihn nicht schlichtweg leugnete. Sein wohl wichtigstes Buch hat Francisco Espinosa dem Marsch dieser »Todeskolonne« des Generals Yagüe gewidmet, das er nach jahrzehntelanger Forschung veröffentlichte. In anderen Büchern untersucht er die Repression in Sevilla, Huelva oder in seinem Heimatort. In dem von ihm 2010 herausgegeben Band *Violencia roja y azul* (Rote und blaue Gewalt) wird von vier Autoren die Gewalt auf beiden Seiten dargestellt, analysiert und verglichen – mit Unterlagen, die das Ergebnis umfassender Quellen- und Archivstudien sind und die bisher wohl am besten fundierten Angaben enthalten. Fünf Jahre lang war Espinosa Maestre wissenschaftlicher Koordinator des von Andalusien finanzierten Projekts *Todos los nombres* (Alle Namen), das Informationen über die Opfer der franquistischen Repression sammelt und ins Netz stellt. All dies machte er neben seiner Brotarbeit, an der Universität interessierte dieses Thema nicht.

Ich wollte Ende der Siebzigerjahre meine Magisterarbeit über den Militärputsch des 18. Juli in Sevilla verfassen, aber man ließ es nicht zu. Es gebe noch
keine historische Perspektive, hieß es, um über diese Epoche zu schreiben. So
schrieb ich die Arbeit eben nicht für die Universität. Als ich sie Mitte der Achtzigerjahre fertig hatte, konnte ich sie nicht publizieren, damals gab es in Andalusien keine Verlage, die Texte über lokale Themen veröffentlicht hätten. Und
für einen großen Verlag war die Arbeit zu unbedeutend. Ironie des Schicksals:
Anfang der Neunzigerjahre wollte die Universität Sevilla einen Band über den
Aufstand des 18. Juli herausbringen, und da sich sonst kaum jemand mit dem
Thema beschäftigt hatte, kamen sie auf mich. Meine Arbeit erschien dann zusammen mit zwei anderen Texten, die jedoch nicht vom Putsch handelten.

*Die ersten Untersuchungen über die Repression in Andalusien stammten von
Historikern, die nichts mit der Universität zu tun hatten.*

Ein Großteil der Forschung zur franquistischen Repression wurde außerhalb
des akademischen Rahmens gemacht. Die Universitäten sind bei diesem Thema sehr zurückhaltend, vor allem hier im westlichen Teil Andalusiens, der am
meisten vom Aufstand betroffen war: Sevilla war das Zentrum der Erhebung,
die Stadt ist vom Putsch gezeichnet, viel mehr als dies im östlichen Teil der Fall
war. Daher entstanden in Granada, Almería, Málaga und Jaén viel früher Arbeiten zum 18. Juli oder über den Terror. In Sevilla, Huelva, Cádiz geschah
nichts, über Córdoba arbeitete Paco Moreno, der überhaupt einer der Ersten
war. Aber die Universitäten wollten damit nichts zu tun haben.

Warum nicht?

Weil in ihnen bis weit in die Siebzigerjahre das Opus Dei den Ton angab, die
haben natürlich an solchen Themen kein Interesse. Normalerweise kommt
man nur an die Universität, wenn man von denen akzeptiert wird, die an der
Macht sind, daher wagten es die anderen Professoren nicht, Arbeiten in dieser
Richtung anzunehmen. So beschäftigten sich Personen mit der Repression, die
nicht an der Universität waren. Ich arbeitete in einer Firma und konnte nur in
meiner Freizeit recherchieren. Deshalb brauchte ich fünf, sechs Jahre für jedes
Buch. Und man hat mich noch nie zu einem Vortrag an die Universität Sevilla
eingeladen. Ich war schon an vielen Universitäten Spaniens, hier aber noch nie.

Woher kam das Interesse an der Gewalt?

Es war nicht die Gewalt, es war der Krieg. Als wir uns aber in den Siebziger-
und Achtzigerjahren damit auseinanderzusetzen begannen, merkten wir,

dass es kein Bürgerkrieg war, sondern ein Militärputsch und Repression, die auf den Putsch folgte. Es bestand kein großer Unterschied zu dem, was damals in Chile, Argentinien und anderen Ländern geschah. Der 18. Juli war so etwas wie die Mutter all dieser Staatssteiche, tatsächlich bewunderten Leute wie Pinochet oder Videla den General Franco und das, was er zustande gebracht hatte. Vierzig Jahre Herrschaft: Franco hatte es geschafft, und das wollten sie auch! Zugleich war es aber auch persönliches, familiäres Interesse. In meinem letzten Buch habe ich über meinen Heimatort geschrieben und über meine Familie. Ich musste es tun, denn mein Vater nahm an der Erhebung teil, er war politisch weit rechts. Er kam ins Gefängnis, als nach dem Aufstand alle gefährlichen Elemente festgenommen wurden, mehr als hundert Personen der extremen Rechten, Mitglieder der Falange oder von anderen Gruppen, die Schaden anrichten konnten. Mein Vater war noch keine achtzehn Jahre alt. Obwohl er jung starb, konnte ich mit meinem Vater über diese Geschichten sprechen. Er war selbstverständlich voll und ganz für Franco! Als Mitglied der ersten Kerngruppe der Falange im Ort war er sehr angesehen. Aber solche Väter haben dann Kinder wie mich, die ihnen ideologisch nicht folgen, es gibt viele solcher Fälle. Diejenigen, die in den Fünfziger-, Sechziger- und Siebzigerjahren studierten, stammten aus der Mittelschicht, ihre Eltern konnten ihnen das Studium bezahlen, wir waren Kinder der Sieger. Und wir waren auch die Ersten, die über diese Dinge zu forschen begannen. Die meisten von uns, die über diese Themen arbeiten, sind Kinder der Rechten.

War es schwierig, in den Achtzigerjahren in den Archiven zu arbeiten?

Ein Alptraum! In Spanien war die Forschung in Archiven immer ein Alptraum, denn die rechtliche Lage ist ungeklärt. Es war die UCD, die sich einen liberalen Anstrich geben wollte und in den Achtzigerjahren den Zugang zu den Archiven, zu Zivilregistern und einigen Militärarchiven, aber auch zur *Causa General* möglich machte.

Damals konnte man schon die **Causa General** *einsehen?*

Mit einer Spezialerlaubnis der Staatsanwaltschaft, die einem gewährt werden konnte oder auch nicht. Um im Militärhistorischen Archiv in Madrid arbeiten zu können, benötigte man die Bürgschaft einer einflussreichen Person.

Was heißt einflussreiche Person?

Ein hoher Offizier, eine bekannte Persönlichkeit, die natürlich fast alle rechts waren. Wenn du keinen Offizier zur Hand hattest, der dir einen Brief schrieb, musstest du jemanden suchen, der bekannt war. Dank der Fürsprache meines Freundes Paco Moreno schrieb mir der Philosoph Pedro Laín Entralgo den Brief. Der Vater seiner Frau, Milagros Martínez, war beim Aufstand in Sevilla ermordet worden, und Milagros hatte natürlich Interesse an diesem Thema. Mit dem Brief konntest du dann ins Archiv, das durch und durch militarisiert war. Die Militärs bestimmten alles, und dir wurde bewusst, dass dies nicht deine Welt war, sondern ihre. Sie fragten nach deinen Wünschen, und du konntest nur Dankeschön sagen, denn es war schon viel, dass sie dich überhaupt das sehen ließen, was du sehen wolltest. Damals war nur das zugänglich, was sie herausrücken wollten. Die Unterlagen der Kriegsgerichte waren zum Beispiel bis 1997 nicht einsehbar. Eigentlich wäre 1986 die legale Sperrfrist von fünfzig Jahren abgelaufen, aber da sie machten, was sie wollten, und ihnen niemand Einhalt gebot, beschlossen sie, diese Unterlagen bis 1997 nicht herauszugeben. Dass die Archive dann geöffnet wurden und wir Zugang zu den Materialen bekamen, bedeutete einen grundlegenden Wandel. Aber bis heute gibt es viel Material, das wir nicht einsehen können.

Was zum Beispiel?
Die Unterlagen des *Consejo Supremo de Justicia Militar,* des Obersten Militärgerichtsrates, sind noch gesperrt, ebenso die Dokumente der technischen Räte, die zu Beginn des Kriegs die Kontrolle über die Repression ausübten, bis zur Einsetzung der Kriegsgerichte. Niemand weiß, wo sich die umfangreichen, detaillierten Unterlagen mit den Karteikarten der Personen befinden, was aus ihnen geworden ist. Man weiß nur, dass sie in den Achtzigerjahren von den Provinzarchiven und den Kommandostellen der Zivilgarde nach Madrid überstellt wurden, aber es ist unbekannt, wo sie aufbewahrt sind.

Aber dieses Archiv ist wohl schwer zu verbergen, es muss doch sehr groß sein.
Riesig. Aber da die Administration keine Details, sondern nur Mengenangaben über ihre Archive bekannt geben muss, haben sie es leicht. Unter der Vizeministerpräsidentin María Teresa Fernández de la Vega gab es eine interministerielle Kommission, die auf eine Anfrage antwortete, dass es zu einem bestimmten Thema dreizehn Kilometer Archivmaterial gebe. Aber keine Auskunft darüber, welche Aktenstücke darunter sind und woher sie stammen. Da die *transición* war, wie sie war, und die Militärs die Kontrolle über ihre Dokumente behielten, haben sie sie auch weiterhin kontrolliert. Genauso wie die Kirche, der kein einziges Aktenstück abgenommen wurde. Sie haben zwar alles geordnet und archiviert, aber wer kann sich schon auf eine Auskunft der Kirche ver-

lassen? Manchmal gibt es zwei Kataloge, einen für das Publikum und einen internen, in dem steht, was sich wirklich im Archiv befindet. So geht es uns.

Und die Fundación Francisco Franco?

Ein weiterer Skandal, man hat zugelassen, dass die Unterlagen des Diktators im Besitz der Familie und der faschistischen Kreise bleiben. Eine Schande! In einem normalen demokratischen Land wäre so etwas nicht möglich, dort würde man ein Archiv gründen wie in den USA, in Deutschland oder Frankreich, wo die Dokumente der Präsidenten öffentlich zugänglich sind.

Man könnte sie ja auch ins Archiv nach Salamanca bringen.

Das Archiv von Salamanca ist der Ursprung der Barbarei, es wurde durch Diebstahl und Plünderung geschaffen. Natürlich ist es ein einzigartiges Archiv, aber lange Zeit war auch dort der Zugang beschränkt. In Spanien sind die Leiter der Archive immer gegen die Forscher, es ist ein beständiger Kampf. Zweimal ging ich mit Anwälten gegen Archive vor, da sie mir den Zugang durch alle möglichen Schikanen verweigerten. Einmal, als ich über die Arbeitssklaven schrieb und man mich nicht ins Archiv ließ, ging ich zu einer Agentur, die sich auf solche Fälle spezialisiert hatte. Die Agentur schickte ihnen einen juristisch fundierten Brief, und nach einer ersten Weigerung klappte es, ich konnte sehen, was ich wollte. Aber nicht nur ich, denn da nun das Geheimnis gelüftet war, schickten sie ihre Unterlagen ins Archiv nach Salamanca. Sie hatten alles schon eingescannt, hielten es aber verborgen! Es ist eine reichhaltige Quelle, viele Leute arbeiteten in der Folge mit diesem Material.

Ist das heute auch noch so?

Genauso. Jetzt benutzen sie die Krise als Vorwand. Früher konnte man im Militärarchiv Fotos machen, heute muss man die Fotokopien teuer bezahlen. Wer kann sich da Archivforschung noch leisten?

Was sind die Probleme der Ley de Memoria Histórica?

Als das Gesetz in Vorbereitung war, gab es Kommentare von deutschen und europäischen Politikern, die von der Notwendigkeit sprachen, einen Pakt mit der Opposition zu schließen, um ein stabiles Gesetz zu erlassen, das nicht bei jedem Regierungswechsel geändert würde. Das kann nur jemand sagen, der keine Ahnung hat, wie die PP funktioniert. Sie haben sich nie wegen ihrer franquistischen Ursprünge geschämt, im Gegenteil sind sie stolz darauf. Und sie wären nie mit einem Gesetz wie diesem einverstanden. Insofern kann man mit ihnen auch keinen Pakt schließen. Das Gesetz ist mehr als moderat, seine einzige Errungenschaft besteht darin, dass es die Erinnerung an den Faschismus an öffentlichen Orten und die franquistischen Symbole verbannt. Außerdem weiß die Linke, dass sie sich aufgrund der soziologischen Mehrheit im Land nicht allzu weit nach links begeben darf, da sie sonst ihre Wähler verliert.

Und die Reaktion von rechts auf die Gedächtnisbewegung?

Sie kam, von wem sie kam, nämlich während der ersten Legislaturperiode der PP, Ende der Neunzigerjahre. Die Rechte glaubte sich im Abseits, denn sie fühlte sich von allem angesprochen, was mit dem Franquismus in Zusammenhang steht, hat sie doch nie mit diesem gebrochen. Daher gibt es in Spanien auch keine demokratische Rechte. Selbst wenn es keine sehr gründliche Säuberung gab, in Frankreich, Italien, Deutschland hat der Faschismus verloren und andere kamen an die Macht. In Spanien war das nicht der Fall, die Rechte musste sich nie um eine demokratische Legitimierung bemühen, daher kann man mit ihr auch keinen Pakt über diese Zeit schließen.

Und die neofranquistischen Historiker, die damals auftauchten?

Das war die Antwort der PP. Die Rechte hat ein Problem, denn sie hat keine soliden Historiker, sieht man von der Franco-Zeit ab, in der sie die einzigen waren, die publizieren konnten und alles kontrollierten. Ricardo de la Cierva, die Offiziere des *Servicio Histórico Militar*, sie konnten alle Dokumente verwenden und veröffentlichten, was sie wollten. Die wenigen Bücher über die Repression, die in der *transición* erschienen, kümmerten sie nicht, denn sie erregten kaum Aufsehen. Als dann aber die Gedächtnisbewegung 1996 oder 1997 begann, waren sie um ihren Ruf besorgt, denn man konnte sie als Erben des Franquismus hinstellen. Ihre Reaktion bestand darin, auf Leute zurückzugreifen, die sich an denjenigen verkauften, der am meisten bot. Das war der Fall bei Pío Moa, der von den radikalen, gewalttätigen Gruppen der Siebzigerjahre kam, oder bei César Vidal. Vidal schien anfangs gar nicht rechtsextrem, er passte sich dem Markt an. Ließ der Markt ein Buch über die Verfolgung der Spanier durch die Nazis zu, schrieb er es, und es verkaufte sich dank der Werbung, die dafür gemacht wurde. In seinen ersten Büchern hatte man den Eindruck, er würde sich tatsächlich für diese Themen interessieren, doch dann sah er, wo die Zukunft war, und lief über. Es gibt einen kuriosen Fall, ein Buch, in dem er den Marsch der Kolonne von Yagüe behandelt. Die erste Fassung schrieb er vor seiner Konversion, die zweite danach. In ihr gibt es viele Änderungen, Wörter wurden gestrichen, andere kamen dazu, Yagüe war plötzlich nicht mehr so schlimm. Die Macht der Rechten ist enorm, ein Großteil der Presse ist in ihren Händen, im Internet gibt es jede Menge rechte oder rechtsextreme Publikationen wie *Libertad Digital* oder *Periodista Digital*. Sie bestimmen, sie haben die Macht.

Was war die franquistische Repression und was bedeutete ihre »Entdeckung« für die spanischen Historiker?

Paco Moreno meinte, die Repression sei das große Geheimnis des Franquismus, und für die Historiker war es die große Entdeckung, denn wir wussten überhaupt nichts davon. Im Franquismus gab es drei Etappen. In der ersten, sehr langen Etappe, unmittelbar nach dem Krieg, waren die »Roten« an allem schuld. In den Sechzigerjahren gaben dann die Franquisten selbst zu, dass es auch auf ihrer Seite Repression gegeben hatte, auch wenn die anderen die Bösen waren. In der dritten Etappe schließlich, für die der franquistische Offizier Ramón Salas Larrazábal mit seinem 1977 erschienenen Buch *Pérdidas de guerra* (Kriegsverluste) repräsentativ ist, hat sich die Botschaft durchgesetzt, die immer noch gilt, dass nämlich alle in gleichem Maß Schuld hatten. In seinem Buch schreibt er den »Roten« 72 337 Opfer zu, den anderen 57 808, doch waren für ihn alle gleich. Zwar haben ihm zufolge die »Roten« mehr Leute ermordet und sind immer noch die Verursacher, aber auch die »Nationalen« hätten viele Menschen getötet. Als wir zu forschen begannen, entdeckten wir, dass das alles Lügen waren, Propaganda, und langsam kam die Wahrheit ans Licht. Was war die Wahrheit? Der Wechsel vom Konzept des Bürgerkriegs zum Konzept der Repression. Denn es gab nur dort einen Bürgerkrieg, wo die Fronten waren, die Schlachten und die Armeen, im Rest des Territoriums gab es keinen Krieg. In mehr als der Hälfte des Landes rückte eine Armee voran, die blindwütig mordete und alles zunichte machte, was mit der Republik zu tun hatte. Das war unsere Entdeckung, die Tatsache, dass dies ein Massenmord war, ein wahres Massaker, kein Krieg. Zugleich aber stellten wir fest, dass man dieses Morden verschwieg, geheim gehalten hatte. Denn als wir endlich Zugang zu den Archiven hatten, sahen wir, dass es kaum Aufzeichnungen über die Morde gab. Normalerweise wurden die Morde innerhalb eines gewissen Zeitraums im Zivilregister eingetragen. In vielen Dörfern war dem aber nicht so, es hatte brutalste Abschlachtungen gegeben, von denen keine Spuren übrig geblieben waren. Erst nach zwei, vier, sechs, acht, zwanzig, vierzig Jahren tauchten manche Fälle auf. Die Arbeit in den Zivilregistern war ausschlaggebend, denn durch sie konnte bewiesen werden, dass man versucht hatte, alle Spuren der Morde zu verwischen. Und die Repression erhielt eine Bedeutung, die uns bis dahin nicht bewusst gewesen war, sie wurde zum Schlüssel des Ganzen. Sie ist immer noch ein unerwünschtes Thema. Es gibt zahlreiche Unterlagen, die in Händen der Armee, der Zivilgarde und der Polizei sind, die niemand zu Gesicht bekommt.

Dies alles ändert natürlich die Sicht auf den Bürgerkrieg und die transición.
Komplett. Doch da in diesem Bereich fast nur Personen recherchiert hatten, die sich außerhalb des Systems befanden, wurden ihre Erkenntnisse von denen abgelehnt, die die offizielle Version vertraten, dass nämlich alle gleich waren, oder die die *transición* als ideal ansahen. Ich glaube auch, dass die *transición* an sich in Ordnung war, aber das hat nichts damit zu tun, dass man damals geheim halten wollte, was wirklich geschehen war. Denn die Aufdeckung der franquistischen Repression ist natürlich ein Frontalangriff auf das Modell der *transición,* da sie auf dem Schweigen über all das Geschehene gründet. Selbst nach so vielen Jahren kann man dies nicht zur Sprache bringen. Die Rechte hat natürlich kein Interesse daran, und auch die PSOE nicht, denn sie sieht sich als Erbin der *transición.*

Gibt es nicht Unterschiede zwischen der Basis und der Führung in der PSOE?
Es gibt Unterschiede, in ein paar historischen Augenblicken strebte die Basis in eine Richtung, die Führung in eine andere. Zu Beginn der *transición* gab es Mitglieder der PSOE und der PCE, die sich in dieser Hinsicht engagierten, an Exhumierungen teilnahmen, in vielen Ortschaften. Aber dies geschah abseits der Führungskreise der Parteien, die damit nichts zu tun haben wollten.

Ist es Ihnen mit Ihrem Buch Violencia roja y azul *gelungen, Ordnung in das Chaos der Zahlen auf beiden Seiten zu bringen?*
Schuld an dem Chaos sind vor allem die Medien, die alle möglichen Zahlen verbreitet haben. In dem Buch analysieren wir alle seit den Achtzigerjahren veröffentlichten Studien und sind auf 130 199 Opfer in der franquistischen Zone gekommen, die namentlich dokumentiert sind, und auf 49 272 im republikanischen Teil. Diese zweite Zahl wird sich wohl kaum mehr ändern, und wenn, dann nach unten, denn die Franquisten haben seit je übertrieben. Franco sprach von 500 000 Opfern des roten Terrors, doch als er dann die Wahrheit erfuhr, wurden die Zahlen nicht einmal veröffentlicht, wie etwa in dem Buch, das im Zusammenhang mit der *Causa General* erschien. Es begann mit einer halben Million, dann waren es 200 000, schließlich gab Salas Larrazábal rund 72 000 an,

aber auch diese Zahl war zu hoch. Mehr als rund 49 000 sind es aber nicht, wobei natürlich auch diese Zahl ungeheuerlich ist. Um die genaue Zahl der franquistischen Repression zu bestimmen, ist aber noch sehr viel Arbeit notwendig, vor allem benötigen wir mehr Unterlagen. Meine Provinz zum Beispiel, Badajoz. Dort war die Repression brutal, das afrikanische Heer musste zeigen, wozu es fähig war, um so Madrid zu warnen. Dort sind die bisher gehandelten Zahlen ein Bruchteil dessen, was tatsächlich geschah. In meinem Geburtsort etwa habe ich herausgefunden, dass mehr als 500 Personen umgebracht worden waren, im Zivilregister sind aber nur 230 eingetragen. Im Fall von Sevilla war von mehr als tausend Toten die Rede, schließlich kamen wir auf 4000. Die bisher bekannten Zahlen würden verdoppelt oder verdreifacht werden, wenn wir uns auf vertrauenswürdige Quellen stützen könnten. Bis heute steht fest, dass es rund 130 000 Opfer des Franquismus gab.

Schließt das auch die Urteile der Kriegsgerichte ein?

Ja. Aber die Repression durch die Kriegsgerichte war sehr gering im Vergleich zu dem, was vorher geschehen war, in den ersten Monaten des Kriegs. Die Kriegsgerichte kamen erst im März 1937 zum Einsatz, sodass es viele Gegenden gab, in denen die *bandos de guerra*, die Kriegserlasse, galten und man machen konnte, was man wollte. In der ganzen Provinz Sevilla etwa wurden zwölftausend Menschen ermordet, aufgrund von Kriegsgerichten etwas mehr als sechshundert. Das Problem sind also nicht die Kriegsgerichte, von denen es Aufzeichnungen gibt und wo alles seine Ordnung hatte, auch wenn es ein abgekartetes Spiel war. Bei der Repression war dies nicht der Fall, es gibt keine Unterlagen, um herauszufinden, wer ermordet wurde und wer am Leben blieb.

Das Aufbrechen der Erinnerung – von 2000 bis heute

El movimiento memorialista – die Gedächtnisbewegung

In den Jahren der *transición* war es, wie bereits oben beschrieben, zu ersten zögerlichen Versuchen gekommen, Vereine zur Aufarbeitung der Vergangenheit ins Leben zu rufen. Doch schliefen viele dieser Aktivitäten nach dem Putsch 1981 wieder ein oder waren zu einer Existenz am Rande der Gesellschaft verdammt. Eine der wichtigsten Initiativen dieser gedächtnisarmen Zwischenzeit war die Gründung der *Asociación Brigadas Internacionales Voluntarios por la Libertad* im Jahr 1992, später in *Asociación de los Amigos de las Brigadas Internacionales* umbenannt. Zum sechzigsten Jahrestag der Entstehung der Internationalen Brigaden im November 1996 organisierte der Verein eine Reihe von Veranstaltungen in ganz Spanien, an denen viele der noch lebenden Interbrigadisten teilnahmen und die in einer enorm besuchten Hommage für die Internationalen im Madrider Sportpalast sowie der Anerkennung der spanischen Staatsbürgerschaft gipfelte, die ihnen aufgrund des Königlichen Dekrets 39/1996 am 19. Januar dieses Jahres zugesprochen wurde.[1]

Das, was heute in Spanien als *movimiento memorialista*, Gedächtnisbewegung, bekannt ist, war ein Prozess, der »aus der Zivilgesellschaft selbst hervorgegangen ist, die von der spanischen Politikerklasse entschiedenes Handeln verlangte«[2], eine Bewegung von unten, die einerseits eine Revidierung der Vergangenheit, andererseits die längst ausständige soziale Anerkennung der Opfer der Repression einforderte. Es begann unscheinbar und in der Provinz im Herbst des Jahres 2000, als der Journalist Emilio Silva auf einer Doppelseite im

Lokalteil »El Bierzo« der Tageszeitung *La Crónica de León* am 8. Oktober einen Artikel unter dem Titel »Mein Großvater war auch ein Verschwundener« veröffentlichte, in Anspielung auf die Debatte um die »Verschwundenen« der lateinamerikanischen Diktaturen.[3] Keine zwei Wochen später, am 21. Oktober, fanden Sondierungsarbeiten in der Nähe des kleinen Ortes Priaranza del Bierzo statt. Am dritten Tag wurde man fündig. Am 28. Oktober nahm eine nicht sehr große Gruppe von Fachleuten, unter ihnen der Rechtsmediziner Francisco Etxeberria, die erste wissenschaftlich fundierte Exhumierung in Angriff, bei der man die Reste von dreizehn Personen ausgrub, die 64 Jahre zuvor durch jeweils zwei Genickschüsse hingerichtet worden waren, unter ihnen auch der Großvater von Emilio Silva.

Diese Exhumierung »Der Dreizehn von Priaranza«, wie ein Artikel der Zeitschrift *Interviú* betitelt war, wurde zum Ausgangspunkt der heutigen Auseinandersetzung mit der Vergangenheit. Man hätte es dabei belassen können, und alles wäre anders gekommen. Doch trug Emilio Silva im Dezember 2000 gemeinsam mit drei anderen Personen die *Asociación para la Recuperación de la Memoria Histórica* (ARMH) im Marken- und Patentamt ein – was zugleich der offizielle Gründungsakt der Bewegung der *memoria histórica* sein sollte. In den nächsten Monaten wurden weitere Massengräber geöffnet, was auf lokales und internationales Interesse stieß (so berichteten etwa die ARD und die taz darüber), in Spanien selbst aber kaum Echo fand. Dafür meldeten sich immer mehr Nachfahren von Opfern des Franquismus, die den Verein mit Material versorgten.

Im Jahr 2002 kam es nicht nur zu ersten Kontakten mit der Arbeitsgruppe für erzwungenes oder unfreiwilliges Verschwinden *(Working Group on Enforced or Involuntary Disappearances)* des Hochkommissariats der UNO, jetzt interessierten sich plötzlich auch die spanischen Medien für das Projekt, vor allem im Sommer 2002, als die ARMH bei mehreren Ausgrabungen ein Camp organisierte, an dem »Freiwillige aus neun Ländern«[4] teilnahmen. Über die in dieser Zeit unternommenen Exhumierungen berichteten nun die größten Zeitungen in Frankreich, Großbritannien, Deutschland, den USA und anderswo, die Menge an Informationen, die der Verein per Post, E-Mail, Telefon erhielt, war zu groß für die kleine Gruppe von Mitarbeitern. In Asturien, Valladolid und Extremadura entstanden eigene Vereine, die sich die Bezeichnung ARMH ausliehen und daran den Namen der Region oder Provinz hängten.

Aufgrund des breiten Medienechos und des rasch wachsenden Interesses in der Bevölkerung gründeten sowohl die Kommunistische Partei *(Foro por la Memoria)* als auch die PSOE *(Descendientes del Exilio)* eigene Vereine, wenn auch, wie es in der Gedächtnisbewegung heißt, weniger aus tatsächlichem Interesse an den Exhumierungen als vielmehr, um die politische Oberhoheit über die Vergangenheitspolitik zu beanspruchen. Während die sozialistische Organisation nie besonders aktiv war, begann das kommunistische *Foro* seinerseits mit Ausgrabungen unter sehr politischen Vorzeichen, spaltete sich aber bald auf, da die Partei eine zu strenge Kontrolle über den Verein ausüben wollte. So wurde die *Federación Estatal de Foros por la Memoria* gegründet, die neben der ARMH und Aranzadi die wohl bedeutendste und aktivste Einrichtung ist. Die baskische Wissenschaftliche Gesellschaft Aranzadi engagierte sich vor allem aufgrund der Initiative von Francisco Etxeberria in der Gedächtnisbewegung und verfügt heute über mehrere Teams, die meist in Nordspanien zum Einsatz kommen, und Außenstellen wie an der Universidad Autónoma in Madrid.[5]

In den folgenden Jahren wurden zahlreiche Organisationen gegründet, die lokaler, regionaler oder auch staatlicher Natur waren, oft begrenzte Zielsetzungen und meist wenige Mitglieder hatten, aber im ganzen Land aktiv wurden, um Subventionen für Exhumierungen ansuchten und an Straßen, in Wäldern, auf Wiesen oder Friedhöfen, ja selbst im Ortsgebiet Ausgrabungen durchführten – ein schlagender Beweis dafür, dass die franquistische Repression ganz Spanien überzogen hatte und das Land immer noch eine unbekannte Zahl von »Leichen in den Straßengräben« hatte. Heute existiert eine nicht nur auf den ersten Blick verwirrende Vielzahl von großen und kleinen

Vereinigungen, die auch für Eingeweihte nur noch schwer zu über-
schauen sind. Die Zielsetzungen dieser Gruppen sind ebenso verschieden wie ihre ideologische Ausrichtung, ihr Einsatzbereich, der
Grad ihrer Organisation und die Zahl ihrer Mitglieder. Es ist eine he-
terogene Bewegung, die in sich oft uneins und wohl nur schwer auf
einen Nenner zu bringen ist, wobei sich gerade diese Atomisierung
als Vorteil gegen eine Vereinnahmung, Bevormundung oder Kontrolle durch (partei)politische Organisationen erwiesen hat. Immer wieder vergessen wird, dass neben diesen Organisationen zahlreiche
Wissenschaftler – Historiker, Soziologen, Politologen, Anthropologen – im akademischen Bereich oder außerhalb von ihm über die Repression forschen, sie einem größeren Publikum erschließen und in
einen internationalen historischen Rahmen stellen.

Die politischen Reaktionen auf die Arbeit der Gedächtnisbewegung ließen nicht lange auf sich warten. Am 20. November 2002, immerhin unter der mit absoluter Mehrheit regierenden PP, verurteilte
die Verfassungskommission des Parlaments zum ersten Mal und einstimmig die franquistische Diktatur, »um die Opfer und Unterdrückten der Diktatur moralisch zu entschädigen«[6]. Ein »historischer
Moment«,[7] wie Emilio Silva meinte, der die Bedeutung der Gedächtnisbewegung – nach nur zwei Jahren – belegt. Im Dezember 2003 fand
ebenso im Parlament eine institutionelle Ehrung der Opfer der franquistischen Repression und ihrer Angehörigen statt. Ende dieses Mo-
nats kam es zu ersten Disputen und Abspaltungen, als sich bei einer
Koordinationsversammlung zwei Gruppen bildeten: die Vereine, die
mit oder ohne richterlichen Bescheid Überreste exhumieren und den
Familien zur Bestattung übergeben wollten; und die Institutionen, wie
etwa die Vertretung der PSOE, die Exhumierungen mit dem Argument kritisierten, es sei sinnvoller, die Massengräber so zu belassen,
wie sie sind, um darüber Gedenkstätten zu errichten. Eine von vielen
Meinungsverschiedenheiten, von denen die Bewegung gezeichnet ist.

Unterstützung kam auch von Amnesty International. Am 18. Juli
2005 legte die Organisation unter dem Titel »Spanien: Dem Schwei-

gen und der Ungerechtigkeit ein Ende setzen«[8] einen 78-seitigen Bericht vor, in dem sie die Arbeit der Vereine explizit unterstützte und zugleich mit theoretischen Überlegungen, juristischem Vokabular und einer internationalen Perspektive anreicherte, eine Facette, die sich im Lauf der Zeit als immer wichtiger herausstellen sollte.

Auf den Tag genau drei Jahre später unterzeichneten im Rahmen der ersten »Politischen Tagung zu Gedächtnis und Konstruktion der Staatsbürgerschaft«[9] zwölf Vereinigungen die »Erklärung von La Granja«. Durch sie sollte der Aufsplitterung der Bewegung entgegengearbeitet und eine gemeinsame Plattform geschaffen werden, um die Forderungen nachhaltiger durchsetzen zu können: die Gründung einer Gedächtnispolitik, die effektiver sein sollte als die *Ley de Memoria Histórica;* die Aufhebung des Amnestiegesetzes von 1977; die Schaffung einer »Wahrheitskommission« nach lateinamerikanischem Vorbild; die offizielle Anerkennung aller antifranquistischen Widerstandskämpfer; die Aufnahme in die Staatsregister der Verschwundenen sowie die obligatorische Behandlung der franquistischen Repression im Schulunterricht.[10]

Der nächste Schritt schien erst einmal ein Quantensprung zu sein, nämlich der Beginn der gerichtlichen Ermittlungen der franquistischen Verbrechen durch das *Juzgado Central de Instrucción nº 5* (Ermittlungsgericht) der *Audiencia Nacional,* das Baltasar Garzón leitete, der sich am 16. Oktober 2008 für zuständig erklärte. Garzón wurde zu einer zentralen Figur der Bewegung, da er ihr zum ersten Mal öffentlich reale Anerkennung und Unterstützung gewährleistete. Während seiner Voruntersuchungen wurde von zehn Vereinen die *Coordinadora de Colectivos de Víctimas del Franquismo* (Koordinationsstelle der Kollektive der Opfer des Franquismus) gegründet, die sich zum Ziel setzte, die Straffreiheit der franquistischen Verbrechen zu beenden. Die Suspendierung Garzóns am 14. Mai 2010 und der spätere Prozess waren ein Tiefschlag für die Gedächtnisbewegung, durch den sie jedoch fester zusammengeschweißt wurde. So entstand im Frühling 2010 aus Protest gegen die Suspendierung die *Plataforma contra los*

Crímenes del Franquismo (Plattform gegen die Verbrechen des Franquismus), in der Vereine, Künstler, Schriftsteller und Schauspieler aktiv waren, um eine Demonstration als Hommage für den Richter zu organisieren, an der rund 60 000 Personen teilnahmen. Seither findet jeden Donnerstag um 19 Uhr auf der Madrider Puerta del Sol eine Kundgebung statt, in Erinnerung an die Opfer und Verbrechen der Diktatur.

Als nach der Suspendierung Garzóns die »territorialen« Gerichte, die eigentlich für diese Fälle zuständig waren, genauso wenig Interesse zeigten wie zuvor, erstattete die ARMH am 14. April 2010 (man beachte die Symbolik) bei der argentinischen Richterin María Romilda Servini de Cubría Anzeige, um, im Gegenzug zu den Ermittlungen Garzóns in Argentinien und gegen Pinochet, an die Universalität der Gerichtsbarkeit zu appellieren und darauf hinzuweisen, dass in Spanien eine offizielle Untersuchung und Verurteilung der Verbrechen nicht möglich sei. Seither haben sich zahlreiche andere Organisationen dieser Initiative angeschlossen, darunter der Verein *La Comuna,* in dem sich ehemalige Häftlinge engagieren, um die Annullierung ihrer Strafen durchzusetzen, entschädigt zu werden und die heute noch lebenden Täter mit ihren Taten zu konfrontieren.

Die Gedächtnisbewegung hat bis Dezember 2012 330 Massengräber geöffnet und 6290 Leichen exhumiert.[11] In dem langen Jahrzehnt ihrer Existenz hat sie nicht nur gelernt, auf professionelle Weise die Opfer der franquistischen (und republikanischen) Repression zu exhumieren, mit all den notwendigen administrativen und organisatorischen Vor- und Nacharbeiten, sie hat zugleich auch einen theoretisch, politisch und juristisch fundierten Diskurs entwickelt, um ihren Forderungen Stimme und Nachdruck zu verleihen. Zwischen der ersten, persönlich motivierten Forderung nach der »Wiedererlangung« eines Großvaters und den heute differenziert gestellten Fragen im Bereich einer nationalen und internationalen Gedächtnispolitik liegen Welten, Welten an Erfahrungen, Erfolgen und Rückschlägen, politischen Forderungen und sozialem Wandel. Dementsprechend konkret sind die Hauptforderungen der Gedächtnisbewegung. Die grundsätzliche Triade der *memoria histórica* lautet: *verdad, justicia, reparación* – Wahrheit, Gerechtigkeit, Wiedergutmachung. Etwas konkreter bedeutet dies Folgendes:

- Eine vom Staat getragene Exhumierung und würdevolle Beisetzung möglichst aller »Verschwundenen« oder in Massengräbern Verscharrten.
- Tatsächliche Entschädigung für die Opfer der franquistischen Repression während des Bürgerkriegs und der Diktatur.
- Aufklärung und Verfolgung der franquistischen Verbrechen.
- Möglichkeiten zur Untersuchung der historischen Tatsachen, freier Zugang zu allen staatlichen und privaten Archiven.
- Revidierung der *transición*, des Amnestiegesetzes und der Straflosigkeit der franquistischen Verbrecher, wobei nicht zu vergessen ist, dass die jüngeren Folterer aus der Spätzeit des Franquismus heute um die sechzig Jahre alt sind, genauso wie ihre Opfer.
- Aufhebung und Nichtigkeitserklärung aller Urteile und Strafen des Franco-Regimes.
- Soziale Gleichstellung der Opfer des Franquismus mit den Opfern der ETA. Denn während die Opfer der ETA finanzielle und psychologische Unterstützung erhalten, sozial betreut und gefördert werden und über mächtige Organisationen verfügen, die direkte Kontakte zu den Parteien haben, ist dies bei der Gedächtnisbewegung nicht der Fall. Im Gegenteil werden vor allem von konservativer Seite diese beiden Typen von Opfern aus politischen und ideologischen Gründen gegeneinander ausgespielt.

Die Reaktionen auf die Gedächtnisbewegung

Reaktionen auf die Gedächtnisbewegung stellten sich bald ein. Der Bürgerkrieg und die Diktatur waren in der spanischen Literatur wie auch im Film seit jeher präsent. In den letzten Jahren erhielt dieses Thema neuen Auftrieb, oft verging keine Woche, ohne dass nicht ein Roman oder Film dazu präsentiert worden wäre. Wie im Fall des Holocaust bedeutete dieser Boom jedoch auch eine starke Trivialisierung, Kommerzialisierung und Entpolitisierung. Zugleich hielt das Thema Einzug in die Medien. In Zeitungen und Zeitschriften, im Fernsehen und Radio wurde ausführlich über die »Enkel der Verschwundenen« berichtet, an den Kiosken konnte man fast jede Woche ein Buch oder eine DVD erstehen, die zu einer mindestens zwanzigbändigen Dokumentation gehörte, in seriösen und banalen Fernsehdebatten wurde erbittert über Sinn und Unsinn der Exhumierungen oder der Auseinandersetzung mit der Vergangenheit gestritten. Selbst zwei der beliebtesten Serien des staatlichen Fernsehens behandelten das Thema Nachkrieg und Franquismus: *Amar en tiempos revueltos* (Lieben in verworrenen Zeiten), die zwischen 1936 und 1957 spielt und die Wirren des Bürgerkriegs, vor allem aber des Nachkriegs schildert. Und *Cuéntame cómo pasó* (Erzähl mir, wie es geschah), benannt nach einem bekannten Lied von 1969, die in der Spätzeit des Franquismus und der *transición* angesiedelt ist, dank ihrer Ausstattung zwar ein authentisches Ambiente vermittelt, die politischen Probleme der Zeit jedoch in idyllisierende Klischees verwandelt, die manchem Historiker zufolge »neofranquistische« Züge tragen.[12]

Aufgrund des großen Interesses am Thema startete im Jahr 2008 das *Centro de Investigaciones Científicas,* so etwas wie das statistische Zentralamt, eine Umfrage hinsichtlich der *memoria histórica*.[13] Die Ergebnisse stellen eindeutig eine Verurteilung des Franquismus dar und belegen die ungebrochene Wertschätzung der *transición,* zeigen aber ein auffallend geringes Wissen hinsichtlich der Zweiten Republik. Auf die Frage, wer mehr Morde begangen habe, gaben 35,9 Prozent »beide« Seiten an, 30 Prozent nannten die »Nationalen« und 4,1 Prozent die Republikaner – erstaunliche 28,9 Prozent erklärten, nichts darüber zu wissen. 44,7 Prozent der über 65 Jahre alten Spanier, die den Großteil ihres Lebens unter dem Franquismus zugebracht hatten, meinten, dass die »Nationalen« für den Bürgerkrieg verantwortlich wären, für 29,2 Prozent waren es die Republikaner, für 11 Prozent beide, Prozentsätze, die mit denen anderer Altersgruppen übereinstimmen. In Bezug auf die Aktivitäten der Gedächtnisbewegung votierten 50,2 Prozent dafür, dass man die immer noch verscharrten Opfer des Bürgerkriegs exhumieren und begraben sollte, 26,3 Prozent wollten sie dort liegen lassen, wo sie begraben wurden, 13,9 Prozent stimmten dafür, ein Denkmal an Ort und Stelle zu errichten. 83,8 Prozent meinten, dies sei die Aufgabe des Staates.

Leider wurden keine Daten über die persönliche Einstellung und Implikation der Befragten hinsichtlich der Aktivitäten der Gedächtnisbewegung erhoben. Hier dürften die größte Gruppe wohl diejenigen sein, die von der *memoria histórica* unberührt bleiben und keine Reaktion zeigen – oder sich in Neutralität üben und den Bürgerkrieg mit pseudohistorisch-psychologischen Gründen erklären wollen. Ein gutes Beispiel für diese Gruppe ist der Bestsellerautor und ehemalige Kriegsreporter Arturo Pérez-Reverte, der in einem Interview mit der Zeitung *El Mundo* eine nur scheinbar unpolitische Erklärung abgab, die »den Spanier« auf einen menschlichen Grundcharakter reduziert und daraus den Bürgerkrieg ableitet. Pérez-Reverte sprach davon, dass man den Bürgerkrieg in einen größeren Kontext stellen müsse, 3000 Jahre seien es bei ihm, die den Cid, die Katholischen Könige, die Eroberung Amerikas und die erste liberale Verfassung von Cádiz aus dem Jahr 1812 mit einbeziehen würden. Doch wozu? Um festzustellen, dass »der Spanier historisch ein Hurensohn« sei. »Ich finde die *Ley de Memoria Histórica* ja sehr gut, aber ich benötige das Kleingedruckte, einen Anhang, der das Gesetz in seinen Kontext stellt [...]. Ich komme aus Cartagena, und in Cartagena, das rote Zone war, gab es alles, es gab eine brutale Repression der Milizionäre und eine brutale Repression der Falangisten. Mir haben sie, als ich klein war, beide Repressionen erzählt, beide; wenn man daher heute noch von ein paar Guten und den anderen Bösen spricht... Jeder, der die Geschichte Spaniens gelesen hat, weiß, dass wir hier alle gleiche Hurensöhne gewesen sind, ALLE.«[14] Der Erkenntnisgewinn aus solchen biologistischen Trivialdeutungen des Bürgerkriegs ist natürlich gleich null, der Autor kann sich aber ob seines Grobianismus des Erfolgs sicher sein.

Tatsächlich wird man in Spanien heute kaum jemanden finden – zumindest niemanden, der ernst zu nehmen ist –, der die Exhumierungen an sich infrage stellen würde, auch wenn dies in den frühen Jahren immer wieder der Fall war. Doch werden viele Aspekte der Arbeit der Bewegung kritisiert, wobei man die Kritiker grob in zwei Gruppen einteilen kann. Die erste Gruppe der Kritiker hat ideologisch und politisch gewisse Affinitäten, ist aber weder mit den grundsätzlichen Forderungen der Bewegung noch mit deren Geschichtsinterpretationen einverstanden. Die zweite Gruppe kommt aus dem rechten Lager und lehnt die Bewegung rundweg ab.

Der wohl pointierteste und fachkundigste Kritiker der ersten Gruppe ist der Historiker Santos Juliá. Juliá wendet sich in zahlreichen Zeitungsartikeln, aber auch in Aufsätzen und Büchern gegen den »politischen Gebrauch der Vergangenheit«[15] und den ideologischen Hintergrund der *memoria histórica* an sich. So wirft er der Gedächtnisbewegung die einseitige Verwendung der Opfer vor, da die Realität des Bürgerkriegs viel komplexer war, konnte doch »das Opfer von gestern zum Henker von morgen [werden] und der Henker der Gegenwart in der Zukunft zum Opfer«[16]. (Was, nebenbei gesagt, nur für einen Teil des Territoriums zutraf, denn in dem Gebiet, das sich von Anfang an in franquistischer Hand befand, war die Rollenverteilung festgelegt und veränderte sich im Lauf des Kriegs nicht.) Eine demokratische Gesellschaft, so Juliá weiter, müsse die Pluralität der verschiedenen Varianten des Gedächtnisses ebenso wahren wie ihr Recht darauf, sich öffentlich zu äußern. Zugleich verteidigt er die *transición* und deren Amnestie vor den oben skizzierten Vorwürfen der Gedächtnisbewegung und erklärt beide aus den Umständen der Zeit heraus als unumgänglich, von allen Seiten befürwortet und notwendig, um die Gespaltenheit der Vergangenheit zu überwinden. Ebenso widerspricht er energisch der Behauptung, es habe damals keine Auseinandersetzung mit der Vergangenheit gegeben, indem er seitenlang Werke auflistet und kommentiert, die in dieser Zeit das Licht der Welt erblickten.[17] Entgegengehalten wird Juliá dabei von seinen Kritikern, unter ihnen Francisco Espinosa, dass diese Werke zwar alle möglichen Themen des Bürgerkriegs behandeln würden, nicht aber den wichtigsten Aspekt, den Schlüssel für das demokratische Verständnis des Kriegs und der Repression: die Ursachen der Zerstörung der Republik und des Militärputsches, denn diese Dokumente »waren nicht zugänglich«[18].

Etwas weniger wissenschaftlich sind andere Gegner der Gedächtnisbewegung. Um hier zwei Beispiele zu nennen, die für viele stehen und in einem Medium publiziert wurden, das gemeinhin als linksliberales Aushängeschild Spaniens gilt: *El País*. Am 24. April 2010 veröffentlichte der PSOE-Politiker Joaquín Leguina, ehemaliger Präsident der Comunidad de Madrid und deklarierter Gegner von José Luis Rodríguez Zapatero, einen Artikel unter dem Titel »Die Toten begraben«. Darin stellt er die These auf, dass der »Justizlärm« um Baltasar Garzón vier Botschaften »von zweifelhafter Qualität« in Umlauf gebracht habe. Die erste Botschaft behaupte, das Amnestiegesetz der *transición* sei unter Druck und Säbelrasseln entstanden. Dies sei, Leguina zufolge, falsch und bedeute eine »Verleumdung derjenigen, die zu einer Übereinkunft gelangten, um die Demokratie nach Spanien zu bringen und dafür eine einvernehmliche Verfassung vorbereiteten. Sie waren keine Feiglinge, sondern großzügig.« Nach diesem nicht unbedingt sehr treffenden Adjektiv stellt er auch gleich die Rute ins Fenster: Es blieben ja nicht nur die »Verbrechen des Franquismus unbestraft, sondern auch diejenigen, die von den republikanischen Autoritäten begangen beziehungsweise erlaubt worden waren. Auf alle Fälle ist eindeutig erwiesen, dass man auf beiden Seiten eine wilde ›ethnische Säuberung‹ praktiziert hatte.« Die Androhung, auch die Verbrechen der Republik neu aufzurollen, ist abstrus, denn tatsächlich waren in der *Causa General* die meisten Verbrechen der Republik untersucht und die Täter, so man ihrer habhaft werden konnte, verurteilt worden, oft zur Todesstrafe. Zudem ist heute keiner der damaligen Verantwortlichen mehr am Leben. Der letzte, Santiago Carrillo, starb am 18. September 2012 im Alter von 97 Jahren – und anlässlich seines Todes stellten Historiker klar, dass er bei dem Massenmord keine wirklich bedeutende Rolle gespielt hatte.[19] Zweck dieser historisch verqueren Drohung ist es, die Auseinandersetzung mit den Verbrechen des Spätfranquismus zu unterbinden, noch dazu mit der längst überholten Leerformel von der geteilten Schuld.

Weiter geht es mit einer anderen Unterstellung in der angeblichen zweiten Botschaft der Gedächtnisbewegung, der zufolge nur die Opfer der franquistischen Repression geehrt werden sollten, da die anderen bereits Genugtuung erfahren hätten. Diese Haltung würde »die Teilung perpetuieren, genau das Gegenteil von dem, was eine anständige Person herbeiwünschen sollte«, interpretiert Leguina die Haltung der Gedächtnisbewegung doch recht falsch. Denn einerseits verkürzt er, wie in seinen vier Thesen generell, die Argumentationsweise aufs Banalste, andererseits kann man den Umgang mit den beiden Klassen von Ermordeten nicht gleichsetzen. Tatsächlich erhielten die Hinterbliebenen der Opfer der Republik das, was die Hinterbliebenen der Opfer des Franquismus heute fordern: Wahrheit (doch keine partielle wie im Franquismus), Gerechtigkeit (jedoch nicht durch eine einseitige, ungerechte Justiz) und Wiedergutmachung (wenn auch nicht in Form von Geld, Ansehen oder durch die Vergabe von Lizenzen für Lotteriestellen oder Kioske).

Absurd ist schließlich die dritte von Leguina der Gedächtnisbewegung zugeschriebene Botschaft, alle vom Franquismus Unterdrückten seien »Helden der Demokratie und der Freiheit«. Behauptungen dieser Art mögen in Propaganda vorkommen und von einigen, ideologisch sehr motivierten Vereinen aufgestellt werden, schwerlich aber ist ein derartiger historischer Reduktionismus auf die Bewegung an sich übertragbar oder in ernsthaften Publikationen zu finden. Es zeigt aber, welche Feindbilder Leguina hier heraufbeschwört: In seiner Argumentation macht er sich zum Sprecher der Rechten, die genau diese Vorwürfe ein ums andere Mal erheben, um den Franquismus zu rechtfertigen und der Republik im Nachhinein den Garaus zu machen.

Leguinas vierte der Gedächtnisbewegung in den Mund gelegte

Botschaft lautet, die Rechte sei »Erbin des Franquismus und wünsche ihn sich herbei«. Es mag polemisch gemeint sein, wenn er unterstellt, dass der Gedächtnisbewegung zufolge fast die Hälfte der spanischen Wähler einen neuen Franquismus wolle. Doch hat dies niemand so gesagt, vielmehr wird die Persistenz gewisser sozialer und politischer Verhaltensformen und eine personelle Interdependenz zwischen Franquismus und den zwei politischen Großparteien der Gegenwart konstatiert und auch bewiesen. Selbstironisch klingt es schon beinahe, wenn Leguina in dem von Simplifizierungen nur so strotzenden Artikel seinem Verdruss über die »Simplifizierungen« dieser von ihm konstruierten »Linken« zum Ausdruck bringt.

Da Leguinas Text auf beachtliches Echo und heftige Kritik stieß, sah sich der Schriftsteller Jorge M. Reverte veranlasst, Leguinas Position in einem Artikel zu verteidigen, der unter dem Titel »Die Toten von allen« am 18. Juni erschien. Reverte hatte eine Reihe von Büchern publiziert, in denen, auf historische Dokumente gestützt, die bedeutendsten Schlachten des Bürgerkriegs aus einer äquidistanten Position heraus beschrieben wurden. Reverte zählt sich zu den »Verteidigern der Sache der Republik«, weist aber darauf hin, dass auch die »legitime« Republik Schuld auf sich geladen und unschuldige Opfer um ihr Leben gebracht habe – was aber ohnehin niemand bestreitet. Laut Reverte fordere Leguinas Text, dass die Opfer des Bürgerkriegs von allen gleich akzeptiert werden sollten. Es sei nun an der Zeit, diese Opfer »gleich zu machen«, indem man anerkenne, dass keines »gerecht ermordet wurde« – wobei es interessant wäre zu erfahren, wie man »gerecht ermordet«. Äußerst problematisch wird die Argumentation, wenn Reverte seinen Text mit folgender rhetorischer Frage beschließt: »Franco tötete doppelt so viel wie die Republikaner. Was hat das mit jedem einzelnen Opfer zu tun?« Mit dem Opfer hat dies tatsächlich nichts zu tun, jedes einzelne Opfer ist für sich genommen ein tragischer Fall. Sehr wohl aber hat es mit dem zu tun, was dann kam, mit der Verfolgung und Unterdrückung der einen Seite und der Reparation für die andere. Insofern besteht bis heute ein Ungleichgewicht, das die Gedächtnisbewegung auszubalancieren versucht, manchmal auch mit Mitteln, die über das Ziel hinausschießen.

Das Problem der Argumentation von Leguina und Reverte liegt darin, dass sie, ganz in Anlehnung an die *transición,* dieses Ungleichgewicht weiter aufrechterhalten wollen und von beiden Seiten eine Aussöhnung verlangen, die jedoch nur den franquistischen »Frieden« perpetuiert. Denn sie »vergessen«, dass »die andere Seite« weder um Verzeihung gebeten noch Initiativen ergriffen hat, um diese Aussöhnung möglich zu machen. Zudem wird in althergebrachter Manier ein kleines Detail der historischen Rechtfertigung außer Acht gelassen: »Die eine Seite« verteidigte trotz ihrer vielen Fehler eine rechtmäßig gewählte demokratische Staatsform, »die andere Seite« einen unrechtmäßigen Militärputsch.

Naturgemäß viel kruder war die Reaktion der mit dem Begriff »Rechte« nur unscharf zu umschreibenden Vielfalt von Meinungen und Habitusformen derjenigen, die diese »andere Seite« verteidigten. Die beiden bekanntesten Autoren des zu den Wurzeln des franquistischen Denkens zurückstrebenden Revisionismus sind sicherlich Pío Moa und César Vidal. Moa gelang das Kunststück, mit *Los mitos de la guerra civil* (2003, mittlerweile 36 Auflagen) zum Bestsellerautor zu werden. Vidal publizierte aus einer anfangs moderaten Position heraus Werke, denen zumindest eine gewisse wissenschaftliche Auseinandersetzung mit der Geschichte anzusehen war, wurde aber in der zweiten Hälfte des letzten Jahrzehnts zu einem Popen des rechtsradikalen Lagers und ist in der Zwischenzeit vor allem als Moderator in einschlägigen Radioprogrammen und Fernsehsendern wie *Libertad Digital* tätig. Vater dieser Bewegung ist der Journalist Federico Jiménez Losantos, der in den Achtzigerjahren einen dramatischen Schwenk von weit links nach weit rechts vollzog und sich im Schatten der konservativen Medien, vor allem in *El Mundo* und in der COPE, dem privaten Radiosender der Bischofskonferenz, zu einem der polemischsten rechten Propagandisten hinaufarbeitete. Um sich scharte er eine große Gruppe von Autoren, Publizisten und PP-nahen Politikern aus dem Umkreis der FAES, des von José María Aznar eingerichteten PP-Thinktanks, um das zu verbreiten, was er »Liberalismus« nennt, was bei genauerer Analyse aber wohl eher wirtschaftlicher Neoliberalismus und intellektueller Rechtsradikalismus zu nennen ist. Im Umfeld von Medienkonzernen wie *Libertad Digital* oder *Intereconomía,* aber auch von Sendern konservativ regierter Autonomer Regionen wie Madrid *(Telemadrid)* oder Valencia *(Canal 9),* in Zeitungen wie *La Razón, La Gaceta,* teilweise auch in *ABC* und *El Mundo,* sammelte sich dank der technologischen Revolution der letzten Jahre eine Szene, die nicht nur das Land aus einer eigenen Perspektive analysierte, sondern auch alles, was mit der *memoria histórica* zu tun hatte, rundweg aburteilte. Meist eher mit Unterstellungen, Behauptungen zweifelhaften Ursprungs und historischen Falschinformationen, sodass eine tatsächliche Auseinandersetzung mit dieser Art des Umgangs mit der Vergangenheit nicht sehr fruchtbar ist. Ergänzend dazu wurde, wie bereits erwähnt, im universitären Bereich, mit Unterstützung von ausländischen konservativen Historikern wie Stanley Payne, Burnett Bolloten, Julius Ruiz, mit Initiativen, die als Interviews oder leicht verständliche Vorträge auch im Internet zu finden sind, versucht, das neofranquistische Geschichtsbild akademisch zu untermauern. Dazu kommt die – aus historischen Gründen oft sehr konservative – akademische Geschichtsschreibung eines zwar immer kleiner werdenden Kreises von Universitätsprofessoren, die aber doch einen gewissen, vor allem institutionellen Einfluss ausüben.

Die historischen Erklärungsmodelle, ideologischen Positionen und die Kritik an der Gedächtnisbewegung des konservativen, rechten, francofreundlichen Lagers könnte man folgendermaßen definieren:

– Die Schuld am Bürgerkrieg tragen fast ausschließlich die Linke und die von ihr unterminierte Republik, der dadurch zugleich jegliche Legalität abgesprochen wird.

– Der fehlgeschlagene Streik und Aufstand von Asturien im Herbst 1934 war der Auftakt des Bürgerkriegs und der erste Versuch einer Revolution und eines Putsches, eine weitverbreitete These, die sogar die rechtspopulistische Präsidentin der Comunidad de Madrid, Esperanza Aguirre, vertritt.[20]

– Die Rechte wollte keinen Krieg, konnte aber angesichts der zunehmenden Gewalt der Linken nicht anders und putschte fast gegen ihren Willen in letzter Minute, um einer jeden Moment losbrechenden linken Revolution zuvorzukommen.

– In der »roten« Zone kam es zu einer Revolution und zu umfassenden Gewalttaten, die von der Regierung zwar nicht unbedingt gefördert, aber doch gutgeheißen wurden. Gewisse Teile der Regierung unterstützten und organisierten selbst Gewaltaktionen.

– Die einzige Stütze der Republik war Stalin, der mittels Strohmännern in der Regierung, vor allem Francisco Largo Caballero, dem »spanischen Stalin«, den Kommunismus in Spanien errichten wollte.

– Die Repression war auf beiden Seiten etwa gleich groß, unter Franco aber »legal«, da auf Kriegsgerichten beruhend; allerdings war sie durch den Sieg im franquistischen Terrain geografisch und zeitlich umfassender, daher verhältnismäßig weniger schlimm.

– Auf »nationalem« Territorium gab es nur vereinzelt illegale Repression, schädliche Elemente und politische Verbrecher wurden, zwar unter chaotischen Umständen, aber »legal« durch Kriegsgerichte zum Tode verurteilt.

– Franco errichtete aus den Trümmern ein neues Spanien nach seinen Vorstellungen, zum Wohl des Landes.

– Bis hierhin gleicht die revisionistische Geschichtsversion in sehr vielen Details der franquistischen Propaganda, brachte also kaum neue Erkenntnisse. In Bezug auf die Zeit der *transición* und die Gegenwart sehen die Argumente folgendermaßen aus:

– Das Land war am Ende der Diktatur befriedet, ausgesöhnt und in Einklang mit sich selbst, lebte in Wohlstand und war auf dem Weg zu einer Wirtschaftsmacht.

– Die *transición* verlief zwar spannungsgeladen, aber einvernehmlich; die Amnestie galt nur den Terroristen, da es keine franquistischen Verbrecher gab, bestenfalls vereinzelte Übergriffe; schwere Fehler waren die Aufteilung des Landes in Autonomien und die Dezentralisierung zugunsten vor allem des Baskenlandes und Kataloniens.

– Ziel der Bewegung der *memoria histórica* ist es, das franquistische Erbe zu verunglimpfen, es handelt sich um einen Versuch, die Republik zu rehabilitieren und die Spanier erneut zu entzweien.

– Generell werden alle Anliegen der Bewegung bestritten und für ungültig erklärt, auch wenn sich in letzter Zeit eine gewisse, zumindest nach außen vorgeschützte Sensibilisierung hinsichtlich der Opfer herausgebildet hat.

– Oft werden die Exhumierungen als Farce gebrandmarkt und die Zahl der dort Verscharrten herabgesetzt, so etwa im Fall von Órgiva, das die rechten Medien eine Zeit lang mit Spott bedachten, da bei Ausgrabungen Knochen gefunden wurden, die, wie sich herausstellte, von Tieren stammten; allerdings wurde dabei nicht erwähnt, dass dort die Reste von mindestens 5275 Menschen liegen, von denen der Großteil noch nicht geborgen ist.[21]

– Behauptet wird schließlich, die Zahl der Begrabenen sei in keinem Fall so hoch, wie von den Vereinen angegeben wird, es gehe diesen vor allem um den Erhalt von Subventionen und um ihre politischen Anliegen.

Der Historiker Alberto Reig Tapia hat diese unsaubere Art des ideologischen, polemischen Umgangs mit der Geschichte treffend als »Historietografie« charakterisiert: »Die *Historietografie* trivialisiert, banalisiert, verfälscht, simplifiziert, manipuliert, unterminiert komplexe Probleme, die die Historiografie analysiert, untersucht, revidiert, erklärt und aufklärt in dem Grad, in dem die Quellen und die Lage unseres Wissens es zulassen.«[22] Den Sinn und Zweck dieser Umdeutung hat er zum 75. Jahrestag des Aufstandes der Generäle in der Tageszeitung *Público* zum Ausdruck gebracht. Sie soll, »den Weg für die extremste politische Rechte frei machen, ihre eigene antidemokratische Vergangenheit auf liberal umschreiben, indem sie gegen die regierende Linke loszieht, auf ebenso antidemokratische Weise wie 1936 und darauf versessen, die Spanier zu entzweien und gegeneinander auszuspielen, um uns erneut auf den Weg eines Bürgerkriegs zu bringen«.[23]

Eine sehr einflussreiche Gruppe, die mit großem Erfolg Opposition gegen die *memoria histórica* betreibt, findet fast nie Erwähnung: die katholische Kirche Spaniens. Als im August 2011 der Weltjugendtag in Madrid stattfand, ein gut besuchtes, lange vorbereitetes Ereignis, an dem beinahe anderthalb Millionen Menschen teilnahmen, darunter auch der Papst Benedikt XVI., erhielten die Teilnehmer einen vom Erzbistum Madrid verfassten »Pilgerführer«, in dem es auf Seite 10 heißt: »In den Dreißigerjahren des vergangenen Jahrhunderts wurde die Kirche in Spanien Opfer der blutigsten Glaubensverfolgung, die man in der Geschichte des Christentums kennt, mit beinahe siebentausend Märtyrern: Bischöfe, Priester, Mönche, Nonnen und zahlreiche Laiengeistliche.«[24] Wie bereits erwähnt, gehörte der Mord an den 6845 Geistlichen (deren genaue Zahlen und Namen man im Gegensatz zu den Verschwundenen des Franquismus kennt) zu den schlimmsten Verbrechen der Republik und war, wie Stanley Payne es formulierte, »das größte Trauma, das die katholische Kirche in einem Land Westeuropas in der Gegenwart erfahren musste«[25]. Doch überrascht dieser Text in einer Broschüre zu einem Fest, das dem Weltfrieden gewidmet ist, und legt die Frage nahe, warum die »alten Wunden wieder aufgerissen werden«.

Diese Haltung der spanischen Kirche hat Tradition. Als am 4. Mai 2003 der Papst Johannes Paul II. vor einer Million Menschen, vor dem spanischen König Juan Carlos und dem Ministerpräsidenten José María Aznar samt ihren Familien sowie vor den »Autoritäten des Staates« auf der Plaza de Colón eine Messe zelebrierte und dabei Pedro Poveda, einen Märtyrer des Bürgerkriegs, heiligsprach, war mehrmals von der »Religionsverfolgung in Spanien« die Rede. Und als sich seit Beginn des Jahrtausends die Seligsprechungen spanischer Märtyrer häuften, wurden die Gläubigen aufgerufen, »nicht zu vergessen« und »die Erinnerung am Leben zu erhalten«[26].

Johannes Paul II. sprach 471 spanische Märtyrer selig und stellte am 11. März 2001, wie er selbst meinte,[27] einen persönlichen Rekord auf, als er diese Ehre 233 Personen zukommen ließ, »die mit ihrem Blut den Hass auf den Glauben und die Kirche bezahlten, die durch die religiöse Verfolgung und den Ausbruch des Bürgerkriegs eingesetzt hatte«[28]. Dass die Kirche wenig aus der Geschichte gelernt hatte und immer noch in der alten Rhetorik verfangen war, zeigte die Bemerkung des Papstes, sie seien »allein aus religiösen Gründen« gestorben, ohne im Geringsten über die Position der Kirche in dieser Zeit und die ihr daraus zugewachsenen Ressentiments zu reflektieren. Den Rekord Johannes Pauls überbot jedoch bei Weitem sein Nachfolger Benedikt XVI., als er am 28. Oktober 2007 bei einer Feier auf dem Petersplatz gleich 498 Märtyrer seligsprach, die, wie der Kardinal José Saraiva Martins ganz in franquistischer Diktion betonte, »ihr Blut während der religiösen Verfolgung in Spanien in den Jahren 1934, 1936 und 1937 für ihren Glauben vergossen« hatten und mit dem Ruf »›¡Viva Cristo Rey!‹ auf den Lippen« gestorben waren.[29]

Bis 2010 wurden der spanischen Bischofskonferenz zufolge 978 Märtyrer seliggesprochen.[30] Dazu kamen 22 Benediktineroblatinnen und ein Laienbruder, denen am 17. Dezember 2011 in der Madrider Kathedrale dieselbe Ehre widerfuhr,[31] insgesamt also 1001. Zu ihnen sollen sich nach dem Pastoralplan der Bischofskonferenz im Oktober 2013 noch einmal zwischen 200 und 300 Märtyrer gesellen, deren Seligsprechungsverfahren bereits im Gang ist.[32]

Diese Häufung der Seligsprechungen hat einen doppelten Grund. Einerseits ist sie Bestandteil der neuen Evangelisierung der Welt, die unter Johannes Paul II. begonnen hat und bei der Spanien aufgrund seiner katholischen Vergangenheit eine Hauptrolle zukommt. Andererseits ist sie eine Reaktion auf die Gedächtnisbewegung, der die offizielle Kirche sehr ablehnend gegenübersteht. Die Bischofskonferenz sieht sich heute noch als Opfer der Republik und behauptet, es habe einen Plan gegeben, den Klerus »auszurotten«. Und während die Kirche – mit gutem Recht, das sei keinesfalls bestritten – alles tut, um die

Erinnerung an ihre Opfer am Leben zu erhalten, weist sie mit altbekannten Argumenten die Initiativen der *memoria histórica* zurück: Sie würde »auf gefährliche Weise Wunden der Vergangenheit aufreißen«.[33]

Angesichts dieser aktiven Gedächtnispolitik der Kirche darf es nicht verwundern, wenn manchen Vertretern der *memoria histórica* der Kragen platzt: »Jeder Schreihals von der COPE bis zu *El Mundo* kann ohne jede Scham schreiben, dass die Bewegung zur Wiederherstellung der *memoria histórica* alte, bereits vernarbte Wunden wieder öffnen will, während sie es für ›normal‹ ansehen, dass die Bischofskonferenz die Seligsprechungen der Märtyrer aus dem Bürgerkrieg reaktiviert.«[34] Oder wie es der Historiker Julián Casanova mit etwas mehr Distanz ausdrückt: »Die katholische Kirche ist heute [...] die einzige Institution, die die Erinnerung an den Bürgerkrieg am Leben erhält, die einzige, die das Gedenken an ihre Märtyrer mit etwas mehr als Erinnerungszeremonien und Denkmälern weiter bestehen lässt.«[35]

Ley de Memoria Histórica – das Gesetz des historischen Gedächtnisses

Bald nach den Wahlen des 13. März 2004, als die PP aufgrund des von ihr ausgelösten breiten sozialen Unbehagens und ihres zweifelhaften Verhaltens nach den Attentaten des 11. März in Madrid abgewählt und José Luis Rodríguez Zapatero als Ministerpräsident vereidigt worden war, diskutierte am 1. Juni das Parlament auf Initiative der baskischen Parlamentsgruppe und anderer kleiner Fraktionen einen Entschließungsantrag »über die Anerkennung der Opfer des Bürgerkriegs und der Diktatur«, den die PSOE sehr positiv aufgriff und weiterentwickelte. Er wurde mit 174 Stimmen angenommen, 121 Abgeordnete enthielten sich, sechs waren dagegen.[36] Im September wurde eine Interministerielle Kommission unter dem Vorsitz der Vizeministerpräsidentin María Teresa Fernández de la Vega ins Leben gerufen,[37] die drei Aufgaben hatte: die rechtliche Lage der Opfer seit der *transición* zu analysieren; eine Studie über den Zugang der Opfer oder ihrer Familienangehörigen zu den für sie relevanten Archiven zu er-

stellen; sowie einen Gesetzesentwurf vorzulegen, der den Opfern Anerkennung und moralische Genugtuung verschaffen sollte.[38] Ende
2004 und Anfang 2005 hörte diese Kommission »mehr als dreißig
Kollektive an, die ihre Forderungen und Vorschläge«[39] vorbrachten.
Am 28. Juli 2006, zwei Jahre nach der Gründung der Kommission,
wurde im Parlament ein erster Gesetzesentwurf vorgestellt, den die
meisten Vereine rundweg ablehnten, da er ihren Interessen nicht ent-
gegenkam und viel zu kurz griff. Am 14. Dezember dieses Jahres wurde das Gesetz im Parlament diskutiert, die Debatten zogen sich über
Monate hin und der Gesetzesentwurf wurde erwartungsgemäß von
rechts und links attackiert, was der Journalist Javier Pradera treffend
zusammenfasste: Während »die PP den Präsidenten Zapatero beschuldigte, die Abmachungen der *transición* zu brechen und den Revanchismus der im Bürgerkrieg unterlegenen Verteidiger der republikanischen Legalität zu fördern, kritisierten IU [Vereinigte Linke] und
ERC [Republikanische Linke Kataloniens] die ›Lauheit‹ des Projekts
und verlangten die Annullierung der Urteile der Kriegsgerichte und
der Sondergerichte des Franquismus«.[40] Seltsam defensiv war auch
die Präsentation des Gesetzes durch die Kommissionsvorsitzende
Fernández de la Vega: »Es ist ein Gesetz, das weder etwas bricht noch
in die Vergangenheit zurückkehren möchte oder zurückblickt. Seine
Funktion besteht ausschließlich darin, die Rechte der Personen anzuerkennen und zu erweitern, die infolge des Bürgerkriegs und der Diktatur in ihren Rechten eingeschränkt waren.«[41]

Wie wenig die Gedächtnisbewegung bereits damals von dem Gesetz hielt, zeigt die Tatsache, dass am selben Tag dieser Debatte über
den Gesetzesentwurf der Anwalt Fernando Magán in Vertretung von
vierzehn Vereinen in der Madrider *Audiencia Nacional* eine Anzeige
hinterlegte, um so die Justiz zu etwas zu veranlassen, wozu ihrer Meinung nach die Politik nicht fähig war: die Interessen und Rechte der
Familienangehörigen der Opfer der Diktatur zu garantieren.[42]

Nach zahlreichen Diskussionen, bei denen die PP gegen jeden
Gesetzesentwurf stimmte – »Die PP legt im Senat ihr Veto gegen das

Gesetz des historischen Gedächtnisses ein, da es ›unnötig und unaufrichtig‹ ist«, titelte etwa *La Razón*[43] –, und nach der Annahme von Abänderungsanträgen durch die katalanischen Parteien CIU und IU-ICV erhielt der Gesetzesvorschlag schließlich am 31. Oktober 2007 die Zustimmung des Parlaments. Knapp zwei Monate später wurde das Gesetz 52/2007 vom 26. Dezember verabschiedet, »durch das Rechte anerkannt und erweitert und Maßnahmen festgelegt werden zugunsten derjenigen, die Verfolgung oder Gewalt während des Bürgerkriegs oder der Diktatur erlitten«[44]. Es wurde der Einfachheit halber kurz *Ley de Memoria Histórica*, Gesetz des historischen Gedächtnisses, genannt.

Was bestimmt nun dieses umstrittene Gesetz, dessen Entstehungsgeschichte – immerhin dreieinhalb Jahre – ebenso lang und umständlich scheint wie sein Name? Der Beginn ist den Opfern gewidmet und setzt sich zum Ziel, die Rechte all jener anzuerkennen und auszuweiten, die »aus politischen, ideologischen oder religiösen Glaubensgründen« während des Bürgerkriegs und der Diktatur verfolgt oder Opfer von Gewalt wurden, um sowohl ihre moralische Wiederherstellung als auch die Wiederherstellung ihres »persönlichen und familiären Gedächtnisses« zu »fördern« (aber nicht zu garantieren). Deshalb werden alle Urteile als »radikal ungerecht« und alle Gerichte als »illegitim« bezeichnet. Den Opfern wird das Recht auf eine »Erklärung für persönliche Wiedergutmachung und Anerkennung« zugestanden. Neben Steuervergünstigungen erhalten die Opfer für von ihnen verbüßte Haftstrafen von drei oder mehr Jahren eine einmalige Zuwendung von 6010,12 Euro, für je drei weitere Jahre der Haft nochmals 1202,02 Euro. 135 000 Euro stehen Witwen oder Kindern von Menschen zu, die von der Diktatur ums Leben gebracht wurden. Sollten die Opfer den Franquismus zwar überlebt haben, in der Zwischenzeit aber verstorben sein, so haben deren Hinterbliebenen Anrecht auf soziale und medizinische Betreuung sowie auf eine monatliche Pension von 132,86 Euro. Schließlich wird der Anspruch auf die spanische Staatsbürgerschaft von den Kindern antifranquistischer Exilanten auf die Enkel ausgeweitet.

Eine zweite Paragrafengruppe regelt die Exhumierungen. Die direkten Nachkommen und die Vereine, die vor dem 1. Juni 2004 existierten, können um Subventionen für Ausgrabungen ansuchen. Dabei sollen die zuständigen Behörden sie durch die Erstellung eines Protokolls, durch Abkommen zur Zusammenarbeit und die Anfertigung von Karten der Massengräber unterstützen. Die lokalen Behörden müssen den Vereinen den ungehinderten Zugang zu Privatgrundstücken garantieren, notfalls mittels zeitweiliger Enteignung.

Eine dritte Gruppe widmet sich den Überresten des Franquismus. Die zuständigen Behörden haben laut Gesetz die nötigen Maßnahmen zu ergreifen, um alle Symbole der Diktatur zu entfernen, außer im Fall von privaten Erinnerungen oder von Objekten, die aus »künstlerischen, architektonischen oder künstlerisch-religiösen Gründen« erhaltenswert seien. Ein Katalog mit Zeugnissen des Bürgerkriegs und der Diktatur soll erstellt werden, in den auch die Bauwerke aufzunehmen sind, die von Zwangsarbeitern errichtet wurden. Das Valle de los Caídos wird als religiöser Ort definiert, an dem es zu keinen politischen Kundgebungen kommen dürfe und wo das Gedächtnis an all die Personen geehrt und wiederhergestellt werden solle, die »aufgrund des Bürgerkriegs gefallen« seien.

Schließlich wird den noch lebenden Mitgliedern der Internationalen Brigaden die spanische Staatsbürgerschaft verliehen, ohne dass sie deswegen auf die ihrer Heimatländer verzichten müssen. Und es wird die Schaffung des Dokumentationszentrums für das historische Gedächtnis und des Generalarchivs des Bürgerkriegs in Salamanca festgelegt und definiert, ebenso wie die Anschaffung und der Schutz von Dokumenten aus dem Bürgerkrieg und der Diktatur sowie der Zugang zu den öffentlichen und privaten Archiven.

Das wohl grundsätzliche Problem des Gesetzes ist der zögerliche Gratwandel zwischen dem löblichen Versuch, keine »offizielle Geschichtsschreibung« zu betreiben, und der großen Zurückhaltung bei der Verurteilung und juristischen Auslöschung der Diktatur. Gedächtnisvereine, internationale Organisationen wie Amnesty International oder Human Right Watch und linke spanische Parteien wie IU und ICV kritisierten das Gesetz ausführlich und forderten eine explizitere Stellungnahme zu Bürgerkrieg und Diktatur aus einer demokratischen Perspektive im Gesetz, das so zumindest einen demokratischen Grundkonsens festschreiben sollte. Dem hielt das Gesetz selbst entgegen, dass es »nicht die Aufgabe des Gesetzgebers [sei], ein bestimmtes kollektives Gedächtnis zu schaffen«, sehr wohl aber, »die Opfer zu entschädigen« und ihr Recht auf eine »persönliche und familiäre Erinnerung« zu garantieren. So bleiben der Franquismus und alles, was mit ihm zu tun hat, rechtlich und von Staats wegen unangetastet. Den Opfern wird zwar finanzielle und symbolische Rehabilitierung zugestanden, die Täter aber lässt man weiterhin ungeschoren. Die vom franquistischen Justizapparat verhängten Strafen werden nicht annulliert, sondern für »nichtig«, »illegal« und »ungerecht« erklärt, was Santos Juliá auf die einfache Formel gebracht hat: »Rehabilitierung schon, aber keine Entschädigung, was heißt, keine Annullierung der Urteile.«[45] Der Grund dafür besteht darin, dass andernfalls eine Prozesslawine auf die Gerichte zugerollt wäre, die die gesamte Justiz auf Jahre lahmgelegt und den Staat als Nachfolger des Franquismus gezwungen hätte, die zu Unrecht Verurteilten zu entschädigen. Deswegen wurde dieser Anspruch gestrichen und der Passus der »Ungerechtigkeit« und »Illegalität« der franquistischen Maßnahmen und Strafen eingeführt. Unterschieden wird dabei, wie Francisco Espinosa ironisch anmerkt, zwischen den »ungerechten« Toten, die aufgrund der Kriegserlasse ohne Verhandlung ermordet wurden, und den »illegalen« Toten der Kriegsgerichte. Espinosa bezeichnet diese Regelung generell als »makabren Witz«, da sie eine Verharmlosung der »militärischen Barbarei« sei und die »Straflosigkeit des Faschismus«[46] festschreibe.

Den Protest der katalanischen Partei *Esquerra Republicana* (ERC) erregte auch die Tatsache, dass zwar Parteien und Gewerkschaften, die vom Franquismus enteignet worden waren, bald nach der *transición* ihr Eigentum zurückerhalten hatten oder entschädigt worden waren, Privatpersonen jedoch bis heute nicht. Da dieser Besitz in der Zwischenzeit aber oft den Besitzer gewechselt hatte, wäre eine Rückerstattung den Staat viel zu teuer gekommen.

Der für die Gedächtnisbewegung wohl folgenreichste Passus ist der, dass die Last der Exhumierungen weiterhin auf den Schultern von Privatpersonen ruht, nämlich auf den »direkten Nachkommen der Opfer« und den von ihnen autorisierten Organisationen. Um es wiederum mit einem Historiker zu sagen, der zudem nicht verdächtig ist, der *memoria histórica* das Wort zu reden, nämlich Santos Juliá, wurde das, »was eine öffentliche Gedächtnispolitik hätte sein sollen, zu einer subventionierten privaten Politik«[47]. Dies hat eine Aufsplitterung der Arbeit und das Fehlen jeglicher Systematik zur Folge, da die Exhumierungen allein von persönlichen Initiativen abhängig sind. Zugleich entsteht so ein frappantes Ungleichgewicht hinsichtlich der geborgenen Opfer, das unter anderem dazu führt, dass Überreste von Opfern der republikanischen Repression nicht exhumiert werden, sei es, dass deren Nachfahren kein Interesse daran haben, oder weil sie sich nicht mit der Gedächtnisbewegung gemein machen wollen. Dies führt wiederum dazu, dass der Bewegung der *memoria histórica* Parteilichkeit vorgeworfen wird, da sie nur »ihre Toten« exhumieren würde. Hätte der Staat selbst oder mittels einer allseits anerkannten Organisation durch eine systematisch gestaltete Vergangenheitspolitik alle noch vorhandenen Massengräber geöffnet, wäre der Prozess weitaus rascher vonstatten gegangen, hätte viel weniger Polemik verursacht, und das Thema wäre zur weitgehenden Zufriedenheit aller Beteiligten bereits seit einigen Jahren abgeschlossen.

Einer der positiven Aspekte des Gesetzes ist die neue Transparenz des Gedächtnisses, zumindest ihrer administrativen Seite, über die Website, an der mehrere Ministerien beteiligt sind. Anfang 2010 unterzeichnete das Justizministerium ein Abkommen mit verschiedenen Autonomen Regionen, um die *Mapa de fosas* anzufertigen, eine landesweite Karte, auf der alle bekannten Grabstätten und ihr aktueller Zustand eingetragen sind. Heute kann man sie auf der Website des

Ministeriums einsehen, wo auch eine Vielzahl von Dokumenten und Unterlagen zu finden sind (www.memoriahistorica.gob.es).

Genauso groß wie der Applaus für die konkreten gedächtnispolitischen Maßnahmen war der Widerstand dagegen. Über das Valle de los Caídos wurde bereits berichtet. Ähnlich kompliziert ging auch anderswo die Demontage des franquistischen Erbes vor sich. Vielerorts werden die franquistischen Namen von Straßen und Orten, die Inschriften und Symbole ausgemerzt, anderswo werden sie beibehalten, je nach politischer Ausrichtung der jeweiligen Ortschaft. So darf es auch nicht verwundern, wenn es auf der Website der *Federación Estatal de Foros por la Memoria* eine Abteilung namens »Die Jagd auf das faschistische Denkmal« gibt, die immerhin 673 Einträge aufweist, die davon Zeugnis ablegen, dass die Behörden es heute mit der Befolgung des Gesetzes nicht so genau nehmen wie das franquistische Regime, das mit weitaus mehr Eifer bei der Sache war. Wer will, kann es selbst nachzuprüfen, indem er in Google Maps »Avenida«, »Plaza«, »Calle« eingibt mit dem Zusatz »Generalísimo«, »Francisco Franco«, »José Antonio Primo de Rivera« oder auch »Onésimo Redondo«.

Dasselbe ist der Fall bei franquistischen Symbolen und Statuen. Im Juni 2010 wies eine Studie der katalanischen Regierung 3647 franquistische Symbole nach,[48] und dies in einer Region, die am aktivsten das franquistische Erbe ausgemerzt hat. Noch bevor das Gesetz in Kraft trat, wurden die wichtigsten Statuen des Diktators von öffentlichen Plätzen entfernt. Großen Protest erregt die in einer wahren Nacht-und-Nebel-Aktion erfolgte Demontage des Reiterstandbildes Francos bei Nuevos Ministerios in Madrid Mitte März 2005, das 1959 nach einer öffentlichen Spendensammlung errichtet worden war und keine geringere als die von Donatello in Padua geschaffene Statue von Gatamelata nachahmt.[49] Die letzte Reiterstatue des Generals wurde erst im August 2010 aus der Kaserne der Legion in Melilla entfernt.[50]

Abschließend die finanzielle Bilanz: Zwischen 2006 und 2011 wurden insgesamt 25,1 Millionen Euro für Projekte der *memoria histórica* ausgegeben, von denen rund ein Drittel, nämlich 8,1 Millionen, für

Exhumierungen, 3,3 Millionen für die Aufzeichnung von mündlichen und schriftlichen Zeugnissen, 2,9 Millionen für Archive und statistische Erhebungen, 2 Millionen für Dokumentationen verwendet wurden. Der Rest kam Kongressen, Hommagen, Ausstellungen, Publikationen oder wissenschaftlichen Arbeiten zugute. Die meisten Subventionen gingen an die Autonome Region von Madrid (212 Projekte), an Kastilien-León (124), Katalonien (118), Valencia (65) und Andalusien (62).[51] Wie später noch auszuführen sein wird, wurden die Subventionen im Jahr 2012 aufgrund der Krise um sechzig Prozent gekürzt. 2011 waren 6,2 Millionen Euro budgetiert (von denen 5,6 Millionen tatsächlich für Projekte vergeben wurden), 2012 sah die neue Regierung der PP nur noch 2,5 Millionen vor. Kein gutes Zeichen, aber immerhin nicht ganz gestrichen – sie hätten Schlimmeres erwartet, meinten mehrere Vertreter der Gedächtnisvereine. Das Schlimmste trat erst mit dem Budget 2013 ein, in dem die Subventionen ersatzlos gestrichen wurden.

Die Debatte um die *Papeles de Salamanca*

Salamanca, 19. Januar 2006, kurz nach sechs Uhr morgens. In der Winterkälte führen Männer in blauen Arbeitsmänteln auf Sackkarren weiße Kartons aus einem Gebäude in der Calle de Gibraltar, rund 500 Stück, die sie durch eine enge, abschüssige Gasse transportieren und auf drei weiter unten abgestellte Lieferwagen laden. Polizisten sperren den zahlreichen Journalisten und den wenigen protestierenden Zuschauern den Zugang ab, aber auch so ist es für die rasch arbeitenden Männer ein Spießrutenlauf. Leichter und unauffälliger wäre es gewesen, direkt vor dem Gebäude zu parken, doch hat der Bürgermeister der Stadt die Erlaubnis dazu nicht erteilt. In knapp einer Stunde ist alles vorbei, es ist immer noch finster, unter Polizeischutz fährt der Konvoi nach Madrid, wo die Kisten zwischengelagert werden, um sie so bald wie möglich weiter nach Katalonien zu befördern.[52]

Was sich in den Nachrichten wie eine mittelmäßige Politintrige ausnahm, war tatsächlich eine solche. Es war das Ergebnis einer gut dreißig Jahre langen Auseinandersetzung und sollte der Anfang ihres Endes sein, war es aber dann doch nicht. Was war geschehen?

Wie bereits erwähnt, waren in Salamanca ab 1939 »drei Millionen Karteikarten, 300 000 Dossiers und Tausende Fotografien«[53] im sogenannten *Servicio Nacional para la Recuperación de Documentos* verwahrt worden, die aus privaten Beständen und öffentlichen Archiven des ganzen Landes stammten und den franquistischen Behörden zu Kontroll- und Repressionsmaßnahmen dienten. Es handelte sich dabei um Eigentum von Privatpersonen und Organisationen, die dem Regime verdächtig waren. 1979 wurde im *Servicio,* der eine Zweigstelle des Nationalen historischen Archivs war, die »Abteilung Bürgerkrieg« geschaffen, ein Jahr später gab es zum ersten Mal Gespräche über eine Rückgabe eines Teils der Unterlagen, nämlich jener, die aus Katalonien entwendet worden waren. Nachdem die PSOE 1982 an die Macht gekommen war, kam es zu Verhandlungen darüber, ob man die Originale von 507 Aktenstücken retournieren sollte oder bloß deren Mikrofilme, und es wurde ein Abkommen mit dem Nationalen historischen Archiv von Katalonien geschlossen. Doch geschah nichts, sodass zehn Jahre später die *Generalitat,* das katalanische Parlament, offiziell Protest einlegte. Im März 1995 beschloss der Ministerrat, die Unterlagen zurückzuerstatten, was zu heftigem Widerspruch nicht nur der PP führte: 55 000 Personen demonstrierten in Salamanca gegen den Abtransport der Dokumente, der konservative Bürgermeister überreichte der Kulturministerin 97 000 Unterschriften für den Verbleib der Dokumente im Archiv von Salamanca. Daraufhin beauftragte das Kulturministerium im Januar 1996 eine Expertenkommission, um die Sachlage zu klären. Neun Monate und einen Regierungswechsel von der PSOE zur PP später legte die Kommission ihr Gutachten vor, in dem sie nicht nur die Gründung eines Bürgerkriegsarchivs in Salamanca empfahl, sondern auch die Rückgabe all jener Dokumente, die nichts mit dem Bürgerkrieg zu tun hatten. Die stellvertretende Generaldirektorin für Archive trat daraufhin aus Protest zurück.

Im März 1999 wurde das Archiv in Salamanca zum *Archivo General de la Guerra Civil* (Generalarchiv des Bürgerkriegs) umbenannt, der Kampf um die Dokumente ging aber weiter. Sowohl in Katalonien als auch in Kastilien und León wurde demonstriert, doch sprachen sich alle Kulturminister der PP gegen eine Überstellung aus. Das Blatt wendete sich, als im März 2004 die PSOE die Wahlen gewann. Am 3. November wurde erneut eine Expertenkommission eingesetzt, die bereits am 23. Dezember ihr Gutachten vorlegte: Von den siebzehn Mitgliedern der Kommission sprachen sich dreizehn für die Überstellung der Unterlagen nach Katalonien aus, drei enthielten sich der Stimme. Daraufhin wurde am 15. April 2005 im Ministerrat beschlossen, Katalonien die Dokumente zurückzuerstatten und in Salamanca das *Centro Documental de la Memoria Histórica* (Dokumentationszentrum für das historische Gedächtnis) zu gründen, das im Rahmen der *Ley de Memoria Histórica* eine Schlüsselrolle spielen sollte.

Natürlich kam es zu den erwarteten Protesten. Am 7. Mai erstattete der Bürgermeister der Stadt Anzeige gegen die Regierung der Nation, vier Tage später legte die PP beim Verfassungsgerichtshof Berufung ein. Am 11. Juni fand eine Demonstration statt, an der zwischen 100 000 (Organisation) und 30 000 (Regierungsdelegation) Personen teilnahmen, die sich vehement für die Einheit des Archivs und Spaniens aussprachen.[54] Der Konflikt hatte sich in der Zwischenzeit zum Kulturkampf gewandelt, es ging immer weniger um die 507 Aktenstücke als vielmehr darum, dass die linken katalanischen Parteien die Regierung Zapatero erpressen würden, da diese auf ihre Stimmen angewiesen wäre. Altbekannte Töne, die denn auch von vielen erfreut aufgegriffen wurden. Im Hintergrund stand die immerwährende Auseinandersetzung zwischen dem katalanischen und dem zentralspanischen Nationalismus, andererseits gehörten die Aktenstücke in den meisten Fällen linken Gruppierungen und Organisationen, was zusätzlich für eine Polarisierung sorgte.

Im November dieses Jahres 2005 trat das Gesetz zur Rückerstattung der Dokumente in Kraft, das zwei Monate zuvor mit 193 gegen

134 Stimmen vom Parlament beschlossen worden war, wobei sich allein die PP gegen das Gesetz aussprach. Am 19. Januar 2006 kam es schließlich zu der oben beschriebenen Szene und zur Überstellung der Dokumente nach Madrid. Doch stoppte tags darauf die *Audiencia Nacional* den Weitertransport nach Barcelona, da die Stadt Salamanca eine dringliche Berufung eingebracht hatte. Als diese sechs Tage später einstimmig abgelehnt wurde, konnten am 31. Januar die drei Transporter zum katalanischen Archiv in Sant Cugat del Vallés fahren, um dort ihre Fracht abzuliefern.

Doch war die Geschichte damit noch lange nicht ausgestanden. Am 17. Februar beschloss der Gemeinderat der Stadt Salamanca, die Calle de Gibraltar, in der sich das Bürgerkriegsarchiv befindet, in Calle del Expolio, Straße der Plünderung, umzubenennen, eine Entscheidung, die erst im Juni 2011 rückgängig gemacht wurde.[55] In der Zwischenzeit hatten auch Aragonien und das Baskenland ihr Interesse an einer Rückgabe der ihnen entwendeten Dokumente bekundet, bislang ohne konkrete Maßnahmen.

Nach diesem Transport blieb die Rückgabe anderer Dokumente erst einmal »blockiert«.[56] Der Fall war aber nicht aus der Welt und sorgte weiterhin für Verstimmung zwischen den Autonomien und der Zentralregierung. Am 21. Oktober 2007 fand in Barcelona eine Demonstration statt, bei der die Rückerstattung aller privaten Aktenstücke gefordert wurde, immerhin rund zwei Millionen Stück von 295 ehemaligen Besitzern: Parteien, Gewerkschaften, Vereinigungen, Kulturvereine und Privatpersonen.[57] Erst im Sommer 2012 sollten dann Zeitungsberichten zufolge unter dem neuen Kulturminister der PP, immerhin der achte, der sich mit dieser Sache befassen musste, die restlichen Dokumente übergeben werden: 86 000 Kopien von Dokumenten, 225 Kisten, Fahnen, Abzeichen und 3000 Bücher, Zeitschriften und andere Texte.[58] Doch wie Severiano Hernández Vicente, der Vizegeneraldirektor der Staatlichen Archive, im September sehr freundlich auf eine diesbezügliche Anfrage mitteilte, werde die Rückgabe noch eine ganze Weile dauern, da erst eine zweite interne Revision der ausgewählten Aktenstücke notwendig sei, nach der eine gemischte Kommission Regierung-Generalitat den Vorschlag analysieren müsse, um ihn dann nach Approbierung an das Patronat weiterzuleiten. »Erst wenn diese Formalität erfüllt ist, kann die Überstellung zustande kommen.«[59]

Das Gedenkjahr 2006 und der »Krieg der Todesanzeigen«

Am 27. April 2006 verabschiedete das spanische Parlament einen Gesetzesentwurf, der das Jahr 2006 zum *Año de la Memoria histórica* erklärte. Anlass dazu war der siebzigste Jahrestages des Bürgerkriegs, aber auch der fünfundsiebzigste Jahrestag der Ausrufung der Zweiten Republik, die mit ihrem »historischen Erbe« zur unmittelbaren Vorfahrin der Demokratie und der Verfassung von 1978 deklariert wurde, immerhin die erste offizielle Anerkennung dieser Art. Der von *Izquierda Unida* (IU) und *Iniciativa per Catalunya Verds* (ICV) eingebrachte Gesetzesentwurf stieß anfangs auf die totale Ablehnung der PP, erfuhr zwei Abänderungen und wurde schließlich mit 172 Stimmen angenommen. Die 131 Abgeordneten der PP stimmten dagegen, die vier von *Esquerra Republicana* (ERC) enthielten sich der Stimme, da ihnen das Projekt zu wenig »ehrgeizig« erschien.[60] Am 7. Juli wurde das Gesetz 24/2006 beschlossen,[61] das 2006 zum »Jahr des historischen Gedächtnisses« erklärte. Es sollte eine Hommage für »all jene Männer und Frauen« sein, »die Opfer des Bürgerkriegs oder später der Repression der franquistischen Diktatur wurden, aufgrund ihrer Verteidigung der demokratischen Prinzipien und Werte, aber auch für die, die mit ihren Bemühungen zugunsten der Grundrechte, der Verteidigung der öffentlichen Freiheiten und der Versöhnung zwischen den Spaniern die Einsetzung eines demokratischen Systems durch die Verfassung von 1978 ermöglichten«, wie es langatmig hieß. Um der symbolischen Bedeutung willen wurden zugleich die ersten Subventionen für Exhumierungen ausgeschrieben. Von den im Gesetz angekündigten Maßnahmen – Unterstützung für Symposien, Ehrungen, Veranstaltungen, Publikationen und die Bestückung von

Bibliotheken mit Büchern über die zu ehrenden Personen der Epoche – war aber in der Folge kaum etwas zu bemerken.

Die Berichterstattung in den Medien war wie zu erwarten. *El País* titelte: »Der Kongress gedenkt der Zweiten Republik mit der Opposition der PP«,[62] *El Mundo* stellte diese Opposition in den Mittelpunkt und behauptete, der Gesetzesentwurf, eingebracht von »zweitklassigen Revisionisten«, »entzweie die Spanier und stachle sie gegeneinander auf«.[63] *ABC* war im Nachrichtenteil neutraler: »Die PSOE setzt im Kongress die Zweite Republik mit der *transición* von 1978 gleich«,[64] wandte sich aber in einem Leitartikel gegen den »Revisionismus als Revanche« und unterschied strikt zwischen dem Chaos der Republik und der »Verpflichtung einer demokratischen Aussöhnung« in der *transición*.[65]

Die Initiative der Regierung konnte mit internationaler Zustimmung rechnen, denn der Franquismus war bereits am 17. März 2006 verurteilt worden, nämlich von der Parlamentarischen Versammlung des Europarats in Straßburg »aufgrund der schweren Menschenrechtsverletzungen, die in Spanien zwischen 1939 und 1975 begangen«[66] worden waren. Am 4. Juli fand im Europaparlament eine Debatte über den Franquismus statt, während der zahlreiche Opfer der Repression auf der Zuschauertribüne saßen. Alle Redner verurteilten ausdrücklich das Regime des Generalissimus, mit zwei Ausnahmen: Ein polnischer Rechtskatholik bezeichnete den Franquismus als Rettung vom Kommunismus, und der von der Europäischen Volkspartei bestimmte Politiker, der Sprecher der spanischen konservativen Abgeordneten, Jaime Mayor Oreja, nutzte seine Intervention, um die Diktatur mit keinem Wort zu erwähnen, dafür aber die *transición* als modellhaft zu verklären[67] – eine oft praktizierte Strategie vieler seiner Partei- und Gesinnungsgenossen (siehe auch Seite 207).

Die Reaktion auf diese parlamentarischen Debatten und Beschlüsse fand sich jedoch bald auf den hinteren Seiten der Zeitungen. Rund um den siebzigsten Jahrestag des Aufstandes begann in der Medienwelt ein anderer Krieg, der »Krieg der Todesanzeigen«.

17. Juli 2006, *El País:* »Im Andenken an Virgilio Leret Ruiz, Kommandeur der Wasserflugzeugbasis Atalayón von Melilla, und an die Leutnants Armando González Corral und Luis Calvo Calavia, an die Unteroffiziere und die ihnen unterstehenden Truppen, die am 17. Juli 1936 die erste Schlacht des Bürgerkriegs schlugen, um die Verfassung und die rechtmäßige Regierung der Republik gegen die indigenen Truppen der *regulares* unter dem Kommando des Kommandanten Mohamed Ben Mizziam zu verteidigen. Diese Opfer des franquistischen Terrorismus wurden nach ihrer Kapitulation im Morgengrauen des 18. Juli 1936 ermordet, ohne dass bis heute der Ort bekannt ist, an dem ihre Überreste beigesetzt sind. Als Folge eines Paktes des Schweigens, der in keiner demokratischen Gesellschaft akzeptiert werden kann, steht Spanien weiterhin in der Schuld von Justiz, Wahrheit und Gedächtnis der Opfer dieser aufständischen Gruppen.«

Carlota Leret, Tochter des Kriegshelden und überzeugten Republikaners Virgilio Leret, gab diese Todesanzeige in Auftrag und bezahlte dafür von ihren Ersparnissen immerhin 7420 Euro. Doch war es, wie sie der Tageszeitung *El Mundo* gegenüber bekannte, »das bestausgegebene Geld meines Lebens«[68]. Seither veröffentlicht sie von ihrem Exil im venezolanischen Caracas aus jeden 17. Juli eine Todesanzeige in *El País,* um die Überreste ihres Vaters einzufordern. Bis heute ist nicht bekannt, wo er begraben wurde.

Carlota Leret war nicht die erste, die Todesanzeigen in Auftrag gab. Während der Diktatur war es üblich, in den Zeitungen an die Opfer der »roten Horden«, »Marxisten« oder einfach »Mörder« zu erinnern, vor allem an den Tod von José Antonio Primo de Rivera. Während der *transición* gab die Kommunistische Partei ein paar Anzeigen in Auftrag, die jedoch weitaus verhaltener waren als das, was im Sommer und Herbst 2006 in den nationalen, aber auch in den regionalen Zeitungen ausgetragen wurde – und wären die Preise für Todesanzeigen nicht so hoch gewesen, so hätte das Ausmaß dieses Papierkriegs das Vierfache erreicht, wie ein verantwortlicher Redakteur meinte.[69]

Die ersten Anzeigen galten den Opfern aufseiten der Republik, aber bald erschienen auch in den konservativen Blättern Trauerparten, die ihre für »Gott und Vaterland« gestorbenen Toten zurückforderten,[70] wenn auch keine derart dramatisch war wie die folgende:

»70. Todestag. JESÚS MARÍA ARROYO. Priester. 19.–20. September 1936. Verraten von Gregoria G. G., die die Milizionäre zu seiner Festnahme führte, wurde er am 19.9.1936 in die fürchterliche ›Checa de Fomento‹ gebracht. Am 20.9.1936 hieß es, dass ›sie ihn freigelassen‹ hätten. Damals war es unmöglich, seinen Leichnam zu finden. Nach Kriegsende wurden Gregoria G. G. und ihre Mutter Leonor G. E. zum Schnellkriegsgerichtsverfahren Nr. 5237 vorgeladen, am 19.2.1940 wurde die überführte und geständige Gregoria zu 30 Jahren schwerster Haft verurteilt, ihre Mutter Leonor sprach man frei. Am 28.6.1949 wurde sie begnadigt, heiratete und wurde kinderlos Witwe; in ihrem Ort nannte man sie ›die Kioskfrau‹, da sie einen Zeitungskiosk hatte. Sie starb am 22.8.1998 im Alter von 92 Jahren, 7 Monaten und 28 Tagen in Burgos. Es ist unmöglich, den Leichnam von Jesús zu finden, der nun in den endlosen Listen verlorengegangen ist, die von den Autoritäten in den Bezirken erstellt wurden, in denen die Leichen, Gefolterten und Erschossenen auftauchten, bevor man sie begrub. Die meisten von ihnen wurden begraben, ohne identifiziert worden zu sein. All dies kann man im *Archivo histórico nacional,* nachprüfen, *causa general,* Aktenstücke 1502 bis 1563. Ich bete für das Opfer, meinen geliebten Onkel Jesús, für alle Opfer, welcher Seite auch immer, und für ihre Henker, in der Hoffnung, dass dieser sinnlose Schmerz, der nun aufs Neue aufgewühlt wird, nie mehr von jemandem erlitten wird. Deine Nichte Carmen, 85 Jahre, die ich mit Schrecken an die drei Terrorjahre zurückdenke, die wir in Madrid erlebten.«

Zwei andere Beispiele für Todesanzeigen aus Andalusien, die den Grundtenor von andern wiedergeben und in ihrer Tragik für sich sprechen:

»70. Jahrestag. Diego Ventaja. Bischof von Almería. Manuel Medina. Bischof von Guadix. Gemeinsam mit 16 anderen Priestern der Diözesen von Almería und Guadix wurden sie, da sie ihren religiösen Glauben nicht aufgeben wollten, in der Schlucht von ›El chisme‹ in der republikanischen Zone von Almería am 30. August 1936 schändlich ermordet. Ihre Familien und Freunde zollen ihnen all die Achtung, die sie mit ihrem Leben und ihrem Tod verdient haben.«

»Im Andenken an Agustín Castro Mansilla, 55 Jahre, Barbier. Antonio José Castro Carrillo de Albornoz, 27 Jahre. Rafael Castro Carrillo de Albornoz, 26 Jahre, ermordet am Km 5 der Straße von Cabra nach Monturque (Córdoba) am 2. Oktober 1936. Nach 70 Jahren wissen wir nicht, wo sie begraben sind. Es waren mein Vater und meine beiden Brüder. Ich bin 84 Jahre alt. Die ganze Familie Castro y Baena Castro möchte ihnen diese Anzeige widmen. Wir halten ihr Andenken aufrecht.«

Niemand hat nachgezählt, wie viele Anzeigen in diesen Monaten erschienen, auch wenn das Phänomen als solches mehrmals analysiert wurde. In einem Interview mit *El País* meinte etwa Francisco Ferrándiz hinsichtlich der sprachlichen Mittel, die bei dieser kostspieligen Form von medialer Trauerarbeit eingesetzt wurden, dass »nationale Familienangehörige eine Rhetorik benutzen, die sich bereits unter dem franquistischen Regime herausgebildet hatte. [...] In den republikanischen Todesanzeigen kann man einen viel intimeren Ton beobachten.«[71]

Auch heute werden hin und wieder ähnlich lautende Todesanzeigen veröffentlicht, jedoch nicht mehr in der Häufigkeit und Virulenz wie damals. Die Front des Kriegs hat sich verlagert, von den Zeitungen ist man ins Internet gelangt, wo man kostenlos und unzensiert seiner Toten gedenken und seine Geschichtsversion verbreiten kann. Außerdem sind die direkten Nachfahren der Ermordeten in einem Alter, in dem sie nicht mehr allzu viel Energie für derartige Aktivitäten aufbringen wollen und können.

Die drei Prozesse des Baltasar Garzón

»Starrichter«, »eitel«, »Medienstar«, »schlechter Untersuchungsrichter«, »Papiertiger« (so der Titel einer nicht sehr freundlichen Biografie) – Baltasar Garzón hat sich in den dreißig Jahren seiner Karriere viele Feinde geschaffen, rechts ebenso wie links, in der Politik, in den Medien, unter seinen Kollegen. Wird er im Ausland als einer der Wegbereiter des Weltrechtsprinzips gefeiert, hat er in Spanien wohl mehr Gegner als Freunde, und die Wellen der Emotionen, die er provoziert, schlagen auf beiden Seiten gleich hoch. Die drei Prozesse, die im Winter 2012 gegen ihn geführt wurden, darunter der Prozess über die Verbrechen des Franquismus, sind ohne die Biografie Garzóns nicht zu erklären.[72]

1955 in der kleinen Ortschaft Torres in Jaén geboren, trat Garzón 1981 sein Richteramt in andalusischen Provinzstädten an, arbeitete sich rasch hoch und wurde 1988 als einer von sechs Ermittlungsrichtern an die *Audiencia Nacional* nach Madrid berufen, das höchste spanische Gericht für Strafsachen. In wenigen Jahren brachte er es durch aufsehenerregende Fälle mit so pittoresken Namen wie »Nécora« oder »Pitón« und die spektakulären Festnahmen von Drogenbaronen in Galicien zu Berühmtheit. So berühmt war er, dass ihn Felipe González bei den Wahlen des Jahres 1993 als Nummer zwei für Madrid aufstellte – ihn dann aber mit dem enttäuschenden Posten eines Regierungsbeauftragten des Nationalen Drogenplans im Range eines Staatssekretärs abspeiste und dem Justizminister Juan Alberto Belloch unterstellte. Da dieser nach Meinung Garzóns nicht energisch genug gegen Korruption und Drogenmafia vorging, gab er im Mai 1994 Posten und Abgeordnetenmandat auf und kehrte zurück ans Zentrale Ermittlungsgericht Nummer 5 der *Audiencia Nacional*. Dort nahm er den bereits abgeschlossenen Fall GAL (*Grupos Antiterroristas de Liberación*, Antiterroristische Befreiungsgruppen) wieder auf, den Staatsterrorismus gegen Mitglieder der ETA, bei dem 28 Menschen ermordet worden waren. 1998 wurden in diesem Prozess zwei ehemalige hochrangige Politiker der PSOE verurteilt. Unter anderem aufgrund der Ermittlungen Garzóns verloren die Sozialisten die

Wahlen des Jahres 1996. Die Wiederaufnahme dieses Falles wurde gemeinhin als Rache an der Partei angesehen. Tatsächlich kritisierten in einem Berufungsverfahren die sieben Richter des Europäischen Gerichtshofs für Menschenrechte einstimmig die Vorgehensweise Garzóns, da seine Unabhängigkeit aufgrund der »konfliktreichen persönlichen Beziehungen« und der »offensichtlichen Feindschaft«[73] zwischen ihm und einem der Hauptangeklagten infrage gestellt worden sei. Sie hoben jedoch das Urteil nicht auf, denn es war vom spanischen Obersten Gerichtshof bestätigt worden.

Das nächste Objekt seiner Untersuchungen wurden die ETA und deren politischer Arm Batasuna. Garzón ließ Aktivisten festnehmen, Radiosender und Printmedien schließen, darunter die Zeitung der Nationalisten, *Egin,* die deswegen in Konkurs ging und von *Gara* abgelöst wurde. All dies brachte den Richter in Verruf nicht nur bei baskischen Organisationen, sondern bei einem nicht geringen Teil der Linken überhaupt.

In einem gekonnten Wechselspiel, das ihn international in alle Schlagzeilen bringen sollte, erließ Garzón im Oktober 1998 einen Haftbefehl gegen den chilenischen Diktator Augusto Pinochet, den er nach dem Weltrechtsprinzip des Völkerstrafrechts des gewaltsamen Verschwindenlassens und des Völkermordes beschuldigte. Zuständig war der Richter, da nach dem Staatsstreich des Generals am 11. September 1973 auch spanische Staatsangehörige verschwunden waren. Pinochet, der sich zu diesem Zeitpunkt in London aufhielt, wurde von der Regierung Tony Blair widerwillig unter Hausarrest gestellt, schließlich aber aufgrund seines schlechten Gesundheitszustandes im März 2000 freigelassen. Dasselbe Weltrechtsprinzip kam auch im Fall des argentinischen Offiziers Adolfo Scilingo zur Anwendung, dessen Geständnisse über die Todesflüge der Militärdiktatur sich als ein wichtiges Zeugnis für die gerichtliche Verfolgung der argentinischen Generäle herausstellten. Scilingo wurde auf Initiative von Garzón festgenommen und nach zahlreichen Prozessen zu mehr als tausend Jahren Haft verurteilt.

Als Reaktion auf den Fall Pinochet erstattete der »Verein von Familienangehörigen und Freunden der Opfer des Genozids von Paracuellos del Jarama« am 30. November 1998 Anzeige gegen Santiago Carrillo, die PSOE, die PCE, den spanischen Staat und die Comunidad de Madrid wegen Völkermord, Terrorismus und Folter. Garzón wies die Anzeige aufgrund von »nicht behebbaren Formfehlern« zurück. Nach mehreren Berufungsverfahren gelangte die Anzeige zwei Jahre später erneut zu Garzón, der sie ebenso kurz und bündig ablehnte und in seiner Begründung den Entscheid des Staatsanwalts zitierte, in dem dieser das Amnestiegesetz der *transición* erwähnte, um der Anzeige seinerseits eine Abfuhr zu erteilen. Dieses Zitat wurde im Jahr 2010 in rechten Medien[74] als Originaltext von Garzón ausgegeben und als Beweis dafür genommen, dass der Ermittlungsrichter zweierlei Maß anlegte: Während er im Fall Paracuellos das Gesetz für gültig erklärt habe, habe er es im Fall der Verbrechen des Franquismus infrage gestellt.

Danach kamen Untersuchungen zu Guantanamo, gegen Silvio Berlusconi und andere, weniger aufsehenerregende Fälle, bis Garzón im September 2008, neun Monate nach Inkrafttreten der *Ley de Memoria Histórica,* von der Bischofskonferenz, Bürgermeisterämtern und der Regierung Informationen anforderte über die Verschwundenen der franquistischen Rebellion. Am 16. Oktober erklärte er sich zuständig in Bezug auf eine Anzeige, die verschiedene Gedächtnisvereine am 14. Dezember 2006 erstattet hatten, nahm ein Verfahren wegen illegaler Festnahme auf und genehmigte die Exhumierung von neunzehn Massengräbern, darunter das Valle de los Caídos und das Grab, in dem sich auch der Leichnam des Dichters Federico García Lorca befinden sollte.[75] In einem ersten Schritt forderte er Informationen über den Verbleib von 35 franquistischen Würdenträgern an, von Franco über die aufständischen Generäle bis hin zu Ministern. Es setzte nun ein hektisches Hin und Her ein, bei dem offensichtlich wurde, dass die spanische Justiz an die Grenze der sozialen Toleranz, aber auch an die Grenzen des in der *transición* beschlossenen Gesetzesrahmens gestoßen war. Einerseits begann, Emilio Silva zufolge, »eine harte Arbeit für die verschiedenen Kollektive«[76], da sie Garzón Material zutrugen, das es ermöglichte, die erste Liste der von der franquistischen Repression zum Verschwinden gebrachten Personen zu erstellen: 114 266 Namen, die später auf 138 037 erweitert wurden. Andererseits aber reagierte auch die *Audiencia Nacional* rasch. Vier Tage später leitete der Oberste Staatsanwalt Javier Zaragoza ein Berufungsverfahren gegen das ein, was er als »eigenartiges juristisches Gerüst«[77] bezeichnete, da die Verbrechen »verjährt« seien und unter das Amnestiegesetz fielen. Am 29. Oktober genehmigte jedoch Santiago Pedraz, Richter der *Audiencia Nacional,* die teilweise Exhumierung des Valle de los Caídos, zu der es aber nie kam. Am 7. November beschloss die Strafkammer des Obersten Gerichtshofes in einer Sondersitzung, auf »vorsichtigste Weise« die Autorisierung der Exhumierungen zurückzunehmen, bis die Zuständigkeit Garzóns in diesem Fall geklärt sei. Am 18. November erklärte sich Garzón selbst für nicht zuständig und gab den Fall an die jeweiligen »territorialen« Ermittlungsgerichte weiter, wobei er betonte, dass es sich trotz seines Rückzugs um Verbrechen gegen die Menschheit handelte.[78] Die Geste, die der Richter damit setzen wollte, ging aber ins Leere, da bis heute kaum ein Gericht Interesse an den Exhumierungen gezeigt hat, sehr zum Leidwesen der Gedächtnisvereine. Am 28. November beschloss die Vollversammlung der Strafkammer des *Tribunal Supremo,* des Obersten Gerichtshofes, mit vierzehn gegen drei Stimmen, dass Garzón für die Verbrechen an den Opfern des Franquismus nicht zuständig sei. Das historisch äußerst diskutable Argument war, dass es sich bei dem Aufstand der Generäle nicht um ein »Verbrechen gegen die Hohen Organismen der Nation« gehandelt habe, sondern um eine »Rebellion«[79], wofür die *Audiencia Nacional* nicht zuständig sei. Diese ist gemäß dem *Ley Orgánica del Poder Judicial* (Gerichtsverfassungsgesetz) nur zuständig bei Vergehen gegen die Krone, Terrorismus, Drogenhandel, Wirtschaftskriminalität und bei Menschenrechtsverbrechen, die außerhalb des spanischen Territoriums begangen wurden.[80] All dies ist aber bei den Verschwundenen des Franquismus nicht der Fall, wenn man die »glorreiche Nationale Erhebung« als bloße Rebellion definiert und nicht als Angriff auf die obersten Instanzen des Staates. Nun wäre der Fall im Grund abgeschlossen gewesen und die Zuständigkeit geklärt, die Gedächtnisvereine wussten endlich, wer für sie zuständig war: die »territorialen« Gerichte.

Doch kam es anders. Eine obskure, bis dahin kaum bekannte Gewerkschaft namens *Manos Limpias,* Saubere Hände, erstattete am 21. Januar 2009 Anzeige wegen Rechtsbeugung, der am 27. Mai vom Obersten Gerichtshof stattgegeben wurde. *Manos Limpias* wurde 1995 gegründet, ihr Präsident ist Miguel Bernad, bekannt aus rechtsradikalen Kreisen rund um die postfranquistische *Frente Nacional* von Blas Piñar. Die Haupttätigkeit dieses »Kollektivs öffentlicher Beamter« besteht darin, Anzeigen gegen bestimmte Personen und Institutionen zu erstatten: achtzehn Anzeigen allein gegen Baltasar Garzón seit 1997, weitere gegen Richter und Staatsanwälte, gegen baskische Gruppen und Politiker, gegen Homosexuelle, gegen ein Kinderprogramm im Fernsehen, gegen Teilnehmer an einer Anti-Papst-Demonstration, gegen den 15-M, gegen den Königsschwiegersohn Urdangarin, gegen Streikposten der Madrider U-Bahn, ja selbst gegen den *Consejo General del Poder Judicial,* den Generalrat der rechtsprechenden Gewalt, und viele andere mehr.[81] Der Rekurs Garzóns gegen diese Entscheidung des Obersten Gerichtshofes wurde am 17. Juni abgewiesen, kurioserweise gegen die Meinung der Staatsanwaltschaft. Am 24. Juni schloss sich eine andere unbekannte Organisation der Anzeige an, *Libertad e Identidad,* Freiheit und Identität, deren Büro sich in derselben Straße befindet wie das von *Manos Limpias,* in der auch die Zentrale der PSOE liegt.

Der Richter, der die Klagezulassung unterzeichnete, war Adolfo Prego, Mitglied der Bruderschaft *Hermandad del Valle de los Caídos,* Ehrenpatron der Stiftung *Defensa de la Nación Española* (Verteidigung der Spanischen Nation), Unterzeichner eines Manifests gegen die *Ley de Memoria Histórica* und Bruder von Victoria Prego, stellvertretende Chefredakteurin der Zeitung *El Mundo,* die Garzón alles andere als gewogen ist.[82] Der Untersuchungsrichter im Fall »Garzón« war Luciano Varela, Mitbegründer der progressiven Richtervereinigung *Jueces para la Democracia* (Richter für die Demokratie, der Name gehört zum Gründungsjahr 1983, als die Demokratie noch nicht so sattelfest war) und Verfasser des Gesetzesentwurfs über die spanischen Geschworenengerichte unter Justizminister Juan Alberto Belloch. Zwei weitere Mitarbeiterinnen Bellochs, ehemalige Staatssekretärinnen, waren vor und hinter den Kulissen in den Fall involviert: Margarita Robles, Richterin am Obersten Gerichtshof und Mitglied von *Jueces para la Democracia,* gegen deren Teilnahme am Prozess Garzón Berufung wegen offenkundiger Feindseligkeit einlegte – ihr wurde stattgegeben. Bereits zuvor hatte, wie Staatsanwalt José Antonio Martín Pallín berichtete, die Entscheidung des Richters, Untersuchungen aufzunehmen, einen Wutanfall der Vizeministerpräsidentin María Teresa Fernández de la Vega provoziert: Lauthals soll sie aufgebraust haben, dass ihr die *garzonadas* des Richters reichen würden.[83]

Varela, und mit ihm die zuständige Kammer des Obersten Gerichtshofes, setzte sich über die Opposition der Staatsanwaltschaft gegen die Aufnahme und Durchführung des Prozesses ebenso hinweg wie über internationale Solidaritätserklärungen mit dem Richter, wies einen Großteil der von Garzón vorgeschlagenen Zeugen und Beweismittel ab, akzeptierte aber am 13. Januar 2010 eine weitere Anzeige von *Falange Española y de las JONS.* Am 21. April verfasste Varela »zwei ungewöhnliche Entscheide«, wie *El País* schrieb, »in denen er *Manos Limpias* und Falange anweist und erklärt, wie sie die Mängel ihrer jeweiligen Anklageschriften beheben können«.[84] Er riet den beiden Organisationen, gewisse Termini nicht zu verwenden, sich nicht in Werturteilen zu ergehen und bestimmte Teile zu kürzen, mit dem Erfolg, dass *Manos Limpias* 53 Seiten strich und mehrere Passagen wortwörtlich aus dem Entscheid Varelas übernahm. Angesehene Juristen bezeichneten *El País* gegenüber diese Vorgangsweise als »noch nie da gewesen«. Durch einen gerichtlichen Trick wies Varela am 23. April 2010 die Anzeige der Falange ab. Er stellte ihnen als Frist eine *audiencia*, worunter in der spanischen Rechtsprechung eine Zeitspanne von 24 Stunden ab dem Moment der Mitteilung und bis zwölf Uhr des darauffolgenden Tages verstanden wird. Als die Anwälte von Falange am Vormittag des übernächsten Tages die korrigierte Anklage vorlegen wollten, lag bereits der Bescheid vor, mit dem sie wegen Überschreitung der Frist vom Prozess ausgeschlossen wurden.[85] Kommentatoren zufolge vor allem deshalb, weil es keinen guten Eindruck gemacht hätte, einen Richter mit dem Ruf Garzóns wegen der Anzeige einer neofaschistischen Organisation vor Gericht zu stellen.[86]

Aufgrund dieser Vorfälle legte Garzón Berufung wegen Befangenheit gegen Varela ein, da dessen Handlungsweise »Voreingenommenheit und persönliches Interesse« beweise – vergebens. Am 12. Mai eröffnete Varela das Verfahren, in dem Garzón zur Last gelegt wurde, »bewusst entschieden« zu haben, »das Amnestiegesetz zu ignorieren oder zu umgehen«[87]. Zwei Tage später wurde der »Starrichter« vom Dienst suspendiert. Heftige Proteste und Demonstrationen vor allem der Gedächtnisbewegung auf der einen Seite, höhnische Genugtuung auf der anderen waren die Folge, die aber wieder abflauten, denn lange Zeit geschah in diesem Fall erst einmal nichts.

Doch taten sich plötzlich zwei neue Fronten auf. Einerseits der Fall der Rechnungen von New York, andererseits der Fall »Gürtel«. Die Vorgeschichte des Falls der Rechungen geht ins Jahr 2005 zurück, als Garzón eine Studienlizenz erhielt, um in den USA Englisch zu lernen, in Begleitung von zwei Leibwächtern und einer Sekretärin. Während dieses Aufenthalts hielt er an der New York University Kurse und Vorlesungen. Am 11. November 2008 zeigten zwei Anwälte, Antonio Panea und José Luis Mazón, Garzón an, da dieser die Kurse mit Unterstützung der größten spanischen Bank, Banco Santander, finanziert habe und wenige Monate nach seiner Rückkehr ein Ermittlungsverfahren gegen den Präsidenten der Bank, Emilio Botín, eingestellt habe, eine Entscheidung, die nicht nur von der Staatsanwaltschaft befürwortet, sondern später auch von der *Audiencia Nacional* abgesegnet worden war. Das Ermittlungsverfahren gegen Garzón wegen der angeblich widerrechtlich erhaltenen Honorare wurde am 9. März 2009 eingestellt, da er seine Einkünfte bei der Finanzbehörde deklariert hatte, vor allem aber, da Vergehen dieser Art nach zwei Jahren verjähren. Der für den Fall zuständige Ermittlungsrichter war kein anderer als Luciano Varela.

Im Januar 2010 wurde der Fall erneut vom Obersten Gerichtshof aufgenommen, da die beiden Anwälte angeblich neues Beweismaterial hatten. Panea und Mazón stammen aus dem Umfeld des ehemaligen, wegen Betrugs und Unterschlagung verurteilten Bankiers Mario Conde und hatten bereits zahlreiche Anzeigen gegen den Banco-Santander-Präsidenten Emilio Botín erstattet, ohne dass auch nur eine zu dessen Verurteilung geführt hätte. Die beiden beschuldigten Garzón der Rechtsbeugung und Korruption. Im Verlauf der Ermittlungen stellte sich heraus, dass Garzón tatsächlich 160 133 Dollar brutto für die Kurse bekommen hatte, jedoch nicht von der Bank direkt, sondern über das *Centro Rey Juan Carlos,* den Organisator der Kurse.[88] Des Weiteren hatte er mehrere Schreiben an Emilio Botín verfasst, in denen er um finanzielle Unterstützung bat. Zur Last gelegt wurden ihm die darin verwendeten, sehr vertraulichen Anredeformen (»Lieber Emilio«, »Eine große Umarmung«), woraufhin er ins Feld führte, dass er auf ähnliche Weise auch an Politiker der PP und der PSOE geschrieben habe.[89] Die Staatsanwaltschaft votierte auch in diesem Fall gegen die Aufnahme eines Verfahrens, das der Richter Manuel Marchena nach langer Bedenkzeit im Januar 2012 schließlich doch einleitete.

Zur selben Zeit, als *Manos Limpias* Anzeige gegen Garzón erstattete und der Fall der New Yorker Rechnungen ausgehandelt wurde, erschien am 7. Februar 2009 *El País* mit folgender Schlagzeile: »Garzón zerschlägt ein großes politisches Korruptionskomplott im Umfeld der PP« – der Beginn des Falls »Gürtel«. Die Bezeichnung leitet sich vom Hauptverdächtigen her, Francisco Correa, dessen Name auf Deutsch Riemen oder Gurt bedeutet, ohne dass bekannt wäre, warum sich Garzón für das deutsche Wort entschied. Correa war nicht irgendjemand, sondern stand in engem Kontakt mit den Größen der PP in der Zeit Aznars, der ihn zur Hochzeit seiner Tochter im Königsschloss von El Escorial eingeladen hatte. Ein Foto, das den im Frack den Vorplatz des Schlosses überschreitenden Correa zeigt, wurde in allen Medien abgedruckt. Im Lauf der Untersuchungen stellte sich heraus, dass während der Regentschaft von Aznar eine unter verschiedenen Namen operierende Organisation sich in mehreren Hochburgen der PP, besonders in Madrid, Valencia und Galicien, eingenistet hatte und durch Absprachen alle möglichen öffentlichen Ausschreibungen zu überhöhten Preisen zugeschanzt bekommen hatte. Stände auf Tourismusmessen, die Organisation von Parteiveranstaltungen, die Rechte für die Übertragung einer Papstmesse aus Valencia, teure Handtaschen, Luxusuhren oder auch nur billige Anzüge als Geschenke an Politiker: überall war »Gürtel« dabei und kassierte mit. PP-Politiker aller Kategorien, vom Bürgermeister über Staatssekretäre, den Schatzmeister der Partei bis hin zu Francisco Camps, Präsident der Comunidad Valenciana, wurden vorgeladen, angezeigt oder festgenommen und mussten zurücktreten. Die Taktik der PP bestand darin, Garzón zu attackieren: »Die PP weist Garzón aufgrund von ›offensichtlicher Feindschaft‹ der Partei gegenüber zurück«, betitelte *Público* am 12. Februar. Standen die Neunzigerjahre im Zeichen der Politkorruption der PSOE, so wurde der *caso Gürtel* zum schlimmsten Fall der PP und zum größten Korruptionsskandal der Demokratie.

Doch beging Garzón einen Fehler: Er ließ im Gefängnis Gespräche der Häftlinge mit ihren Anwälten abhören, weshalb ihn der selbst unter Verdacht stehende Anwalt eines der Angeklagten anzeigte. Am 25. Februar 2010 gab die Strafkammer des Obersten Gerichtshofs der Klage wegen Rechtsbeugung und Verletzung der Garantien der Intimsphäre statt. Wiederum gegen die Meinung der Staatsanwaltschaft, die feststellte, dass die Abhörmaßnahmen mit richterlicher Erlaubnis geschehen seien und belastendes Beweismaterial erbracht hätten.[90]

Zudem ließ der Nachfolger Garzóns die Abhörmaßnahmen fortführen, ohne dass man ihn deswegen zur Rechenschaft gezogen hätte. José Antonio Martín Pallín erläutert die aktuelle Rechtslage: »In Spanien sind Abhörmaßnahmen nicht gesetzlich geregelt, wir haben es unzählige Male der Regierung mitgeteilt, dass sie dieses Gesetz ändern müsse, da wichtige Aspekte nicht geklärt sind. In Deutschland gibt es eine Liste mit Delikten, bei denen ein Richter befugt ist, Anwälte abzuhören. Bei allen anderen ist dies verboten. Bei Abhörmaßnahmen im Gefängnis kommt es aber zu einem Paradoxon: Lässt ein Richter das Telefon eines Angeklagten auf freiem Fuß abhören, und dieser spricht mit seinem Anwalt, so tritt das Recht auf Verteidigung nicht in Kraft. Befindet sich der Angeklagte aber in Haft, so tut es dies sehr wohl. All das ist aber eine Frage der Interpretation.«[91]

Drei Verfahren liefen also seit Februar 2010 gegen Garzón. Seltsamerweise war es nicht das erste, aufgrund dessen man ihn vom Dienst suspendiert hatte, sondern das letzte, das politisch am brisantesten war und zugleich auch die meisten Möglichkeiten bot, ihn zu verurteilen, das zuerst vor Gericht kam. Zur selben Zeit, als in Valencia der Prozess gegen Francisco Camps, das höchstrangige Opfer des Falls »Gürtel«, stattfand und er von einem Geschworenengericht entgegen der Beweislage freigesprochen wurde, begann am 17. Januar 2012 der erste Prozess gegen Garzón. Am 9. Februar 2012 wurde er zu elf Jahren Berufsverbot, einer Strafe von 2520 Euro und der Bezahlung der Prozesskosten verurteilt. Einstimmig. Das Gericht beschuldigte ihn mit wohl gewollter Ironie, Praktiken anzuwenden, »die in der Gegenwart nur in totalitären Regimen zu finden« seien, und hielt fest, dass es sich »nicht um eine irrige Auslegung des Gesetzes handle, sondern um einen grundlosen Willkürakt«.[92] Unter den Richtern waren Vertreter des konservativen und progressiven Lagers, Richter, die auch an den anderen beiden Prozessen teilnahmen oder Ermittlungen gegen Garzón eingeleitet hatten und somit vielen Beobachtern als voreingenommen galten. Die Staatsanwälte hatten die Vorgangsweise Garzóns als angemessen dargestellt und auf einen Freispruch plädiert, wie auch zahlreiche Rechtsexperten, die in Garzóns Maßnahme nicht viel mehr sahen als eine irrige Auslegung der Gesetze: Das Abhören von Anwälten in spanischen Gefängnissen ist nur im Fall von Terrorismus erlaubt, allerdings auch sehr vage definiert.[93] Aufgrund dieses Urteils ratifizierte der Generalrat der rechtsprechenden Gewalt am 23. Februar 2012 mit zwanzig Stimmen seiner einundzwanzig Mitglieder den Ausschluss von Garzón aus dem Richterstand.

Der erste Prozess war kaum vorbei, das Urteil noch nicht gefällt, da begann am 31. Januar auch schon der zweite Prozess, der nach der Verfahrenschronologie eigentlich früher hätte stattfinden sollen. Das Perverse an diesem Prozess war, dass hier das erste und bislang einzige Mal Opfer der franquistischen Repression vor einem spanischen Gericht aussagen konnten, dies aber in einem Prozess gegen den Richter, der versucht hatte, eben diese Repression unter Anklage zu stellen, und der nun selbst auf der Anklagebank saß, da er angeblich seine Kompetenzen überschritten hatte, angezeigt von rechtsradikalen Organisationen, die für eben das Unrechtssystem standen, um dessen Verurteilung es eigentlich gegangen wäre. Der Prozess wurde in Echtzeit im Internet übertragen, von Protesten und Demonstrationen begleitet, es kamen internationale Beobachter aus zahlreichen Ländern Europas und Amerikas, die Medien berichteten weltweit darüber.

Garzón hatte zwanzig Zeugen vorgeladen: Historiker, Vertreter der Gedächtnisbewegung, Opfer der franquistischen Repression und deren Nachkommen, die bis zum 6. Februar über die Gründe sprachen, warum sie vor dem Richter Anzeige wegen Verschwindens erstattet hatten. Einer der Höhepunkte dieses Tribunals war sicherlich die hagere, schwarz gekleidete Gestalt der einundachtzigjährigen María Martín López, die mit heiserer Stimmer erzählte, wie sie mit sechs Jahren ihre Mutter verloren hatte und sie bis heute nicht aus dem Straßengraben bergen konnte, in dem sie verscharrt worden war.

Die Staatsanwaltschaft sprach sich auch in diesem Fall gegen eine Verurteilung Garzóns aus und meinte, der Prozess hätte nie stattfinden dürfen. Der Anwalt von *Manos Limpias*, Joaquín Ruiz Infante, spielte Garzóns Weigerung, Paracuellos zu untersuchen, gegen dessen Unterstützung der *memoria histórica* aus und unterstellte ihm »Bösgläubigkeit«[94], brachte aber keine stichhaltigen Argumente vor. Am 9. Februar schließlich erklärte Garzón in seinem Schlussplädoyer, dass er zu all seinen Entscheidungen in dieser Sache stehe. Dann wurde der Fall für spruchreif erklärt. Am selben Tag kam die Nachricht, dass Garzón im Fall »Gürtel« einstimmig verurteilt worden war.

Am 27. Februar wurde das Urteil im Fall der *memoria histórica* veröffentlicht: Sechs der sieben Richter sprachen Garzón von der Anklage auf Rechtsbeugung frei.[95] Er habe den Fehler begangen, das Verschwindenlassen von Leuten als Verbrechen gegen die Menschheit zu interpretieren, ein Irrtum, von dem sich alle anderen Schritte ableiteten, der aber keine Rechtsbeugung darstelle. Da diese beiden Delikte zu der Zeit, als sie begangen wurden, nicht existierten, könne man sie nicht rückwirkend auf die begangenen Verbrechen anwenden. Das Urteil diente aber auch dazu, die Rechtslage zu klären: Das Amnestiegesetz sei gültig, da es sich nicht um eine Autoamnestie gehandelt habe, sondern um ein Instrument der Aussöhnung, die allein vom Parlament aufgehoben werden könne. Ebenso stellt das Urteil fest, dass die Verbrechen des Franquismus nicht verfolgt werden könnten, da die Schuldigen nicht mehr am Leben seien, und konstatiert, dass es objektiv eine ungleiche Behandlung der Opfer beider Seiten gegeben habe. Schließlich bestätigt es, dass die »territorialen« Gerichte für die Exhumierungen zuständig seien.

Das Urteil, das in der franquistischen Diktion von den »dos bandos«, den beiden Seiten, spricht und damit den Aufständischen die gleiche Legalität zugesteht wie der Republik, setzt definitiv die Unmöglichkeit fest, den Franquismus strafrechtlich zu verfolgen, da die Verantwortlichen nicht mehr am Leben seien – und verwandelt so das Amnestiegesetz des Jahres 1977 in ein Schlussstrichgesetz. Garzón wurde freigesprochen in diesem Prozess, meint Carlos Jiménez Villarejo, Jurist und ehemaliger Antikorruptionsstaatsanwalt, wer sich aber selbst verurteilt hat, seien die Richter. Denn aus den genannten

Gründen sei das, was »sie in diesem Urteil sagen und wie sie es sagen, […] keines demokratischen Staates würdig«[96].

Nachzutragen bleibt, dass Garzón auch im dritten Prozess (Rechnungen von New York) freigesprochen wurde, allerdings auf eine Weise, die seinem Ruf schadete. Der Richter Manuel Marchena legte das Verfahren am 13. Februar nieder, da der Fall verjährt sei. Garzón kam so um die Gelegenheit, seine Unschuld zu beweisen, denn Marchena nahm als gegeben an, dass dieser seine Stellung dazu ausgenutzt habe, verschiedene spanische Unternehmen um finanzielle Unterstützung zu bitten, was dem Tatbestand der einfachen Bestechung entsprach.[97] So zog Marchena auf sehr zweifelhafte Weise »die Ehre des Richters in Mitleidenschaft«[98]. Am 9. Februar war Garzón im Fall »Gürtel« verurteilt worden. Am 13. Februar wurde das Ermittlungsverfahren im Fall der Rechungen von New York wegen Verjährung eingestellt. Am 27. Februar wurde der Richter im Fall der Verbrechen des Franquismus freigesprochen, wegen dem er am 14. Mai 2010 vom Dienst suspendiert worden war, zu Unrecht, wie sich damit gezeigt hatte. Dreimal lautete die Anklage auf Rechtsbeugung, dreimal hatte sich die Staatsanwaltschaft gegen das Verfahren ausgesprochen. Es geschieht selten, dass spanische Richter sich wegen Rechtsbeugung verantworten müssen, noch seltener werden sie deswegen verurteilt. Garzón stand deswegen innerhalb von einem Monat gleich dreimal vor Gericht. Reiner Zufall oder haben hier, wie José Antonio Martín Pallín schrieb, Medien und Justiz auf intelligente Weise zusammengespielt?[99] Honi soit qui mal y pense …

Das *Spanische Biografische Lexikon* der Königlichen Akademie für Geschichte

Am 25. Mai 2011 sitzen vier Personen etwas gedrängt an einem kleinen, mit rotem Samt bespannten Tisch, über ihnen ein ebenso rotsamtener, goldbehangener Baldachin, vor dem Tisch sind 25 großformatige blaue Bücher aufgereiht. Links die Kulturministerin, Ángeles González-Sinde, neben ihr Ihre Königliche Hoheit Juan Carlos I., an seiner Seite Doña Sofía, rechts von ihr Gonzalo Anes y Álvarez, Marqués de Castrillón, Historiker, Mitglied der Königlichen Akademie für Geschichte und als solches wissenschaftlicher Leiter und Herausgeber des *Spanischen Biografischen Lexikons,* dessen erste 25 Bände hier, im Festsaal der Akademie, präsentiert werden. Die restlichen 25 sollen in den kommenden Jahren erscheinen. Dem Rahmen entsprechend werden Festreden gehalten, die Namen der privaten Sponsoren ebenso genannt wie die beachtliche Zahl von 43 000 biografischen Einträgen über die bedeutendsten Persönlichkeiten der langen Geschichte Spaniens, von einem Heer von Mitarbeitern erstellt. Der Marquis von Castrillón erzählt die Entstehungsgeschichte: José María Aznar hatte, noch bevor er Ministerpräsident wurde, der Akademie einen Besuch abgestattet, »um die Arbeit der Akademiker kennenzulernen«[100]. Einmal in Amt und Würden, versprach er eine Subvention für das geplante Lexikon, von dem ihm der Marquis berichtet hatte. Das Unterrichts- und Kulturministerium unterzeichnete mit der Akademie im Juli 1999 ein Abkommen und überwies dann »acht Jahre lang hundert Millionen« – Peseten natürlich, rund 600 000 Euro, insgesamt wurden es 6,4 Millionen Euro. Viel Geld für ein Unternehmen freilich, das man in Zeiten des Internets wohl auch gleich dafür hätte konzipieren können, da die fünfzig Bände der Papierausgabe stattliche 3500 Euro kosten.

Die königliche Buchpräsentation fand großes Echo in der Presse. Drei Tage später berichtete Jesús Miguel Marcos in der Tageszeitung *Público* unter dem Titel »Autoritario, no totalitario« über den Inhalt einiger Einträge im Lexikon und löste damit das aus, was man gemeinhin einen Sturm der Entrüstung nennt. Marcos hatte die politisch brisantesten Namen gesucht und war auf eine Fülle von ideologischen Verzerrungen und Fehlern gestoßen. Wie sich später herausstellte, sind die meisten Beiträge der rund 5000 Mitarbeiter des Lexikons sauber gearbeitet, doch gerade die Artikel zu den wichtigsten Personen des 20. Jahrhunderts stammen gelinde gesagt von nicht unbedingt wissenschaftlich-objektiven Historikern. Neben Hagiografien von

lebenden Politikern wie José María Aznar oder der damals noch am-
tierenden Präsidentin der Comunidad de Madrid, Esperanza Aguirre
(die von ihrem ehemaligen Staatssekretär porträtiert wird), stehen
Einträge, die von unkritischen Gesinnungsgenossen oder sogar von
Familienangehörigen verfasst sind, wie die Biografie des Generals Ar-
manda, der am Putsch des 23-F beteiligt war: Autor ist sein Schwiegersohn, selbst Mitglied der Akademie. Die Biografien des Prinzen Felipe
und seiner Frau Leticia stammen vom Königshaus selbst, die einer
ehemaligen Kulturministerin weist als Quelle deren Website aus.

Ebenso unakademisch sind sehr viele Einträge über Persönlichkeiten des Bürgerkriegs und der Diktatur. Es gibt zahlreiche Seiten-
hiebe gegen die Republik und ihre linken oder liberalen Protagonisten. Im Beitrag über Azaña ist sehr tendenziös von der »praktisch
diktatorischen Regierung des Sozialisten Negrín« die Rede. Im Beitrag über Julián Besteiro heißt es, »ein fehlgeschlagener Militäraufstand und der Zusammenbruch der republikanischen Legalität mün-
deten in einen Bürgerkrieg«, was voll und ganz den revisionistischen
Thesen von der radikalisierten Republik entspricht. Nicht unbedingt
objektiv gibt sich auch der Text über Santiago Carrillo: »Der Militäraufstand des 18. Juli 1936 bot dem Largocaballerismus [gemeint ist
die Strömung des linken sozialistischen Politikers Francisco Largo
Caballero] die Gelegenheit, die versprochene Liquidierung auf revo-
lutionärem Weg der Republik durchzuführen [...]. Spanien erlebte in
der zweiten Hälfte des Jahres 1936 eine Revolution, deren Umfang nur
der sowjetischen von 1917 vergleichbar ist. Doch hielt dieser Prozess
den Vormarsch der Militärs nicht auf [...]. Carrillo wandte eine Politik des revolutionären Terrors an, den alle Organisationen der Volksfront teilten.« Und während ein Verfasser in einem Artikel über den
aufständischen Offizier Carlos Asensio Cabanillas von dessen Siegen
über die »Feinde« schreibt, nennt er die Gegner in einem anderen
Artikel über den republiktreuen Offizier José Asensio Torrado »nationale Truppen«, was gewisse Sympathien für eine der beiden Seiten
durchscheinen lässt. Genauso werden die antifranquistischen Wider-

standkämpfer als »Wegelagerer und Terroristen« bezeichnet, im Ausgleich dazu ist von der »nationalen Erhebung«, dem »Befreiungskrieg« und sogar von dem »wahren Kreuzzug« die Rede.[101]

Der Beitrag, der das größte Aufsehen erregte, war der über Francisco Franco, verfasst von Luis Suárez Fernández. Das Akademiemitglied Suárez, 1924 geboren, Mediävist, Präsident der Bruderschaft des Valle de los Caídos, Mitglied des Opus Dei, Biograf des Caudillo, dessen persönliche Unterlagen er lange Jahre an der *Fundación Nacional Francisco Franco* einsehen und verwerten konnte, stellt den *generalísimo* in bestem Licht dar: ein Katholik, der »früh berühmt wurde durch seinen kalten Mut, den er auf dem Feld entfaltete«, dem nach seiner nebenbei erwähnten Teilnahme am Aufstand von 1936 »ein langer Krieg erlaubte, einen Feind zu besiegen, der anfangs über größere Kräfte verfügte« und der, da es »an möglichen Märkten fehlte und er mit der Feindseligkeit Frankreichs und Russlands rechnen musste, enge Verbindungen mit Italien und Deutschland einzugehen hatte«, dem Roosevelt 1942 persönlich versicherte, »dass Spanien nichts zu befürchten habe«, in dem »militärische und politische Dienste der USA [...] einen Staatschef [entdeckten], auf den man zählen konnte«, sodass er 1965 dank seiner »militärischen Fähigkeiten« dem Präsidenten Johnson, der ihn »einlud«, am Vietnamkrieg teilzunehmen, den weisen Rat geben konnte: »Die modernen Armeen sind ohnmächtig angesichts des Willens eines Volkes, der sich in den *guerrillas* ausdrückt.« Hätte Johnson doch auf ihn gehört ... Wie nebenbei stellt Suárez aber auch die politische Theorie auf den Kopf, wenn er behauptet, »Franco errichtete ein autoritäres Regime, aber kein totalitäres, denn die politischen Kräfte, die ihn unterstützten, Falange, Traditionalismus und die Rechte, wurden in einer Bewegung vereint und dem Staat unterstellt«. Keine Rede von einer Diktatur, von der Repression der Nachkriegszeit, von Hinrichtungen bis 1975, Zensur oder Exil, ein zwar autoritärer, aber menschenfreundlicher Franco blickt einen aus diesen Seiten entgegen, besorgt um die Zukunft Spaniens, das er seinen Nachkommen geregelt hinterließ.

Dieses Meisterstück an parteiischer Trivialhistoriografie wurde ebenso kritisiert wie die Entscheidung, eine der komplexesten Biografien einem bekennenden Verehrer des Diktators anzuvertrauen. Missgriffe dieser Art gab es aber auch bei anderen Persönlichkeiten. In der Eintragung über Manuel Azaña wies Santos Juliá, der selbst eine Biografie über den Präsidenten der Zweiten Republik verfasst hatte, dem Autor nicht weniger als vierzehn Fehler nach, keine geringe Kunst in nicht einmal fünf Lexikonspalten. Was Juliá zu dem Kommentar veranlasste, dass »ein Historiker, der derart viele Sachfehler in einem einzigen Eintrag begeht, nicht qualifiziert ist, in einem Lexikon zu schreiben, von dem man einzig absolute Genauigkeit in den dokumentierten Tatsachen erwarten darf«.[102] Noch peinlicher wird die Sache dadurch, dass der Verfasser niemand anderer ist als Carlos Seco Serrano, der Dekan der Königlichen Akademie.

Durch das Lexikon fiel ein ziemlich schlechtes Licht auf die Akademie und ihre 36 Mitglieder, drei davon Frauen, fünfzehn sind älter als achtzig Jahre, keiner davon Spezialist für die Geschichte des 20. Jahrhunderts.[103] Der Herausgeber des Werks, der Marqués Gonzalo Anes y Álvarez, wies in einem Interview jede Schuld von sich, er könne sich schließlich nicht um jeden Beitrag kümmern, und setzte selbstbewusst das Lexikon mit dem von Oxford gleich. Auf die Frage, was er von dem Eintrag zu Franco halte, sagte er, er habe ihn nicht gelesen, habe aber volles Vertrauen zu dem Autor des Beitrags.[104]

Verschiedene Organisationen aus dem Umfeld der *memoria histórica* erhoben Einspruch gegen das Lexikon, am 1. Juni protestierte die »Plattform gegen die Straffreiheit des Franquismus« vor der Akademie, bei der Staatsanwaltschaft wurde Anzeige gegen die Autoren erstattet, die man aber nicht weiter verfolgte.[105] Intellektuelle und Historiker sprachen sich gegen die Geschichtsfälschung aus, woraufhin ihnen in rechten Kreisen bloßer Neid unterstellt wurde, da sie selbst nicht in der Akademie seien.[106]

Am 2. Juni trat die Generalversammlung der Akademie zusammen und beschloss, »so rasch wie möglich« Änderungen vorzunehmen und die »historiografischen Ansätze« einiger Einträge« zu revidieren.[107] Dann kam die Idee auf, Parallelbeiträge aufzunehmen, die eine andere Position vertraten, so als wäre die Geschichtswissenschaft die bloße Summe von gleich gültigen Geschichtsversionen. Im Juli votierte das Parlament – mit den Gegenstimmen der PP – dafür, die Subventionen einzufrieren, zumindest so lange, bis die polemischsten Texte revidiert und korrigiert seien. Schließlich setzte die Akademie eine Kommission ein, um das Lexikon überprüfen zu lassen. Das Ergebnis: Vierzehn der 500 revidierten Einträge müssten vollständig umgeschrieben werden, sechzehn teilweise, vier hätten einen »diskutablen Inhalt«, sechs Prozent der Texte wiesen Fehler auf. Bei einer unabhängigen Analyse des Lexikons kam der Historiker José Luis Ledesma, Spezialist für Bürgerkrieg und Franquismus, jedoch zu einem anderen Ergebnis. Er untersuchte die Einträge von fünfzig relevanten Personen und stellte fest, dass die Hälfte korrekt war, fünfzehn Texte Fehler enthielten, die sich jedoch verbessern ließen, und zehn »substanziell« umgeschrieben werden müssten.[108] Was bedeutet, dass immerhin zwanzig Prozent der von ihm gegengelesenen Artikel tendenziös oder sachlich falsch waren. Selbst das *Times Literary Supplement* stimmte in den Reigen der Kritiker ein und widmete dem Lexikon am 28. März 2012 einen dreiseitigen Artikel mit dem Befund, dass es nicht unbedingt der Ort sei, »wo man nachsehen sollte, um die letzten Trends in Gelehrsamkeit oder sonst etwas zu finden«.

Trotzdem wurde das Werk am 11. Februar 2012 zum Verkauf freigegeben. Im April ignorierte die Regierung der PP den Parlamentsbeschluss, das Lexikon nicht weiter zu subventionieren, und sanktionierte die Geschichtsklitterung: Im Budget des Jahres 2012, das restriktivste Budget der Krise, in dem die Subventionen für Exhumierungen um sechzig Prozent gekürzt wurden, sind trotz aller Kritik für »Instandhaltung [sic] und Aktualisierung des spanischen biografischen Lexikons« 163 790 Euro vorgesehen.[109] 2011, also vor dem Skandal, waren es 193 390 Euro gewesen, eine Kürzung von nicht mehr als fünfzehn Prozent. Zugleich übte sich der Kulturminister, José

Ignacio Wert, in Hinblick auf die Debatten in Zurückhaltung. »Es gibt nichts Kontroverseres als staatlichen Interventionismus [...], staatliche Zensur der Arbeit der Akademien.« Wobei er geflissentlich übersah, dass die ungleiche Kürzung der Geldmittel nichts anderes ist als staatliche Steuerung von Gedächtniskultur. Ende Mai verkündete derselbe Minister, dass die von der Kommission der Akademie beanstandeten Einträge revidiert werden würden,[110] im Sommer hieß es, dass man 46 korrigierte Einträge in einem Anhang beigeben würde, allerdings ohne weitere Details zu nennen.[111]

Die wohl positivste Begleiterscheinung des *Biografischen Lexikons* ist ein anderes Buch, das als Antwort auf diese akademische Geschichtsrevision des Bürgerkriegs und des Franquismus konzipiert wurde. Kein Jahr nach dem Skandal erschien im April 2012 der vom Madrider Historiker Ángel Viñas herausgegebene Sammelband *En el combate por la historia* (Im Kampf um die Geschichte). Für ihn stellten 33 Spezialisten, von denen kein einziger der Akademie angehört, in Rekordzeit ein fast tausendseitiges, nach Themenbereichen geordnetes Kompendium zusammen, das heute wohl der gelungenste Überblick über den Bürgerkrieg und den Franquismus ist.

Die »geraubten Kinder« des Franquismus

»Das Problem der geraubten Kinder ist ›weitaus schlimmer als der Terrorismus‹«, betitelte die Zeitung *ABC* am 9. September 2012 einen Bericht über den Protest von Betroffenen, die vor den Gebäuden der Generalstaatsanwaltschaft und des Justizministeriums in Madrid den Raub ihrer neugeborenen Kinder öffentlich anklagten. Anlass für diese Demonstration war einer der bislang letzten bekannt gewordenen Fälle von Kindesraub, zu dem es 1990 in Granada gekommen war, glaubt man den um ihre Tochter betrogenen Eltern Eduardo Raya und Gloria Rodríguez. Das Nationale Institut für Toxikologie tat dies nicht und stellte fest, dass die DNA-Probe des Leichnams eines Neugeborenen mit denen von Raya und Rodríguez übereinstimmte – obwohl diese drei unabhängige Proben vorgelegt hatten, die genau das

Gegenteil besagten. Die Geschichte, die die beiden erzählen, gleicht Tausenden anderen: Bald nach der Geburt ihrer Tochter habe das Pflegepersonal des Krankenhauses den gesunden Säugling gegen ein »sterbendes« Mädchen ausgetauscht, das nach drei Tagen bestattet wurde. Was mit ihrer Tochter geschah, ist nicht mehr zu eruieren.[112]

Diese Geschichten wäre wohl in Vergessenheit geraten, hätte nicht im Jahr 2002 der Historiker Ricard Vinyes *Irredentas* (Unbefreite, Unerlöste) veröffentlicht, ein Buch, in dem er den Schicksalen von weiblichen Häftlingen und deren Kindern in den Gefängnissen der Diktatur nachging und auf unzählige Fälle von Kindesraub und -entführung stieß. Und das Buch hätte wohl nicht diese Bedeutung erlangt, wenn nicht die beiden katalanischen Fernsehjournalisten Montse Armengou und Ricard Belis gemeinsam mit Vinyes die Dokumentation *Els nens perduts del franquisme* (Die verlorenen Kinder des Franquismus) produziert hätten, in der sie diese Geschichte aufarbeiteten, Mütter und Kinder interviewten und ein wahrlich erschütterndes Bild zeichneten, das großen Nachklang in der Gesellschaft fand.

Ausgangspunkt des Kinderraubes und der Entführungsaktionen waren die Thesen des Arztes Antonio Vallejo-Nágera, der unter dem Einfluss deutscher Psychologen in den Zwanzigerjahren die Psychiatrie in Spanien eingeführt hatte. Als Anhänger des Nationalsozialismus und Leiter des franquistischen Militärischen Psychologischen Dienstes entwickelte er rassistische Theorien und sprach unter anderem von einem »roten Gen« des Marxismus, das Eltern an ihre Kinder vererben würden. Seine Theorien erprobte er an Bürgerkriegsgefangenen, sowohl an Spaniern als auch an Angehörigen der Internationalen Brigaden. Aufgrund seiner »Erkenntnisse« wurde ein Sozialprogramm entwickelt, um den inhaftierten »roten« Müttern ihre Kinder abzunehmen und diese so vor der Ansteckung durch die »Krankheit des Marxismus« zu bewahren – sofern sie den Aufenthalt in den Gefängnissen überlebten, denn aufgrund der dort herrschenden elenden hygienischen Zustände, bei den oft tagelangen Transporten in Viehwaggons, durch Krankheiten, Unterernähung und falsche Behandlung starben ungezählte Säuglinge und Kinder. Diejenigen, die überlebten, traf ein schweres Schicksal. Zum Tod verurteilte Frauen durften ihre Kinder zur Welt bringen, bevor sie hingerichtet wurden. Zu Gefängnishaft verurteilten Frauen wurden ihre Kinder im Alter von drei Jahren weggenommen. All diese Kinder kamen daraufhin zu Privatpersonen, in Klöster oder in die Erziehungsanstalten der *Auxilio Social,* der Sozialhilfe, der Mercedes Sanz Bachiller vorstand, die Frau des im Bürgerkrieg gefallenen falangistischen Führers Onésimo Redondo. Dort wurden ihnen Verachtung und Abscheu für ihre Herkunft und ihre Eltern genauso eingebläut wie die nationalkatholische Doktrin. Ein Gesetz aus dem Jahr 1941 »erlaubte es, die Familiennamen zu ändern«,[113] sodass sie ihre tatsächliche Identität und Geschichte verloren. Geschätzt wird, dass bis weit in die Fünfzigerjahre hinein mehr als 30 000 Kinder Opfer dieser Form der Kindesentführung wurden.

Der Kontakt zu ihren Eltern, Geschwistern und Verwandten konnte erst lange Jahre später hergestellt werden, wenn es überhaupt noch möglich war. Einige dieser Geschichten kamen in den Neunzigerjahren dank eines Fernsehprogramms ans Tageslicht, das den bezeichnenden Titel *¿Quién sabe dónde?* (Wer weiß wo?) trug, das aber ab diesem Zeitpunkt unbequem wurde und 1998 auslief. Wie so vieles, was mit dem Franquismus zusammenhängt, blieben diese Geschichten auf den persönlichen und familiären Kreis beschränkt, waren Privatsache, für die es kein öffentliches Interesse gab und geben sollte.

Aus dieser ersten, »ideologischen« Welle der Kindesentführungen der Frühzeit des Franquismus entwickelte sich ein System, das die Journalistin María José Esteso Poves als »von der franquistischen Repression zum Geschäft« charakterisiert hat. Denn viele dieser Kinder wurden gegen oft hohe Summen von Ehepaaren adoptiert. So entstand in verschiedenen Regionen Spaniens eine Art Mafia aus Ärzten, Krankenpflegern und Schwestern, deren Tätigkeit bisher kaum erforscht ist, in die aber, wie mehr vermutet als bewiesen wird, Persönlichkeiten des Regimes verwickelt sein könnten (einem Bericht der Zeitschrift *Interviú* zufolge etwa auch der Vater des EU-Abgeordneten Jaime Mayor Oreja)[114]. Diese Strukturen überstanden beinahe unbeschadet den Wechsel von der Diktatur zur Demokratie. Es waren nun nicht mehr genetisch bedingte ideologische Verfehlungen der »Roten«, die als Grund für den Kindesraub herhielten. Die neuen Opfer waren ledige und geschiedene Mütter, Prostituierte oder Frauen und Familien, die sich ein Kind nicht leisten konnten.

Wie erfolgreich und einträchtig diese Praktiken waren, zeigt das Beispiel der Madrider Privatklinik San Ramón, die von Ende der Fünfzigerjahre bis 1982 in Betrieb war. Geleitet wurde der Kinderhandel dort von Sor María Gómez Valbuena, 1925 geboren und Mitglied der sogenannten Genossenschaft der Töchter der christlichen Liebe vom Hl. Vinzenz von Paul. Die Schwester war Sozialhelferin des öffentlichen Krankenhauses Santa Cristina und dirigierte von dort aus eine unbekannte Anzahl schwangerer Frauen in die vom Doktor Eduardo Vela Vela geführte Klinik San Ramón um. Die Frauen lebten die letzten Monate ihrer Schwangerschaft in Privatwohnungen, nach der Geburt wurden ihre Kinder an Familien weitergegeben, die ihnen zuvor »von anderen Nonnen oder Priestern empfohlen« worden waren – natürlich gegen Bezahlung, um »das Geschäft in Gang zu halten«[115]. Denn tatsächlich ging es um Geld, auch wenn die Schwestern den Frauen angeblich halfen, ihr Problem zu lösen – was sicher oft auch der Fall war. Aber die spätere »Adoption« der Kinder war illegal, wurde als natürliche Geburt ausgegeben, alle Spuren zur leiblichen Mutter wurden gelöscht.

Es geschah aber auch ohne Einwilligung der Mütter oder Eltern, dass Kinder weggenommen und verkauft wurden. »Ganz normalen« Familien wurde mitgeteilt, dass ihr Neugeborenes plötzlich verstorben sei, obwohl es bei der Geburt gesund gewesen war. Auf Wunsch wurde ihnen eine Leiche gezeigt, in der aber viele nicht ihr eigenes Baby wiedererkannten. Protestierten sie, wurden sie harsch abgewiesen. Wie sich herausstellte, handelte es sich dabei in mehreren Fällen um den tiefgefrorenen Leichnam eines Säuglings, den man bei Bedarf hervorholte. Das lebende Kind wurde dann, so wird vermutet, auf den Namen einer anderen Person eingeschrieben. Was aus einem makabren Film zu stammen scheint, war bis 1992 im ganzen Land brutale Wirklichkeit: Der »Nationale Verein von Betroffenen von Irregulären Adoptionen« Anadir spricht von mehr als 300 000 Fällen von Kindesraub und davon, dass Spanien der »Supermarkt für die Welt war«.[116] Aus Italien, Deutschland, Österreich, sogar aus den USA und Mittelamerika kamen Paare, um Kinder zu »adoptieren«.[117]

Als im April 2012 Sor María Gómez Valbuena als erste Person wegen Kindesraubs vor Gericht geladen wurde, konnte man fast Mitleid haben mit der alten, gebrechlichen Frau, wie sie am Arm ihres Anwalts und einer unablässig lächelnden Ordenschwester aus dem Gericht kam, sich mühselig die Treppen hinunter plagte und, von den Medien bedrängt, wortlos in ein Auto stieg. Doch sie steht im Verdacht, allein mehr als 1500 Säuglinge geraubt zu haben,[118] angeblich aus religiösen Gründen und um den Kindern eine bessere Zukunft zu ermöglichen, tatsächlich aber, wie eine ehemalige Nonne erklärte, die mit ihr zusammengearbeitet hatte, weil es ein »Geschäft«[119] war.

Bis heute steht weder die Zahl der tatsächlich geraubten Kinder fest noch kennt man die Kindesentführer. Auch der Staat unternahm nicht sehr viel, um diesen Fällen nachzugehen. Wie bei der *memoria histórica* bleibt es der Privatinitiative der Betroffenen vorbehalten, sich an die Gerichte zu wenden, Raub für Raub anzuzeigen, Vereine zu gründen, die ihre Interessen vertreten, und durch verschiedene Aktionen die Medien auf sich aufmerksam zu machen. Manche Betroffene weisen jeden Zusammenhang mit der Gedächtnisbewegung zurück, da es »Wirtschaftsmafias«[120] seien. Doch übersieht diese Argumentation, dass der Kinderhandel seine Wurzeln im frühen Franquismus hat, dass ebenso wie damals Vertreter der Kirche zutiefst involviert waren und der moralisch-ideologische Vorwand, die Kinder vor ihren unwürdigen Eltern zu retten, eine große Rolle gespielt hat. Sowohl die ideologischen Elemente als auch die Strukturen der Korruption entstanden während der Diktatur und setzten sich als Teil des »soziologischen Franquismus« bis in die Demokratie hinein fort. In den Worten von Montse Armengou: »Was als schreckliche politische Repression begann, wurde zu moralischer Repression und einem als Wohltätigkeit verkleideten Geschäft, das schließlich auf simplen Kinderhandel hinauslief.«[121]

Ein neuer 20-N: die Gedächtnispolitik der PP

Im Juli 2011 verkündete der Ministerpräsident José Luis Rodríguez Zapatero aufgrund der immer akuter werdenden Wirtschaftskrise die Vorverlegung der Parlamentswahlen auf den 20. November, was vielen wie ein schlechter Scherz vorkam. Die PP gewann die Wahlen mit überwältigender Mehrheit und Mariano Rajoy wurde am 20. Dezember als Ministerpräsident vereidigt, gestützt auf eine bis dahin im demokratischen Spanien unbekannte Macht, hatte doch seine Partei im Mai 2011 die PSOE auch auf der Ebene der Gemeinden und Autonomien haushoch geschlagen. Die *memoria histórica* war nun nicht viel mehr als eine unbedeutende Nebenfront in der politischen Auseinandersetzung, die wie so vieles von der großen Krise verdrängt wurde.

Wie in den vorhergegangenen Kapiteln zu sehen war, hatte sich die PP gegen fast alle gedächtnispolitischen Maßnahmen zugunsten der *memoria histórica* ausgesprochen und in diesem Sinn, meist als einzige Partei, ihre Stimmen abgegeben. Man muss dies nicht unbedingt als Parteiergreifung für den Franquismus auslegen, vielmehr entspricht es wohl eher dem Wunsch, die Vergangenheit auf sich beruhen zu lassen und »in die Zukunft zu blicken«, wie es PP-Politiker des Öfteren ausgedrückt haben. Je ferner die Vergangenheit, desto besser für die Gegenwart. Insofern waren die Maßnahmen der neuen Regierung auch keine Überraschung.

Das erste Thema, das zur Debatte kam, war die Zukunft des Valle de los Caídos. Am 7. Februar 2012 fragte im Senat Joseba Zubia Atxaerandio (PNV) die Vizepräsidentin Soraya Sáenz de Santamaría, ob die Regierung diesbezüglich eine Entscheidung getroffen habe. Sie habe, meinte sie, »und sie besteht darin, dass jede zu treffende Entscheidung mit dem gebührenden Konsens getroffen wird«.[122] Was im Klartext hieß, dass man alles beim Alten belassen und die Maßnahmen der vorherigen Regierungen zwar nicht unbedingt zurücknehmen, aber auch nicht weiter verfolgen würde. Am 1. Juni wurde das Valle der Öffentlichkeit wieder zugänglich gemacht, die Eintrittspreise waren dieselben wie vor der Schließung: stolze fünf Euro. Auf eine andere Anfrage eines baskischen Senators – diesmal war es Iñaki Anasagasti am bedeutungsschweren 17. Juli 2012 – hinsichtlich der Zukunft des Valle de los Caídos antwortete Sáenz de Santamaría, dass in der vorherigen Legislaturperiode eine »einfarbige« Expertenkommission geschaffen worden sei, die trotz ihrer einseitigen Zusammensetzung kein gemeinsames Gutachten zustande gebracht habe.[123] Eine nicht unbedingt korrekte Deutung dieses Gutachtens, das bis auf einen Punkt einstimmig gewesen war. Dieser eine Punkt betraf die Überstellung des Leichnams des Diktators an einen anderen Ort, gegen die sich drei der zwölf Kommissionsmitglieder ausgesprochen hatten.

Wie *El País* am 4. April 2012 berichtete, ist die *memoria histórica* eines der Opfer der finanziellen Misere des Landes: Die dafür bestimmten Subventionen wurden in diesem Jahr um sechzig Prozent gekürzt, von 6,2 Millionen Euro im Jahr 2011 auf 2,5 Millionen. Dieses Geld steht nur mehr für Exhumierungen zur Verfügung, die Mittel für Begleitmaßnahmen wie Veranstaltungen, Kongresse, Publikationen und Dokumentationen wurden gestrichen. Dies entspricht zwar der Tatsache, dass bisher etwa ein Drittel des Budgets für Ausgrabungen, der Rest für die sozialpolitische »Aufbereitung« verwendet wurde, es zeigt aber deutlich, worauf die künftige Politik gerichtet ist: Der geistige Überbau, nämlich begleitende, aufklärende Maßnahmen, sind aus ideologischen Gründen künftig unerwünscht. Angestrebt wird die Entpolitisierung der Bewegung, ihre Privatisierung und Reduktion auf das individuelle, persönliche Schicksal der »Verschwundenen«. Die Hinterfragung des Franquismus und der *transición* soll so unterbunden, der soziale Friede wiederhergestellt werden – eben das, was die Rechte seit eh und je fordert. Als Grund für die Kürzung gab die PP zynisch an, diese Subventionen hätten »in nicht wenigen Fällen Klientelcharakter«[124] gehabt. Konsequenterweise, möchte man fast sagen, wurde im Februar 2012 das »Büro der Opfer des Bürgerkriegs und der Diktatur« an der Plaza de Benavente in Madrid geschlossen, da nunmehr die tatsächlich so genannte »Abteilung für Gnadenrecht und andere Rechte« des Innenministeriums für diese Fälle zuständig ist.[125] Das Budget des Jahres 2013 sieht keine Unterstützung für Exhumierungen vor. Die Krise war auch in diesem Fall für die Regierung ein willkommener Anlass, unliebsame Aktivitäten einzustellen.

Viel rascher als die PSOE macht sich die konservative Partei an die Umbenennung und Umdeutung öffentlicher Gedächtnisorte. So wurde eine Büste von Manuel Azaña, die im November 2011 an einer Ehrenstelle in der Eingangshalle des Parlaments gegenüber einer Statue der Königin Victoria aufgestellt worden war, in ein unbedeutendes Nebengebäude verbannt.[126] Zur selben Zeit überkam Spanien eine Euphorie der Umbenennungen, ausgelöst vor allem von Lokalpolitikern. Ein paar Beispiele: In Huércal-Overa (Almería) wurde der Name des (kommunistischen) Dichters Rafael Alberti vom Stadttheater entfernt. In Sevilla wurde Ende Januar eine nach der engagierten Schauspielerin Pilar Bardem benannte Straße zur erzkatholischen Calle Nuestra Señora de las Mercedes.[127] Mercedes Alonso, nach 32 Jahren PSOE-Herrschaft die erste PP-Bürgermeisterin der Stadt Elche, taufte im Juli 2011 in einer der ersten Sitzungen den Park, der Dolores Ibárruri, der Pasionaria, gewidmet war, in Jardín de la República Argentina um.[128] Dasselbe geschah im April 2012 in Vélez-Málaga, wo eine Avenida, die den Namen der Pasionaria getragen hatte, ihre alte Bezeichnung zurückerhielt. Nicht sehr schön und etwas unpraktisch heißt sie jetzt erneut Avenida Camino Viejo de Vélez-Málaga.[129]

Ein letztes bezeichnendes Detail: Eine der erfolgreichsten Serien des staatlichen Fernsehens, *Amar en tiempos revueltos*, wurde im Herbst 2012 abgesetzt zugunsten einer Serie über die Königin Isabel

La Católica von Kastilien. Eben die Königin, deren Heiligsprechung die spanische Kirche seit 1957 anstrebt und die nicht nur für Franco, sondern auch für die PP die wohl bedeutendste Herrscherin war, wurde doch unter ihrer Regentschaft aus den damaligen Königreichen ein Spanien, eine Nation. Sowohl José María Aznar als auch Mariano Rajoy beschenkten die Päpste Johannes Paul II. und Benedikt XVI. mit Werken über Isabel, um sie so für eine Heiligsprechung günstig zu stimmen – bisher mit wenig Erfolg. Von den zwar trivialisierten, aber immerhin dargestellten Problemen des Franquismus in der Serie *Amar en tiempos revueltos* wird so abgeschweift in eine idealisierte Vergangenheit, die zurückführt zu den Wurzeln der überwunden geglaubten Träume eines »geeinten, großen und freien« Spanien.

Francisco Ferrándiz
oder Die Diskursivität des Gedächtnisses

Francisco Ferrándiz ist Anthropologe im *Consejo Superior de Investigaciones Científicas* (CSIC) in Madrid, der bedeutendsten staatlichen Forschungsgesellschaft Spaniens. 1963 geboren, studierte er Geografie und Geschichte an der Madrider Universidad Complutense und promovierte 1996 in Kultur- und Sozialanthropologie an der University of California, Berkeley. Gemeinsam mit Francisco Etxeberria leitet er im CSIC das interdisziplinäre Forschungsprojekt *Las políticas de la memoria: Balance de una década de exhumaciones en España* (Gedächtnispolitiken: Bilanz eines Jahrzehnts der Exhumierungen in Spa-

nien), dessen Website eine der umfassendsten akademischen Informationsquellen zum Thema der spanischen *memoria* ist. Das Projekt soll den Bemühungen um die Ausgrabungen einen intellektuellen, wissenschaftlich fundierten Rahmen geben, unter anderem durch die Publikation der Forschungsergebnisse auf der Website oder durch Symposien, auf denen die Gedächtnisprozesse in zahlreichen Ländern aus unterschiedlichen Perspektiven verglichen werden.

Seit 2002 arbeitet der Anthropologe über die Exhumierungen in Spanien. Zuvor hatte er sich mit scheinbar ganz anderen Dingen beschäftigt: Seine Doktorarbeit analysierte den spiritistischen Kult der Besessenheit in Venezuela. Drei Achsen arbeitete er dabei heraus: Körper, Gedächtnis und Gewalt. In diesem Feld der drei Achsen sei er weiterhin tätig, wenngleich er den besessenen Körper durch den getöteten Körper ersetzt habe. Immer noch untersuche er die Anthropologie der Gewalt, ein Thema, das für die *memoria histórica* von immenser Bedeutung sei.

Was ist für ihn das Besondere am Fall Spaniens? »Der Fall Spanien führt immer wieder auf die *transición* zurück und auf die Frage, ob sie tatsächlich das von anderen Ländern nachgeahmte ideale Modell war, als das sie in Büchern der Politikwissenschaft hingestellt wird. Dabei sieht die Realität ganz anders aus. Wenn wir erzählen, dass in den letzten zehn Jahren 300 Massengräber geöffnet und über 5500 Leichen exhumiert wurden, reagieren die Leute ungläubig. Vor allem die Zeitspanne von mehr als siebzig Jahren zwischen dem Krieg und der Gegenwart macht den Fall außergewöhnlich, was man etwa im Vergleich zu Bosnien untersuchen kann. Dort fand der Krieg vor Kurzem statt, die UNO war involviert, sowohl in die Exhumierungen als auch in die Massaker, die sie nicht verhindern konnte. Anders als hier wurden in Chile und Argentinien die Verbrechen gerichtlich verfolgt, in Guatemala ist die Lage wieder ganz anders, ebenso in Osttimor oder Ruanda und in den osteuropäischen Ländern.«

Im Vergleich mit diesen Ländern stellen sich für Ferrándiz die Fragen, über die er arbeitet: Warum wird in Spanien exhumiert? Inwieweit sind diese Exhumierungen Werkzeuge im Dienst der Menschenrechte? Welche Folgen hat dies für eine bestimmte Gesellschaft aus einer vergleichenden Perspektive? Denn auch wenn Kategorien, Ikonografien und Riten internationalisiert und exportiert werden, so gibt es dennoch große Unterschiede.

»Ein Unterschied ist etwa die Rechtslage. In Argentinien und Chile wird nur unter richterlicher Aufsicht und im Rahmen eines Strafprozesses exhumiert. In Spanien sieht es eher nach einer Art von ›Exhumierung *free lance*‹ aus, denn nach hiesigem Recht sind die Fälle verjährt.« Die Initiative von Baltasar Garzón war in dieser Hinsicht ungemein wichtig, war der Richter doch für die Vereine ein Übersetzer des internationalen Strafrechts, da er in Spanien eine Reihe von Begriffen und Konzepten einführte, deren rechtliche Anwendung hier zwar wirkungslos blieb, die aber sehr große politische und symbolische Bedeutung erlangten. Dies führte zu einer Art von transnationalem Bewusstwerdungsprozess, der in den lateinamerikanischen Kommissionen zur Wahrheitsfindung ein Vorbild hatte. Dieser Prozess ging von unten aus. »In Spanien kann man von einer Bottom-up-Kommission sprechen, die von keinem Staat und von keiner Regierung getragen wird, sondern die Druck auf die Regierung ausübt, damit sie Gesetze erlässt, aber auch auf Garzón, damit er eine Untersuchung in Angriff nimmt. Es waren kleine soziale Gruppen, die eine öffentliche Politik forderten und durchsetzten.«

Garzón sei es auch zu verdanken, dass man die franquistische Repression als Verbrechen gegen die Menschheit neu interpretieren könne und nun Begriffe wie deren Unverjährbarkeit ebenso verwende wie die Figur der *desaparición forzada*, des erzwungenen Verschwindens, mit all den rechtlichen Problemen, die dies mit sich bringt. Die Mitglieder der Vereine sprechen heute von *desaparecidos*, Verschwundenen, denn auch wenn es Unterlagen über ihre Ermordung und den Ort ihres Grabs gab, so waren diese Unterlagen nicht zugänglich, die Leichen existierten offiziell nicht. »Wir Anthropologen können verfolgen, wie diese Begriffe sich ausbreiten, welchen Einfluss sie haben und wie sie von einer Seite des Atlantiks auf die andere gelangen. Es geht nicht mehr um rechtliche Probleme, sondern darum, dass diese Begriffe soziale Wirkungen zeigen wie Demonstrationen, an denen 40 000 oder 50 000 Personen teilnehmen. Es geht darum, dass viele Menschen jetzt in einem transnationalen Kontext über ihre persönliche Tragödie sprechen können, in dem es neue Gesetze gibt, eine klare Definition von neuen Konzepten, transnationale Kategorien von Viktimisierung, also Prozessen, wie jemand zu einem Opfer wird. Das hat den Vereinen Macht und symbolisches Kapital verliehen, nicht nur rechtliches Kapital.«

In letzter Zeit wird immer öfter von einem spanischen Holocaust oder von einem Genozid gesprochen. Was hält ein Anthropologe von solchen Termini? »Eine schwierige Frage. Ich halte nichts davon, diese Ausdrücke leichtfertig zu verwenden. Ich würde eher von einem ›Politizid‹ sprechen, um Nuancen einzuführen. Ebenso wie bei dem Begriff der ›Verschwundenen‹, den ich für Spanien sehr wohl gutheiße. Andere, wie etwa der vor Kurzem verstorbene Journalist Javier Pradera, sprechen von der ›schlechten Reise‹ eines lateinamerikanischen Begriffs, der, auf die spanische Realität angewandt, diese gleichsam kontaminiert und verzerrt wiedergibt. Begriffe wie Holocaust oder Genozid erhöhen zwar die politische Wirkung, verdecken aber den Prozess an sich. ›Politizid‹ scheint mir angemessener.« Der Ausdruck mache auch deutlich, dass es eine gezielte Verfolgung der politischen Gegner gegeben habe, die man »bis auf die Wurzel« ausrotten wollte, wie es Javier Rodrigo in seinem Buch *Los campos de concentración franquistas* (Die franquistischen Konzentrationslager) ausgedrückt habe. »Bis zur Wurzel wollte man kommen und sie ausreißen, mit Stiel und Stumpf, damit sie nicht wieder wachsen, damit wir in fünfzig Jahren nicht erneut eine sozialistische Regierung haben. Die Grundidee war, alles Linke auf brutalste Weise auszurotten, durch eine komplexe repressive Struktur, die Hinrichtungen, Haftstrafen, Exil, Erniedrigungen, Enteignungen und viele andere Strategien umfasste. Daher ist ›Politizid‹ für mich passender, vor allem für die franquistische Seite.«

Eine Frage, die sich in diesem Zusammenhang immer wieder stellt, ist die heftige Reaktion der Rechten gegen die Gedächtnisbewegung. Für Ferrándiz ist sie unverständlich, auch wenn er Nuancen sieht. »Die Rhetorik der Rechten besteht darin zu sagen, dass es für alle nachvollziehbar sei, wenn jemand seinen Großvater am Straßenrand ausgraben möchte. Das Problem bestehe aber darin, dass dies politisiert und dazu benutzt werde, um alte Wunden aufzureißen.« In einem Aufsatz mit dem Titel »Soziale Autopsie eines *subtierro*« behandelt Ferrándiz dieses Phänomen der Verscharrens. Sein Konzept des *subtierro* besteht darin, dass es unter den Opfern der franquistischen Repression solche gab, die fliehen und ins Exil gehen mussten, vertrieben und verbannt wurden, was auf Spanisch *desterrado* und *trasterrado* heißt. Hinzu kamen die *subterrados*, Verscharrte, mehr als 100 000 Personen. Der Gesetzgeber ließ sie unbeachtet, während für die Leichen der Rechten sehr wohl Gesetze existierten. In allen offiziellen Dokumenten werden nur die »für Spanien Gefallenen« erwähnt, die republikanischen Leichen blieben außerhalb des Gesetzes, in einem juristischen Limbus. »Insofern kann man meiner Meinung nach nicht davon sprechen, dass man alte Wunden aufreißt, sondern es geht darum, einen Zyklus zu beenden. Und ich glaube auch, dass viele Rechte sagen, wenn mein Großvater am Straßenrand verscharrt wäre, würde ich ihn auch ausgraben. Die Anschuldigung, dass jemand die Toten dazu benütze, um sie der Gegenseite vorzuwerfen, ist wohl eher ein Diskurs der PP, oder zumindest eines Teils der Partei. Ich glaube, die PP hätte mutig sein, sich an die Spitze der Bewegung stellen und sagen müssen: Wir sind die Ersten, wir verurteilen den Franquismus, sind gegen ihn und werden den Leuten helfen, ihre Familienangehörigen auszugraben.«

José Antonio Martín Pallín
oder Eine Frage der Interpretation

José Antonio Martín Pallín ist in Sachen Memoria viel beschäftigt. In den nächsten zwei Wochen müsse er in fünf Städten Vorträge halten oder an Podiumsdiskussionen teilnehmen, meint er, als wir uns Mitte April im Besprechungszimmer einer Madrider Anwaltskanzlei treffen, wo ihm seit seinem Abgang in den Ruhestand ein Büro zur Verfügung steht. 1936 im galicischen La Coruña geboren, machte Martín Pallín ab den späten Sechzigerjahren in der Jurisprudenz Karriere, wurde Staatsanwalt des Obersten Gerichtshofs und war im Auftrag von Amnesty International in zahlreichen internationalen Menschenrechtsmissionen unterwegs. Zugleich war er in vielen nationalen und internationalen Kommissionen und Vereinen tätig, als Präsident der *Unión Progresista de Fiscales* (Progressiver Verband von Staatsanwälten) und Sprecher von *Jueces para la Democracia* (Richter für die Demokratie). Gemeinsam mit Rafael Escudero Alday gab er 2008 den Sammelband *Derecho y memoria histórica* heraus, in dem namhafte Rechtswissenschaftler unterschiedliche Aspekte der spanischen Gedächtnispolitik beleuchten. Mit dem ehemaligen »Antikorruptionsstaatsanwalt« Carlos Jiménez Villarejo und dem Richter der *Audiencia Nacional* Ramón Sáez Valcárcel gehört Martín Pallín zu den wenigen Juristen, die sich öffentlich für die Sache der *memoria histórica* einsetzen.

Von außen betrachtet ist Spanien ein Sonderfall in Europa. Die letzte Diktatur des 20. Jahrhunderts wurde plötzlich zu einer Demokratie, in einem Prozess, der großen Einschränkungen ausgesetzt war.

Er war es und ist es immer noch. Vor allem, da er juristisch, aber auch rational, sozial und politisch falschen Prämissen unterworfen war, sprach man doch vom Übergang von einer Diktatur zu einer Demokratie. Aber hat es denn je einen Übergang von Diktaturen zu Demokratien gegeben, die nicht einen Bruch voraussetzten? Diese »transitionale Justiz« ist pure Erfindung. Entweder Demokratie oder Diktatur, beide können nicht gleichzeitig existieren. Rechtlich ist es ein kurioser Fall. Meines Wissens ist die spanische Verfassung weltweit die einzige, die eine Klausel enthält, die alle Gesetze der Diktatur außer Kraft setzt. Das gibt es in keinem anderen Land.

Dadurch wird implizit die Rechtmäßigkeit dieser Gesetze anerkannt.

Genau, es ist eine implizite negative Anerkennung. Dieser Passus am Ende der Verfassung, der die Gesetze der Diktatur außer Kraft setzt, zeigt deutlich, woher wir kommen. Man muss nichts außer Kraft setzen, denn durch ihr Wesen sind diese Gesetze mit der Demokratie unvereinbar.

Ein anderes Gesetz, das im Rahmen der memoria histórica *viel zitiert wird, ist das Amnestiegesetz aus dem Jahr 1977. Warum ist es so problematisch?*

Dieses Gesetz, das mit überwältigender Mehrheit beschlossen wurde, enthält eine Selbstamnestie der Franquisten. Folgenschwerer ist aber die Gesetzesverordnung zur Amnestie vom Juli 1976, von der niemand spricht. Sie ist der Schlüssel zu allem, ist das Dekret der Selbstamnestie. Doch hatte diese Verordnung ein Problem. Da in jenen Jahren die ETA sehr brutal agierte, wurden all die Blutverbrechen nicht berücksichtigt, die im Kampf um die Demokratie begangen worden waren. Doch kam es zwischen 1976 und 1977 zu einem interessanten Positionswechsel in der ETA, zu einer Spaltung zwischen den *polis-milis* und den »Autonomen Kommandos«.[*] Es bestand die Möglichkeit, dass die *polis-milis* den bewaffneten Kampf aufgeben würden, eben das, was auch heute innerhalb der ETA diskutiert wird, aber mit einem großen Unterschied: Die *polis-milis* waren politische Kader und konnten daher ohne allzu große öffentliche Proteste in die Demokratie eingegliedert werden. Für diese Personen, die manchmal Blutverbrechen begangen hatten, musste eine Lösung gefunden werden. Daher wurde 1977 ein zweites Amnestiegesetz verabschiedet, das diese Blutverbrechen mit einschloss.

Und dank dem nicht mehr als 89 Personen freigelassen wurden.

Es waren alle Antifranquisten, kein einziger Franquist war darunter. Heute wird hingegen behauptet, dass die Amnestie auch für die Franquisten galt.

---

[*] Die marxistisch-leninistischen *polis-milis* aus dem Umfeld der baskischen Unabhängigkeitsbewegung wollten auf legalem Weg Einfluss auf die arbeitenden Massen gewinnen, während die *Comandos Autónomos Anticapitalistas* für den bewaffneten Untergrundkampf plädierten. Die *comandos* lösten sich in den Achtzigerjahren auf, während zahlreiche Mitglieder der *polis-milis* in öffentlichen Funktionen tätig wurden.

Rechtlich kann eine Amnestie aber nur im Rahmen eines Prozesses wirksam werden. In diesem, zumindest in seinen Formen so katholischen Land hält man die Amnestie für einen Segen wie das *urbi et orbi* des Papstes. Das stimmt aber nicht, denn die Amnestie ist die Auslöschung der Strafhaftung, genauso wie die Begnadigung. Damit ich aber jemanden amnestieren oder begnadigen kann, muss ich zuerst einen Strafprozess einleiten.

Niemand hat aber einen Strafprozess gegen die Franquisten eingeleitet.

Niemand hat auch nur irgendetwas gegen die Franquisten und Folterer unternommen. Ein Detail wird immer wieder vergessen: Jeder politische Gefangene wurde in der *Dirección General de Seguridad,* der Allgemeinen Sicherheitsbehörde, systematisch gefoltert, bis 1977, also noch zwei Jahre nach dem Tod Francos. 2009 unterzeichnete Spanien die *Konvention zum Schutz aller Personen vor dem Verschwindenlassen* der UNO, will aber die Verbrechen des erzwungenen Verschwindens aus der Zeit des Franquismus nicht untersuchen. Das ist juristischer Surrealismus: Man unterzeichnet ein Abkommen, behauptet aber, dies alles falle unter die Amnestie oder sei verjährt. Wo doch ein Fall nur in einem Prozess als verjährt erklärt werden kann! Wird gegen jemanden kein Prozess eingeleitet, kann sein Verbrechen auch nicht verjähren. Wenn sich übrigens jemand durch seine Amnestien ausgezeichnet hat, dann war es Franco.

Wie finden Sie die sogenannte Ley de Memoria Histórica?

Die *Ley de Memoria Histórica* ist einer meiner Streitpunkte. Sie hat mir die Feindschaft einiger Freunde eingebracht, na ja, weniger Feindschaft als vielmehr eine gewisse Kälte. Ursprünglich war die Intention des Gesetzes nicht schlecht, aber es zeichnet sich durch eine sehr enge Sicht aus, die wenig demokratisch ist und den Ängsten der Vergangenheit Tribut zollt. Es wurde ein sehr zurückhaltendes Gesetz, da man annahm, dass die Familien bloß Geld wollten. Doch geht es den Familien nicht um Geld. Wobei sich natürlich durchaus die Frage stellt, warum es möglich war, dass die Sieger wie im Mittelalter handelten und den Besiegten ihr Hab und Gut nahmen. Die Plünderung war monumental, würde man sie untersuchen, käme man auf Billionen Euro in Grundstücken, Besitz, Immobilien, Schmuck, Bildern.

Über diesen Aspekt wird aber nie gesprochen.

Und das, obwohl ein enger Zusammenhang zum Gesetz besteht. In seinem Vorfeld gab es Gespräche mit der Vizeministerpräsidentin María Teresa

Fernández de la Vega, mit Francisco Caamaño, dem späteren Justizminister, der als Staatssekretär mit der Ausarbeitung des Gesetzes beauftragt war. Es war viel von der Rechtsunwirksamkeit die Rede. Ich vermute, dass sie Francisco Rubio Llorente, den damaligen Präsidenten des Staatsrates, zu Rate zogen, der großen Einfluss auf Zapatero hatte. Er dürfte ihnen klargemacht haben, dass die Rechtsunwirksamkeit einhergehe mit der Rechtsunwirksamkeit des Gesetzes der Politischen Verantwortung aus dem Jahr 1939, auf dem die Plünderung der Besiegten basierte. Und dies hätte Rechtsansprüche an den Staat zur Folge gehabt. Der Staat hatte den Gewerkschaften ihr Eigentum zurückgegeben, der Sozialistischen Partei die *Casas del Pueblo*, die »Volkshäuser«, von denen es in ganz Spanien mehr als tausend gab, die alle enteignet worden waren. Die Kommunistische Partei hatte nur wenig Eigentum, ebenso die Anarchisten. All das war geplündert worden, genauso wie Privateigentum.

Haben die enteigneten Personen nie ihren Besitz zurückgefordert?

Es gibt ein sehr bezeichnendes Urteil der Ersten Kammer des Obersten Gerichtshofes hinsichtlich der Konfiszierung eines republikanischen Kasinos in einem Ort in Galicien, in Corcubión. Es wurde 1936 enteignet, als das Gesetz der Politischen Verantwortung noch nicht in Kraft war, aber es existierte schon ein Dekret. Nach Kriegsende ging das Haus an die Sozialhilfe der *Sección Femenina*. Aber plötzlich tauchten ein paar Geschäftemacher auf, die, da das Gebäude leer stand, zum Zivilregister gingen, ein Verfahren einleiteten und es auf ihren Namen einschreiben ließen. Die Erben schwiegen aus Angst. In der *transición* aber gingen sie vor Gericht. Besitzansprüche verjähren nach dreißig Jahren, was 1966 der Fall gewesen wäre. Doch entschied der Oberste Gerichtshof, dass die Verjährung ab 1978 zu berechnen sei, als die demokratische Verfassung in Kraft trat, denn zuvor hätten die Personen nicht wirklich gerichtlich klagen können.

Hat niemand dieses Urteil genutzt?

Zwei andere Personen. Der Prozess ist sehr kostspielig, denn es gibt drei Instanzen, man muss die Anwälte bezahlen… Außerdem: 1978 plus 30 macht 2008. Heute gilt dieses Argument nicht mehr.

Zurück zur **Ley de Memoria Histórica.** *Ist es unter juristischen Gesichtspunkten ein fundiertes Gesetz?*

Wir konnten eine Art juristisch-politischen Stil einbringen, da im Gesetz von der Unrechtmäßigkeit der Gerichte und von ungerechten Urteilen die Rede ist.

Hätte das Gesetz die Urteile für ungültig erklärt, hätten wir natürlich zuge-
stimmt. Doch verschwand der Begriff »Ungültigkeit« im Lauf der Verhandlungen. Vor allem Francisco Caamaño wollte diesen Begriff nicht verwenden, er
hätte die Rechtssicherheit betroffen. Dabei ist es irrwitzig zu behaupten, dass
die Urteile der Kriegsgerichte juristische Kriterien erfüllt hätten. Der Begriff
Rechtssicherheit hätte jedoch schwerwiegende Folgen für den enteigneten
Besitz gehabt, nicht so sehr in Bezug auf die Urteile. Um dem vorzubeugen,
werden die Urteile bloß als »ungerecht« bezeichnet.

Die Ungültigkeitserklärung der Urteile hätte somit das Anrecht beinhaltet...

...den Besitz zurückzufordern. Dies hätte die Rechtssicherheit betroffen, denn
es gab gutgläubige Dritte. Das Eigentum befindet sich heute oft in Händen
des dritten, vierten Besitzers, der nichts mit der Enteignung zu tun hatte. Die
Rechtssicherheit musste gewährleistet werden, und der Staat hätte die Ansprüche entschädigen müssen. Das war in Deutschland der Fall, und nichts ist
passiert. Deutschland ist reich und bezahlt bis heute den Spaniern, die in Konzentrationslagern waren, eine Rente. Der spanische Staat aber bezahlt nichts.

*Einem Bescheid des Obersten Gerichtshofes zufolge müssen Richter an den
Exhumierungen teilnehmen.*

Er sagt es nicht so ausdrücklich. Vor Kurzem erklärte der Oberste Gerichtshof
von Kastilien und León bei einer Exhumierung in Espinosa de los Monteros,
dass man nicht wisse, was von ihnen erwartet werde. Ein absurdes Argument:
Was soll man denn tun, wenn irgendwo ein Schädel mit einem Einschussloch
auftaucht? Stellen wir uns vor, ich drehe durch, erschieße jemanden, kenne
ein Massengrab, verscharre dort die Leiche, es vergehen ein paar Jahre, und
ich behaupte, es sei ein Skelett aus dem Bürgerkrieg. Man muss den Richtern
sagen: Untersuchen Sie, machen Sie DNA-Proben, denn vielleicht finden Sie zu
Ihrer Überraschung eine Leiche, die nicht aus dem Bürgerkrieg oder der Nachkriegszeit stammt. Es ist eine juristische Abnormität und bezeichnet zugleich
eine beklagenswerte ideologische Einstellung.

Die ideologische Einstellung der spanischen Richter ist ziemlich konservativ.

In jeder Hinsicht, ideologisch und in Bezug auf ihre Arbeit. Das bedeutet: All
das ist viel Arbeit.

War das immer so? Nach der transición *wurde das Militär demokratisiert,
nicht aber unbedingt der Richterstand.*

Heute gibt es rund 5400 Richter, an die 4000 traten ihr Amt ab den Siebziger-
jahren an. Vor ein paar Jahren war ich an der Gerichtsschule des Obersten Ge-
richtsrates und habe gesehen, wie autoritär die heutigen Richter sind. Eine
Richterin meinte etwa: »In mein Gericht kommt mir keine Fernsehkamera!«
Ich antwortete ihr: »Ich wusste gar nicht, dass Sie ein Gericht gekauft haben.
Das Gericht gehört nicht Ihnen, es ist eine Einrichtung des Staates!«

Aber es sind doch nicht alle so autoritär?

Ich hoffe nicht. Ich arbeite mit der Vereinigung *Jueces para la Democracia* zusammen. Sie haben eine Internetseite, auf der wichtige Fälle kommentiert
werden, der Fall Garzón etwa, und das Niveau ist ganz passabel. Doch sind wir
eine Minderheit in den Institutionen. Es gibt auch Unabhängige, die in keinem
Verein sind, sehr gute Juristen, aber es sind nicht viele.

Hat die Ley de Memoria Histórica *neben den Exhumierungen und der
Entfernung franquistischer Symbole praktische Effekte gehabt?*

Ich glaube nicht. Auch die Subventionen habe ihre negative Seite. Es sieht so
aus, als würde es sich um einen privaten Mord handeln. Der Tod wurde privatisiert und auf Archäologie reduziert. Das beste Beispiel ist Juan Luis Arsuaga,
der in der prähistorischen Fundstelle von Atapuerca arbeitet. Die Ansuchen,
die ein Verein für eine Exhumierung stellen muss, sind dieselben wie für Arsuaga. Aber es handelt sich eben nicht um Archäologie, auch wenn die foren-
sische Archäologie und ihre Identifizierungstechniken von fundamentaler
Bedeutung sind. Garzón wollte eine Idee verwirklichen, die von uns stammte:
eine nationale Kommission von Ärzten und forensischen Archäologen, die
statt der lokalen Gerichtsmediziner die Richter beraten sollte. Die Idee wurde
nicht umgesetzt.

Diego Barcala
oder Eine Sache der Menschenrechte

Es sind nicht viele Journalisten, die sich auf das Thema der *memoria histórica* spezialisiert haben, und
nicht alle haben es derart ausführlich getan wie
Montse Armengou und Ricard Belis vom katalanischen Fernsehen, deren Dokumentation *Las fosas
del silencio* (Die Gräber des Schweigens, 2003) als
eine der ersten dieses Thema nach umfangreichen
Recherchearbeiten und vielen Interviews behandelte. Oder der Radiojournalist Isaías Lafuente, der mit
seinem Buch *Esclavos por la patria* (Sklaven für die
Heimat, 2003) erstmals in größerem Umfang auf
die Zwangslager und Arbeitsbataillone aufmerk-

sam machte. Oder der Fernsehjournalist Fernando Olmeda, der 2009 das bis
dahin umfangreichste und bestdokumentierte Werk über *El Valle de los Caídos*
vorlegte. Sie folgten damit Vorbildern wie dem von Eduardo de Guzmán, der
in Büchern, die zwischen Journalismus und Literatur changieren, autobiogra-
fisch fundierte Bilder aus der Zeit des Bürgerkriegs und des Franquismus
zeichnete. Oder dem des Filmemachers Basilio Martín Patiño, der in mehreren
Dokumentationen *(Canciones para después de una guerra* [Lieder für die Zeit
nach einem Krieg, 1971], *Caudillo* [1974], *Retablo de la Guerra Civil Española*
[1980]) Originalaufnahmen zusammenmontierte und ein melancholisches,
zugleich aber unverstelltes Porträt der Nachkriegszeit schuf.

Als die Bewegung rund um die *memoria histórica* langsam an Bedeutung
gewann, bekamen Journalisten immer wieder den Auftrag, rasch über Exhumierungen, Demonstrationen, Veranstaltungen der verschiedenen Vereine zu
berichten, von denen sie wenig wussten. In den lokalen Zeitungen der Regionen, in denen es viele Exhumierungen gab, lernten die Redakteure und Redak-
teurinnen oft schnell und wurden manchmal zu Spezialisten auf dem Gebiet.
In den nationalen Zeitungen aber wusste man anfangs nicht viel mit diesem
Thema anzufangen. Nur zwei überregionale Tageszeitungen stellten eigene

Mitarbeiter und Mitarbeiterinnen für dieses Thema ab: In *El País* war es Natalia Junquera, in *Público* Patricia Campelo und Diego Barcala. Insbesondere *Público* widmete diesem Thema großes Augenmerk und richtete in der Internetausgabe eine eigene Abteilung ein, wo unter dem Titel »Memoria Pública« (Öffentliches Gedächtnis) nicht nur alle einschlägigen Artikel und Kolumnen aus der Zeitung zu finden waren, sondern auch viele Unterlagen aus den Prozessen von und gegen Baltasar Garzón. Zugleich aber wurde den Lesern die Möglichkeit geboten, Daten ihrer verschollenen Vorfahren zu veröffentlichen, um so vielleicht den Ort ihrer Gräber ausfindig zu machen. Bis heute sind in einer Datenbank Angaben zu 51924 Menschen zu finden. Eine beachtliche Leistung, die nur dadurch geschmälert wird, dass das Schicksal dieses Versuchs ungewiss ist: Am 24. Februar 2012 wurde die Tageszeitung auf Papier eingestellt, aus wirtschaftlichen Gründen, wie es offiziell hieß, eine stark reduzierte Redaktion betreibt die Internetausgabe weiter, vor allem, um den Kopf der Zeitung für einen eventuellen Verkauf attraktiv zu halten.

Einer, der an diesem Projekt beteiligt war und in *Público* neben Erziehungsfragen über den Bereich der *memoria histórica* schrieb, ist Diego Barcala. 1982 geboren, absolvierte er nach seinem Publizistikstudium an der konservativen Privatuniversität CEU San Pablo den angesehenen Master in Journalismus von *El País*, arbeitete ein Jahr in der Lokalredaktion dieses Blattes in Valencia, bis er im Dezember 2007 zur eben gegründeten Zeitung *Público* stieß. Dort bekam er eines Tages den Auftrag, Emilio Silva zu interviewen, da im Parlament die *Ley de Memoria Histórica* beschlossen werden sollte – ein Gespräch, das ihm eine neue Welt auftat. »Bei einem Kaffee berichtete mir Emilio, wie er die Reste seines Großvaters selbst exhumiert hatte – und ich war baff über das, was er mir erzählte. Es ist symptomatisch, dass ein junger Mensch im Spanien von heute derart verblüfft ist, wenn ihm jemand erzählt, dass es in Spanien Verschwundene gibt und Familien, die nach ihnen suchen, denn in den Volks- und Mittelschulen, an den Universitäten erfährt man nichts davon.«

In *Público* wurde die *memoria histórica* erst im Ressort Gesellschaft angesiedelt. Es ging um Opfer, hatte wenig mit Politik, mit Parteipolitik zu tun, daher kam das Thema in ein Ressort, in dem über die Forderungen der sozialen Bewegungen berichtet wurde, neben Berichten über die Homosexuellenbewegung standen Artikel über die Bewegung der Opfer des Franquismus. Einige Zeit nach der Debatte um das Gesetz beschloss die Redaktion, das Thema ins Ressort Politik zu übernehmen. Von da an wurde dort über die Forderungen der Opfer und über die aktuellen politischen Auswirkungen berichtet. »Es handelt sich um eine Sache der Menschenrechte, die nie außer Acht gelassen werden darf. Für einen Journalisten gibt es wenige Themen, die so attraktiv sind. Du kannst über emotionale, politische, aktuelle Aspekte berichten, Zeugnisse aus erster Hand, von Opfern ... Und ich als Kind meiner Generation, die in der Demokratie und unter einer sozialistischen Regierung geboren wurde, habe dank meiner journalistischen Arbeit vieles gelernt, was ich sonst nie so erfahren hätte.«

Die Idee, im Rahmen einer linken Tageszeitung einen Teil der Website der Berichterstattung über die *memoria histórica* und den Opfern zur Verfügung zu stellen, war, Diego Barcala zufolge, eine Reaktion auf die Vorgänge rund um die Ermittlungen von Baltasar Garzón im Herbst 2008. Die Medien hatten ab einem gewissen Punkt Zugang zu den Beweisstücken, die von den Anklägern beigebracht worden waren. »Das Büro von Baltasar Garzón wurde für ein paar Monate zu einer regelrechten Anlaufstelle für Menschenrechte. Vereine von Opfern kamen dorthin und fragten nach dem Richter Garzón, achtzig-, neunzigjährige Menschen, die noch nie zuvor in einem Gericht gewesen waren, kamen mit handgeschriebenen Abschiedsbriefen in die *Audiencia Nacional* und baten Garzón, er möge ihren Vater suchen. Handgeschriebene Briefe, das war oft die ganze Information. Auch Historiker stellten ihre manchmal noch unvollendeten Forschungen dem Richter zur Verfügung. All das war Teil der Gerichtsunterlagen, was dazu führte, dass die Ankläger von Garzón, etwa die Falange, Daten der Opfer in die Hände bekamen, die eben Falange anklagten. *Público* erhielt diese Unterlagen und beschloss, sie zu veröffentlichen. Die Reaktionen der Nachfahren der Opfer waren sehr positiv, sie steuerten neues Material bei. In der Datenbank haben wir unzählige Dokumente, Fotos, Namen, eine Aufstellung von Ortschaften. Denn trotz der Arbeit der Historiker ist diese Geschichte noch lange nicht erforscht, es gibt ganze Provinzen, in denen bisher nichts getan wurde. Und es fehlen noch sehr viele Daten. Die Initiative basiert auf einer Idee von Garzón, der angesichts des riesigen Datenmaterials, das er erhielt, eine Firma beauftragte, diese Unterlagen zu filtern. Es gab alle möglichen Daten, die sich überlappten oder gedoppelt waren, zahlreiche Opfer tauchten in verschiedenen Provinzen auf, da es kein überregionales Archiv gab. Das alles wäre schon lange passé, wenn die Regierung in den Achtzigerjahren beschlossen hätte, eine Kommission ins Leben zu rufen, um auch diese Opfer des Kriegs ordentlich zu bestatten.«

Die von Garzón begonnene Untersuchung sei einer der positiven Aspekte der *Ley de Memoria Histórica*, ein anderer besteht für Diego Barcala darin, dass sich in den letzten fünf Jahren das Bewusstsein selbst im rechten politischen

Spektrum geändert habe. Die Totschlägerargumente, die in Fernseh- und Radiodebatten im Jahr 2007 allzu gern verwendet wurden, kämen 2012 nicht mehr vor. »Und wenn dies in fünf Jahren geschehen ist, wie wird es erst in fünfundzwanzig Jahren sein. Damals wurden Argumente verwendet wie etwa: Wozu die Vergangenheit aufwühlen? Man weiß doch, dass die Person tot ist, wozu sie auch noch ausgraben? Müssen Personen, die keine Katholiken waren, bestattet werden? Diese Fragen tauchen heute selbst in sehr rechten Programmen nicht mehr auf.

Eines der Probleme des Gesetzes besteht für Diego Barcala darin, dass es sich auf den Krieg und die Nachkriegszeit beschränke. Was danach komme, existiere nicht. Dabei könne man auch in den Sechziger- und Siebzigerjahren von direkter Polizeigewalt sprechen. Eines seiner Projekte ist eine große Reportage über den Verein *La Comuna*, in dem sich ehemalige Häftlinge aus der Spätzeit des Franquismus zusammengetan haben, die in dem wohl symbolreichsten Gefängnis dieser Zeit eingesperrt waren, dem von Carabanchel, das am 23. Oktober 2008 trotz heftiger Proteste abgerissen wurde. Einstige Gefangene und verschiedene Gruppen wollten die Reste des enormen Bauwerks im Madrider Arbeiterviertel erhalten, um sie in ein Krankenhaus oder ein Kulturzentrum umzugestalten. Bei diesen Protesten trafen sich ehemalige politische Häftlinge wieder, die nun, mehr als dreißig Jahre nach dem Ende der Diktatur, gegen ihre Folterer und Kerkermeister vorgehen wollen, die heute an die siebzig Jahre alt sind. Bei der argentinischen Richterin María Servini de Cubría erstatteten sie im April 2012 unter der Bezeichnung »N. N. genocidio« Anzeige wegen Völkermord. »Ich habe sie gefragt, warum sie ihren Fall nicht bei Garzón angezeigt haben, oder schon früher, in den Achtziger- und Neunzigerjahren. Ihre Antwort war, dass sie zwanzig Jahre lang in die Zukunft geblickt und alles getan hätten, um ihren Beitrag zur Demokratie zu leisten. Nun seien sie über sechzig, jetzt erst würde sie die Vergangenheit interessieren. Und auch Garzóns Initiative wollten sie nicht nützen, da sie einen grundlegenden Mangel an Vertrauen in das spanische Rechtssystem hätten. Die Witwe eines der letzten Opfer der Diktatur, das im September 1975 erschossen wurde, sagte mir wörtlich, sie traue dem spanischen Rechtssystem nicht, da es immer noch franquistisch sei. Auch sie brachte den Fall in Argentinien zur Anzeige.«

Bibliografie

In die Bibliografie sind nur Bücher aufgenommen, sofern sie Standardwerke, aktuell und relevant sind für die Themen Erinnerung, *memoria histórica* und Spanien. Alle anderen Texte, aber auch Aufsätze, Artikel und Zeitungsberichte werden in den Fußnoten zitiert. Sofern nicht anders angegeben, wurden dort alle Zitate vom Verfasser ins Deutsche übersetzt. Deutschsprachige Texte wurden nur in Ausnahmefällen aufgenommen.

Abellán, José Luis (Hg.): *El exilio español de 1939*. 6 Bde. Madrid: Taurus 1976–1978.

Abellán, José Luis: *El exilio como constante y como categoría*. Madrid: Biblioteca Nueva 2001.

Acosta Bono, Gonzalo, Ángel del Río Sánchez, José María Valcuende del Río (Hg.): *La recuperación de la memoria histórica: una perspectiva transversal desde las ciencias sociales*. Sevilla: Centro de Estudios Ándaluces 2008.

Agudo, Sixto: *Los Españoles en la Resistencia Francesa y su aportación a la Lucha Antifranquista*. Zaragoza: Unaluna 2003.

Aguilar Fernández, Paloma: *Políticas de la memoria y memorias de la política. El caso español en perspectiva comparada*. Madrid: Alianza 2008.

Alted Vigil, Alicia: *La voz de los vencidos. El exilio republicano de 1939*. Madrid: Aguilar 2005.

Altmann, Werner, Walther L. Bernecker, Ursula Vences (Hg.): *Debates sobre la memoria histórica en España*. Berlin: edition tranvía 2009.

Álvaro, Francesc-Marc: *Entre la mentida i l'oblit. El laberint de la memòria col·lectiva*. Barcelona: La magrana 2012.

Amador Carretero, Pilar, Rosario Ruiz Franco (Hg.): *La otra dictadura. El régimen franquista y las mujeres*. Madrid: Universidad Carlos III de Madrid 2007.

Andrés Sanz, Jesús de: *Los símbolos y la memoria del Franquismo*. Madrid: Fundación Alternativas 2006. (www.falternativas.org/estudios-de-progreso/documentos/documentos-de-trabajo/los-simbolos-y-la-memoria-del-franquismo)

Armengou, Montse, Ricard Belis: *Las fosas del silencio: ¿Hay un holocausto español?* Barcelona: Plaza y Janés 2004.

Aróstegui, Julio, François Godicheau (Hg.): *Guerra Civil. Mito y memoria*. Madrid: Marcial Pons 2006.

Aróstegui, Julio, Jorge Marco: *El último frente. La resistencia armada antifranquista en España, 1939–1952*. Madrid: La Catarata 2008.

Aróstegui, Julio, Sergio Gálvez (Hg.): *Generaciones y memoria de la represión franquista. Un balance de los movimientos por la memoria*. Valencia: Universitat de València 2010.

Aróstegui, Julio (Hg.): *Franco: la represión como sistema*. Barcelona: Flor de Viento 2012.

Asholt, Wolfgang, Rüdiger Reinecke, Susanne Schlünder (Hg.): *España en el corazón. Der Spanische Bürgerkrieg: Medien und kulturelles Gedächtnis*. Bielefeld: Aisthesis 2008.

Aznar Soler, Manuel, José Ramón López García (Hg.): *El exilio republicano de 1939 y la segunda generación*. Sevilla: Renacimiento 2011.

Bannasch, Bettina, Christiane Holm (Hg.): *Erinnern und Erzählen. Der Spanische Bürgerkrieg in der deutschen und spanischen Literatur und in den Bildmedien*. Tübingen: Gunter Narr 2005.

Beevor, Anthony: *La Guerra Civil Española*. A. d. Engl. von Gonzalo Pontón. Barcelona: Crítica 2005.

Bermejo, Benito, Sandra Checa: *Libro memorial. Españoles deportados a los campos nazis (1940–1945).* Madrid: Ministerio de Cultura 2006. (http://pares.mcu.es/Deportados/servlets/ServletController)

Bernecker, Walther L., Sören Brinkmann: *Kampf der Erinnerungen. Der Spanische Bürgerkrieg in Politik und Gesellschaft, 1936 - 2006.* 4., überarb. Aufl. Nettersheim: Graswurzelrevolution 2008.

Box, Zira: *España, año cero. La construcción simbólica del franquismo.* Madrid: Alianza 2010.

Bullón de Mendoza, Alfonso, Luis E. Togores (Hg.): *La República y la Guerra Civil. Setenta años después.* Madrid: Actas Universidad CEU San Pablo 2008.

Bullón de Mendoza, Alfonso, Luis E. Togores (Hg.): *La otra memoria.* Madrid: Actas Universidad CEU San Pablo 2011.

Canal, Jordi (Hg.): *Exilios. Los éxodos políticos en la historia de España. Siglos XV–XX.* Madrid: Silex 2007.

Casanova, Julián, Francisco Espinosa Maestre, Conxita Mir, Francisco Moreno Gómez: *Morir, matar, sobrevivir. La violencia en la dictadura de Franco.* Barcelona: Crítica 2002.

Casanova, Julián: *La Iglesia de Franco.* Barcelona: Crítica 2005.

Caudet, Francisco: *El exilio republicano de 1939.* Madrid: Cátedra 2005.

Cervera, Javier: *Madrid en guerra. La ciudad clandestina, 1936–1939.* 2. Aufl. Madrid: Alianza 2006.

Conte, Rafael: *Narraciones de la España desterrada.* Barcelona: Edhasa 1970.

Cuesta, Josefina: *La odisea de la memoria. Historia de la memoria en España, siglo XX.* Madrid: Alianza 2008.

Díaz, Elías: Intellektuelle unter Franco. *Eine Geschichte des spanischen Denkens von 1939–1975.* Aus dem Spanischen von Ruth Zimmerling. Frankfurt a.M.: Vervuert 1991.

Dreyfus-Armand, Geneviève: *El exilio de los republicanos españoles en Francia. De la guerra civil a la muerte de Franco.* A. d. Franz. von Dolors Poch. Barcelona: Crítica 2000.

Escudero Alday, Rafael (Hg.): *Diccionario de memoria histórica. Conceptos contra el olvido.* Madrid: La Catarata 2011.

Espinosa Maestre, Francisco: *La columna de la muerte. El avance del ejército franquista de Sevilla a Badajoz.* Barcelona: Crítica 2003.

Espinosa Maestre, Francisco: *Contra el olvido. Historia y memoria de la guerra civil.* Barcelona: Crítica 2006.

Espinosa Maestre, Francisco (Hg.): *Violencia roja y azul, España, 1936–1950.* Madrid: Crítica 2010.

Esteso Poves, María José: *Niños robados: de la represión franquista al negocio.* Madrid: Diagonal 2012.

Fernández-Crehuet López, Federico, António Manuel Hespanha (Hg.): *Franquismus und Salazarismus: Legitimation durch Diktatur?* Frankfurt a.M.: Klostermann 2008.

Fernández Insuela, Antonio u. a. (Hg.): *Setenta años después. Congreso Internacional sobre el Exilio Literario Español de 1939, celebrado del 17–19 de noviembre de 2009 en Oviedo.* Oviedo: Krk Ediciones 2010.

Garcés, Joan: *Soberanos e intervenidos. Estrategias globales, americanos y españoles.* Madrid: Siglo XXI de España 2008.

García Serrano, Rafael: *Diccionario para un macuto.* Barcelona: Planeta 1979.

Garzón Baltasar: *Garzón contra el franquismo. Los autos íntegros del juez sobre los crímenes de la dictadura.* Madrid: Diario Público 2010.

Garzón Baltasar: *La fuerza de la razón.* DVD von Isabel Coixet. Vorwort von Manuel Rivas. Madrid: Debate 2011.

Garzón, María: *Suprema injusticia. Toda la verdad sobre el final del juez Garzón.* Barcelona: Planeta 2012.

Gibson, Ian: *Paracuellos: cómo fue.* Neuaufl. Madrid: Temas de Hoy 2005.

Gómez Bravo, Gutmaro, Jorge Marco: *La obra del miedo. Violencia y sociedad en la España franquista (1936–1950)*. Madrid: Península 2011.

Gómez López-Quiñones, Antonio: *La guerra persistente. Memoria, violencia y utopía: representaciones contemporáneas de la Guerra Civil española*. Madrid, Frankfurt a. M.: Iberoamericana/Vervuert 2006.

González Duro, Enrique: *Las rapadas. El franquismo contra la mujer*. Madrid: Siglo XXI de España 2012.

Hansen, Hans Lauge, Juan Carlos Cruz Suárez (Hg.): *La memoria novelada. Hibridación de géneros y metaficción en la novela española sobre la guerra civil y el franquismo (2000–2010)*. Bern u. a.: Lang 2012.

Jato, Mónica u. a.: *España en la encrucijada de 1939. Exilios, cultura e identidades*. Bilbao: Universidad de Deusto 2007.

Juliá, Santos (Hg.): *Víctimas de la guerra civil*. Madrid: Temas de Hoy 1999.

Juliá, Santos (Hg.): *Memoria de la guerra y del franquismo*. Madrid: Santillana 2006.

Juliá, Santos: *Elogio de Historia en tiempo de Memoria*. Madrid: Marcial Pons 2011.

Jünke, Claudia: *Erinnerung – Mythos – Medialität. Der Spanische Bürgerkrieg im aktuellen Roman und Spielfilm in Spanien*. Berlin: Erich Schmidt 2012.

Krawinkel, Moritz: *Die Schlacht am Jarama. Zwischen Geschichte und Gedächtnis*. Vorwort von Arno Lustiger. Berlin: Dietz 2011.

Lafuente, Isaías: *Esclavos por la patria. La explotación de los presos bajo el franquismo*. Madrid: Temas de Hoy 2003.

L'Avenç 299 (Feb. 2005). Dossier Fosses comunes. La memoria soterrada, 19–43.

Luengo, Ana: *La encrucijada de la memoria. La memoria colectiva de la Guerra Civil Española en la novela contemporánea*. 2. Aufl. Berlin: edition tranvía 2012.

Mainer, Carlos, Santos Juliá: *El aprendizaje de la libertad, 1973–1986*. Madrid: Alianza 2000.

Malefakis, Edward E. (Hg.): *La guerra civil española*. Madrid: Taurus 2006.

Mancebo, María Fernanda: *La España de los exilios*. Valencia: Universitat de València 2008.

Marco, Jorge: *Guerrilleros y vecinos en armas. Identidades y culturas de la resistencia antifranquista*. Granada: Comares 2012.

Martín Blasco, Julio: *El pueblo viejo de Belchite. Imágenes, notas históricas, noticias y evocaciones*. Belchite: Ayuntamiento de Belchite 1998.

Martín Casas, Julio, Pedro Carvajal Urquijo: *El exilio español (1936–1978)*. Barcelona: Planeta 2002.

Martín García, Óscar J., Manuel Ortiz Heras (Hg.): *Claves internacionales en la Transición española*. Madrid: La Catarata 2010.

Martín Pallín, José Antonio, Rafael Escudero Alday (Hg.): *Derecho y memoria histórica*. Madrid: Trotta 2008.

Mate, Reyes: *La herencia del olvido. Ensayos en torno a la razón compasiva*. Madrid: errata naturae 2008.

Mate, Reyes: *Tratado de la injusticia*. Barcelona: Anthropos 2011.

Mateos, Abdón (Hg.): *Ay de los vencidos. El exilio y los países de acogida*. Madrid: Eneida 2009.

Mateos, Abdón: *Historia del antifranquismo. Historia, interpretación y uso del pasado*. Barcelona: Flor del viento 2011.

Moa, Pío: *Los mitos de la guerra civil*. Madrid: La Esfera de los Libros 2003.

Montseny, Federica: *El éxodo. Pasión y muerte de españoles en el exilio*. Barcelona: Galba 1977.

Moreno Gómez, Francisco: *La resistencia armada contra Franco. Tragedia del maquis y la guerrilla*. Barcelona: Crítica 2001.

Muñoz Sánchez, Antonio: *El amigo alemán. El SPD y el PSOE de la dictadura a la democracia*. Barcelona: RBA 2012.

Navarro, Vicenç: *Bienestar insuficiente, democracia incompleta sobre lo que no se habla en nuestro país*. Barcelona: Anagrama 2002.

Núñez Díaz-Balart, Mirta: *Mujeres caídas: prostitutas legales y clandestinas en el franquismo*. Madrid: Oberon 2003.

Núñez Díaz-Balart, Mirta: *Los años del terror. La estrategia de dominio y represión del general Franco*. Madrid: La Esfera de los Libros 2004.

Olmeda, Fernando: *El Valle de los Caídos. Una memoria de España*. Barcelona: Península 2009.

Olmos, Ignacio, Nikky Keilholz-Rühle (Hg.): *Kultur des Erinnerns. Vergangenheitsbewältigung in Spanien und Deutschland*. Frankfurt a. M.: Vervuert 2009.

Paniagia, Javier: *La transición democrática. De la dictadura a la democracia en España (1973–1986)*. Madrid: Anaya 2009.

Payá Valera, Emeterio: *Los niños españoles de Morelia. El exilio infantil en México*. Lleida: Milenio 2002.

Payne, Stanley G.: *La Época de Franco*. Madrid: Espasa Calpe 2007.

Pérez Garzón, Juan Sisinio: *Memoria histórica*. Madrid: La Catarata/CSIC 2010.

Pike, David Wingeate: *Españoles en el Holocausto. Vida y muerte de los republicanos en Mauthausen*. A. d. Engl. von Enrique Benito. Barcelona: Mondadori 2003.

Pla Brugat, Dolores: *Los niños de Morelia. Un estudio sobre los primeros refugiados españoles en México*. México: Conaculta 1999.

Pla Brugat, Dolores (Hg.), Vázquez Álvaro (Hg.): *El exilio español en la Ciudad de México*. México: Turner 2011.

Prada Rodríguez, Julio: *La España masacrada. La represión franquista de guerra y posguerra*. Madrid: Alianza 2010.

Preston, Paul: *El holocausto español. Odio y exterminio en la Guerra Civil y después*. A. d. Engl. von Catalina Martínez Muñoz, Eugenia Vázquez Nacarino. Madrid: Debate 2011.

Quintanilla Trías, Lluís: *Más allá de todo castigo. Del silencio a la reparación*. Barcelona: Icaria 2012.

Radosh, Ronald, Mary R. Habeck, Grigory Sevostianov (Hg.): *España traicionada. Stalin y la guerra civil*. A. d. Engl. von Juan Mari Madariaga. Barcelona: Planeta 2002.

Raguer, Hilari: *La pólvora y el incienso. La Iglesia y la Guerra Civil española (1936–1939)*. Barcelona: Península 2008.

Reig Tapia, Alberto: *La cruzada de 1936. Mito y memoria*. Madrid: Alianza 2006.

Reig Tapia, Alberto: *Revisionismo y política. Pío Moa revisado*. Madrid: Foca 2008.

Reverte, Jorge M.: *La División Azul: Rusia 1941–1944*. Barcelona: RBA 2011.

Rodrigo, Javier: *Hasta la raíz. Violencia durante la Guerra Civil y la dictadura franquista*. Madrid: Alianza 2008.

Rodríguez Teijeiro, Domingo: *Las cárceles de Franco*. Madrid: La Catarata 2011.

Rubio, Javier: *La emigración de la guerra civil de 1936–1939*. 3 Bde. Madrid: San Martín 1977.

Ruchniewicz, Krzysztof, Stefan Troebst (Hg.): *Diktaturbewältigung und nationale Selbstvergewisserung. Geschichtskulturen in Spanien und Polen im Vergleich*. Wrocław: Wydawn 2004.

Ruiz, Julius: *Franco's justice. Repression in Madrid after the Spanish Civil War*. New York: Oxford University Press 2005.

Ruiz, Julius: *El terror rojo*. A. d. Engl. von Jesús de la Torre Olid. Barcelona: Espasa 2012.

Rybalkin, Yuri: *Stalin y España. La ayuda militar soviética a la República*. Madrid: Marcial Pons 2007.

Salas Larrazábal, Ramón: *Historia del Ejército Popupar de la República*. 5 Bde. Madrid: La Esfera de los Libros 2006.

Sánchez Asiaín, José Ángel: *La financiación de la guerra civil española. Una aproximación histórica*. Barcelona: Crítica 2012.

Sánchez Cervelló, Josep: *La Segunda República en el exilio (1939–1977)*. Barcelona: Planeta 2011.

Sánchez Soler, Mariano: *Baltasar Garzon, tigre de papel*. Madrid: Foca 2006.

Sánchez-Albornoz, Nicolás: *Cárceles y exilios*. Barcelona: Anagrama 2012.

Sartorius, Nicolás, Javier Alfaya: *La memoria insumisa. Sobre la dictadura de Franco*. Barcelona: Crítica 2002.

Sartorius, Nicolás, Alberto Sabio: *El final de la dictadura. La conquista de la democracia en España*. Madrid: Temas de Hoy 2007.

Satrústegui, Joaquín (Hg.): *Cuando la transición se hizo posible. El »contubernio de Múnich«*. Madrid: Técnos 1993.

Schwarzstein, Dora: *Entre Franco y Perón. Memoria e identidad del exilio republicano*. Barcelona: Crítica 2001.

Serrano, Secundino: *Maquis. Historia de la guerrilla antifranquista*. Madrid: Temas de Hoy 2001.

Serrano, Secundino: *Españoles en el Gulag. Republicanos bajo el estalinismo*. Madrid: Península 2011.

Sierra Blas, Verónica: *Palabras huérfanas. Los niños y la Guerra Civil*. Madrid: Taurus 2009.

Silva, Emilio, Santiago Macías: *Las fosas de Franco. Los republicanos que el dictador dejó en la cuneta*. Madrid: Temas de Hoy 2009.

Símbolos de España. Madrid: Centro de Estudios Políticos y Constitucionales 2000.

Soriano, Antonio: *Éxodos. Historia oral del exilio republicano en Francia, 1939–1945*. Barcelona: Crítica 1989.

Sueiro, Daniel: *La verdadera historia del Valle de los Caídos*. Madrid: Sedmay 1977.

Torbado, Jesús, Manuel Leguineche: *Los topos*. Madrid: Capitán Swing Libros 2010.

Torres, Rafael: *Los esclavos de Franco*. Madrid: Oberon 2000.

Tranche, Rafael R., Vicente Sánchez-Biosca: *NO-DO. El tiempo y la memoria*. Madrid: Cátedra/Filmoteca Española 2000.

Tusell, Javier, Álvaro Soto (Hg.): *Historia de la Transición, 1975–1986*. Madrid: Alianza 1996.

Tusell, Javier: *Historia de España en el siglo XX*. 5 Bde. 2. Aufl. Madrid: Taurus 2007.

Vega, Santiago: *La política del miedo. El papel de la represión en el franquismo*. Barcelona: Crítica 2011.

Vilar, Juan B.: *La España del exilio. Las emigraciones políticas españolas en los siglos XIX y XX*. Madrid: Síntesis 2006.

Vinyes, Ricard: *Irredentas. Las presas políticas y sus hijos en las cárceles franquistas*. Madrid: Temas de Hoy 2002.

Vinyes, Ricard, Montse Armengou, Ricard Belis: *Els nens perduts del franquisme*. Barcelona: Proa 2003.

Viñas, Ángel: *La República Española en guerra*. 3 Bde. Barcelona: Crítica 2009.

Viñas, Ángel (Hg.): *En el combate por la historia. La República, la guerra civil, el franquismo*. Barcelona: Pasado y Presente 2012.

Winter, Ulrich (Hg.): *Lugares de memoria de la Guerra Civil y el franquismo. Representaciones literarias y visuales*. Madrid, Frankfurt a. M.: Iberoamericana/Vervuert 2006.

Zapatero, Virgilio (Hg.): *Exilio*. Madrid: Fundación Pablo Iglesias 2003.

Abkürzungen

AGA *Archivo General de la Administration* – Generalarchiv der Verwaltung, Alcalá de Henares

AGGC *Archivo General de la Guerra Civil* – Generalarchiv des Bürgerkriegs, Salamanca

AHN *Archivo Histórico Nacional* – Nationales Historisches Archiv, Madrid

ARMH *Asociación para la Recuperación de la Memoria Histórica* – Vereinigung zur Widererlangung des historischen Gedächtnisses

BOE *Boletín Oficial de Estado* – Bundesgesetzblatt

CEDA *Confederación Española de Derechas Autónomas* – Spanische Konföderation der Autonomen Rechten

CCOO *Comisiones Obreras* – Arbeiterkommissionen, kommunistische Gewerkschaft

CDMH *Centro Documental de la Memoria Histórica* – Dokumentationszentrum für das historische Gedächtnis

CIU *Convergència Democràtica de Catalunya i Unió Democràtica de Catalunya* – Demokratische Konvergenz Kataloniens und Demokratische Union Kataloniens

CSIC *Consejo Superior de Investigaciones Científicas* – Oberster Forschungsrat

ERC *Esquerra Republicana de Catalunya* – Republikanische Linke Kataloniens

ETA *Euskadi Ta Askatasuna* – Baskenland und Freiheit

FAES *Fundación para el Análisis y los Estudios Sociales* – Stiftung für Analyse und Sozialstudien der PP

FET y de las JONS *Falange Española Tradicionalista y de las Juntas de Ofensiva Nacional Sindicalista* – Falange der Spanischen Traditionalisten und der Ausschuss der Nationalsyndikalistischen Offensive

GAL *Grupos Antiterroristas de Liberación* – Antiterroristische Befreiungsgruppen

GRAPO *Grupos de Resistencia Antifascista Primero de Octubre* – Gruppen des antifaschistischen Widerstands Erster Oktober

ICV *Iniciativa per Catalunya Verds* – Initiative für Katalonien Grüne

IU *Izquierda Unida* – Vereinigte Linke

JDC *Junta Democrática de España* – Demokratisches Bündnis Spaniens

LMH *Ley de Memoria Histórica* – Gesetz des historischen Gedächtnisses

MH *memoria histórica* – historisches Gedächtnis

PCD *Plataforma de Convergencia Democrática* – Plattform des Demokratischen Zusammengehens

PCE *Partido Comunista de España* – Kommunistische Partei Spaniens

PNV *Partido Nacionalista Vasco* – Baskische Nationalistische Partei

POUM *Partido Obrero de Unificación Marxista* – Arbeiterpartei der Marxistischen Einheit

PP *Partido Popular* – Volkspartei

PSOE *Partido Socialista Obrero Español* – Spanische Sozialistische Arbeiterpartei

UCD *Unión de Centro Democrático* – Verband des Demokratischen Zentrums

UGT *Unión General de Trabajadores* – Allgemeine Arbeiterunion, sozialistische Gewerkschaft

UNED *Universidad Nacional de Educación a Distancia* – Nationale Fernuniversität

Spanisches Glossar

asociación	Verein, Vereinigung
Audiencia Nacional	Oberlandesgericht für zentrale Fragen
checa	kommunistische Gefängnisse, in denen gefoltert wurde
franquismo	Franquismus
Guerra Civil española	Spanischer Bürgerkrieg
Ley de Memoria Histórica	Gesetz des historischen Gedächtnisses
maquis	Untergrundkampf gegen den Franquismus
matanza	Massenmord
memoria	Gedächtnis, manchmal auch Erinnerung
Movimiento Nacional	Nationale Bewegung, Zusammenschluss aus Falange und Karlisten, Einheitspartei des Franquismus
paseo	Spaziergang, Euphemismus für die meist nächtliche Abholung politischer Gegner, um sie zu ermorden
recuperación	Wiedererlangung
regulares	Linientruppen, spanische Truppen im besetzten Marokko
represaliado	Repressalien ausgesetzte Person
saca	herausholen, Synonym von *paseo*
Sección Feminina	Frauenabteilung, staatsweite franquistische Frauen-organisation
topo	Maulwurf, Person, die sich nach dem Sieg des Franquismus versteckt hielt; auch Spion
transición	der Übergang von der Diktatur Francos zur parlamentarischen Monarchie zwischen 1975 und 1978
Tribunal Supremo	Oberster Gerichtshof
víctima	Opfer

Institutionen, Organisationen und Vereine zur *memoria*

Zur *memoria histórica*

Asociación para la Recuperación de la Memoria Histórica:
www.memoriahistorica.org.es

Federación Estatal de Foros por la Memoria: www.foroporlamemoria.info

Aranzadi: www.aranzadi-zientziak.org/category/antropologia-fisica

Las políticas de la memoria: http://politicasdelamemoria.org

Memorial Democràtic: www20.gencat.cat/portal/site/memorialdemocratic

Ministerio de Justicia, Memoria Histórica: www.memoriahistorica.gob.es

Centro Documental de la Memoria Histórica (Salamanca):
www.mcu.es/archivos/MC/CDMH

Pares: http://pares.mcu.es (spanische Archive)

Blog in *El País:* La memoria histórica como proyecto social y cultural:
http://lacomunidad.elpais.com/memoria-historica/posts

Fundación Transición Española: www.transicion.org/index.php

La Barranca (La Rioja): www.represionrioja.com

Asociación de Familiares y Amigos de Represaliados de la II República por el franquismo:
www.afar2rep.org/index00.htm

Dokumente zur Causa General: http://pares.mcu.es (Busquendas sencillas)

Zum Bürgerkrieg

Asociación de Descendientes del Exilio Español: www.exiliados.org

Asociación de los Amigos de las Brigadas Internacionales:
www.brigadasinternacionales.org

Amical de Mauthausen: *www.amical-mauthausen.org*

La Comuna: www.lacomunapresxsdelfranquismo.org

Programme und Erinnerungsorte, unterschiedliche Themen

Programa Amarga Memoria (Aragón): www.patrimonioculturaldearagon.com/patr/conte-nido/programa-amarga-memoria

Batalla del Ebro: www.batallaebre.org (sehr gute Website über die Orte der Ebroschlacht, organisiert von Memorial Democràtic)

Espacios de la Guerra Civil: www.espaciosguerracivil.com (Website mit vielen links zu Stätten des BK, vor allem im Katalonien)

www.guerracivil1936.com (mit vielen Informationen, franquistischen und republikanischen Liedern, leider etwas unübersichtlich)

Málaga 1937: www.malaga1937.es

Justicia Internacional y Franquismo: El Caso Contra Garzón: www.crimenesinternacionales-franquismo-casogarzon.es

Causa General: www.causageneral.net

Comunidad benedictina del Valle de los Caídos: www.valledeloscaidos.es

Exil

Ateneo Español de México: www.ateneoesmex.com

Asociación de Descendientes del Exilio Español: www.exiliados.org

Association Présence de Manuel Azaña: www.associationmanuelazana.org

Anmerkungen

Vorwort

1   Walter Benjamin: Über den Begriff der Geschichte. In: Walter Benjamin: *Gesammelte Schriften*. Hg. von Rolf Tiedemann. Bd 1, 2. Frankfurt a. M.: Suhrkamp 1991, 701.

Memoria – Gedächtnis und Geschichte

1   Pierre Nora: Gedächtniskonjunktur. A. d. Franz. von Grete Osterwald, in: *Transit* 22 (2002), http://archiv.iwm.at/index.php?option=com_content&task=view&id=155&Item id=284.

2   Antonio Astorga: El objetivo de la ley de memoria histórica es trazar una línea tajante entre »buenos« y »malos«, in: *ABC*, 17.12.2006.

3   Josep Massot: Francesc-Marc Álvaro: »La memoria histórica es un oxímoron«, in: *La Vanguardia*, 28.3.2012.

4   Francisco Espinosa Maestre: La represión franquista, in: Espinosa Maestre (Hg.), Violencia roja y azul, 66.

5   Francisco Espinosa Maestre: Cómo acabar de una vez por todas con la memoria histórica, in: Acosta Bono u. a. (Hg.), La recuperación de la memoria histórica, 47.

6   Vgl. Francisco Erice Sebares: Memoria histórica y deber de memoria: las dimensiones mundanas de un debate académico, in: *Entelequia* 7 (Sept. 2008), 79.

7   Maurice Halbwachs: *Das kollektive Gedächtnis*. A. d. Franz. von Holde Lhoest-Offermann. Stuttgart: Ferdinand Enke 1967, 36, 66.

8   Juan Luis Cebrián: La calle, in: *El País*, 19.9.1976; José Vidal-Beneyto: La victoria que no cesa, in: *El País*, 14.12.1980.

9   *ABC* (Sevilla), 20.5.1977; Cecilio Valverde Mazuelas: Reflexiones en torno a dos aniversarios, in: *ABC*, 16.6.1981; Pere Puértolas: »¡Ay Carmela!« llega al teatro Villaroel de Barcelona, in: *ABC*, 28.11.1989.

10 www.dialnet.es.

11 Vgl. dazu Georg Pichler: Die Ordnung der Erinnerung. Formen der Erinnerung in Spanien und Österreich, in: Paul Danler u. a. (Hg.): *Typen – Klassen – Formen. Métodos y tradiciones de clasificación en España y Austria*. Akte des 13. Österreichisch-spanischen Symposions. Münster u. a.: LIT 2012, 243–261..

12 Christian Gudehus, Ariane Eichenberg, Harald Welzer (Hg.): *Gedächtnis und Erinnerung. Ein interdisziplinäres Handbuch*. Stuttgart: Metzler 2010, 75.

13 Ebd., 1.

14 Maurice Halbwachs: *Das Gedächtnis und seine sozialen Bedingungen*. A. d. Franz. von Lutz Geldsetzer. Frankfurt a. M.: Suhrkamp 2006.

15 Gudehus, Eichenberg, Welzer (Hg.), Gedächtnis und Erinnerung, 85.

16 Vgl. Aleida Assmann: *Erinnerungsräume. Formen und Wandlungen des kulturellen Gedächtnisses*. München: Beck 2003; Aleida Assmann: *Generationsidentitäten und Vorurteilsstrukturen in der neuen deutschen Erinnerungsliteratur*. Wien: Picus 2006; Jan Assmann: *Das kulturelle Gedächtnis. Schrift, Erinnerung und politische Identität in frühen Hochkulturen*. 4. Aufl. München: Beck 2002; Astrid Erll: *Kollektives Gedächtnis und Erinnerungskulturen. Eine Einführung*. 2. Aufl. Stuttgart, Weimar: Metzler 2011; Harald Welzer: *Das kommunikative Gedächtnis. Eine Theorie der Erinnerung*. 2. Aufl. München: Beck 2008.

17   Vgl. Wolfgang R. Assmann, Albrecht Graf von Kalnein (Hg.): *Erinnerung und Gesellschaft. Formen der Aufarbeitung von Diktaturen in Europa.* Berlin: Metropol 2011; Monika Flacke (Hg.): *Mythen der Nationen. 1945 – Arena der Erinnerungen. Eine Ausstellung des Deutschen Historischen Museums.* 2 Bde. Berlin: Deutsches Historisches Museum 2004.

Das franquistische Gedächtnis

1   Vgl. Raguer, La pólvora y el incienso.

2   Carlos Barciela: Autarquía y mercado negro. La auténtica economía política del franquismo, in: Viñas, En el combate por la historia, 645.

3   Federico Fernández-Crehuet López: Recht und Fiktion im Franco-Regime, in: Fernández-Crehuet López, Hespanha (Hg.), Franquismus und Salazarismus, 3.

4   Vgl. Cuesta, La odisea de la memoria, 154.

5   Cuesta, La odisea de la memoria, 147.

6   Paul Ricœur: *Gedächtnis, Geschichte, Vergessen.* A. d. Franz. von Markus Sedlaczek, Heinz Jatho, Hans D. Gondek. München: Wilhelm Fink 2004.

7   Reig Tapia, La cruzada de 1936, 128.

8   Juliá, Memoria de la guerra y del franquismo, 29 f.

9   Casanova, La Iglesia de Franco, 52; Preston, El holocausto español, 279.

10   Vgl. Espinosa Maestre, Contra el olvido, 95–107.

11   J. Gaite Pastor: Fondos documentales para el estudio de la guerra civil española, custodiados en el Archivo Histórico Nacional de Madrid. In: *Justicia en guerra. Jornadas sobre la administración de justicia durante la guerra civil española: instituciones y fuentes documentales.* Madrid: Ministerio de Cultura 1990, 441–461, 443.

12   José Luis Ledesma: La »Causa General«: fuente sobre »la represión«, la Guerra Civil (y el franquismo), in: *Spagna contemporanea* 28 (2005), 210. Vgl. auch, Francisco Espinosa Maestre: Agosto de 1936. Terror y propaganda. Los orígenes de la *Causa General,* in: *Pasado y Memoria* 4 (2005), 15–25.

13   Vgl. Ledesma, ebd., 210–212.

14   Ebd., 219.

15   www.causageneral.net.

16   Armengou, Belis, Las fosas del silenco, 114.

17   Vgl. Cervera, Madrid en guerra; Gibson, Paracuellos; v.a. aber Preston, El holocausto español, 458–508, 485, der sich auf die bisher erschienenen Daten stützt und sie auswertet.

18   So in der Zeitung *El Alcázar* vom 4. 1.1977; vgl. Preston, El holocausto español, 505.

19   Preston, El holocausto español, 493.

20   José Luis Ledesma: Una retaguardia al rojo. Las violencias en la zona republicana, in: Espinosa Maestre (Hg.), Violencia roja y azul, 233.

21   Preston, El holocausto español, 505.

22   www.hazteoir.org/node/29606.

23   Preston, El holocausto español, 493.

24   Zit. nach Luis Castro Berrojo: Símbolos, in: Escudero Alday (Hg.), Diccionario de memoria histórica, 90.

25   Vgl. Box, España, año cero, 287.

26   Vgl. Símbolos de España, 357–359.

27   Vgl. ebd., 219 f.

28   Ramón Cotarelo: Iconografía política del franquismo, in: Fernández-Crehuet-López, Manuel Hespanha (Hg.), Franquismus und Salazarsimus, 433.

29   Vgl. Jesús de Andrés: Las estatuas de Franco, in: *Historia y política* 12 (2004), 161–186.

30   Box, España, año cero, 319.

31   Vgl. Olmeda, El Valle de los Caídos, 30–33.

32   *Ideas generales sobre el plan nacional de ordenación y reconstrucción.* Madrid: Servicios Técnicos de F.E.T. y de las J.O.N.S., Sección de Arquitectura 1939.

33   Zira Box: Hacer patria. La arquitectura al servicio de la Nación durante el primer franquismo. X Congreso de la Asociación de Historia Contemporánea, www.ahistcon. org/docs/Santander/contenido/MESA%201%20PDF/Zira%20Box.pdf.

34   *Boletín del Ayuntamiento de Madrid,* 29.4.1939, 73 f. Alle Namen: BAM, 8.7.1939, 138 ff.

35   http://politica.elpais.com/politica/2012/08/10/actualidad/1344598608_717194.html.

36   www.europapress.es/sociedad/noticia-guadiana-caudillo-badajoz-seguira-llamando-se-asi-decidirlo-consulta-popular-20120311215154.html; www.abc.es/20120311/espana/abci-guadiana-caudillo-referendum-201203112124.html.

37   www.abc.es/20120804/espana/abci-guadiana-caudillo-201208031840.html.

38   Vgl. Andrés, Los símbolos y la memoria del Franquismo, 13.

39   Vgl. Símbolos de España, 385.

40   Vgl. ebd., 447 f..

41   García Serrano, Diccionario para un macuto, 40.

42   Box, España, año cero, 300–310.

43   Aguilar, Políticas de Memoria, 144.

44   Vgl. Aguilar, Políticas de Memoria, 129–142.

45   Ebd., 118.

46   Vgl. Tranche, Sánchez-Biosca, NO-DO.

47   www.boe.es/datos/pdfs/BOE/1942/356/A10444-10444.pdf.

48   José Antonio Bello Cuevas: El No-Do, hoy, in: *Cuadernos de Documentación Multimedia* 9 (2000), www.ucm.es/info/multidoc/multidoc/revista/num9/cine/nodo.htm.

49   Hilari Raguer: El nacionalcatolicismo, in: Viñas (Hg.), En el combate por la historia, 547.

50   Stanley Payne: *Geschichte des Faschismus. Aufstieg und Fall einer europäischen Bewegung.* Wien: tosa 2006, 324.

51   Casanova, La Iglesia de Franco, 330.

52   www.generalisimofranco.com/Discursos/discursos/1967/00009.htm.

53   Casanova, La Iglesia de Franco, 188.

54   Hilari Raguer: La iglesia, in: Viñas (Hg.), En el combate por la historia, 451.

55   Ebd., 457.

56   Sebastián Martín: Nacionalcatolicismo, in: Escudero Alday (Hg.), Diccionario de memoria história, 45–51, 49.

57   Vgl. Raguer, La pólvora y el incienso.

58   Casanova, La Iglesia de Franco, 263.

59   Rede vor dem spanischen Parlament vom 26. Oktober 1953, in: www.generalisimofranco.com/Discursos/discursos/1953/00027.htm.

60   Sebastián Martín: Nacionalcatolisismo, in: Escudero Alday (Hg.), Diccionario de memoria história, 49.

61   Armengou, Belis, Las fosas del silencio, 133.

62   Interview mit Norberto Pico, 11.6.2012.

63   Zu den historischen Details und zum bibliografischen Hintergrund vgl. Georg Pichler: *Der spanische Bürgerkrieg (1936–1939) im deutschsprachigen Roman. Eine Darstellung,* Frankfurt a.M. u.a.: Peter Lang 1991, 253–296; Georg Pichler: Der Alcázar von Toledo – die Schaffung eines Mythos. Franquistische Ursprünge und Adaptationen im nationalsozialistischen Deutschland (1937–1941), in: Bannasch, Holm, Erinnern und Erzählen, 161–176.

64   Claude Lévi-Strauss: *Mythos und Bedeutung. Vorträge.* Frankfurt a.M.: Suhrkamp 1995, 60.

65   Hans Blumenberg: *Arbeit am Mythos.* Frankfurt a.M.: Suhrkamp 1996, 26.

66 Joseph Goebbels: *Die Wahrheit über Spanien. Rede auf dem Reichsparteitag in Nürnberg 1937*. München: Eher 1937, 8.

67 Vgl. das Schwerpunktthema »La imagen del Alcázar en la mitología franquista« in *Archivos de la Filmoteca* 35 (2000).

68 Alfonso Bullón de Mendoza y Gómez de Valuerga, Luis E. Togores: *El Alcázar de Toledo. Final de una polémica*. Madrid: Actas 1997, 115–117.

69 www.cadenaser.com/internacional/articulo/va-dar-pena-inmigrante-pueda-comer/csrcsrpor/20120508csrcsrint_1/Tes.

70 Vgl. José Manuel Martínez Bande: *La gran ofensiva sobre Zaragoza*. Madrid: San Martín 1973, 126–167; *La Guerra Civil española mes a mes*, Bd. 17: Maniobras de distracción en Belchite, Septiembre 1937. Madrid: Biblioteca El Mundo 2005.

71 Salas Larrazábal, Historia del Ejército Popular de la República, Bd 3, 2279.

72 Francisco Franco: Discurso en la inauguración del nuevo pueblo de Belchite. 13 de octubre de 1954, in: www.generalisimofranco.com/Discursos/discursos/1954/00018.htm.

73 Beevor, La Guerra Civil Española, 613.

74 Tereixa Constenla: Memoria de los esclavos de Franco, in: *El País*, 11.3.2010.

75 Lafuente, Esclavos por la patria, 83.

76 Alle Zitate: Francisco Franco: Discurso en la inauguración del nuevo pueblo de Belchite. 13 de octubre de 1954. www.generalisimofranco.com/Discursos/discursos/1954/00018.htm.

77 http://belchite.webcindario.com.

78 Sánchez-Albornoz, Cáceles y exilios, 147.

79 BOE 127/2011, 9320.

80 Vgl. dazu Lafuente, Esclavos por la patria, 118 f.; Olmeda, El Valle de los Caídos, 56 f.

81 www.fnff.es/El_Valle_de_los_Caidos_segun_Pio_Moa_369_c.htm.

82 Zit. nach Sueiro, La verdadera historia del Valle de los Caídos, 11.

83 Sueiro, La verdadera historia del Valle de los Caídos, 228.

84 www.generalisimofranco.com/Discursos/discursos/1959/00003.htm.

85 Padre Santiago des Benediktinerklosters im Interview, 10.4.2012.

86 www.memoriahistorica.gob.es/NR/rdonlyres/0F532FC5-FE23-4B8D-AA3A-06ED4BFAFC49/184261/InformeComisinExpertosValleCados.pdf.

87 Interview mit Virgilio Zapatero, 16.12.2011.

88 Ebd.

89 N. N.: Esteban González Pons: »El problema de los españoles no es Franco, es el paro«, in: *El País*, 30.11.2011.

90 Juanma Romero: El Gobierno congela el plan de reforma del Valle de los Caídos, in: *Público*, 8.2.2012.

91 www.diarioprogresista.es/el-pp-le-pone-una-taquilla-al-valle-de-los-caidos-15207.htm.

92 www.religionenlibertad.com/articulo.asp?idarticulo=20788.

Die Leerstelle der Erinnerung: die Repression des Franquismus

1 Beevor, La Guerra Civil Española, 119; Casanova, La Iglesia de Franco, 189; Espinosa Maestre (Hg.), Violencia roja y azul.

2 Cervera, Madrid en guerra, 72–74.

3 Prada Rodríguez, La España masacrada, 393 f.

4 Julián Casanova: Rebelión y revolución, in: Santos Juliá (Hg.), Víctimas de la guerra civil, 159.

5 Ebd., 164.

6 Vgl. Rodrigo, Hasta la raíz, 44–49.

7 Ruiz, El terror rojo.

8 Beevor, La Guerra Civil Española, 129.

9 Vgl. Francisco Espinosa Maestre, Julio de 1936. Golpe militar y plan de exterminio, in: Casanova (Hg.), Morir, matar, sobrevivir, 61.

10 Beevor, La Guerra Civil Española, 139.

11 La violencia en sus mitos, in: Viñas (Hg.), En el combate por la memoria, 484; vgl. Espinosa (Hg.), Violencia roja y azul, 77, 247.

12 Vgl. dazu Espinosa Maestre, Contra el olvido, 121–135.

13 Francisco Espinosa Maestre: De saturaciones y olvidos. Reflexiones en torno a un pasado que no puede pasar, in: Aróstegui, Gálvez (Hg.), Generaciones y memoria de la represión franquista, 343.

14 Francisco Moreno: La represión en la posguerra, in: Juliá (Hg.), Víctimas de la guerra civil, 277.

15 Ángel Viñas: Presentación, in: Viñas (Hg.), En el combate por la historia, 21; ebenso das Beispiel Italiens.

16 Josep Sánchez Cervelló: El contexto nacional e internacional de la resistencia (1939–1952), in: Aróstegui, Marco (Hg.), El último frente, 22.

17 Ángel Viñas: Presentación, in: Viñas (Hg.), En el combate por la historia, 20.

18 Francisco Espinosa Maestre: La represión franquista: un combate por la historia y por la memoria, in: Espinosa Maestre (Hg.), Violencia roja y azul, 57.

19 Espinosa Maestre, De saturaciones y olvidos, 343, 345.

20 Gutmaro Gómez Bravo: Venganza tras la vitoria. La política represiva del franquismo (1939–1948), in: Viñas, En el combate por la historia, 583.

21 Payne, La Época de Franco, 111.

22 Domingo Rodríguez Teijeiro: Configuración y evolución del sistema penitenciario franquista (1936–1945), in: Aróstegui, Gálvez (Hg.), Generaciones y memoria de la represión franquista, 831.

23 Gutmaro Gómez Bravo: Venganza tras la vitoria. La política represiva del franquismo (1939–1948), in: Viñas, En el combate por la historia, 585.

24 Gutmaro Gómez Bravo: Teología penitenciaria: las cárceles del régimen, in: Aróstegui, Franco, 232.

25 Sánchez-Albornoz, Cárceles y exilios, 152.

26 Ebd., 165; Gutmaro Gómez Bravo: Venganza tras la vitoria. La política represiva del franquismo (1939–1948), in: Viñas (Hg.), En el combate por la historia, 585.

27 Sánchez-Albornoz, Cárceles y exilios, 164.

28 Lafuente, Esclavos por la patria, 59–63.

29 Núñez Díaz-Balart, Los años del terror, 40.

30 Ebd., 44.

31 Ebd., 142.

32 Aguilar, Políticas de la Memoria, 171 f.

33 Gutmaro Gómez Bravo: Venganza tras la vitoria. La política represiva del franquismo (1939–1948), in: Viñas (Hg.), En el combate por la historia, 576.

34 Vgl. Amador Carretero, Ruiz Franco (Hg.), La otra dictadura; Ricardo García Cárcel: La mujer en España. Historia de una marginación, in: www.vallenajerilla.com/berceo/garciacarcel/mujer-indice.htm; Rosa Monlleó Peris, Adela Soto Marco: La mujer bajo el franquismo, http://mayores.uji.es/proyectos/proyectos/lamujerbajofranquismo.pdf.

35 Julián Casanova: Una dictadura de cuarenta años, in: Casanova (Hg.), Morir, matar, sobrevivir, 28.

36 Vgl. dazu Torbado, Leguineche, Los topos.

37 Espinosa Maestre, De saturaciones y olvidos, 352.

Das Gedächtnis des Exils und der in Spanien lebenden Antifranquisten

1   Alted, La voz de los vencidos, 28.

2   Ebd., 258.

3   Dreyfus-Armand, El exilio de los republicanos españoles, 21–55.

4   Vilar, La España del exilio, 333.

5   Vgl. zum spanischen Exil in Frankreich: Dreyfuss-Armand, El exilio de los republicanos españoles; Canal (Hg.), Exilios; Mancebo, La España de los exilios; Montseny, El éxodo; Vilar, La España del exilio; Martín Casas, Carvajal Urquijo, El exilio español; Reiner Tossdorf: Spanische Bürgerkriegsflüchtlinge nach 1939, in: *Exilforschung* 18 (2000), 88–111.

6   Max Aub: *Diarios (1939–1972)*. Hg. von Manuel Aznar Soler. Barcelona: Alba 1998, 40.

7   Dreyfus-Armand: El exilio republicano en Francia, in: Zapatero (Hg.), Exilio, 183.

8   Vgl. Georg Pichler: Der Wald von Gurs. Spanische, deutsche und österreichische Erinnerungen an die französischen Lager. In: Linda Maeding, Rosa Pérez Zancas (Hg.): *Blicke auf Auschwitz. Deutsch-spanische Annäherungen und Relektüren*. Marburg: Tectum 2011, 13–33.

9   Vgl. Agudo, Los Españoles en la Resistencia Francesa; Josep Sánchez Cervelló: El exilio republicano de 1936 a 1977, in: Viñas (Hg.), En el combate por la historia, 504.

10 Dolors Pla Brugat: 1939, in: Canal, Exilios, 241–269, 253; vgl. auch Agudo, Los Españoles en la Resistencia Francesa, 257–260.

11 Martina Schröck: Vom Spanischen Bürgerkrieg ins Konzentrationslager. Die republikanischen Spanier im KZ Mauthausen. Universität Passau, Diplomarbeit 1996, 27, 32. Vgl. Bermejo, Checa, Libro memorial.

12 Pike, Españoles en el Holocausto, 44, 571.

13 Albert Forment: *José Martínez. La epopeya de Ruedo Ibérico*. Barcelona: Anagrama 2000, 587; das folgende Zitat: www.ruedoiberico.org/historia.

14 Vilar, La España del exilio, 353; Alted, La voz de los vencidos, 260; Sánchez Cervelló, El exilio republicano, 505.

15 Vgl. Sebastián Farré: Exilio y emigración: apuntes acerca de las relaciones hispanosuizas 1939–1964, in: *Espacio, Tiempo y Forma. Serie V. Historia Contemporánea*, Madrid, 11 (1998), 213–237.

16 Alted, La voz de los vencidos, 163.

17 Vilar, España del exilio, 359.

18 Hartmut Heine: El exilio republicano en Alemania Oriental (República Democrática Alemana, RDA), in: *Migraciones y Exilios* 2 (2001), 111–121, www.aemic.org/assets/articulos/44/original/Hartmut_Heine_AEMIC_2.pdf?1273220833.

19 Alted, La voz de los vencidos, 209; vgl. auch Natura Olivé: Aquellos niños de Morelia. Cuando el exilio llega en la infancia, in: Aznar Soler, López García (Hg.), El exilio republicano de 1939, 103–109.

20 Caudet, El exilio republicano de 1939, 105.

21 Schwarzstein, Entre Franco y Perón, 110–120.

22 Ebd., 147–150.

23 Alted, La voz de los vencidos, 302.

24 Ebd., 222.

25 María Luisa Capella: El Fondo de Cultura Económica y los exiliados españoles en México, in: Zapatero (Hg), Exilio, 157.

26 Rubio, La emigración de la guerra civil, Bd. 2, 683.

27 Vgl. Sánchez Cervelló, La Segunda República en el exilio, 17. Ebenso zum Folgenden.

28 Satrústegui, Cuando la transición se hizo posible, 180; Aguilar, Políticas de la memoria, 179; Alted, La voz de los vencidos, 442–444.

29 Zit. nach Alted, La voz de los vencidos, 336.

30 Ana María Moix: Los últimos exiliados, in: *El País*, 21.8.1993.

31 Max Aub: *La gallina ciega. Diario español*. Madrid: Visor 2009, 236.

32 Alted, La voz de los vencidos, 399.

33 Vgl. Díaz, Intellektuelle unter Franco.

34 Conte, Narraciones de la España desterrada, 10.

35 Vgl. zu diesem Kapitel Aróstegui, Marco (Hg.), El último frente; Serrano, Maquis; Moreno Gómez, La resistencia armada contra Franco; Marco, Guerrilleros y vecinos en armas; die Zahlen stammen aus Jorge Marco: La resistencia armada, in: Viñas (Hg.), En el combate por la historia, 643 f.

36 Eine Auswahl: www.taringa.net/posts/imagenes/13999990/Monumentos-a-las-Briga-das-Internacionales.html.

37 Vgl. zur Schlacht am Jarama Krawinkel, Die Schlacht am Jarama (und die dort angege-bene Literatur); www.tajar.org; www.aranjuez.ws/vdj; www.gefrema.org/otras_publi-caciones/asociacion.htm. Zur Ebroschlacht vgl. die hervorragende Seite www.batal-laebre.org.

38 www.elmundo.es/elmundo/2005/05/08/espana/1115521450.html.

39 www.gusen.org; www.gedenkstaette-bretstein.at.

40 Benjamín Prado: ¿Por qué no traer a España a Machado y Azaña?, in: *El País*, 16.11.2008.

Die *transición* – der kurze Weg von der Diktatur zur Demokratie

1 Vgl. zum Folgenden: Mariner, Juliá, El aprendizaje de la libertad; Paniagia, La transici-ón democrática; Sartorius, Sabio, El final de la dictadura; Tusell, Soto (Hg.), Historia de la Transición; Martín García, Ortiz Heras (Hg.): Claves internacionales en la Transici-ón española.

2 http://youtu.be/M6x4KDhSynU.

3 Tusell, Historia de España en el siglo XX, Bd. 4, 90.

4 Ariel Jerez: Transición, in: Escudero Alday (Hg.), Diccionario de memoria histórica, 53.

5 Tusell, Historia de España en el siglo XX, Bd. 4, 95; Jesús Duva: La hoz, el martillo y los sables, in: *El País*, 31.3.2012.

6 Charles Powell: El papel de Estados Unidos en la transición democrática española, in: Martín García, Ortiz Heras (Hg.), Claves internacionales en la transición española, 65–98.

7 Walther L. Bernecker: Alemania ante el cambio de régimen en España, in: Martín García, Ortiz Heras (Hg.), Claves internacionales en la transición española, 180.

8 Garcés, Soberanos e intervenidos, 168.

9 Ein Beispiel für viele andere: www.transicion.org.

10 José Antonio Martín Pallín: Amnistía, in: Escudero Alday (Hg.), Diccionario de memo-ria histórica, 62.

11 Juliá, Memoria de la guerra y del franquismo, 55.

12 Armengou, Belis, Las fosas del silencio, 247.

13 José Antonio Martín Pallín: Amnistía, in: Escudero Alday (Hg.), Diccionario de memo-ria histórica, 62.

14 José Antonio Martín Pallín: La ley que rompió el silencio, in: Martín Pallín, Escudero Alday (Hg.), Derecho y memoria histórica, 32.

15 Ramón Sáez Valcárcel: Impunidad, in: Escudero Alday (Hg.), Diccionario de memoria histórica, 66.

16 Walther L. Bernecker: Demokratie und Vergangenheitsbewältigung. Zur Wiederkehr verdrängter Geschichtserinnerung in Spanien, in: Olmos, Keilholz-Rühle (Hg.), Kultur des Erinnerns, 61.

17 Andrés, Los símbolos y la memoria del Franquismo, 22.

18 Ibid, 24.

19   Espinosa Maestre, Contra el Olvido, 131.

20   Gabriele Knetsch: La memoria de España duerme en Alcalá de Henares, in: *El País*, 27.5.1994.

21   Ariel Jerez: Transición, in: Escudero Alday (Hg.), Diccionario de memoria histórica, 56.

22   José Juan Toharia: Un anacronismo que funciona, in: *El País*, 26.8.2012.

23   www.elmundo.es/elecciones/elecciones-generales.

24   Ariel Jerez: Transición, in: Escudero Alday (Hg.), Diccionario de memoria histórica, 57.

25   Vgl. www.foroporlamemoria.info/2012/07/los-grandes-bancos-y-empresas-que-apoya-ron-el-golpe-militar-de-franco-siguen-mandando-en-espana.

26   http://economia.elpais.com/economia/2011/06/01/actualidad/1306913580_850215.html.

27   Vgl. Santos Juliá: Memoria, historia y política de un pasado de guerra, in: Juliá (Hg.), Memoria de la guerra y del franquismo, 56–69.

28   Quintanilla, Más allá de todo castigo, 73.

Die Jahre des Vergessens

1   »Una guerra civil no es un acontecimiento comemorable«, afirma el Gobierno, in: *El País*, 19.7.1986.

2   »No me identifico con la derecha española clásica«, in: *El País*, 3.6.1993.

3   Lucía Méndez: Aznar reivindicará públicamente la figura de Manuel Azaña para el centro-derecha, in: *El Mundo*, 21.9.1991; Luis Alemany: De cuando Aznar leía a Azaña, in: *El Mundo*, 14.4.2010; José Comas: Aznar presenta los diarios »robados« de Azaña, in: *El País*, 18.12.1997; José María Aznar: José María Aznar sobre Manuel Azaña, in: *Nueva Revista* 55 (1998), www.fundacionunir.net/items/show/1171.

4   www.fundacionfaes.net/discursos/pdfs/00283A0283.pdf.

5   Aguilar, Políticas de la Memoria, 139.

6   Santiago Mata: Ricardo de la Cierva: »Si sacan a Franco del Valle de los Caídos habrá un movimiento militar«, in: *La Gaceta,* 9.11.2011.

7   Vgl. dazu: Daniela Varela:Telemadrid emite un documental sobre el asesinato de Calvo Sotelo, in: *La Razón*, 11.7.2011; www.elplural.com/2011/07/13/telemadrid-indigna-a-los-historiadores-con-un-documental-que-reduce-el-inicio-de-la-guerra-civil-al-asesina-to-de-calvo-sotelo.

8   Walther L. Bernecker: Demokratie und Vergangenheitsbewältigung. Zur Wiederkehr verdrängter Geschichtserinnerung in Spanien, in: Olmos, Keilholz-Rühle (Hg.), Kultur des Erinnerns, 71.

9   Enrique Clemente: »¿Por qué voy a tener que condenar yo el franquismo?«, Interview mit Jaime Mayor Oreja, in: *La Voz de Galicia*, 14.10.2007.

Das Aufbrechen der Erinnerung – von 2000 bis heute

1   www.boe.es/boe/dias/1996/03/05/pdfs/A08579-08580.pdf.

2   José Antonio Martín Pallín: Introducción, in: Martín Pallín, Escudero Alday (Hg.), Derecho y memoria histórica, 12.

3   Silva, Macías, Las fosas de Franco, 29–71.

4   Emilio Silva: Movimiento memorialista, in: Escudero Alday (Hg.), Diccionario de memoria histórica, 70.

5   Ausführlichere Angaben zu den Vereinen in den Interviews mit Emilio Silva, José María Pedreño und Francisco Etxeberria.

6   Andrés, Los símbolos y la memoria del Franquismo, 6.

7   Silva, Macías, Las fosas de Franco, 126.

8   https://doc.es.amnesty.org/cgi-bin/ai/BRSCGI/Poner%20fin%20al%20silencio%20y%20 la%20injusticia?CMD=VEROBJ&MLKOB=25260774646.

9   www.contaminame.org/drupal.php?q=es/proyectos/ii-jornadas-sobre-pol-ticas-de-
    memoria-y-construcci-n-de-ciudadan.

10 Vgl. Emilio Silva: Movimiento memorialista, in: Escudero Alday (Hg.), Diccionario de
    memoria histórica, 72 f.

11 Statistik von Aranzadi bis Dezember 2011: http://politicasdelamemoria.org/images/
    stories/documentos/LISTADO_EXHUMACIONES_diciembre_11.pdf ; mit Dank an
    Francisco Etxeberria für die Daten von 2012.

12 Espinosa Maestre, Contra el olvido, 207.

13 www.cis.es/cis/opencm/ES/1_encuestas/estudios/ver.jsp?estudio=9220&cuestionario=1
    0774&muestra=16345.

14 Arturo Pérez-Reverte: »En España nos faltó la guillotina«. Entrevista con Blanca Be-
    rasátegui, in: El Cultural/El Mundo, 26.2.2010.

15 Juliá, Elogio de Historia en tiempo de Memoria, 195.

16 Ebd., 197.

17 Santos Juliá: Memoria, historia y política de un pasado de guerra, in: Juliá (Hg.), Memo-
    ria de la guerra y del franquismo, 56–69.

18 Francisco Espinosa Maestre: De saturaciones y olvidos. Reflexiones en torno a un
    pasado que no puede pasar, in: Aróstegui, Gálvez (Hg.), Generaciones y memoria de la
    represión franquista, 328.

19 Fernando Hernández u. a.: Puntualizaciones sobre Paracuellos, in: El País, 21.12.2012.

20 S. D. Machargo: Aguirre revisa el 34, in: La Voz de Asturias, 30.4.2010.

21 www.juntadeandalucia.es/gobernacionyjusticia/mapadefosas/busquedaTumbas.
    cgj?codigoProvincia=4.

22 Reig Tapia, Revisionismo y política, 38.

23 Alberto Reig Tapia: Revisionismo e historia, in: Público, 18.7.2011.

24 Zu finden etwa hier: www.abc.es/gestordocumental/uploads/sociedad/la_guia_baja_
    res.pdf.

25 Stanley Payne: El Nacional Catolicismo, www.artehistoria.jcyl.es/histesp/contex-
    tos/7399.htm.

26 Andrés, Los símbolos y la memoria del Franquismo, 30.

27 www.vatican.va/holy_father/john_paul_ii/speeches/2001/documents/hf_jp-ii_
    spe_20010312_pilgrims-beatification_sp.html.

28 www.vatican.va/holy_father/john_paul_ii/homilies/2001/documents/hf_jp-ii_
    hom_20010311_beatification_sp.html.

29 www.vatican.va/roman_curia/congregations/csaints/documents/rc_con_csaints_
    doc_20071028_martiri-spagnoli_sp.html.

30 www.conferenciaepiscopal.nom.es/santosweb/listadocompleto2.asp.

31 www.intereconomia.com/noticias-gaceta/iglesia/almudena-acogera-beatificacion-23-
    martires-guerra-civil-20111216.

32 www.europapress.es/sociedad/noticia-mas-200-martires-espanoles-siglo-xx-seran-
    beatificados-octubre-2013-ceremonia-conjunta-20120613124643.html.

33 Juan G. Bedoya: Objetivo: recuperar España para la Iglesia romana, in: El País, 14.6.2012.

34 José Luis Gutiérrez Molina: La Memoria de la Historia reciente española, in: Acosta
    Bono u. a. (Hg.), La recuperación de la memoria histórica, 37.

35 Julián Casanova: Una dictadura de cuarenta años, in: Casanova (Hg.), Morir, matar,
    sobrevivir, 46.

36 www.congreso.es/public_oficiales/L8/CONG/DS/PL/PL_013.PDF, 477–492, sowie www.
    congreso.es/public_oficiales/L8/CONG/BOCG/D/D_031.PDF, 7–14.

37 Juliá, Elogio de Historia en tiempo de Memoria, 166.

38 Real Decreto 1891/2004, 10. September 2004, www.boe.es/boe/dias/2004/09/20/pdfs/
    A31523-31524.pdf.

39   Emilio Silva: Movimiento memorialista, in: Escudero Alday (Hg.), Diccionario de memoria histórica, 72.

40   Javier Pradera: Justicia retroactiva, in: *El País*, 29.4.2007.

41   Luis R. Aizpeolea: El Gobierno descarta anular o revisar de oficio los juicios del franquismo, in: *El País*, 21.4.2007.

42   Emilio Silva: Movimiento memorialista, in: Escudero Alday (Hg.), Diccionario de memoria histórica, 72.

43   www.larazon.es/noticia/el-pp-veta-en-el-senado-la-ley-de-la-memoria-por-innecesaria-y-falsaria.

44   www.boe.es/boe/dias/2007/12/27/pdfs/A53410-53416.pdf.

45   Juliá, Elogio de Historia en tiempo de Memoria, 169.

46   Francisco Espinosa Maestre: Cómo acabar de una vez por todas von la Memoria Histórica, in: Acosta Bono u. a. (Hg.), La recuperación de la memoria histórica, 52.

47   Juliá, Elogio de Historia en tiempo de Memoria, 171.

48   Cens de simbologia franquista de Catalunya, in: http://simbologia.omatech.com/documents/cens_simbol_franq_Catalunya.pdf.

49   Diana Rodríguez: El Gobierno retira la estatua de Franco en Nuevos Ministerios, in: *El Mundo*, 17.3.2005.

50   www.laopinioncoruna.es/espana/2010/08/05/adios-ultima-estatua-ecuestre-franco/408301.html; www.elmundo.es/elmundo/2010/08/04/espana/1280942589.html.

51   http://www.lamoncloa.gob.es/ServiciosdePrensa/NotasPrensa/MPR/_2011/251111BOE.htm. Eine Liste aller Organisationen, die bis 2010 unterstützt wurden, ist hier zu finden: www.mpr.es/uploads/media/pdf/ENTIDADES%20BENEFICIARIAS%20%20 2006-2010.pdf.

52   www.rtve.es/alacarta/videos/elecciones-catalanas-2010/cataluna-recupera-papeles-salamanca/912479/.

53   Javier Tusell, Jean Meyer: Los papeles de Salamanca, in: *istor* VI, H. 23 (Winter 2006), 125; vgl. auch den Überblick hier: www.elmundo.es/elmundo/2005/06/09/cultura/1118336528.html.

54   Lola Leonardo: Una multitud presidida por los altos cargos del PP increpa al Gobierno y a ERC en Salamanca, in: *El Mundo*, 12.6.2005.

55   www.salamanca24horas.com/local/48323-julian-lanzarote-devuelve-el-nombre-de-gibraltar-a-la-calle-el-expolio-cinco-anos-despues.

56   www.abc.es/20120428/cultura/abci-papeles-salamanca-201204281154.html.

57   Ana Guardiola: Los papeles privados de Salamanca, in: *El País*, 20.10.2007.

58   www.lavanguardia.com/local/20120618/54313995406/ultimos-papeles-de-salamanca-llegaran-semanas.html.

59   E-Mail vom 10.9.2012.

60   http://elpais.com/elpais/2006/04/27/actualidad/1146125825_850215.html.

61   www.boe.es/boe/dias/2006/07/08/pdfs/A25573-25573.pdf.

62   http://elpais.com/diario/2006/04/28/espana/1146175216_850215.html.

63   *El Mundo*, 28.4.2006.

64   J. L. Lorente: El PSOE equipara en el Congreso la II República con la Transición de 1978, in: *ABC*, 28.4.2006.

65   www.abc.es/hemeroteca/historico-28-04-2006/abc/Opinion/el-revisionismo-como-revancha_1421323171096.html.

66   www.assembly.coe.int/Mainf.asp?link=/Documents/AdoptedText/ta06/EREC1736.htm.

67   www.youtube.com/watch?v=o_tMph6wLjE.

68   Juan C. De La Cal: La guerra civil de esquelas se dispara, in: *El Mundo*, 3.9.2006.

69   Ebd.

70   Beispiele nach ebd.

71 Nuria Tesón: Esquelas de las dos Españas, in: *El País*, 10.9.2006.

72 Das Folgende wurde vor allem nach den Zeitungsberichten von *El Mundo*, *ABC*, *Público*, *La Razón* und anderen Internetpublikationen erstellt, vor allem aber nach dem von *El País* publizierten Dossier über den Fall Garzón: www.elpais.com/especial/caso-garzon.

73 www.elconfidencial.com/espana/revuelo-tribunal-estrasburgo-filtracion-varapalo-garzon-20100107.html.

74 A. Bartolomé: Paracuellos: las 2.750 víctimas olvidadas por Garzón, in: *La Razón*, 18.4.2010; vgl. zum Thema http://escolar.net/MT/archives/2010/04/garzon-y-paracuellos.html.

75 Die beiden Gerichtsbeschlüsse Garzóns sind veröffentlich in: Garzón contra el franquismo; ebenso: www.elpais.com/elpaismedia/ultimahora/media/200810/16/espana/20081016elpepunac_4_Pes_PDF.doc, www.elpais.com/elpaismedia/ultimahora/media/200810/16/espana/20081016elpepunac_4_Pes_PDF.doc.

76 Emilio Silva: Movimiento memorialista, in: Escudero Alday (Hg.), Diccionario de memoria histórica, 73.

77 www.elpais.com/elpaismedia/ultimahora/media/200810/20/espana/20081020elpepunac_2_Pes_PDF.doc.

78 Francisco Ferrandiz: Guerras sin fin: guía para descifrar el Valle de los Caídos en la España contemporánea, in: *Política y Sociedad*, 2011, Vol. 48, 3, 483.

79 José Yoldi: Trece contra Garzón … y tres a favor, in: *El País*, 26.4.2010.

80 www.derechos.org/nizkor/espana/doc/garzon47.html.

81 Nachzulesen auf www.manoslimpias.es.

82 Julio M. Lázaro: Así son los querellantes, in: *El País*, 28.2.2010.

83 J. M. L.: Pallín asegura que De la Vega quiso »acabar con las garzonadas«, in: *Público*, 30.5.2011 .

84 Julio M. Lázaro: Varela orienta a Falange sobre cómo corregir su acusación, in: *El País*, 22.4.2010; ebenso das folgende Zitat.

85 Interview mit Norberto Pico von Falange Española de las JONS, 11.6.2012.

86 Natalia Junquera: El juez Varela expulsa del proceso contra Garzón a Falange, in: *El País*, 23.4.2010.

87 María Peral: Garzón, al banquillo por la causa del franquismo, in: *El Mundo*, 12.5.2010.

88 José Yoldi: El juez archiva por prescripción la causa de Garzón por los cursos de Nueva York, in: *El País*, 13.3.2012.

89 www.elmundo.es/accesible/elmundo/2010/04/15/espana/1271351169.html.

90 Ángeles Vázquez: El fiscal pide la absolución de Garzón por las escuchas, in: *Publico*, 17.4.2011.

91 Interview mit José Antonio Martín Pallín, 13.4.2012.

92 Das Urteil: http://estaticos.elmundo.es/documentos/2012/02/09/sentencia_garzon_gurtel.pdf.

93 Ángeles Vázquez: Los argumentos de Garzón que no escuchó el Supremo, in: *Público*, 12.2.2012.

94 Julio M. Lázaro: Manos Limpias centra su informe en que Garzón no investigó Paracuellos, in: *El País*, 8.2.2012.

95 Das Urteil: www.abc.es/gestordocumental/uploads/nacional/memoriagarzon.pdf.

96 www.youtube.com/watch?v=DB4wblPvMpo.

97 N. N.: El Supremo archiva la causa contra Garzón por los cursos en Nueva York, in: *Público*, 13.2.2012.

98 José Yoldi: El juez archiva por prescripción la causa de Garzón por los cursos de Nueva York, in: *El País*, 13.2.2012.

99 José Antonio Martín Pallín: El prevaricador compulsivo, in: *El País*, 28.2.2012.

100 Almudena Martínez Fornés, Antonio Astorga: La Historia se biografía, in: *ABC*, 26.5.2011.

101 http://blogs.publico.es/dominiopublico/category/jose-luis-ledesma.

102 www.santosjulia.com/Santos_Julia/Notas_files/Azan%CC%83a%20en%20el%20Diccionario%20de%20la%20Real%20Academia%20de%20la%20Historia.pdf.

103 Tereixa Constenla: Quién es quién en la Academia, in: *El País*, 5.6.2011.

104 Tereixa Constenla:»Nosotros no censuramos a nadie«, in: *El País*, 30.5.2011.

105 Tommaso Koch: La protesta contra el Diccionario Biográfico llega a las puertas de la Real Academia de Historia, in: *El País*, 2.6.2011; www.publico.es/espana/435851/archivada-la-denuncia-contra-los-autores-del-diccionario-biografico.

106 www.abc.es/20110530/cultura/abcm-guerra-civil-biografias-201105301442.html.

107 Tereixa Constenla: La Academia hará cambios en el Diccionario»con la mayor celeridad«, in: *El País*, 3.6.2011.

108 Tereixa Constenla: El »Diccionario« no se corrige, pero se financia, in: *El País*, 26.5.2012.

109 Peio H. Riaño: El Gobierno avala el »Diccionario biográfico español«, in: *El País*, 9.4.2012; Subvención al desaguisado, in: *El País*, 16.4.2012.

110 www.publico.es/espana/435050/wert-30-entradas-del-diccionario-biografico-espanol-seran-revisadas.

111 http://cultura.elpais.com/cultura/2012/08/14/actualidad/1344954323_380634.html.

112 www.laopiniondegranada.es/granada/2012/07/24/caso-nina-robada-granada-parlamento-europeo/310656.html.

113 Esteso Poves, Niños robados, 33.

114 Danilo Albin: Niños robados: la trama vasca y el padre de Mayor Oreja, in: *Interviú*, 10.6.2011.

115 María José Esteso Poves: San Ramón, la fábrica de bebés expósitos, in: *Lateral*, 14.4.2011.

116 www.elmundo.es/elmundo/2011/06/27/espana/1309170965; html; http://anadir.es.

117 Esteso Poves, Niños robados, 34; Natalia Junquera, Jesús Duva: Las tramas de adopciones ilegales »exportaban« bebés al extranjero, in: *El País*, 20.3.2011.

118 Natalia Junquera: Más monjas bajo sospecha, in: *El País*, 22.4.2012.

119 María José Esteso Poves: »El doctor Vela entregaba a los bebés porque era un negocio«, in: *Diagonal*, 6.4.2011.

120 Antonio Astorga: »Roban el bebé vivo a la madre, y le traen uno muerto y congelado«, in: *ABC*, 2.2.2011.

121 Montse Armengou: Niños robados, in: Escudero Alday (Hg.), Diccionario de memoria histórica, 125.

122 www.senado.es/legis10/publicaciones/pdf/senado/ds/DS_P_10_3.PDF.

123 www.senado.es/legis10/publicaciones/pdf/senado/ds/DS_P_10_26.PDF.

124 europapress.es, 23.5. 2012.

125 europapress.es, 23.5. 2012.

126 Miguel Ángel Villena: El Congreso envía a Azaña al »exilio«, in: *El País*, 16.6.2012.

127 www.publico.es/espana/428090/el-pp-retira-el-nombre-de-rafael-alberti-de-un-teatro-de-almeria.

128 Ezequiel Moltó: La alcaldesa del PP »renacionaliza« Elche, in: *El País* (Alicante), 11.7.2011.

129 www.europapress.es/andalucia/malaga-00356/noticia-ayuntamiento-velez-malaga-retira-avenida-municipio-nombre-pasionaria-20120831163515.html.

Ralph Hug

St. Gallen–Moskau–Aragón

Das Leben des Spanienkämpfers
Walter Wagner

Mit historischen Fotos
360 Seiten, Klappenbroschur, 2007
ISBN 978-3-85869-345-7
Fr. 38.–/Euro 24,–

Walter Wagner (1913–2006) wuchs in proletarischen Verhältnissen
im sankt-gallischen Flawil auf. Als junger Bauarbeiter trat er
1933 der Kommunistischen Partei der Schweiz bei.
In Moskau erlernte er das Handwerk der Revolution. 1936 ging er
nach Spanien und kämpfte bis 1939 für die spanische Republik
gegen Franco; er war Schweizer Kaderchef bei den Internationalen
Brigaden und überlebte die grausamen Schlachten bei Teruel und
am Ebro.
In Wagners Biografie widerspiegeln sich die großen historischen
Umbrüche der Zeit vor und nach dem Zweiten Weltkrieg.
Exemplarisch wird die schwierige Situation der antifaschistischen
Opposition in der Schweiz sichtbar. Antikommunismus, Ver-
folgung, Gefängnis und jahrelange Überwachung durch die
Politische Polizei erfuhr Wagner am eigenen Leib.

»Der St. Galler Journalist Ralph Hug skizziert knapp, anschaulich
und frei von Pathos das Leben des Proletariers Walter Wagner
und verwebt es mit den historischen Umbrüchen jener Zeit.«
ST. GALLER TAGBLATT

Peter Huber
In Zusammenarbeit mit Ralph Hug

Die Schweizer Spanienfreiwilligen
Biografisches Handbuch

Mit zahlreichen historischen Fotos
480 Seiten, gebunden, 2009
ISBN 978-3-85869-390-7
Fr. 58.–/Euro 36,–

Rund 800 Freiwillige aus der Schweiz nahmen trotz Behörden-
verbot am Spanischen Bürgerkrieg (1936–1939) teil. Im
historischen Gedächtnis der Schweiz blieben sie lange vergessen.
Zumeist der Arbeiterbewegung entstammend, kämpften sie
gegen die drohende faschistische Diktatur, für die Republik und
für eine neue Gesellschaft.
Das vorliegende biografische Handbuch bringt erstmals um-
fassend Licht in diese kollektive Bewegung. In rund 700 Kurz-
biografien wird das soziale und politische Profil der Freiwilligen
rekonstruiert. Im Kaleidoskop unterschiedlichster Lebensläufe
und Schicksale entsteht ein eindrückliches Panorama des
Spanienkriegs, der die Geschichte des 20. Jahrhunderts prägte.

»*Das biographische Handbuch von Peter Huber und Ralph Hug
ist die bislang umfassendste Darstellung der Schweizerinnen
und Schweizer im Spanischen Bürgerkrieg.*«
MICHAEL STÖTZEL, WORK